[redacted]
nove, 1980
[redacted]
nove, 1980
1979 - Feb.
Switzerland
[redacted]
nove. 1980
[redacted]
1980
-1980-
-1980-
1979
nove 1980
1980
-1979
Remote - 1979

GEISTHEILER
auf den Philippinen

PV

Gert Chesi

GEISTHEILER
auf den Philippinen

Perlinger

Fotos, Text und Layout: Gert Chesi
Reproduktionen: Wagner'sche Univ.-Buchdruckerei, Innsbruck
Satz, Druck und Bindearbeit: Welsermühl, Wels
Gedruckt auf Euroart und Euroffset 150 g/m² von PWAG Hallein Papier AG

ISBN 3-85399-024-X
Printed in Austria

Inhalt

In einer Periode, in der die bis zu ungeheurer Virtuosität gesteigerte Technik es den Forschern möglich macht, jeden chemischen Körper und die Bedingtheiten seines Seins preiszugeben, bleibt der Stoff der Kulturkunde unfaßbar, ›unbegreiflich‹. Dieser offenbart sich erst in dem Willen zur Tiefenschau, das heißt aus der Einsicht, daß Tatsachenkunde notwendig ist, aber nur Oberflächenwissen bedeutet, da diese Tatsachen Erscheinungsformen einer nur der Hingabebereitschaft sich erschließenden Wirklichkeit sind.

LEO FROBENIUS

Vorwort

Als in den sechziger Jahren die ersten europäischen Patienten von den Philippinen zurückkehrten, entbrannte ein Sturm der Diskussionen, der sich bis heute nicht gelegt hat. Im Mittelpunkt der Auseinandersetzungen standen die sogenannten blutigen Operationen der philippinischen Geistheiler, von denen man annahm, sie seien das egoistische Machwerk geschickter Taschenspieler und würden zum eigenen Nutzen, aber zum Schaden des Patienten vorgetäuscht. Die Tatsache, daß schon durch die Beschreibung der Vorgänge die Gültigkeit der abendländischen Logik in Frage gestellt wurde, konnte von einer bis dahin die westliche Geisteshaltung allein bestimmenden Gesellschaft nicht widerspruchslos hingenommen werden.
Wenn es – anscheinend unter Umgehung aller bis dahin gültigen Naturgesetze – möglich sein sollte, eine Materie aufzulösen (zu dematerialisieren) oder aus der Substanz der Gedanken entstehen zu lassen (zu materialisieren), dann, so folgerten viele, hätte die westliche Welt ihren Fortschritt auf einem Mißverständnis aufgebaut. Das hieße, daß jeder weitere Fortschritt – soweit er nicht allein im herkömmlichen technisch-naturwissenschaftlichen Bereich verbleiben soll – nur stattfinden kann, wenn traditionelle Denkweisen korrigiert werden und wenn die geistige Evolution auch in Dimensionen vordringt, die seit der Aufklärung den Bereichen des Aberglaubens und der Magie vorbehalten waren. Ein Umdenken in solchem Ausmaß müßte gezwungenermaßen die Unfehlbarkeit der naturwissenschaftlich-exakten Denkweise in Frage stellen und dem Bewußtsein auch andere Dimensionen menschlichen Seins erschließen.
Wenn wir von dem Standpunkt ausgehen, daß es keine Wunder gibt, dann müssen wir das Phänomen der Geistheiler in einem Rahmen sehen, der im Einklang mit den Naturgesetzen steht, allerdings mit einem Teil, der seit langem verschüttet und durch die Naturwissenschaften noch nicht erschlossen ist. Wir müssen uns eingestehen, daß die rationalen Methoden der Naturwissenschaften nicht ausreichen, um eine allgemeingültige Analyse menschlichen Seins zu erstellen, und daß wir uns unvoreingenommen zu jenem Punkt unserer Existenz vortasten müssen, an dem sich das Leben ganzheitlich vollzieht, ohne Trennung von natürlichen und übernatürlichen Bereichen.
Dieses Denken ist fast allen Naturvölkern eigen, und weil sie die geistige Welt mit der körperlichen für untrennbar verbunden halten, gelingen ihnen anscheinend Transformationen von Geist und Materie. Bei einigen Völkern hat sich diese Fähigkeit trotz des Vordringens westlicher Zivilisation bis zum heutigen Tag erhalten.
Der Indianer-Schamane Rolling Thunder behauptet, daß übernatürliche Fähigkeiten noch nach sieben Generationen reaktiviert

werden können. Das würde besagen, daß verschüttete oder längst verloren geglaubte Eigenschaften nach einer Vielzahl von Reinkarnationen wiederauftauchen können.
Bei den Filipinos scheint das der Fall gewesen zu sein. Eleuterio Terte, der Altmeister spiritueller Heilkunst, hat mutmaßlich als erster im Jahr 1945 die ›blutige Operation‹ praktiziert und ihre Technik sowie das damit verbundene spirituelle Prinzip an zahlreiche Heiler weitergegeben.
Wir wissen auch, daß Körperöffnungen schon Jahrhunderte früher in ähnlicher Weise durchgeführt wurden. Paracelsus etwa schreibt in seiner ›Philisophia sagax‹: »Der, welcher in einen Menschen greifen kann, ohne Verletzungen desselbigen, das heißt, ohne Öffnung, wie einer, der in ein Wasser greift und nimmt heraus einen Fisch, und das Wasser bekommt kein Loch. Oder er legt etwas hinein ins Wasser, wodurch kein Loch im Wasser entsteht. Wer solchermaßen in den Leib hineingreifen kann, der übt die verte spezies der Nigromantie aus, das ist, er mag in den Leib greifen und herausnehmen, hineingreifen und etwas hineinlegen. Das nennen wir Clausura nigromantica.«
Diese Technik des ›Hineingreifens in einen Leib‹ praktizieren angeblich heute noch Geistheiler verschiedener Völker. Neben den Filipinos beherrschen brasilianische und afrikanische Heiler diese Disziplin. Aber wie die Akupunktur, so befanden und befinden sich auch die Heilmethoden der Geistheiler im Schatten einer alles verneinenden Ignoranz. Solange jedoch die westliche Welt ihre Augen vor diesen Phänomenen verschließt, wird der Fortschritt zwangsläufig einseitig technokratisch bleiben, das heißt, daß der Mensch in seiner Ganzheit nicht ausreichend verstanden wird.
Es stellt sich nun die Frage, welche Konsequenzen die westliche Welt aus diesen Überlegungen zu ziehen hätte. Wenn die Methoden der Geistheiler denen der westlichen Ärzte überlegen sind, dann müßte jeder Arzt, der zu dieser Erkenntnis gelangt, seine Methoden verwerfen und bemüht sein, die der Geistheiler zu erlernen. Dieser Schluß bleibt aber Utopie, weil die Logurgie* keine erlernbare Disziplin repräsentiert; sie ist vielmehr als eine Gabe zu betrachten, die nur wenigen Menschen zuteil wird. Diese Tatsache läßt kein Nachahmen und auch kein Lernen zu, sie könnte aber dazu führen, daß beide Arten des Heilens nebeneinander, in einer sich ergänzenden Koexistenz, zum Wohl der Patienten praktiziert werden.
Frau Friedel Landolt** resümiert in Übereinstimmung mit den beiden Wissenschaft-

---

* Logurgie ist ein Begriff, der von ›logos‹ abgeleitet wurde. Er veranschaulicht die Beziehung des Heilers (des ›Logurgen‹) zum Geist. Der Chirurg hingegen gilt als Handwerker. Das griechische Wort ›chirurgos‹ weist darauf hin.
** Friedel Landolt begleitet seit Jahren Reisegruppen zu den Heilern. Sie lernte die Logurgie als Patientin kennen und war damals der seltene Fall einer Spontanheilung.

lern Naegeli* und Stelter**, daß etwa dreißig Prozent aller Patienten auf den Philippinen Heilung finden. Wenn man von der Tatsache ausgeht, daß die Geistheiler fast ausschließlich mit schweren, im Westen nicht heilbaren Krankheiten konfrontiert sind, dann bedeutet das, daß die spirituelle Behandlung dort ihre größte Bedeutung hat, wo die handwerkliche Methode des westlichen Arztes ihre Grenze erreicht.

Die Ansätze westlicher Kritik liegen meist bei den Heilern selbst. Die teilweise völlig ungebildeten Medien führen Operationen durch, die, von einem Arzt ausgeführt, unweigerlich den Tod des Patienten zur Folge hätten. Das Fehlen jeglicher Sterilität bei den operativen Eingriffen, die mangelhafte anatomische Kenntnis des Logurgen, der nicht berücksichtigte Krankheitszustand des Patienten und vieles andere mehr lassen an sich einen Erfolg ausgeschlossen erscheinen. Der naheliegende Verdacht des Schwindels, die Vermutung materieller Motivation und schließlich der Aspekt der Machtausübung aufgrund Schwarzer Magie geben genügend Diskussionsstoff und Anhaltspunkte für eine generelle Ablehnung.

* Hans Naegeli-Osjord, Schweizer Arzt, der in seinem Werk ›Die Logurgie in den Philippinen‹ (Otto Reichl Verlag, Remagen 1977) die Hintergründe der Geistheilung vom Standpunkt des Parapsychologen erklärt

** Dr. Alfred Stelter, Physiker und Verfechter der Geistheilung, Verfasser des Buches ›PSI-Heilung‹ (Scherz Verlag, Bern und München 1973)

Wie für alle medial veranlagten Menschen gilt auch für den Geistheiler das Prinzip, daß Ausbildung in unserem handwerklichen Sinn einen hinderlichen Faktor darstellt. Nur ein ›ahnungsloser‹ Heiler kann im Sinne seiner medialen Veranlagung und damit ungestört von eigenen Schlußfolgerungen die ihm gestellte Aufgabe erfüllen. Er ist das Werkzeug einer übergeordneten Instanz, die von ihm nichts anderes als die Ausführung von Aufträgen verlangt. Die hinter dem Medium stehenden Geistwesen wollen nicht durch das Medium korrigiert werden.

Es hat sich gezeigt, daß jene Heiler am kraftvollsten sind, deren Bildungsstand am niedrigsten ist. Die uns bekannten Resultate bestätigen das eindrucksvoll. Die Unterschiedlichkeit der Operationen läßt bald den Bildungsstand des Heilers erkennen.

Durch empirisch erworbene oder erlernte Kenntnisse wird die Entnahme von Operationsrückständen formal mitbestimmt. Das heißt, daß die entfernten Körperteile oder die Materialisationen verschiedenster Gegenstände der tatsächlichen Anatomie ähnlicher geraten als bei unverbildeten Heilern (Juanito Flores, Josephine Sison und Rosita Agaid), die oft Münzen, Blätter, Nägel, Plastikgegenstände oder zivilisatorischen Müll aus den Körpern der Patienten holen. Diese Tatsache ist mit einer der Gründe, warum die Anerkennung der Geistheiler auf derartigen Widerstand stößt. Eine an die Materie gebundene Wissenschaft kann nicht anerkennen, daß allein die Vorstellung des Heilers diese absurd scheinenden Resultate zutage fördert. Im Bemühen um eine befriedigende Erklärung – auch das ist eine westliche Forderung – gelangte man zu der Auffassung, die allerwenigsten der aus den Patienten geholten Substanzen seien identisch mit ihren Körpern. Der Heiler – so glaubt man seine Arbeit verstanden zu haben – materialisiert mit der Kraft seiner Gedanken die Krankheit, um sie dann operativ zu entfernen. Diese Materialisation ist eine Verwirklichung seiner Ideen, die dem Körper durchaus wesensfremd gegenüberstehen. Erst das Wissen um das Aussehen des erkrankten Organs läßt den entnommenen Gegenstand dem tatsächlich erkrankten Körperteil ähnlich werden.

Ebenso schwer wie die Materialisationen sind auch die Dematerialisationen zu begreifen. Das Öffnen der Bauchdecke ist ein solches Phänomen. Hier durchdringt der Heiler Materie, ohne sie zu zerstören. Nach dem Eingriff schließt sich der Körper narbenlos, und die von jedem westlich erzogenen Menschen befürchtete Sepsis bleibt aus. Das Eindringen der Finger in den Körper des Patienten bleibt schmerzfrei, weil keine Zerstörung oder Deformation, wie sie bei einem Schnitt gegeben ist, erfolgt.

Ich habe als Beobachter zwei grundsätzlich verschiedene Arten von Eingriffen festgestellt: solche, bei denen der Heiler anscheinend tief in den Körper eindringt und aus dem Inneren die Materialisationen zutage fördert, und solche, bei denen sich der Eingriff auf der Körperoberfläche abspielt, ohne daß die Epidermis durchstoßen wird. In diesem Fall hat es den Anschein, als materialisierten sich die Blutgerinnsel außerhalb des Körpers, zwischen den Fingern des Heilers und dem Körper des Patienten. Nicht alle Entnahmen aber entstammen dem feinstofflichen Bereich des Körpers. Viele der Apporte sind mit dem Körper identisch und müssen als direkte, dem Körper entnommene Teile angesehen werden. Diese verschiedenen Formen treten nicht gezwungenermaßen getrennt voneinander auf, manche Heiler (Josephine Sison, Placido Palitayan, Alex Ampaguey u. a.) beherrschen beide.

Die operativen Methoden haben auch im Kreis der Geistheiler ihre Kritiker. Manche von ihnen behaupten, die Operationen wären unnötig, sie seien eine Konzession an die Patienten, die sich nur dann vom Können des Logurgen überzeugen ließen, wenn sie Blut sähen. Rustico Villamor, Francisco Supnet und Alicia Publicio heilen ohne Operationen, und selbst Eduardo Simbol verzichtet zunehmend auf blutige Eingriffe.

Die Vielfalt der Heilmethoden ist nur schwer überschaubar. Nach den operativen Behandlungen sind die Magnetikheilungen am gebräuchlichsten. Die mit besonderen Kräften begabten Heiler kombinieren aber auch verschiedene Methoden miteinander. So ist es gebräuchlich, den operativen Eingriffen Magnetmassagen folgen zu lassen. Marcelino Asuigui hat sich zunehmend auf Reflexzonenmassagen verlegt, und Simbol, der als ein Außenstehender betrachtet werden muß, praktiziert neben animistischen Blutopfern auch Magnetmassagen.

Schließlich gibt es noch die Fernheiler, die auf telepathischem Wege über Tausende von Kilometern mit dem Patienten in Verbindung treten. Wenngleich nicht ganz so spektakulär und publikumswirksam, sind die Erfolge der Fernheiler denen der Operateure gleichzusetzen.

Wir fragen uns wahrscheinlich, wer diese besonderen Menschen überhaupt sind, was sie denken und fühlen und vor allem, was sie tun, um ihre Kraft aufrechtzuerhalten.

Zuerst einmal scheint festzustehen, daß ein unbekannter oder potentieller Heiler nur von einem anderen Heiler oder einem aurasichtigen Medium identifiziert werden kann. Dic Aura verrät den Heiler, und die ihn umgebenden Farbschichten zeigen seine Kraft an. Ein Heiler verfügt über eine weit ausstrahlende Aura an den Händen, die meß- und prüfbar ist. Diese besondere Veranlagung würde sich aber nach der allgemeinen Auffassung der Heiler verflüchtigen, wäre sie nicht einer gewissen Pflege unterworfen.

Wie eine Batterie, die von Zeit zu Zeit neu aufgeladen werden muß, so muß auch der Heiler seine verbrauchte Kraft wieder zurückgewinnen. Die Geistheiler gehen von der Annahme aus, daß sie den Patienten mit ihrer Kraft aufladen (Magnetheilung, spirituelle Injektion) und daß diese abgegebene Kraft im Gebet und in der Meditation wieder ergänzt werden kann.

Wie bei den Fetischpriestern der Voodoo-Gesellschaften werden Gegenstände in magische Kraftzentren verwandelt, die dann in der Lage sind, den Heiler zu unterstützen. Bei den Mitgliedern der ›Union Espiritista Cristiana‹ ist es die bestickte Fahne, mit der der Heiler in Verbindung steht. Wenn ein Besucher sich zwischen Fahne und Medium stellt, kann der Kontakt unterbrochen werden, und es kommt zu einer kritischen Situation für Patient und Heiler. Die Fahne als Kraftstation wird durch Opfer und Gebet neu aufgeladen.

Die Persönlichkeit des Heilers sollte im Einklang mit den Schwingungen dieser spirituellen Kräfte stehen. Wenn körperliche oder seelische Leiden den Heiler befallen, verliert er in der Regel seine besondere Fähigkeit. Viele der Heiler zwingen sich daher zu einer gewissen geistigen Hygiene, manche von ihnen ziehen sich oft tagelang in die Berge zurück und stärken in der Meditation ihre Verbindung zu den sie leitenden kosmischen Kräften.

Zwischen den Glaubensformen der Heiler bestehen bisweilen krasse Unterschiede. Das gilt auch für ihre allgemeine Lebenshaltung. Während einige von ihnen ein fast mönchisches, allem Materiellen entsagendes Leben führen, erinnern andere, genauso erfolgreiche Heiler an Playboys, die vom Ehebruch bis zur Habgier alle ihrer Religiosität scheinbar widersprechenden Eigenschaften aufweisen. Es sieht so aus, als blieben ihre Kräfte auch dann vital, wenn diese Heiler nicht im Sinne ihrer modifiziert katholischen Weltanschauung lebten. Vom Standpunkt ›abstinenter‹ Heiler aus gesehen kann ein ausschweifendes Leben zum Verlust der Heilkräfte führen.

Dieses Buch ist das Ergebnis vieler Recherchen, Gespräche und Begegnungen. Patienten und Beobachter haben Beiträge dazu geleistet, die heute noch unverstandenen Methoden der Geistheiler zu erhellen. Trotz gewissenhafter Nachforschungen bleiben Fragen unbeantwortet. Sie zu klären wird vielleicht schon bald möglich sein.
Ich habe mich nicht um Sensationen bemüht, sondern um Wahrheiten, die, subjektiv empfunden, all die Verwirrungen aufzeigen, denen der suchende Mensch im Gegenüber mit diesen Phänomenen ausgesetzt ist. Manche der Beobachtungen und Vermutungen werden sich bestätigen, andere werden vielleicht widerrufen. Solange es keine verbindliche Erklärung zuständiger Gremien gibt, ist auch der gewissenhafteste Beobachter auf seine eigenen Impressionen angewiesen.
Unter diesen Voraussetzungen sind die folgenden Texte und Bilder entstanden.

Einige Gespräche und Krankenbesuche waren die Basis für meine erste Reise auf die Philippinen. Das in Europa vorliegende Informationsmaterial gab mir eine Ahnung von dem, was mich erwarten würde.
Viele Jahre, die ich vorher in Afrika verbracht hatte, hatten mir den Zugang zu archaischen Lebensformen erschlossen, die sich in animistischen Kulthandlungen ausdrückten. Krankenheilungen waren mir auf der Ebene der Naturheilkunde, aber auch vor dem Hintergrund religiöser und magischer Rituale bekannt. Einige Jahre im Kreis afrikanischer Voodoo-Priester hatten mich die metaphysische Dimension des Seins verstehen gelehrt, und meine Recherchen zu dem Bildband »Voodoo – Afrikas geheime Macht« hatten mich in die Welt der afrikanischen Götter und Geister eingeführt, die sich in einem starken Gegensatz zu westlich-religiösen Kategorien befindet. Reisen in die Karibik und zu den westafrikanischen Quellen des Voodoo hatten mir die Ebenen der Spiritualität gezeigt, die ich auch auf den Philippinen anzutreffen glaubte.
Im Herbst 1980 landete ich schließlich in Baguio, dem Zentrum der Geistheiler.

Erste Reise

Auf dieser ersten Reise wurde ich von zwei europäischen Patienten begleitet, die sich Heilung durch die Logurgen erhofften. Walther, körperlich gesund, hatte einige Lipome*, die nach Ansicht der Heiler keine Krankheit, sondern ein kosmetisches Problem darstellen. Brigitte hingegen war durch eine Enzephalomyelitis** in den Beinen gelähmt. Diese der multiplen Sklerose ähnliche Krankheit war, als sie achtzehn war, in Europa diagnostiziert worden. Seit damals hatte sich ihr Zustand permanent verschlechtert, und nachdem es in der westlichen Medizin keine Aussicht auf Heilung gibt, entschloß sie sich, die Geistheiler aufzusuchen.

Begegnung mit dem Heiler Placido

Unser erster Besuch gilt dem Heiler Placido Palitayan. Hier habe ich gleich Gelegenheit, einer Behandlung beizuwohnen, die mir einen Eindruck der Logurgie vermittelt.
Meine beiden Begleiter sind mit dem Ausfüllen einer Anmeldekarte beschäftigt, während ich in den Behandlungsraum gerufen werde. Ein freundlicher australischer Patient gestattet mir, seine Operation zu beobachten und zu fotografieren.
Placido wäscht sich in einer Schüssel mit rötlichem Wasser die Hände. Ein Assistent beträufelt den Bauch des Patienten mit einer wäßrigen Flüssigkeit, die er aus einem Wattebausch drückt. Placido, der ein kurzärmeliges Hemd trägt, streckt die Finger in die Luft und krümmt sie etwa einen halben Meter über dem Patienten, dann senkt er sie auf die Bauchdecke, und während er leicht kreisende Bewegungen macht, dringt er in den Körper ein. Zwischen dem Sucher meiner Kamera und dem Patienten hin und her schauend, sehe ich Blut über den Bauch rinnen. Bevor es das Frotteehandtuch erreicht, fängt es der Gehilfe mit einem Wattebausch auf.
Alles ist so schnell gegangen, daß ich nicht in der Lage war, das ganze Geschehen zu erfassen. Während der Assistent den blutbeschmierten Bauch säubert, durchbohrt Placido mit den Fingern die rechte Leistengegend, gleich darauf die linke. Wenn seine Hände aus der Bauchdecke auftauchen, fördern sie schwarze, geronnenem Blut ähnliche Pfropfen zutage. Er läßt sie mit der Watte in den Papierkorb fallen.
Inzwischen ist der Patient aufgestanden, und ich bemühe mich, die Stellen, an denen die Eingriffe vorgenommen wurden, wiederzufinden. In der Mitte des Bauches sehe ich eine leichte Rötung, vergleichbar mit den

---

* Lipom: gutartige Fettgeschwulst
** Encephalomyelitis disseminanta: Im Gehirn und im Rückenmark zerstreute Entzündungsherde, deren klinische Symptome häufig ein der multiplen Sklerose ähnliches Bild ergeben. Sie tritt meist im Anschluß an Infektionskrankheiten auf.

Spuren, die von enger Unterwäsche hinterlassen werden. Meine Frage, ob er Schmerzen empfunden hätte, verneint der Patient. Während des Anziehens erzählt er, daß er vorher nur so – er dreht sich tief gebückt im Kreis – gehen konnte.
Als anschließend meine beiden Begleiter in die Ordination gerufen werden, versuche ich, das Gesehene zu rekapitulieren. Ich war offensichtlich zu aufgeregt, um alles mitzukriegen. Allein die Tatsache, daß ich meinen Fotoapparat bedienen mußte, erforderte einen Teil meiner Aufmerksamkeit. Vieles war schneller als erwartet geschehen, die ganze Aktion hatte nicht mehr als zwei Minuten gedauert. Jetzt erst sehe ich den Raum, in dem ich mich befinde. Ein kleines Zimmer, darin ein Stuhl und zwei Operationstische, aus Holz geschnitzte betende Hände, sonst keinerlei Ausstattung, die Wände mit lackiertem Sperrholz getäfelt – behaglich, aber ohne Luxus.
Brigitte wird von Walther hereingeführt und auf den Tisch gesetzt. Placido will wissen, wie lange sie dieses Leiden hat. Mehr scheint ihn nicht zu interessieren. Während sie auf dem Bauch liegt, tastet er den Rücken ab, er streift über Schultern und Lenden, als suche er nach Reflexen und Zeichen, die ihm die Stellen des Eingriffs zeigen sollen. Dann folgen die mir bereits bekannten Vorgänge. Aus einem Wattebausch werden einige Tropfen Wasser gepreßt, ein nochmaliges Abtasten der Lenden, ich vernehme beim Durchbohren der Haut ein schmatzendes Geräusch, die Finger dringen in den Körper ein. Sofort tritt Blut aus der Wunde, und während er noch im Inneren zu suchen scheint, zeigen sich erdnußgroße dunkle Blutgerinnsel. Die Wunde schließt sich in demselben Moment, in dem er die Finger aus dem Körper zieht. Jetzt legt er die langen schwarzen Haare der Patientin zur Seite und bohrt ihr ins Genick. Wieder rinnt Blut, wieder zeigen sich undefinierbare schwarze Klumpen.
Brigitte ist aufgeregt und erschrocken. Sie hat nur ein leichtes Zwicken verspürt und wahrgenommen, wie Placidos Finger in ihrem Körper nach der ›Krankheit‹ suchen. Sie ist sichtlich mitgenommen. Die psychische Belastung übertrifft die physische bei weitem. Es wird ihr empfohlen, auszuruhen und sich auf die Heilung zu konzentrieren, die nur dann erfolgen könne, wenn das Verhältnis zwischen dem Heiler und dem Patienten in Einklang stehe. Alles aber sei abhängig vom Mitwirken Gottes, der den Heiler als Werkzeug gebrauche. Der Heiler allein, erklärt Placido, sei hilflos.
Die Eingriffe an Walther sind ähnlich. Es wundert mich, daß Placido nicht die Beulen öffnet, sondern andere Stellen des Körpers, die für mich in keinem Zusammenhang stehen. Der Blutaustritt ist bei diesem Eingriff am stärksten.

Am Ende des Behandlungstages gibt mir Placido Gelegenheit zu einem Interview. Ich installiere mein mitgebrachtes Magnetophon und stelle meine Fragen.

Gert Chesi: Mr. Placido, wie lange sind Sie schon Heiler?
Placido Palitayan: Ich glaube, mehr als zweiundzwanzig Jahre. Ich war noch sehr jung, als ich zu heilen begann, hörte dann plötzlich wieder auf und begann neuerlich mit vierzehn oder fünfzehn Jahren. Seither bin ich Heiler. Ich habe das Heilen weder erlernt, noch hatte ich einen Lehrer. Ich habe es als Gabe bekommen.
G. Ch.: Als Sie zu heilen begannen, muß Sie doch jemand informiert haben, was mit dem Patienten zu tun ist.
P. P.: Ich war in den Bergen gestolpert und hatte mir einen Finger so schlimm verletzt, daß er herunterhing und ich ohnmächtig wurde. Als ich wieder zu mir kam, war mein Finger in normaler Stellung. Von da an war ich vollständig verändert. Seither kann ich den Menschen durch Gedankenübertragung helfen, auf geistigem Weg, oder einfach dadurch, daß ich mich konzentriere. Aber das zu erklären ist für mich schwierig.
G. Ch.: Wußten Sie damals schon etwas von der menschlichen Anatomie?
P. P.: Nein, ich wußte nur, was zu tun war, und heilte, als würde ich geführt. Jetzt erst, viele Jahre später, weiß ich einiges über die menschliche Anatomie, weil manchmal medizinisch gebildete Leute kommen und mir eine ungefähre Vorstellung von den inneren Organen und Körpersystemen vermitteln. Alle meine Operationen führe ich mit den bloßen Händen aus, ohne Zuhilfenahme irgendwelcher Instrumente.
G. Ch.: Manchmal entfernen Sie fadenähnliche Gegenstände aus dem Körper. Wissen Sie, was das ist?
P. P.: Ich kann nur sagen, daß es ein Gewächs ist, irgendein Gewebe oder eine Zyste. Es kommt darauf an, aus welchem Teil des Körpers diese Rückstände kommen. Danach werden sie benannt. Ich finde auch andere Objekte im Körper. Ich finde Organe, die ich dem Namen nach nicht kenne. Ich entferne Nierensteine usw. Wenn aber eine Person auf einer rein physischen Ebene erkrankt, kann ich diese Krankheit nicht entfernen. Wir können wohl das betroffene Gewebe behandeln, aber wenn eine Krankheit materielle Ursachen hat, können wir gar nichts tun. Wir können viele Krankheiten heilen oder behandeln, das Ergebnis aber liegt in Gottes Hand; wir sind nur sein Werkzeug.

Seite 18 und 19 oben: Situationen eines Eingriffs durch Placido. Ein undefinierbarer Blutklumpen symbolisiert die materialisierte Krankheit.

Seite 19 unten: Ein Eingriff direkt am Rückgrat. An dieser Körperstelle ist der Wirbelknochen nur wenige Millimeter mit Fleisch bzw. Muskeln bedeckt. Das Eintauchen der Heilerhand in den Körper wird durch dieses Bild deutlich.

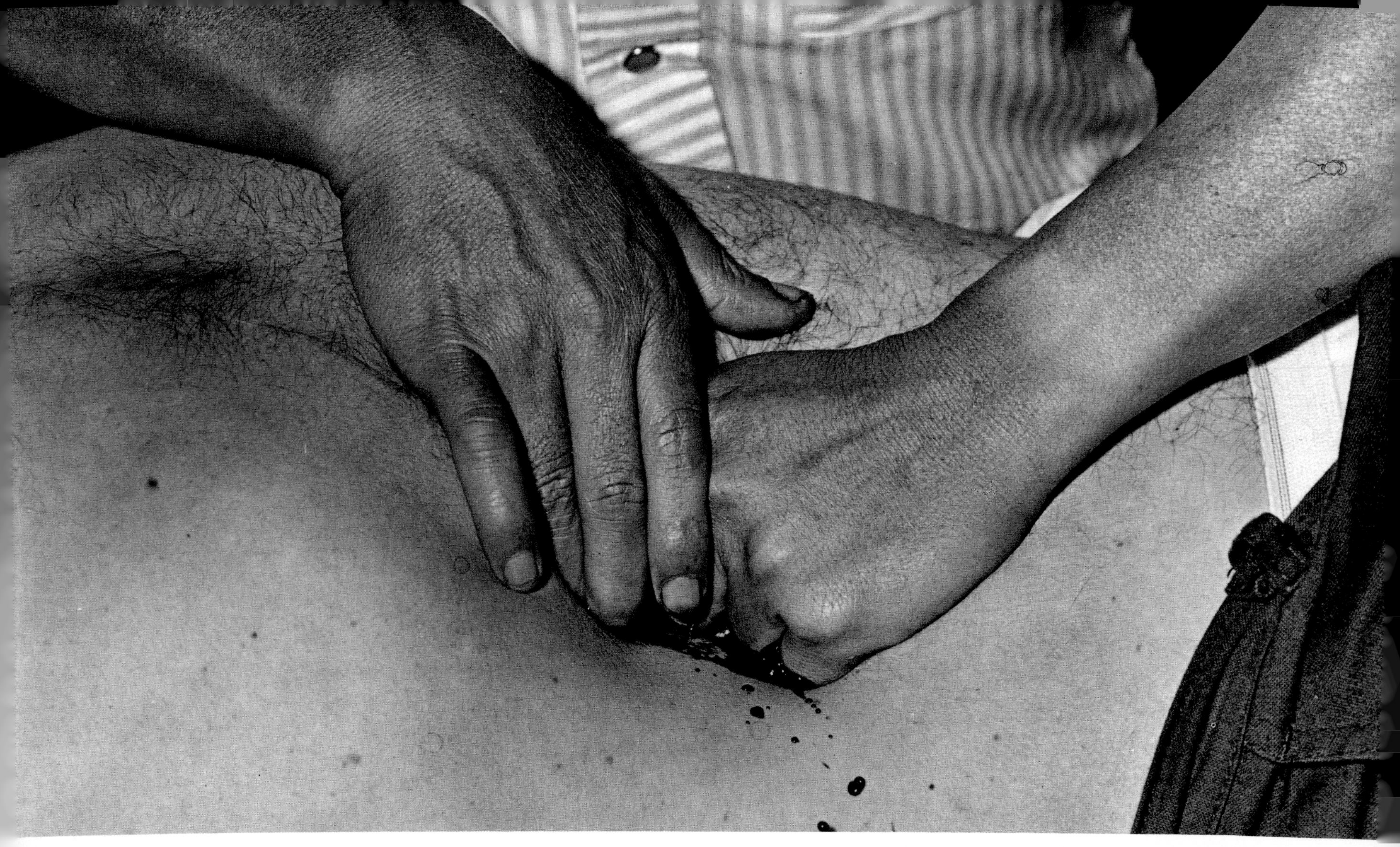

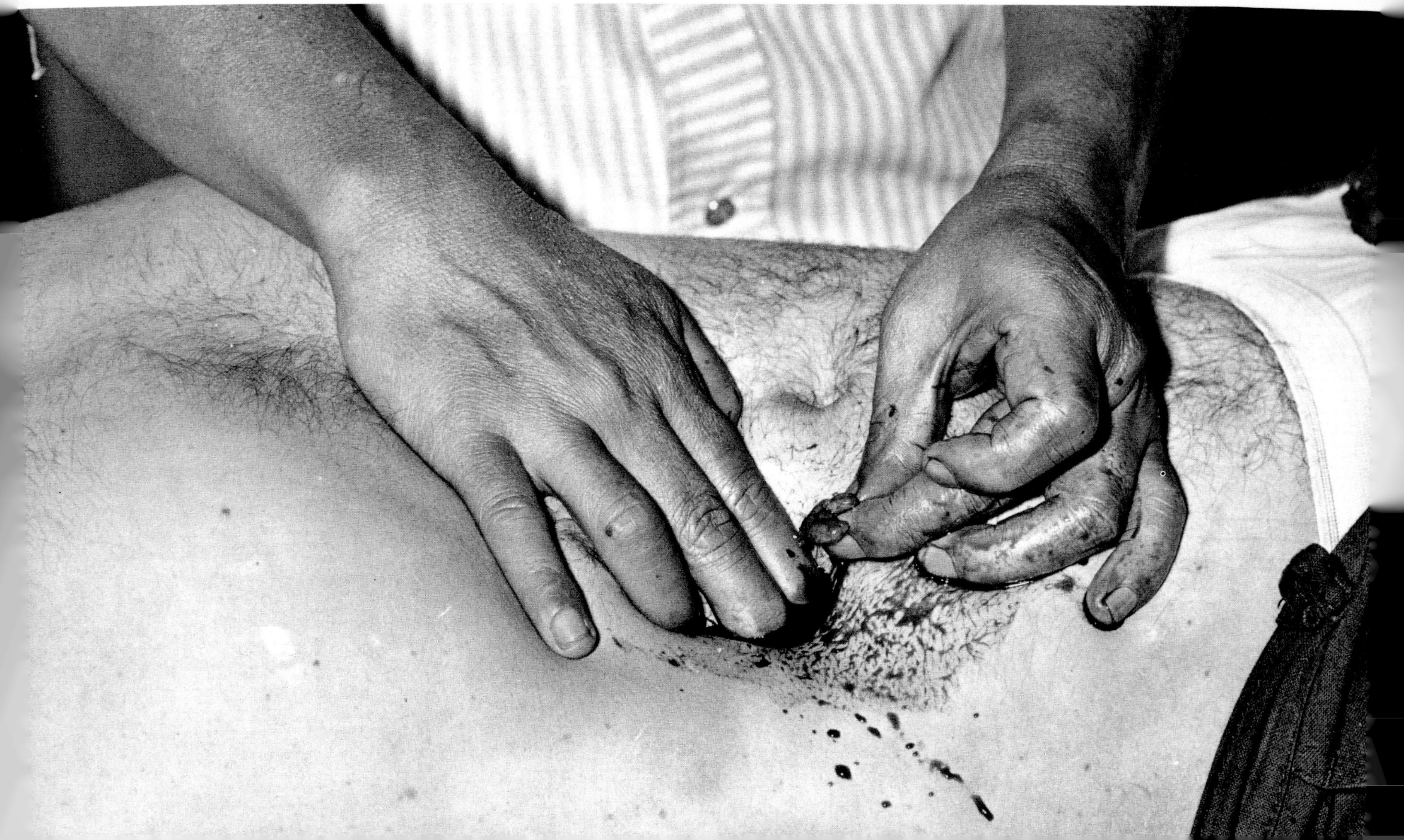

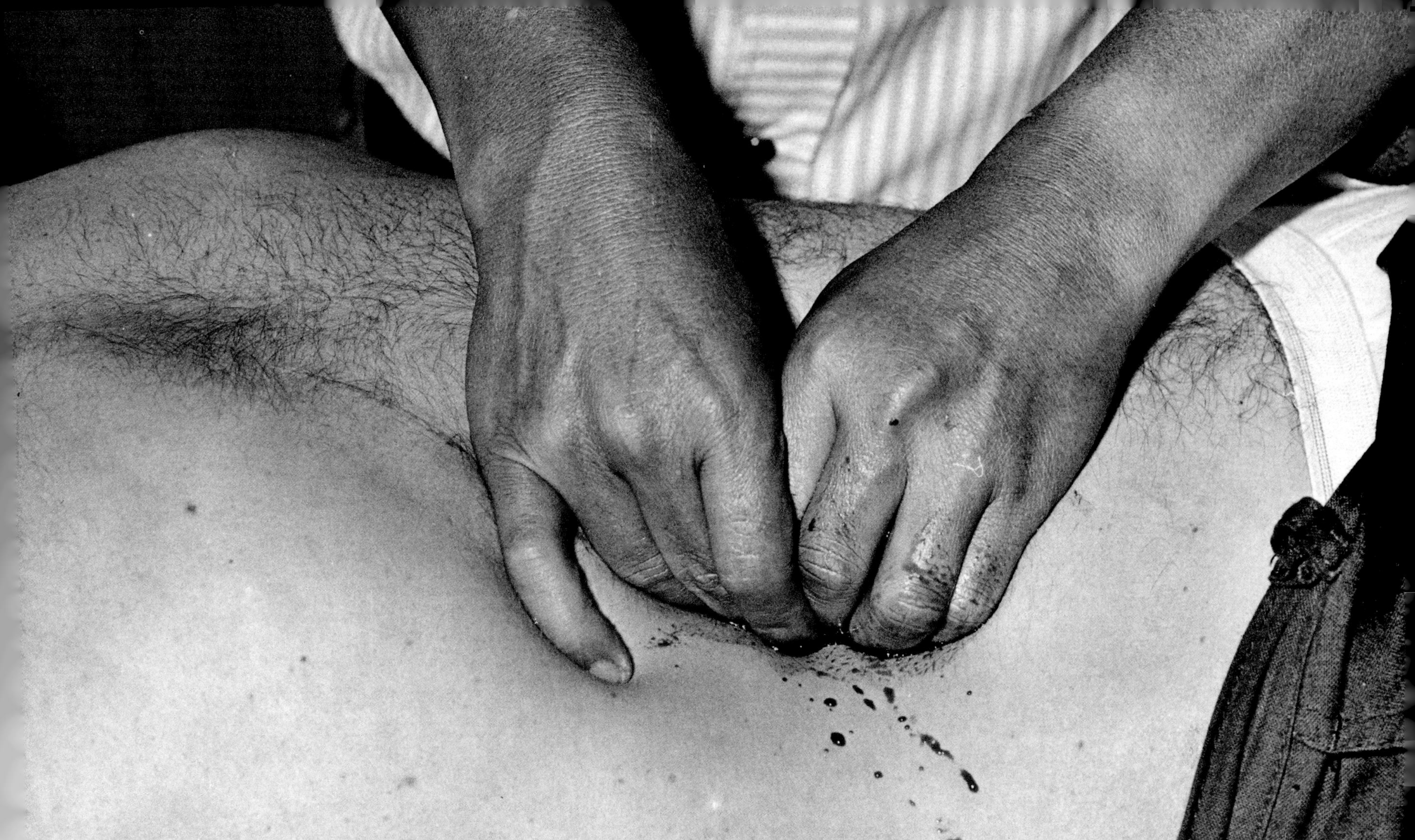
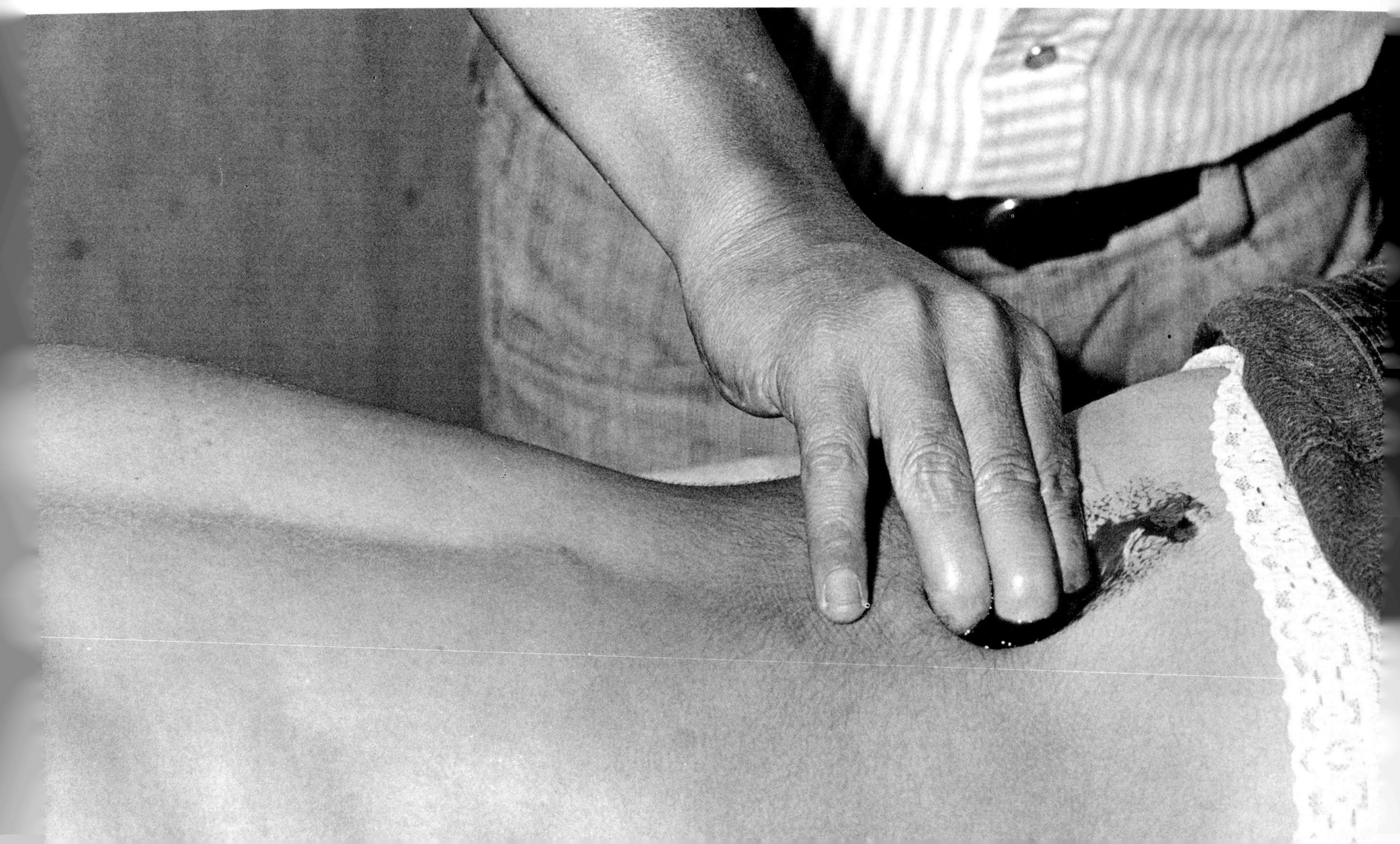

G. Ch.: Wenn Sie einen Körper öffnen, dann müssen Sie ihn auch wieder schließen. Hatten Sie jemals Probleme damit?
P. P.: Da gibt es kein Problem, denn das Heilen geht automatisch und systematisch vor sich – aber das ist schwer zu erklären.
G. Ch.: Im Augenblick bauen Sie an einer Kirche, und Sie sammeln Geld für die Menschen in den Bergen – steht das im Zusammenhang mit Ihrer Berufung?
P. P.: Ja, ich wurde dazu inspiriert, der Menschlichkeit zu dienen. Am Anfang heilte ich und half so den Menschen, aber ich wurde immer mehr von der Armut der Leute ergriffen und organisierte das ›Hamal Cure and Care‹, wobei ›Hamal‹ Gnade bedeutet. Wir erhalten glücklicherweise eine Menge Spenden, die uns in die Lage versetzen, den Armen zu helfen. Wir haben eine Liste der bedürftigen eingeborenen Bergbevölkerung und eine Kirchenliste, die auch Anlaß für Spenden ist.
G. Ch.: Vorhin sah ich viele Filipinos in Ihrem Haus.
P. P.: Sie kamen zu mir, um geheilt zu werden, denn die meisten von ihnen können es sich nicht leisten, ein Krankenhaus aufzusuchen. Manche sind für die Ärzte hoffnungslose Fälle, doch oft ist es möglich, sie zu heilen. Es ist fast unmöglich, zu sagen, wieviel Prozent der Patienten geheilt werden, denn der Heilerfolg ist eine Sache, die sehr auf die Person bezogen ist. Es kann sein, daß zwei Leute mit Kopfschmerzen kommen – der eine wird geheilt, und der andere verspürt lediglich eine kleine Erleichterung.
G. Ch.: Führen Sie Aufzeichnungen über Patienten und Heilerfolge?
P. P.: Wenn ich die Erfahrungen, die ich in meiner Arbeit seit 1974 gemacht habe, überschaue, dann kann ich sagen, daß von den Gruppen, die hierher kamen, ca. 70 Prozent geheilt wurden, die restlichen 30 Prozent mußten sich mit einem schlechteren Ergebnis zufriedengeben.
G. Ch.: In Ihrem Haus trafen wir eine alte Frau, die blind war und nun wieder sehen kann. Wie haben Sie das zustande gebracht?
P. P.: Ich behandelte sie fünfmal, und nach drei Wochen kam sie und konnte sehen. Ich war selber erstaunt. Ich hatte ein paar Blutgerinnsel von ihrer Netzhaut entfernt und eine Reinigung rund um die Organe vorgenommen, und es scheint, daß diese Revitalisierung des Auges ihr die Sehkraft wiedergegeben hat.
G. Ch.: Sie operieren sehr schnell. Innerhalb weniger Minuten öffnen Sie einen Körper an verschiedenen Stellen. Haben Sie eine spezielle Technik?
P. P.: Man muß die inneren Spannungszentren des Körpers aufeinander abstimmen. In der Medizin sind diese als Nervenzentren bekannt, die, wenn sie im Gleichgewicht sind, produktiv bleiben; sie versorgen Muskeln, Nerven und Zähne und halten sich

selbst im Gleichgewicht. Im Hinduismus nennt man sie ›Cakra‹, in der Akupunktur ›Meridiane‹.
G. Ch.: Wie ist es Ihnen eigentlich möglich, Blutklumpen und andere Dinge in so kurzer Zeit zu finden?
P. P.: Ich verfüge über psychische Begabung, durch die ich Dinge unmittelbar in meinem Unterbewußtsein speichern kann; meine Hand wird dorthin geführt, wo ich diese Dinge registriert habe und entfernen muß. Ich diagnostiziere auch Krankheiten auf geistige Weise, durch den Gebrauch meines ›dritten Auges‹. In Indien nennt man es so, während es in der Wissenschaft als Zirbeldrüse bekannt ist. Wir nennen es den sechsten Sinn. Es ist schwer zu erklären, ich kann es nicht besser formulieren.
G. Ch.: Müssen Sie sich vorbereiten, bevor Sie operieren?
P. P.: Ja, ich muß mich konzentrieren und mich läutern, denn ich bin auch nur ein Mensch. Es ist sehr wichtig, vollkommen gereinigt zu sein, wenn man heilt. Die Gedanken, Handlungen und Emotionen müssen mit dem göttlichen Bewußtsein übereinstimmen. Ich kann zwar auch heilen, wenn ich mich nicht konzentriere, aber trotzdem ist es wichtig, sich zuerst zu sammeln, damit die Heilkraft, der Fluß der Energie, ganz positiv wird. Ich bin hundertprozentig davon überzeugt, daß der Patient ebenfalls an Gott glauben soll, denn das ist das kosmische Gesetz. Wir müssen in diesem kosmischen Gesetz bleiben, das da sagt, daß wir in Gott vertrauen sollen. Natürlich frage ich nicht jeden, der bei mir Hilfe sucht, ob er gläubig, nicht gläubig oder Atheist ist.
G. Ch.: Haben Sie irgendwelche Beobachtungen über Heilerfolge bei Atheisten gemacht?
P. P.: Gott wirkt oft in geheimnisvoller Weise. Einmal habe ich einen Arzt aus Australien behandelt, einen Chirurgen, der ein Blasenleiden hatte. Nach drei Sitzungen war er in Ordnung, aber bis heute glaubt er nicht an die Heilung. Ich sagte ihm, daß es meiner Meinung nach nicht wichtig sei, ob er an mich glaube oder nicht; wichtig sei es, daß er daran glaube, geheilt zu werden. Obgleich er nicht an mich geglaubt hat, muß er wohl unbewußt gläubig gewesen sein, und deshalb wurde er geheilt.
G. Ch.: Haben Sie Verbindung zu irgendwelchen Medizinern, die ja oft gegen die Heiler von Baguio argumentieren, ihnen Tricks unterstellen und alle möglichen Erklärungen anbieten?
P. P.: Es waren etliche Mediziner hier in Baguio, um Nachforschungen anzustellen. Während einige von ihnen den Heilern eine positive Seite abgewinnen konnten, verblieben andere ablehnend. Die Letztgenannten kann man für ihren Unglauben nicht tadeln, denn sie haben viel studiert, und ihre Mentalität ist so verschieden von unserer. Sie haben

schulmäßiges Wissen erlernt, und daher fällt es ihnen schwer zu glauben. Diejenigen, die positiv eingestellt sind, können die Ergebnisse nicht leugnen. Auch wenn sie die Heilungen nicht erklären können: die Tatsachen zwingen sie letztlich, das Phänomen der Heilung zu akzeptieren.

G. Ch.: Die Heilungen, die Sie täglich in Ihrem Haus durchführen, unterscheiden sich von denen in der Kapelle. Warum?

P. P.: Die Heilungen, die ich während des Gottesdienstes vornehme, sind dieselben, wie sie gewöhnlich in allen Kirchen gemacht werden. So, wie es in der Bibel steht: »Diejenigen, die glauben, werden geheilt werden, und diejenigen, die die Gabe des Heilens haben, sollen die Hände auflegen, und die Krankheit wird entweichen.« Es kommt da eine ganze Gemeinde zusammen, die geheilt werden will. Ich halte das für die höchste Form von Heilung.

G. Ch.: Ist die Intensität Ihrer Heilkraft Schwankungen unterworfen?

P. P.: Ich habe das Gefühl, daß die Heilkraft immer gleich bleibt, außer wenn der Körper geschwächt ist. Dann muß der Heiler dem Körper Erholung verschaffen. Dies kann man durch Meditation in den Bergen erreichen. Ich gehe dorthin, wenn ich eine plötzliche Schwäche des Körpers fühle, z. B. durch Rauchen oder übermäßiges Essen, wovon mein Körpersystem durcheinandergebracht wird. Es kann nur kuriert werden durch

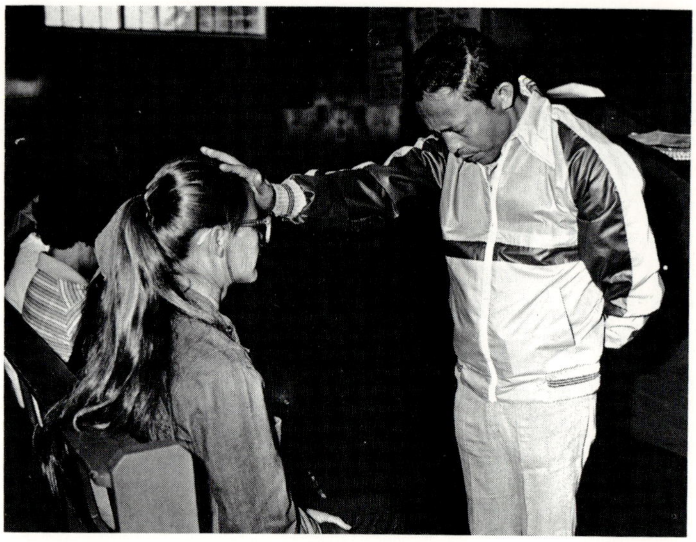

Das Heilen in der Kirche bezeichnet Placido als die höchste Form. Nach dem Gottesdienst wird eine Kranke durch Handauflegen ›magnetisch‹ behandelt.

Stunden der Meditation in den Bergen. Dies, genauso wie körperliche Übungen und geistiges Training, bewirkt, daß ich mich besser fühle. Auch wenn ich ein Problem habe, gehe ich in die Berge, um zu meditieren, dadurch kommt den Menschen, die Hilfe bei mir suchen, mein Gebet zugute. Wenn ich in den Bergen bin, faste ich nicht ausgesprochen, aber ich esse leichte, ausgesuchte Kost und nur so viel, daß die Körpersysteme angeregt werden.

G. Ch.: Heilen Sie sich auch selber, wenn Sie krank werden?

P. P.: Wenn ich selber krank werde, dann wende ich eine eigene Technik an, die allerdings Operationen ausschließt. Es ist eine besondere Kraft, mit der der Geist den Körper überwindet.

G. Ch.: Ich habe gesehen, daß Sie manchmal gegen Ende Ihrer Heilung Medikamente verabreichen.
P. P.: Die Mentalität und die Konzentrationsfähigkeit einiger Leute sind nicht so stark und verlangen eine solche Beigabe.
G. Ch.: Sind die Heiler in Baguio in einer Berufsgemeinschaft organisiert, oder arbeiten sie als Privatpersonen?
P. P.: Ich nehme an, daß es einige Heiler gibt, die nicht organisiert sind; einige jedenfalls sind organisiert, arbeiten jedoch absolut selbständig.
G. Ch.: Stoßen Sie auf Schwierigkeiten bei den hiesigen Schulmedizinern?
P. P.: Keineswegs. Ich sagte ja schon, daß Nachforschungen betrieben wurden – immer mit positivem Ergebnis. Es gibt hier nichts zu beweisen oder zu widerlegen, denn es ist wohlbekannt, daß durch diese Form der Heilung Tausende kuriert wurden.
G. Ch.: Die öffentliche Reaktion auf diese Art der Heilung ist gemischt – manche schätzen sie, manche nicht.
P. P.: Das ist nur natürlich. Es gibt immer Patienten, die ihren Arzt – in diesem Fall ihren Heiler – mögen, und andere, die ihn nicht mögen.
Als die Zeit reif war, wurde ich vom Geist inspiriert, eine religiöse Organisation einzurichten, die nicht konfessionell gebunden ist, die alle Religionen anerkennt und keine Sekte ist. Diese Organisation hat das Ziel und die Absicht, die Liebe Gottes zu predigen und das geistige Verständnis zwischen den Menschen zu steigern. Ich glaube, die Organisation arbeitet gut, wenn sie die Einheit des Religiösen fördert, wie es in den grundsätzlich übereinstimmenden Prophezeiungen aller Religionen niedergelegt ist. Einheit der Religion bedeutet ein Verständnis, einen Glauben, einen Gott und ein Konzept. Wenn diese Prophezeiung erfüllt ist, wird die Liebe ein sicherer Weg im Leben sein. Abgesehen davon akzeptiert diese Organisation Dinge wie transzendentale Meditation und studiert alle Religionsschriften im Bemühen, die Wahrheit zu finden.
G. Ch.: Obgleich auch Ihre Religionsanschauung katholisch ist, praktizieren Sie den Katholizismus nicht so, wie es verlangt wird.
P. P.: Wir versuchen, das, was in den Schriften steht, in die Praxis umzusetzen. Manche Leute verwirklichen das, was sie in ihrer Bibel oder ihrem Koran lesen, nicht. Unsere Absicht ist es, in die Tat umzusetzen, was wir lesen. Wir glauben daran, daß alle Religionen gut sind, das Problem ist und bleibt, sie zu verwirklichen. Schon in der Bibel steht: »Der Glaube ohne die Tat ist der Tod des Glaubens.« Glaube ohne seine Verwirklichung ist daher nutzlos.
G. Ch.: Wie lange arbeiten Sie schon als Missionar und Heiler?
P. P.: Ich begann meine psychischen Heilungen mit vierzehn oder fünfzehn Jahren.

Einmal, als ich von den Bergstämmen in Calinge, die Kopfjäger sind, eingeladen wurde, bat mich der Häuptling des Stammes, seine Tochter von ihren Magenbeschwerden zu befreien. Der Häuptling warnte mich: Wenn es mir nicht gelänge, seine Tochter zu heilen, würde er mich köpfen.
Ich sah mich nun dem Problem gegenüber, heilen zu müssen, während das Volo – das ist das große gebogene Messer der Eingeborenen – über meinem Kopf schwebte, bereit, mir die Kehle durchzuschneiden. Ich sagte dem Häuptling, daß ich mich so nicht konzentrieren könne, und bat die Leute, die auf meiner Seite waren, für mich zu beten und mir zu helfen. Einige, die mich von früheren Heilungen her schon kannten, verlangten vom Häuptling, daß er das Messer wegnehme.
Ich öffnete den Körper der Häuptlingstochter, und plötzlich floß überall Blut. Der Häuptling glaubte, ich hätte seine Tochter umgebracht, und ging mit dem Volo auf mich los. Aber während er zuschlug, zerbrach das Messer in zwei Teile. Als er mit der restlichen Hälfte des Messers nach mir schlug, konnte er plötzlich seinen Arm nicht mehr bewegen. Dieser Zustand dauerte so lange, bis ich die Operation beendet hatte.
Die Tochter wurde geheilt, und der Häuptling lachte. Zum Dank bot er mir die Hälfte des Gebirges an, in dem sein Stamm lebte, samt allen Tieren.

Bis zu diesem Tag hatte ich durch Handauflegen geheilt und dadurch, daß ich für die kranken Menschen betete. Aber von diesem Zeitpunkt an begann ich auch psychisch zu heilen.
Die Missionstätigkeit in den Bergen ist nicht leicht. Die meisten Dörfer liegen einen Tagesmarsch auseinander. Manchmal übernachten wir im Freien, ohne Essen, ohne irgend etwas. Die Nächte in dieser Gebirgsgegend sind bitter kalt.

Rechts: Placido Palitayan erzielt seine Heilerfolge häufig durch ›blutige Operationen‹. Obwohl er der Meinung ist, daß das ›Magnetheilen‹ als Methode wichtiger ist, materialisiert er bei jedem Patienten die krankheitserregenden Substanzen. Das Bild zeigt einen Eingriff an der Oberfläche; das Blut, so erklärt Placido, entsteht durch die Intensität seiner Gedanken zwischen seinen Fingern und der Haut des Patienten.

Seite 26, oben links: Placido entfernt einer blinden Frau Gewebeteile aus dem Auge.
Oben rechts: Nach sechs Eingriffen hat die Patientin ihr Sehvermögen wiedererlangt. Sie kommt bereits allein, ohne Begleitung, zur Nachbehandlung.
Unten links: Placido behandelt ein Kind mit dem Magnetismus seiner Hände.
Unten rechts: Der bekannte österreichische Naturheilpraktiker Hans Neuner betrachtet erstaunt eine Materialisation, die Placido aus seinem Abdomen entfernt. Ein nur zwei Minuten dauernder Eingriff befreite den Patienten von einem grünen Star, an dem er seit Jahrzehnten gelitten hatte.

Seite 27: Blutgerinnsel, die als Folge einer Intervention durch Placido materialisiert wurden.

Seite 28: Im Wartezimmer Placidos drängen sich am Wochenende einheimische Patienten, die kostenlos behandelt werden.

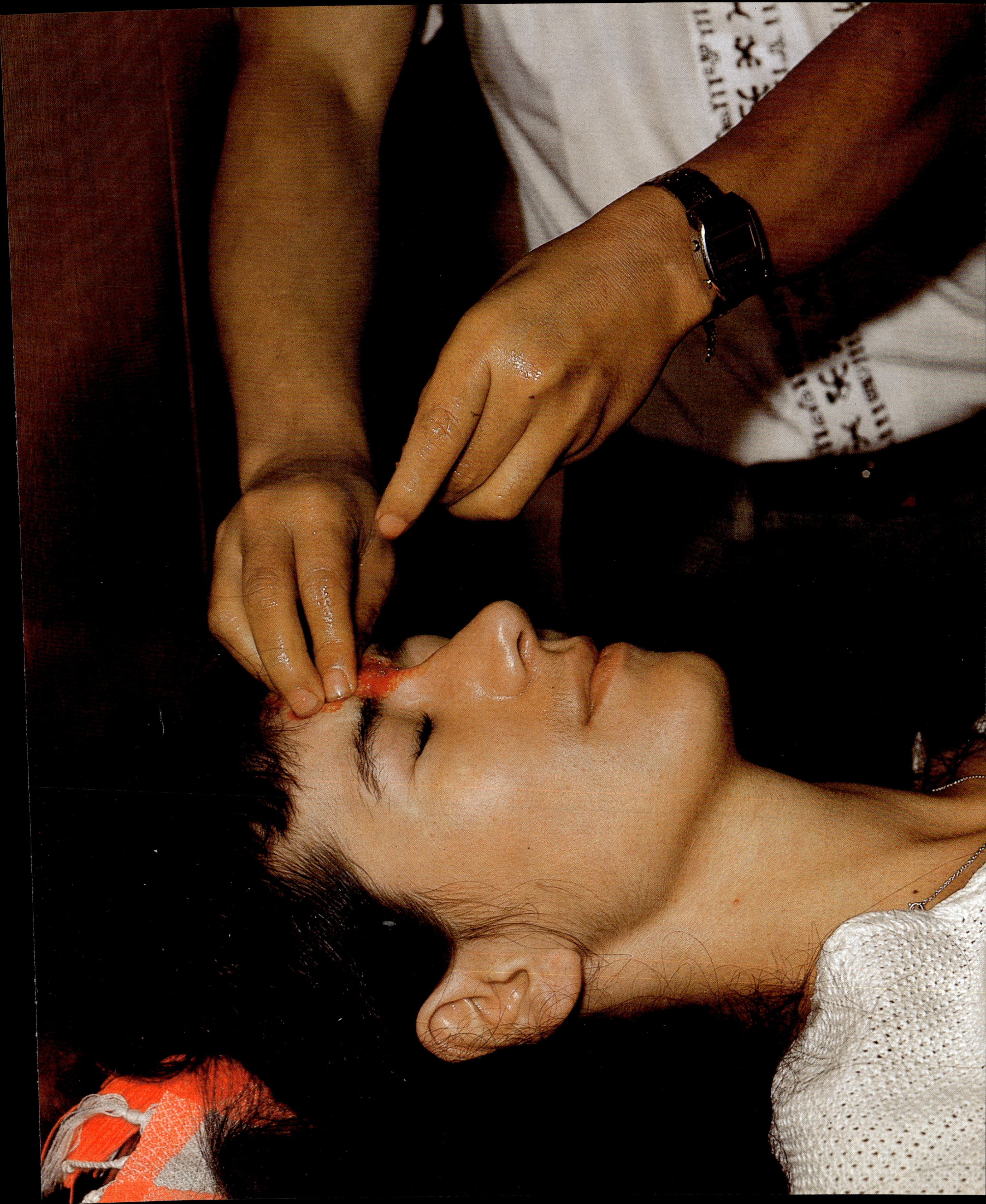

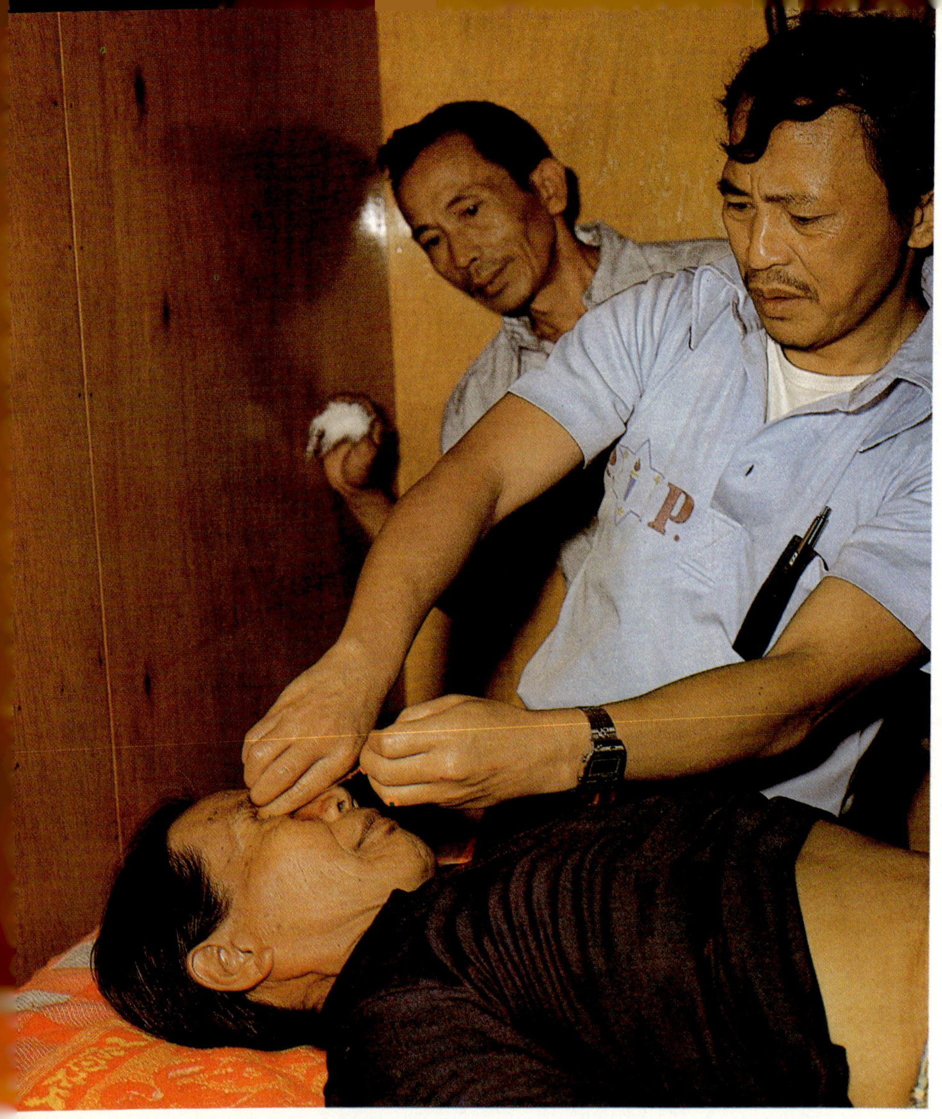

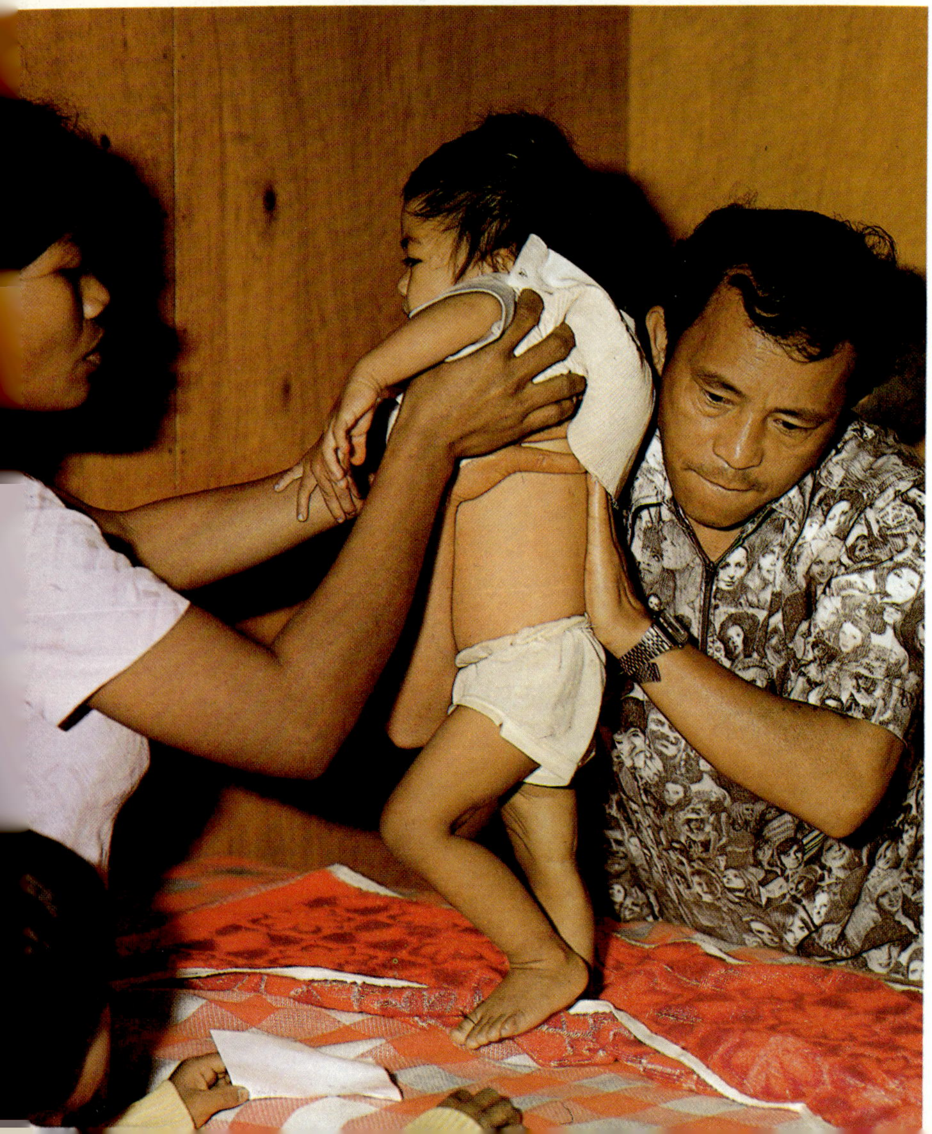
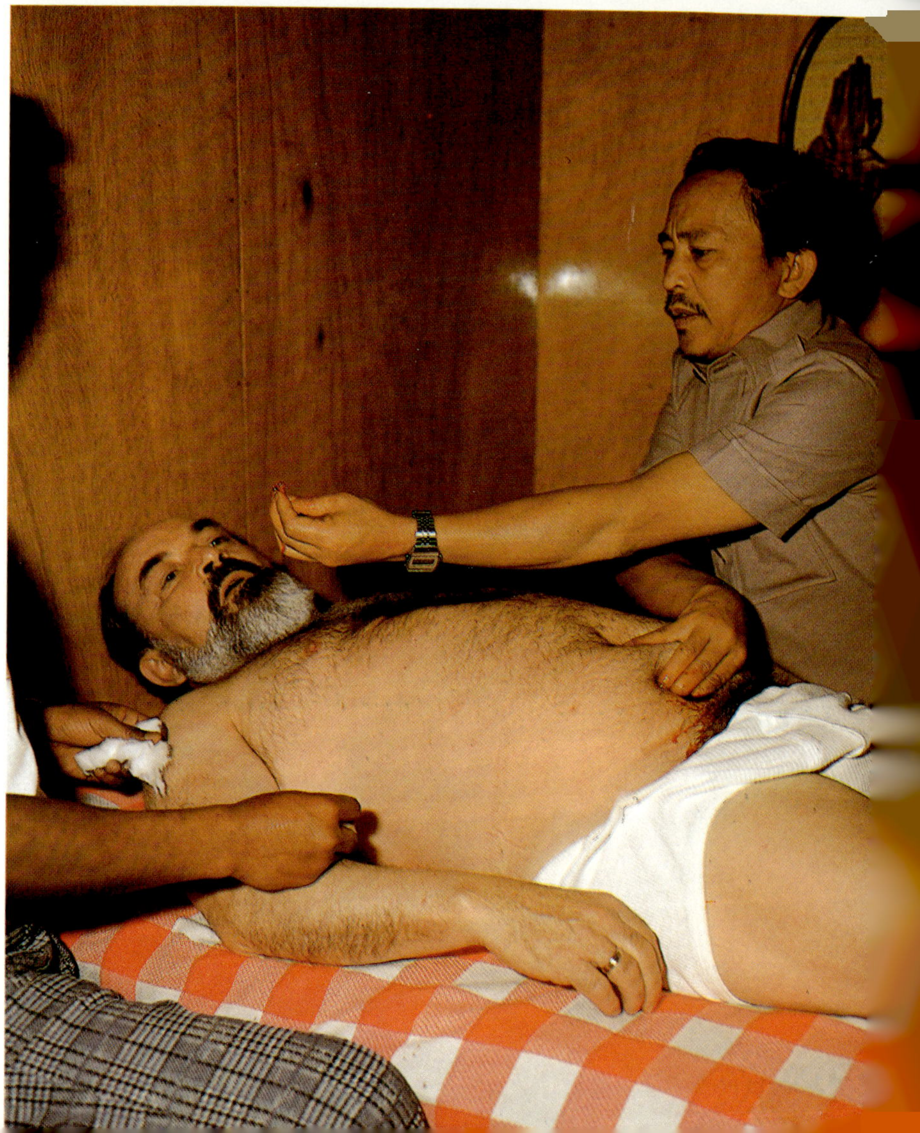

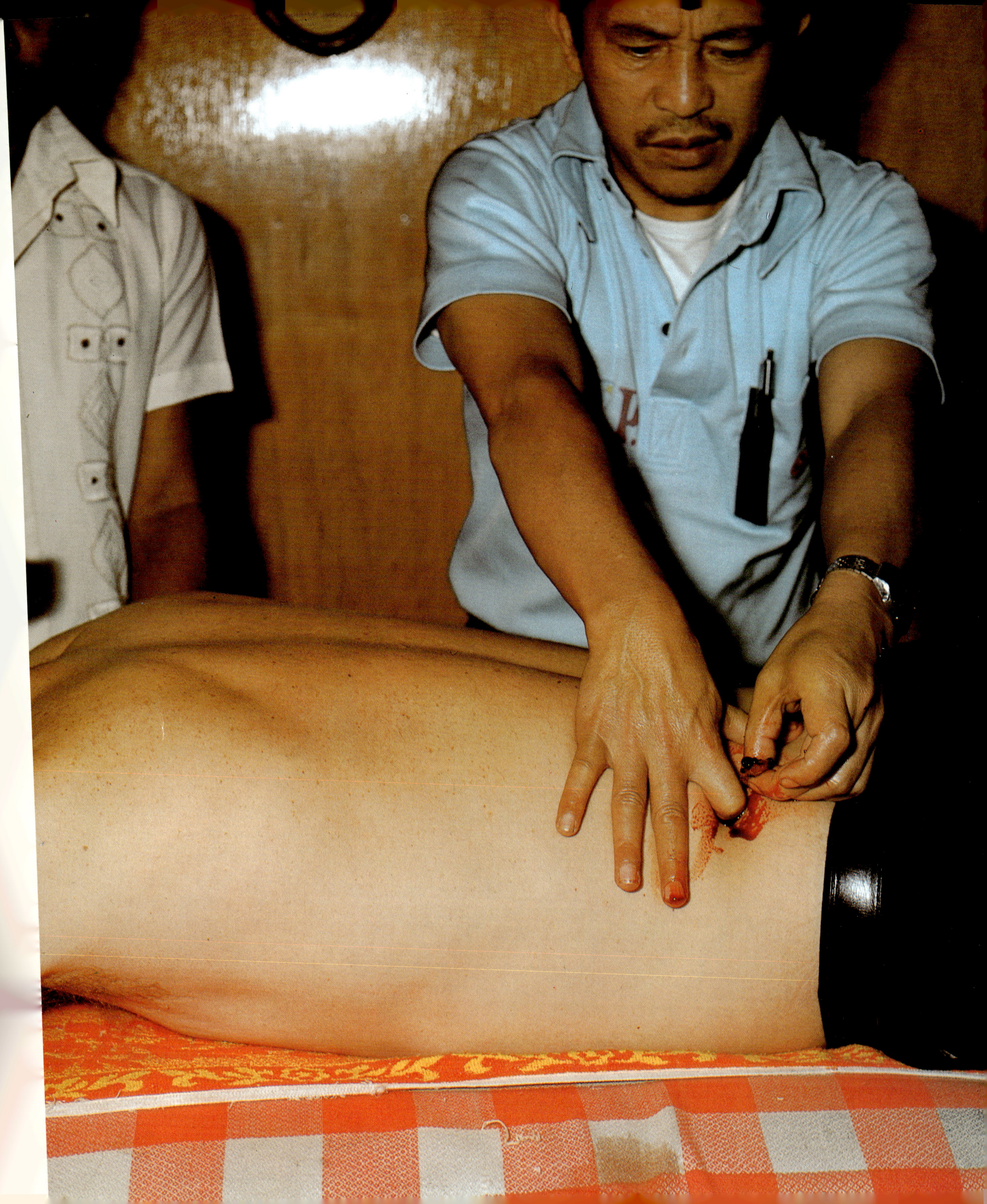

In den Bergprovinzen müssen wir eine Menge Mühsal auf uns nehmen. Einmal habe ich sechs Monate lang nicht geschlafen, keine einzige Stunde in sechs Monaten. Denn wenn wir von einem Dorf zum anderen ziehen, bleiben wir in jedem eine Nacht, um zu heilen und zu predigen, und am nächsten Tag ziehen wir weiter. Wir mußten in der Nacht heilen – es war einfach nicht genug Zeit vorhanden. Und nach der Heilung gab es immer viele Fragen. So vergingen die Nächte – ohne Schlaf.
Natürlich magerte ich zum Skelett ab, aber ich stellte zu meinem eigenen Erstaunen fest, daß mein Körper nach diesen sechs Monaten gleich stark war wie am Beginn. Wenn es nicht für mein geistliches Amt gewesen wäre, ich wäre sicher an Krankheit, Hunger und Entbehrungen zugrunde gegangen. Das sind Zeiten, in denen wir aufschreien vor Hunger und Verzweiflung.
Mit Gottes Hilfe aber werden wir immer fortfahren zu heilen. Wir arbeiten einfach weiter.

Unterwegs zu Philipp Malicdan

In Placidos Wartezimmer sitzt immer noch der weißhaarige Australier. Er heißt Skip Briggs, ein Mann von vierundsiebzig Jahren, körperlich und geistig vital. Er kam vor Jahren hierher, leidend und von Schmerzen geplagt. Seine Heilung und seine junge philippinische Frau waren für ihn der Anlaß, sich hier niederzulassen.
In diesen Jahren ist Skip ein intimer Kenner philippinischer Heilmethoden geworden, den es danach drängt, seine Erfahrungen weiterzugeben. Er bietet sich als Führer an, er will mich mitnehmen zu jenen Heilern, die ihm geholfen haben und bei denen er heute als Freund verkehrt.
Diese Begegnung am ersten Tag meiner Ankunft erweist sich als ein Geschenk des Himmels. Nie hätte ich ohne Skips Bekanntschaft in so kurzer Zeit einen so tiefen Einblick in die Geschehnisse bekommen können; sein umfassendes Wissen und die gewinnende Art, mit der er mich seinen Freunden vorstellt, öffnen mir Tür und Tor.

Unser erster Weg führt zu Marcelino Asuigui. Sein Haus steht etwas außerhalb von Baguio an einem Hang. Die Einrichtung wirkt ärmlich, das kleine Wartezimmer ist leer. Kinder und Hunde tollen herum – eine Idylle, in der man eigentlich keine Wunder erwartet.
Marcelino ist ein bescheidener Mann. Er ist nicht gebildet, und es fällt ihm schwer, zu erklären, was im Körper des Patienten vorgeht. Er hat keine Kenntnisse der Anatomie, sein besonderes Interesse gilt der Magnetik und der Reflexologie, aber er operiert auch in der Art wie Placido. Nachdem keine Patienten

eintreffen, drängt Skip zum Aufbruch. Beim Hinausgehen fragt mich Marcelino, ob ich gesund sei. Ja, ich bin gesund, ich habe jedenfalls keine Beschwerden. Marcelino glaubt es nicht. Meine Augen verraten eine Krankheit, und er würde sie gerne nach unserer Rückkehr diagnostizieren.
Unser nächster Weg bringt uns zu Philipp Malicdan, einem Freund von Skip. In seinem schönen Holzhaus am Rande der Stadt sitzen zwei Patienten im Wartezimmer. Die große Diele dient privaten Gottesdiensten. Auf dem Podium steht eine elektrische Orgel, ein Kruzifix und ein Marienbild schmücken den Raum. Eine Tafel mit Fotos zeigt Philipps Arbeit. Die Bilder ähneln sich alle: auf dem Bauch oder dem Rücken liegende Patienten, der Heiler mit seinen Händen im geöffneten Körper. Andere Fotos zeigen ihn beim Öffnen der Stirn, Blut rinnt übers Gesicht des Kranken.
Während Skip mit den Patienten spricht und um Fotoerlaubnis für mich bittet, kommt Philipp in den Warteraum. Bei seinem Anblick denke ich zuerst an einen Popsänger: ein buntgestreiftes Sakko über einem Seidenhemd, auf der Brust ein handgroßes goldenes Kreuz, mit glitzernden Steinen besetzt. Philipp ist ein freundlicher Mann. Er wirkt routinierter und weltmännischer als andere Heiler in Baguio. Später erfahre ich, daß er viel reist, Kongresse besucht und ständig in Djakarta Patienten betreut.

Ich folge einem Patienten ins Behandlungszimmer. Die Wände sind mit Heiligenbildern und Sprüchen dekoriert. In einer Ecke steht ein Tisch mit Medizinflaschen und chirurgischen Instrumenten, in der anderen ein Altar mit einer Marienstatue und brennenden Kerzen. Kleine Opfergaben werden der Figur zu Füßen gelegt.
Während sich der Patient auf dem Tisch ausstreckt, beginnt Philipp ein Gebet zu sprechen. Er legt seine Hand auf die Stirn des Kranken und erbittet die Hilfe Gottes, ohne die er keine Heilung durchzuführen vermag. Erst jetzt massiert er den Körper, er streicht vom Nacken bis zu den Lenden und drückt seine Finger tief in den Bauch. Er scheint die Stelle zu suchen, an der er den Körper öffnet. Dann träufelt er eine klare Flüssigkeit auf die Brust des Patienten und massiert sie mit kreisenden Bewegungen ein. Seine Finger dringen anscheinend tiefer in den Körper, Blut quillt aus der Wunde, seine Hände stecken bis über die Gelenke im Bauch des Patienten. Während ich gebannt zusehe, bringt er einen kirschgroßen Stein ans Licht, wenig später einen langgezogenen Gewebeteil. Er nimmt einen Wattebausch und wischt das Blut von der Wunde. Ohne jede Narbe hat sich die Öffnung geschlossen.
Skip, der Tausende solcher Eingriffe gesehen hat, ist nicht beeindruckt. Für ihn war es ein schlichtes Erlebnis, eines, das er täglich haben kann bei seinen Freunden, den Heilern.

Bevor wir aufbrechen, erlaubt mir Philipp, mein Tonbandgerät aufzubauen. Er will meine Fragen beantworten.

Gert Chesi: Mr. Malicdan, Ihre Arbeitsweise unterscheidet sich von der anderer Heiler. Würden Sie uns Ihr System erklären?
Philipp Malicdan: Ich beginne mit der Diagnose der Krankheit. Dann muß ich eine Eingebung vom Heiligen Geist bekommen, ob eine psychische Behandlung möglich ist oder nicht. Wenn ja, dann muß ich die Behandlung durchführen. Nach der psychischen Operation* gehe ich zur magnetischen Heilung über. Anschließend wende ich Öle und Kräuter an, die wir selbst in den Bergen gewinnen. Bevor ich jedoch Kräuter gebrauche, vergewissere ich mich, ob sie sich mit der Krankheit des Patienten vertragen. Scheint eine physische Behandlung nicht nötig, wende ich andere Heilverfahren an, etwa Psychoheilung oder spirituelle Massage. Nicht anwenden kann ich die Massage bei Erkrankungen wie Krebs, Arthritis, Rheumatismus, Lymphomen oder Tumoren.

* ›Psychische Operation‹ und ›blutige Operation‹ sind zwei Ausdrücke, die von den Heilern für jene Eingriffe angewandt werden, bei denen am Körper des Patienten Materialisationen entstehen oder durch das Eindringen der Heilerhände Gewebeteile und Blutgerinnsel aus dem Körperinneren hervorgebracht werden. Die psychische Chirurgie findet nicht im materiellen Bereich statt, auch wenn sie die Bauchdecke des Patienten durchdringt. Der Eingriff findet auf einer spirituellen Ebene statt.

G. Ch.: Wann haben Sie Ihre Tätigkeit als Heiler begonnen?
Ph. M.: Ich war neun Jahre alt, als ich das erstemal mit meiner Mutter und meinem Vater in die Berge ging. Meine Mutter ist eine ganz ausgezeichnete Heilerin. Beide, Mutter und Vater, heilten im Gebiet von Bontoc. Ich selbst wurde dort geboren und wuchs in Baguio auf. Wie schon gesagt, ich wanderte mit meinen Eltern umher, die an verschiedenen Orten im Gebirge geheilt hatten. Meine Mutter leitete eine Organisation, die sogenannten ›Kulturellen Minderheiten‹, die nach Mutters Aussagen von ihren Großeltern gegründet wurde. Als ich vierzehn Jahre alt war, sagte ich zu meiner Mutter, es sei besser, für die Organisation schriftliche Unterlagen anzufertigen, damit die ›Kulturellen Minderheiten‹ bei der Behörde registriert werden könnten. 1965 reorganisierte ich die ›Kulturellen Minderheiten‹. Man kennt sie jetzt unter dem Namen ›Die Spiritualisten‹. Am 12. Mai 1971 habe ich die neue Organisation angemeldet, und sie wurde durch einen Bescheid der Behörde zugelassen.
G. Ch.: In Ihrem Haus gibt es einen Raum, in dem Sie für Ihre Patienten singen und musizieren. Halten Sie an Sonntagen Ihren eigenen Gottesdienst ab?
Ph. M.: Ja. Oft kann ich hier nicht fort, weil meine Assistenten in die Berge gehen müssen, wo wir auch Mitglieder haben. So kann ich an Sonntagen, wenn ich hier bin, beten.

G. Ch.: Sie reisen viel. Können Sie Ihre Kraft nur auf den Philippinen benutzen oder auch in anderen Ländern?
Ph. M.: Es liegt an den Vibrationen, aber auch am Heiler selbst. Außerhalb der Philippinen hängt es davon ab, ob man beten kann. Ich selbst muß jede Nacht beten, um meine Heilkraft aufrechtzuerhalten, besonders dann, wenn ich einige Heilungen durchgeführt habe. Das habe ich z. B. in Singapur gemacht, wo ich Patienten aus Rußland, Australien und Kanada geheilt habe. Ich war glücklich, weil es mir gelungen ist, die ›Heilbranche‹ in Singapur zu etablieren, ziemlich weit entfernt von den Philippinen.
G. Ch.: Sie planen gerade den Besuch des Heilerkongresses in Kolumbien.
Ph. M.: Ich werde meine Organisation beim Kongreß für psychische Heilung in Bogotá vertreten. Vorher aber fliege ich nach Bolivien, um dort zu heilen. Heidi di Suarez, Miss Bolivien 1980, hat mich gebeten, ihren leidenden Vater zu behandeln. Die bolivianische Botschaft hat meine Papiere bereits ausgefertigt, und ich warte nur noch auf die Flugkarte. Dann kann ich abreisen.
G. Ch.: Können Sie mir etwas mehr über die unterschiedliche Auswirkung Ihrer Kraft hier auf den Philippinen und außerhalb der Philippinen erzählen?
Ph. M.: Es gibt einen Unterschied. Manchmal vermindert sich meine Kraft wirklich, manchmal bleibt sie gleich. Ich habe schon gesagt, es hängt von der geographischen Lage des Ortes ab, an dem ich gerade heile. – Die Heilkraft ist von Heiler zu Heiler verschieden, je nach Intensität seiner Gabe. Einige Heiler öffnen den Körper mit ihren Händen, aber ich verfahre anders, ich arbeite nicht mit offenen Wunden, wegen der Vibrationen und Strahlungen, die durch die Operation beeinträchtigt werden. Das würde den Patienten nicht heilen, sondern nur verletzen und, mehr noch, neue Krankheiten entstehen lassen.
G. Ch.: Manche Heiler geben dem Patienten Operationsrückstände mit. Machen Sie das auch?
Ph. M.: Natürlich, wenn es verlangt wird. Wenn nicht, dann tue ich es nicht, weil ein Nebeneffekt beim Patienten eintreten kann. Ein Beispiel: Ich entferne bei einem Patienten eine Zyste oder ein Gewächs und zeige diese Dinge her. Es wäre möglich, daß die Zyste oder das Gewächs in den Körper zurückkehrt und weiterwächst.

Beim Heiler Marcelino Asuigui

Marcelino ist mit seiner Frau im kleinen Behandlungsraum seines Hauses. Die Patienten verpäten sich, so daß es ihm vernünftig erscheint, mich zu untersuchen. Ich entkleide mich und lege mich auf den Operationstisch. Marcelino beginnt meine Zehen und Fußsohlen zu bearbeiten. Er sucht nach Reflexen, und während er heftig drückt und zieht, will er wissen, ob ich Schmerzen verspüre. Ich muß ihn enttäuschen, ich fühle mich gesund; die Reflexe scheinen das zu bestätigen. Er will wissen, ob ich ein Prostataleiden habe, aber meine Auskünfte bleiben negativ. Nun beginnt er meinen Körper nach anderen Gesichtspunkten abzutasten, und als seine Hände die Gegend des Solarplexus erreichen, hält er an. Meine Leber sei nicht in Ordnung. Das Leiden hätte zwar noch keine Symptome gezeigt, aber er glaube zu erkennen, daß hier etwas im Kommen sei, das mir künftig Probleme bereiten könnte.

Marcelino schlägt vor, am kommenden Tag meinen Bauch zu öffnen, um nach jener vermeintlichen Krankheit zu suchen, die er erfühlt zu haben glaubt. Ich stimme zu, ich werde morgen wiederkommen.

Inzwischen sind die Patienten eingetroffen, ein Ehepaar aus Mitchell in Australien. Der Mann trägt sich mit dem Namen Crawley ins Gästebuch ein; seine Frau ist Philippinin. Er hat Probleme mit dem Herz, gelegentlich versagt die linke Körperhälfte, Gefühllosigkeit und Lähmungserscheinungen sind die Folge. Seine um Jahre jüngere Frau fühlt sich schwach und müde, ihr Äußeres allerdings würde einen gesunden Menschen vermuten lassen.

Marcelino beginnt John Crawley zu massieren, seine Frau hilft dabei. Skip gibt Anweisungen und Ratschläge, und ich erkenne, daß er über ein umfassendes Wissen jener Körperstellen verfügt, die in der Akupunktur eine Rolle spielen. Beim Massieren der Zehen scheint der Patient Schmerzen zu empfinden, immer wieder zuckt er zusammen, er beherrscht sich, um nicht laut zu schreien.

Marcelino entschließt sich, keinen operativen Eingriff zu machen, die magnetische Massage sollte zu einer Besserung führen.

Nach dem Mann legt sich seine junge Frau auf den Operationstisch. Marcelino betastet den Körper von allen Seiten, dann verharrt er an einer Stelle am Bauch. Seine Finger kreisen kurze Zeit und dringen durch die blutende Bauchdecke ein. Die Operation dauert länger als bei Placido, dann zieht er langsam einen über zwanzig Zentimeter langen Wurm aus der Wunde. Marcelinos Frau, die so etwas zum erstenmal sieht, dreht sich angeekelt zur Seite.

Während Marcelino mit einer Hand in der Wunde bleibt, zeigt er mit der anderen stolz seinen Fang. Der Wurm wird in eine Wasserschale gelegt. Marcelino tastet sich weiter durch den Bauch und fördert erst zwei kleine Steine, dann einen eher organisch aussehenden Gegenstand von der Größe eines Hühnereis zutage. Wieder greift er in die Wunde und holt noch zwei weitere Würmer ans Licht, bevor er nach etwa fünf Minuten die Prozedur beendet.

Detail aus dem Behandlungsraum von Marcelino.

Es war ein unangenehmes, aber spektakuläres Erlebnis. Auch Skip mußte zugeben, einen derartigen Eingriff noch nicht gesehen zu haben. Die allgemeine Verwirrung ist groß, dennoch fällt mir auf, daß die Würmer bewegungslos, wie tot, in der Schale liegen. Ich spreche mit Skip darüber, dieser mit Marcelino. »Es ist möglich, daß sie tot sind – ich weiß es nicht. Vielleicht sind sie während der Operation gestorben.«

Marcelino hat keinen Ehrgeiz, etwas zu beweisen. Deshalb greift Skip in die Schale und zieht einen Wurm heraus. Er drückt ihn zusammen, der Wurm bewegt sich, er lebt. Ich frage Marcelino, wie er in der Bauchhöhle die Würmer zu fassen bekam. Darauf antwortet er: »Ich suche nichts, ich habe es nur plötzlich zwischen den Fingern. Erklären kann ich das nicht, ich habe ja schon gesagt, daß ich nie etwas darüber gelesen oder gelernt habe.«

Am nächsten Morgen finde ich mich bei Marcelino ein. Mein Gesundheitszustand soll untersucht werden. Ich liege auf dem Operationstisch, und während Marcelinos Frau meine Fußsohlen massiert, sucht er nach Reflexen am Körper. Dieses Suchen und Massieren dauert fast eine Stunde. Während er meinen Bauch knetet, spricht er von der Notwendigkeit des Glaubens. Er ist nur das Werkzeug Gottes, die Heilung verdanken wir dem Schöpfer selbst. Dabei ist es keineswegs vorhersehbar, wer geheilt werden kann. Karmische* Gründe können dagegen sprechen, dann ist die Kunst des Heilers wirkungslos. Bevor er einen operativen Eingriff unternimmt, betet er. Er erbittet

---

* ›Karma‹ ist ein aus dem Hinduismus stammender Begriff, er versinnbildlicht den ›Weg zur Tat‹, zu einer glücklichen Wiedergeburt nach dem Tode. Durch Verfehlungen kann diese glückliche Wiedergeburt in Frage gestellt sein. Körperliche und seelische Leiden werden daher oft als ›karmisch‹ bedingt angesehen. Karma-Diagnosen (siehe Eduardo Simbol) sollen die Ursache eines Leidens klären.

Antwort von einer inneren Stimme, doch wenn diese Antwort ausbleibt, weiß er, daß er verloren hat.
Marcelino hat mit zwölf Jahren zu heilen begonnen, heute ist er fünfundvierzig. Es gibt für ihn, wie er sagt, noch viel zu lernen. Früher hat er mehr als jetzt operiert. Heute glaubt er, daß die Reflexologie eine wichtige und erfolgbringende Methode ist. Er hat mit seinen magnetischen Massagen ebensoviel Erfolg wie mit den operativen Eingriffen. Meine Frage, ob er nicht manchmal Angst davor hat, daß sich eine Wunde nicht mehr schließt oder daß Komplikationen auftreten, mit denen er nicht gerechnet hat, verneint er. Er hat einem Patienten die Augäpfel herausgenommen und dahinter krankes Gewebe entfernt. Er hat sich nicht vor dem Eingriff gefürchtet, denn der Geist selbst hat es von ihm verlangt. Wenn die Gefahr von Komplikationen besteht, dann gelingt auch das Öffnen des Körpers nicht.
Skip, der seit fast einer Stunde den Fotoapparat auf mich gerichtet hält, steigt von seinem Stuhl, den er sich der besseren Sicht wegen hingestellt hat. Marcelino erklärt, mein Körper sei gesünder, als er gedacht habe; ein operativer Eingriff sei nicht angebracht. Etwas unterkühlt klettere ich vom Operationstisch, und während ich mich ankleide, sprechen Skip und Marcelino über Akupunktur und Reflexzonenmassagen, die operative Eingriffe zu ersetzen vermögen.

Marcelino ruft den alten Bontoc-Gott und bittet ihn, das Opfer anzunehmen. Ein Huhn (in den Händen des Patienten) wird für den Kranken sein Leben lassen müssen. Mit der fliehenden Blutwärme des Tieres soll auch die Krankheit oder der die Krankheit auslösende Geist den Körper des Patienten verlassen.

Echte und falsche Heiler

Ich sitze in Marcelinos Haus, als ein amerikanisches Ehepaar, von zwei Polizisten eskortiert, durch den Garten kommt. Vor dem Verlassen Amerikas haben sie ihre Habseligkeiten und den Wagen verkauft, um die Reise zu finanzieren. Heute, zwei Monate später, stehen sie vor dem Nichts. Sie sind, wie viele andere Hilfesuchende auch, auf einen falschen Heiler hereingefallen, und nun mühen sie sich, unter Mithilfe der Polizei den Betrüger zu finden. Marcelino hat nichts mit der Affäre zu tun, und er kann auch nicht helfen.

Ein Taxifahrer hatte vorgegeben, sie zu Placido zu bringen. Der Mann, der sich als Heiler ausgab, war aber weder Placido noch ein Heiler. Im Laufe vieler erfolgloser Sitzungen kassierte er jedoch an die zehntausend Dollar, so daß die Betroffenen jetzt gezwungen waren, ihr Hotel zu räumen und unverrichteterdinge das Land zu verlassen.

Wer auf dem Flughafen von Manila ankommt, wird vorerst von einem Dutzend aufdringlicher junger Männer belästigt, die alle ›beste Kontakte‹ zu Heilern angeben. Mit dem Taxi werden die Hilfesuchenden später irgendwohin verfrachtet und mit dem vermeintlichen prominenten Heiler bekannt gemacht. Zu spät erst erfahren die meisten, daß sie betrogen worden sind. In den Kreisen dieser Schwindler befinden sich geschickte Taschenspieler, die ausschließlich mit Tricks arbeiten. Durch solche Zwischenfälle wurde der Ruf der philippinischen Geistheiler empfindlich geschädigt. All das führte zu berechtigtem Mißtrauen. Der Mangel an seriösen Informationen gibt den Schwindlern freien Raum.

In diesem Zusammenhang wird es eines Tages notwendig sein, daß sich die Heiler als Berufsgruppe organisieren. Nur so kann dem Patienten eine Garantie gegeben werden, nicht in falsche Hände zu geraten. Gegenwärtig ist eine derartige Vereinigung noch undenkbar, weil Eifersucht und Unstimmigkeit unter den Heilern die Szene beherrschen. Solange sich alles in einem betont privaten Rahmen ereignet, ist die Durchschaubarkeit der Branche nicht gewährleistet. Von seiten offizieller Stellen werden die Heiler zunehmend toleriert, dennoch existieren die Phänomene unerkannt im Schatten emotioneller Ablehnung.

Rechts: Marcelino Asuigui bei der Behandlung einer österreichischen Patientin.

Seiten 38/39: Bei einem Routineeingriff fördert Marcelino drei lebende Würmer zutage. Die philippinische Patientin, die an Appetitlosigkeit und Erbrechen litt, war nach dem Eingriff gesund.

Seite 40: Marcelino praktiziert den blutigen Eingriff nur selten. Für wirkungsvoller und den Operationen überlegen betrachtet er die Reflexologie und die Magnetmassage. Die anzuwendende Methode erfährt er von seinem Geist, der – wie Marcelino glaubt – auch seine Hände bei den Operationen führt.

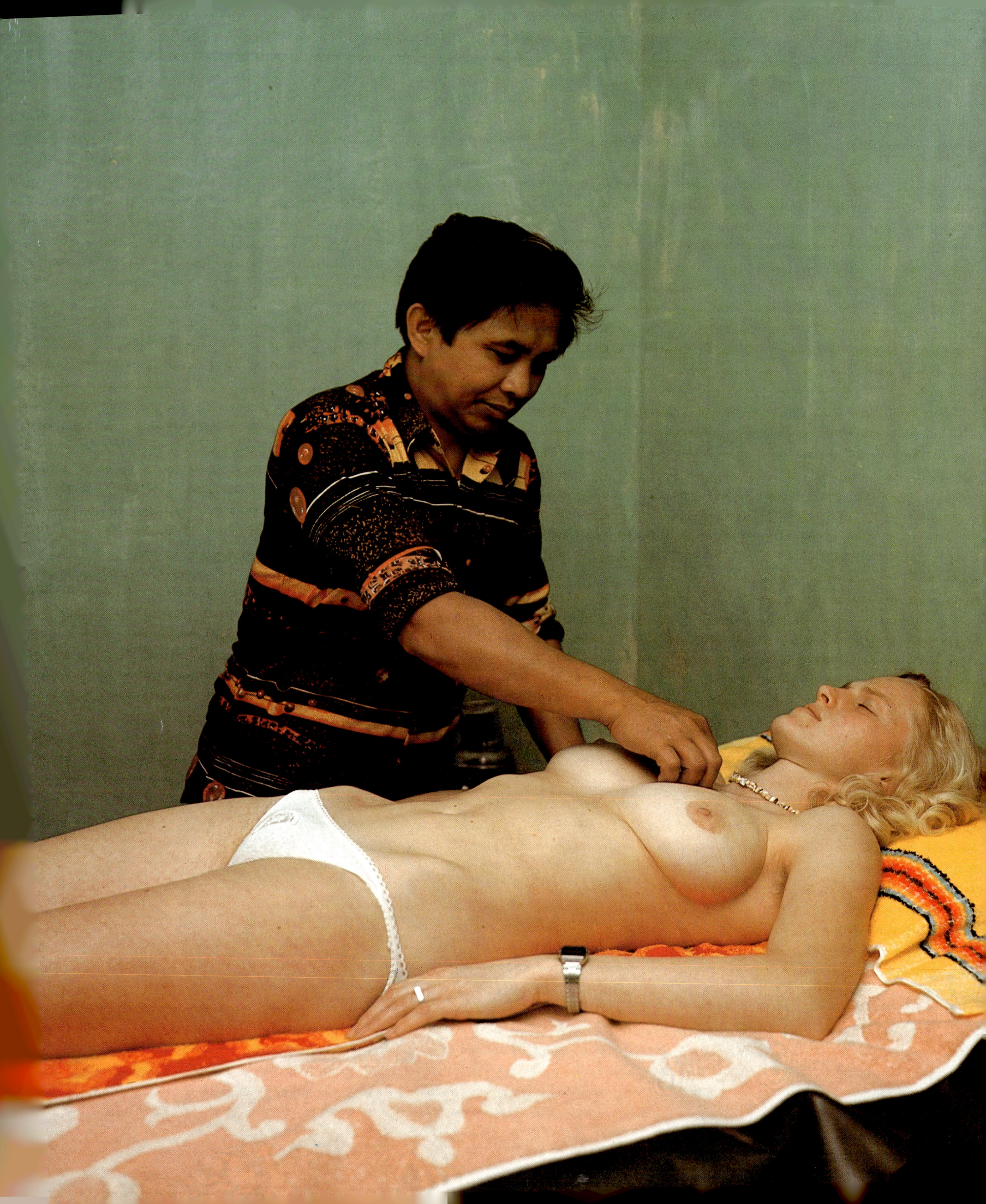

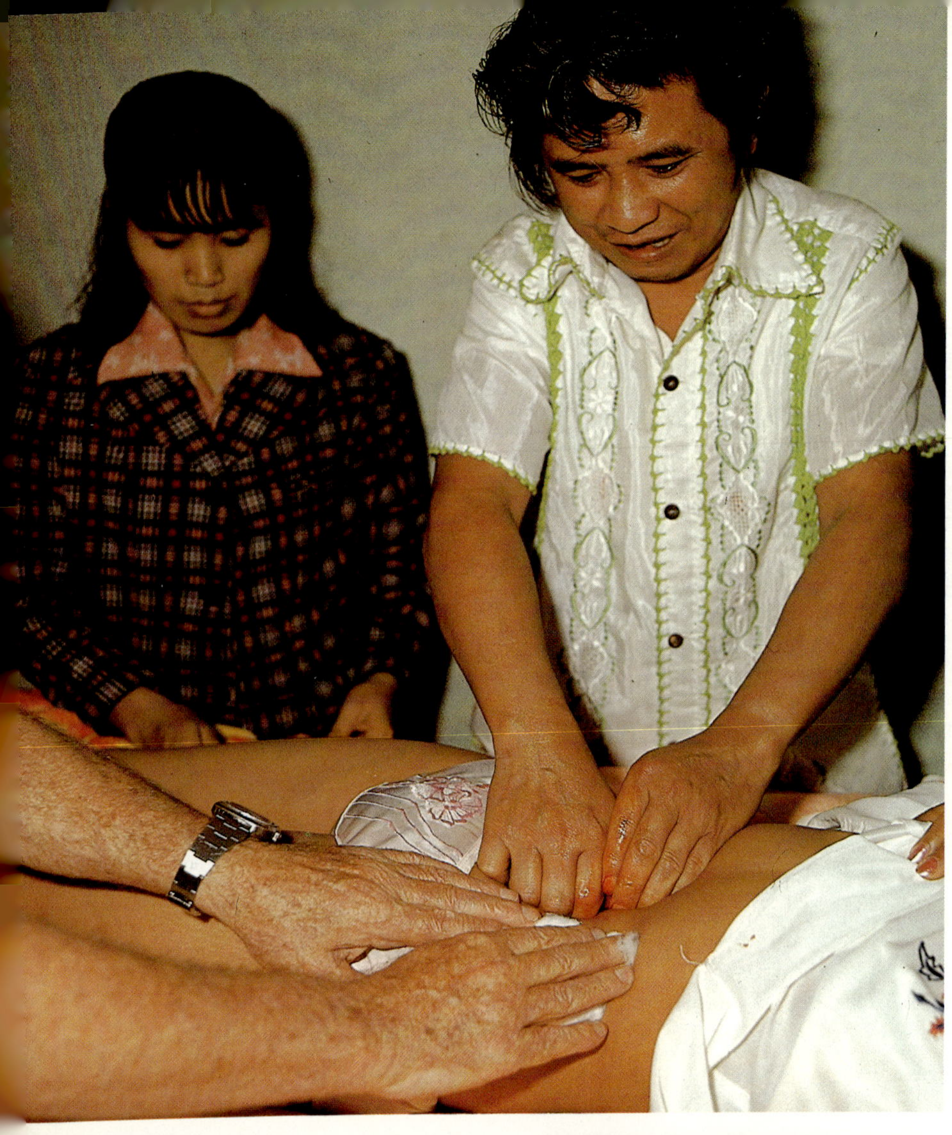
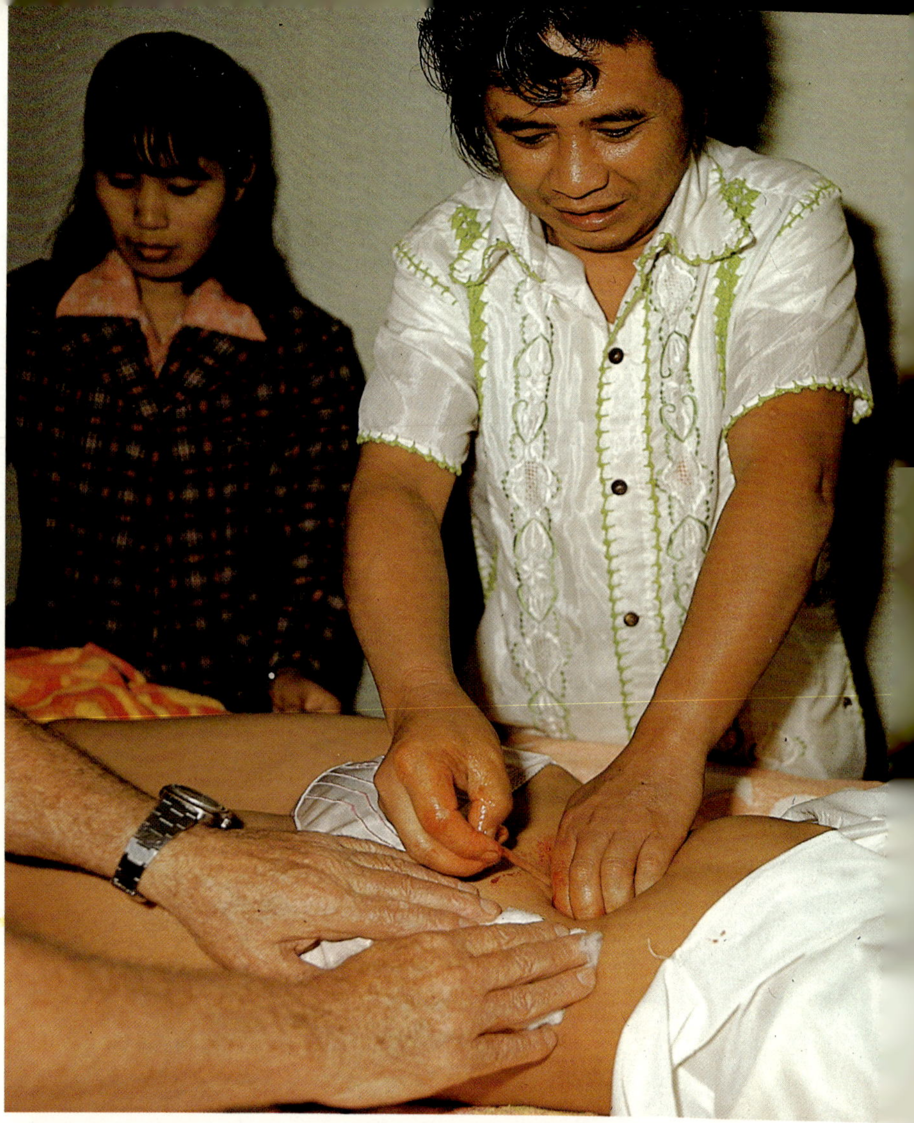
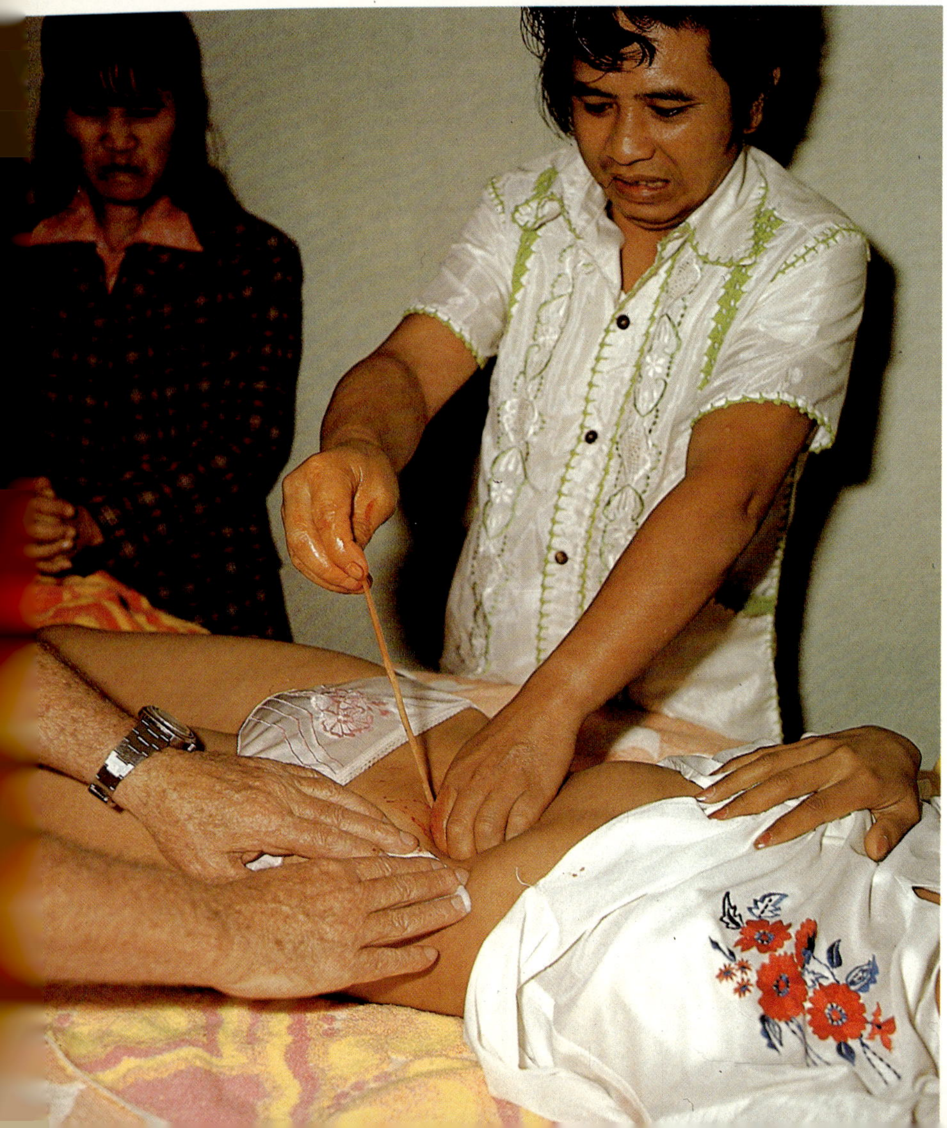

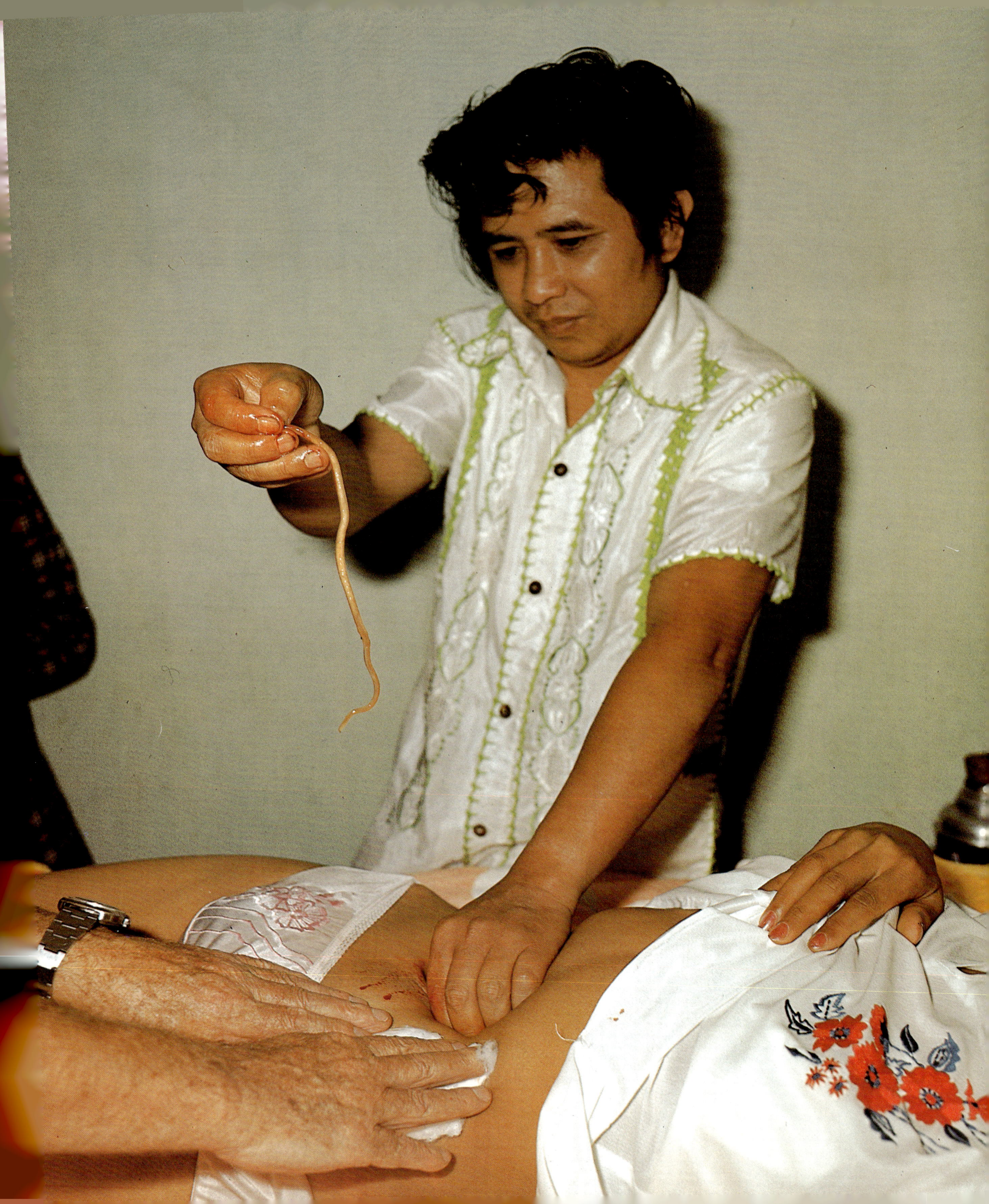

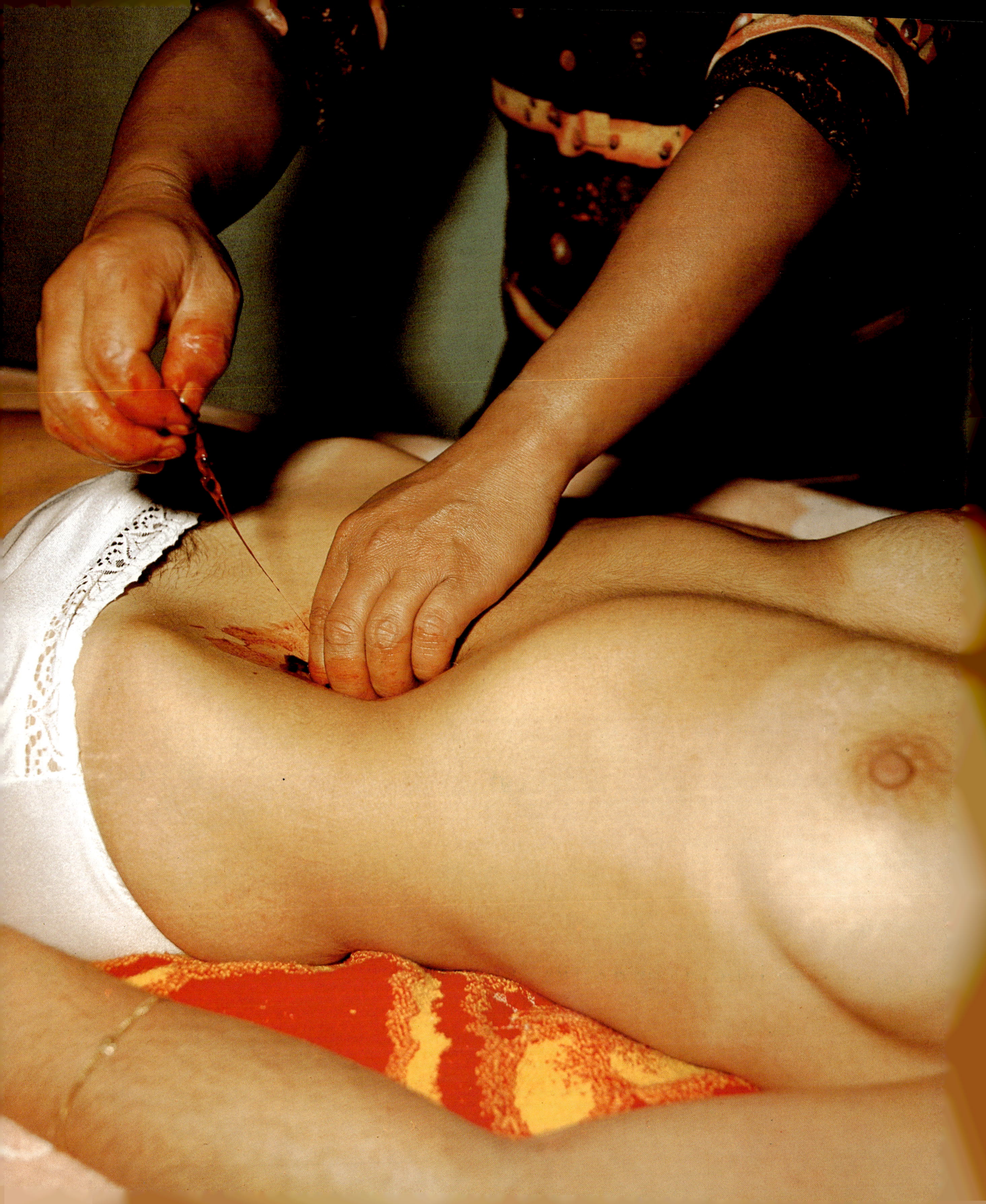

Der magische Stein des Eduardo Simbol

Skip war schon früher als verabredet in der Hotelhalle. Er wollte Brigitte zu dem Geistheiler Simbol bringen. Seiner Ansicht nach wäre es von Nutzen, eine Diagnose erstellen zu lassen, die die Aussicht auf Heilung bestätigt.

Vom Hotel ›Mount Crest‹ sind es nur einige Taximinuten zur eleganten Villa Simbols. Den Kauf dieses Hauses hatte ein dankbarer amerikanischer Patient ermöglicht. Simbol, ein Mann um die Fünfzig, arbeitet mit einer anderen Methode als Placido oder Marcelino. Seine Besonderheit ist das Gesundbeten, sein wichtigstes Utensil ein Stein. Dieser aus Indien stammende Kiesel ist schwer zu beschaffen, sein Preis schwankt zwischen fünfzig und zweihundert Dollar. Im Frühjahr hatte er vorübergehend die Arbeit einstellen müssen, weil die Steine, die er den Patienten mitgibt, zu Ende waren. Simbol spricht von der Notwendigkeit des Glaubens und von den Heilchancen, die nur dann gegeben seien, wenn der Patient in vollem Vertrauen mitarbeite. Skip meint, daß seine Methode genauso kraftvoll und effektiv sei wie die Methoden anderer Heiler.

Simbol läßt einen kleinen Tisch ins Schlafzimmer bringen. Er bedeckt ihn mit einem schwarzen Tuch und legt eine Glasplatte darauf. In einem Glas daneben liegt ein kirschgroßer Stein. Brigitte muß sich auf einen Stuhl ans untere Ende des Tisches setzen und die Hände gespreizt auf den Tischrand legen, und zwar so, daß ihre Daumen die Kanten der Glasplatte berühren. Der Heiler, der danebensteht, betet in seiner Sprache. Nach einigen Minuten unterbricht er das Gebet, holt den Stein aus dem Wasser und legt ihn ans obere Ende der Glasplatte. Der kleine weiße Stein liegt nun inmitten einer Wasserlache. Ich sitze seitlich und bemerke, daß der Tisch nicht ganz gerade steht, seine Neigung verläuft hin zum Patienten.

Nun hält Simbol mit beiden Händen den Kopf der Patientin, während er still betet. Sein Gesicht läßt eine gewisse Anstrengung erkennen, seine Hände kreisen über Brigittes Stirn, Nacken und Schenkel. Diese Szene wiederholt sich einige Male in geänderter Form. Jetzt nimmt er den Stein und hält ihn erst an Brigittes Stirn, dann abwechselnd auf beide Handrücken. Während er die Finger der rechten Hand aneinander reibt, legt er den Stein mit der linken zurück in die kleine Pfütze. In diesem Moment beginnt der Stein sich langsam zu drehen und wandert auf die Patientin zu. Simbol legt ihn zurück an seinen Ausgangspunkt, und wieder rutscht der Stein über eine Strecke von fünfzehn Zentimetern auf Brigitte zu.

Skip, der das schon oft gesehen hat, bezeugt, daß es eine heftige Reaktion war. Simbol meint, daß diese Reaktion Heilchancen erkennen lasse.

Obwohl ich Zeuge dieser Diagnose war, beeindruckt sie mich nicht völlig. Ich denke an meine Arbeit im Fotolabor, bei der sich oft das auf den Kopiertisch gelegte Fotopapier dreht oder einfach wenige Millimeter über der Tischplatte davonfliegt. Das sind elektrostatische Aufladungen, die das Papier abstoßen. Während Simbol sich erneut konzentriert, stelle ich mir die Frage, ob der Stein, der mit einer flachgeschliffenen Seite auf der Glasplatte liegt, nicht ähnlichen physikalischen Kräften ausgesetzt ist. Dann wird mir bewußt, daß mein Verhalten typisch ist für fast alle Europäer, die hierherkommen, um einen Schwindel zu entlarven, weil sie nicht in der Lage sind, etwas anderes hinter den Phänomenen zu vermuten. Es wird mir klar, daß man die verschiedenen Methoden ganzheitlich sehen muß, daß auch die Heilerfolge dazugehören, die damit erreicht werden.
Simbol, der sich nun an Brigitte wendet, meint, daß es ungünstig sei, bei zwei Heilern gleichzeitig in Behandlung zu sein. Er schätzt Placidos Arbeit und möchte außerdem nicht, daß zwei unterschiedliche Methoden einander entgegenwirken und stören. Auch Placido hat auf diese Möglichkeit mehrfach hingewiesen.
Als wir Simbols Haus verlassen, hat sich Brigitte entschlossen, erst Placidos Behandlung abzuschließen, bevor sie, wenn es die Zeit erlaubt, zu Simbol kommt.

Einige Tage später treffe ich Simbol in seinem Haus, um Details zu erfahren, die durch das bloße Beobachten nicht verständlich wurden.

Gert Chesi: Mr. Simbol, würden Sie uns erklären, wie Sie bei Ihrer Arbeit vorgehen?
Eduardo Simbol: Meine Vorgangsweise ist grundlegend verschieden. Als erstes versuche ich herauszufinden, ob ein Patient spiritistisch veranlagt ist oder nicht. Es gibt nämlich zwei Kategorien von Krankheiten, die unempfänglich für die Kraft des Heilens sind: erstens die materielle Kategorie, zu der ich Krankheit oder Tod durch Unfall rechne, und zweitens jene Kategorie, die durch das Verhalten des Patienten die Krankheit verschuldet, etwa ein Nichtstuer, der sich in der Welt herumtreibt, Nachtclubs besucht usw. So ein Lebensstil kann zur Krankheit führen. In der Absicht, diese beiden Möglichkeiten auszuschließen, führe ich Überprüfungen durch, um festzustellen, ob der Patient eine spirituelle Natur hat.
Aber, wie immer es sei, man sollte nicht nach der Vorgangsweise eines Heilers fragen – es ist der Erfolg, der zählt. Es gibt auch Schwindler, die vorgeben, Heiler zu sein, um den Hilfesuchenden Geld herauszulocken. Sie ruinieren unseren Ruf. Diese falschen Heiler müssen rücksichtslos ausgemerzt werden. Das Schlimme daran ist, daß diese Gauner durchaus in der Lage sind, Operatio-

nen auszuführen. Wenn man dann aber das Blut oder die Rückstände aus dem Körper untersucht, dann ist es Tierblut, oder es sind die Innereien von Hühnern. Und der Gipfel der Frechheit: sie verlangen tausend Dollar für eine solche ›Operation‹.

Aber sprechen wir über das Heilen. Die Grundlage ist für einen Heiler der Glaube an die Reinkarnation. Mit anderen Worten: Würde man sich nur nach den orthodoxen Religionen richten, dann gäbe es kein Heilen, denn nach deren Lehren ist der Tod das absolute Ende des irdischen Lebens. Folglich ist es nicht verwunderlich, daß ältere Menschen am Sinn des Lebens zweifeln, krank werden und keinen Grund dafür sehen, wieder gesund zu werden, da sie ohnehin sterben müssen. Ganz anders aber sieht die Sache aus, glaubt man an die Reinkarnation. Dann wird das Leben wertvoller, wie es sich gerade bei sehr alten Leuten zeigt, die dadurch veranlaßt werden, den Sinn dieses Lebens in einem anderen Leben begründet zu sehen.

Wir glauben, daß wir im nächsten Leben für all das bezahlen müssen, was wir in diesem Leben falsch gemacht und nicht gesühnt haben. Darum sind die meisten Krankheiten spirituelle Leiden und von Ärzten nicht zu heilen. Es ist einfach so, daß diese Leiden nicht in den Lehrbüchern der Ärzte stehen. Sie werden in die Irre gehen, wenn sie die Ursache des Leidens herauszufinden suchen. Spirituelle Leiden kennen sie nicht.

Hier liegt auch der Unterschied zwischen mir und den anderen Heilern: sie bemühen sich gar nicht, herauszufinden, ob eine Krankheit spiritueller oder materieller Natur ist, sie heilen einfach frisch drauflos, was meiner Meinung nach falsch ist. Aber das ist meine persönliche Ansicht, und wenn ich auch in einigen Gesichtspunkten mit ihrer Art zu heilen nicht übereinstimme, so erzielen sie dennoch gute Resultate.

Sie können mich zitieren, wenn ich sage, in den meisten Fällen ist es ein guter Heiler, wenn er nicht zuviel verlangt. Ein Heiler ist aber auch nur ein Mensch. Er braucht Geld für Nahrung, Kleider und ähnliche Dinge. Die meisten guten Heiler nehmen keinen Job an, denn sie würden dadurch behindert, und ihre Kraft würde sich verringern. So müssen sie sich auf ihre Einkünfte aus dem Heilberuf stützen. Trotzdem aber sollten sie nicht übertreiben und daran denken, daß die meisten Patienten von weither kommen, um bei ihnen Hilfe zu finden. Rund 90 Prozent der Patienten kommen aus Europa, den USA, aus Afrika, Japan und Australien. Sie haben beachtliche Auslagen gehabt, um auf die Philippinen zu kommen. Eine ganze Reihe von Jahren schon krank, haben sie den Großteil ihrer Ersparnisse für medizinische Behandlungen ausgegeben.

G. Ch.: Sie verwenden – im Unterschied zu anderen Heilern – einen Stein, wenn Sie darangehen, eine Diagnose zu erstellen.

E. S.: Jedes Individuum hat im Körper eine angeborene magnetische Kraft. Wenn man von einer wirklich spirituellen Krankheit befallen ist, muß man auf den Stein, mit dem ich den Test mache, reagieren. Ist man nicht spirituell krank, dann erfolgt keine Reaktion. Ich habe bei unzähligen Gelegenheiten festgestellt, daß nur diejenigen, die auf den Stein ansprechen, spirituell krank sind. Deswegen habe ich diese Vorgangsweise zu meiner persönlichen Prüfungsmethode gemacht.

Bevor ich einen Patienten heile, muß er durch diese Überprüfung gehen. Wenn er auf den Stein reagiert, entscheide ich mich dann entweder für eine magnetische oder für eine spirituelle Heilung. Meine Entscheidung hängt also davon ab, wie gut die Person meine Behandlung aufnehmen kann. In manchen Fällen dauert es eine Woche, manchmal kann es auch ein oder zwei Monate dauern.

Natürlich kann ich auch Operationen ausführen, bei denen ich den Körper eines Patienten öffne. Meiner Meinung nach kann man einem Patienten dadurch aber nur Erleichterung verschaffen, wirklich heilen kann man ihn nicht. Sollte ein Patient jedoch so eine Behandlung brauchen, werde ich sie vornehmen. Hat ein Patient Blutklumpen in sich oder in seinen Venen, dann werde ich hineingreifen und die Klumpen entfernen, damit der Patient freier und normaler atmen kann.

Wenn man es mit Karma zu tun hat, muß man vor allem die Gewichtigkeit dessen, was der Mensch im vergangenen Leben getan hat und wofür er nun büßt, feststellen. Wenn eine Person im vorigen Leben jemanden des Augenlichts beraubt hat, wird sie in diesem Leben auch erblinden – wir nennen das das psychische Karma. Ein Heiler wie ich kann nur etwas zur Linderung der Qual tun, die Blindheit aber bleibt, denn der Mensch muß für seine Fehler büßen.

G. Ch.: Wie kann das Karma, ein Teil des buddhistischen Glaubens, Bestandteil Ihres Denkens sein? Die meisten Heiler auf den Philippinen behaupten, Katholiken zu sein.

E. S.: Sehen Sie, ein guter Heiler muß praktisch denken. Was Jesus Christus in der Bibel sagt, sagt er nicht etwa zu Nichtjuden oder zu einigen auserwählten Gruppen, sondern er sagt es zu den Menschen insgesamt: »Alle Dinge, die ich vollbringe, wirst du besser vollbringen, wenn deine Zeit gekommen ist!«

Rechts: Eduardo Simbol bei einer seiner berühmten Karmadiagnosen.

Seite 46: Durch Konzentration und Gebet wird ein aus Indien stammender Stein in Bewegung versetzt. Die Wanderung des Steins läßt erkennen, ob karmische Belastungen die Krankheit des Patienten verursacht haben.

Seite 47: Animistische Blutopfer und Anrufungen begleiten Simbols Zeremonie.

Seite 48: Rosita Eming wurde nach schwerer Krankheit Heilerin. Ihre Heilmethode ist das Handauflegen.

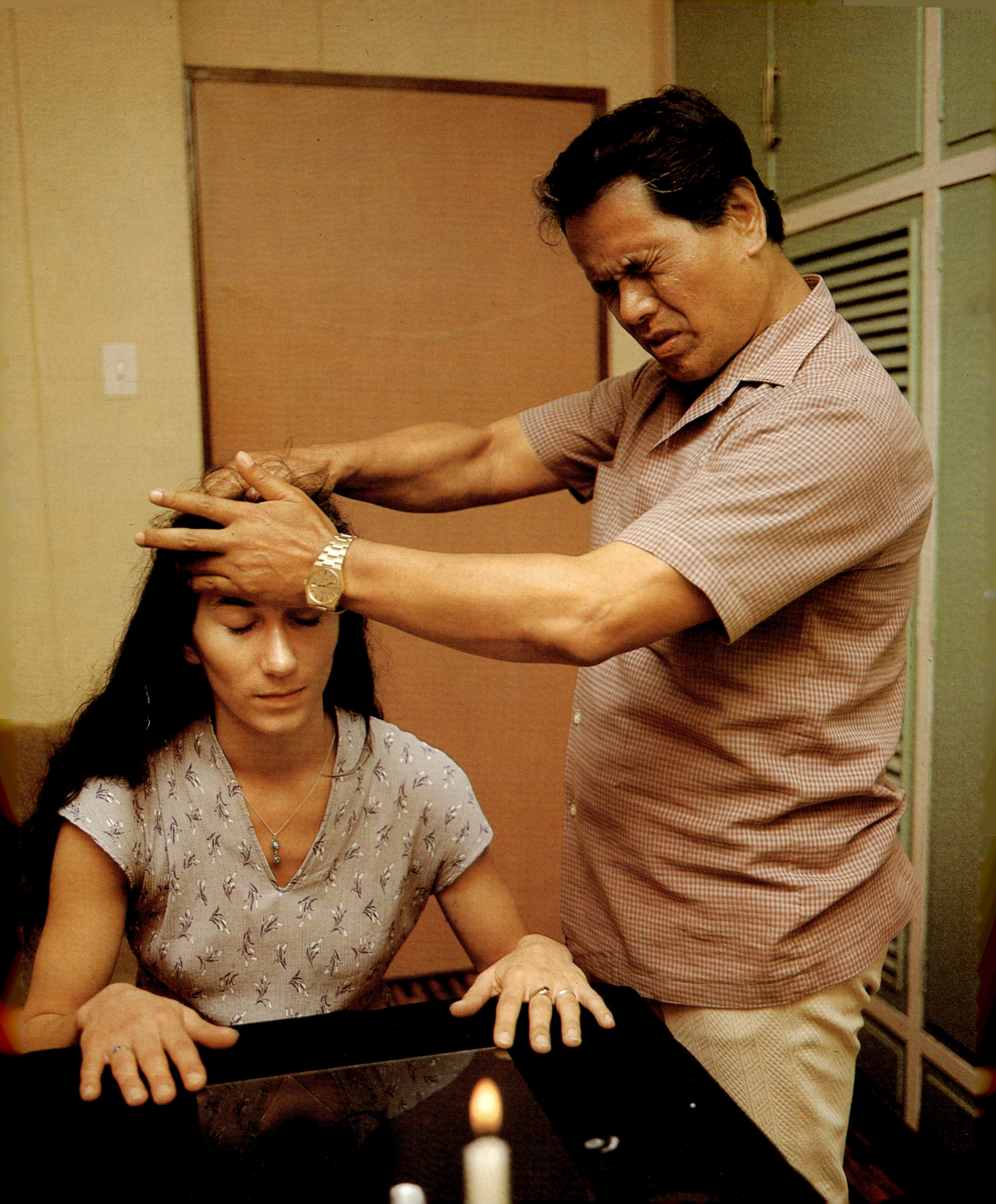

36
7up

Die Philippinen sind zu hundert Prozent katholisch. Ich wurde als Katholik geboren und getauft. Aber ab einem bestimmten Zeitpunkt im Leben, nachdem ich Heiler geworden war, mußte ich viele Dinge auf ihre Brauchbarkeit hin prüfen, ich mußte herausfinden, was für mich als Heiler am besten war. Diese Haltung widerspricht nicht dem Gebot Gottes, denn sie spiegelt Liebe, Friede und Wahrheit. Das Wichtigste, was ein Heiler in seinen Gedanken tragen muß, ist das Bewußtsein, daß er in die Güte der Welt eingebunden ist.
Als ich zu heilen begann, war ich relativ alt. Tatsächlich habe ich Rechtswissenschaft studiert, aber dann brach der Krieg aus, und als die amerikanischen Soldaten uns zu befreien versuchten, besser gesagt, als die Philippinen besetzt wurden, wurde ich von einem Schrapnell getroffen und am Bein schlimm verwundet. Zu dieser Zeit gab es kein Krankenhaus irgendwo in der Nähe, und mein Bein begann zu verfaulen. Ein befreundeter Arzt besuchte mich und sagte, mein Bein müsse amputiert werden. Als man daranging, mein Bein – ohne Betäubung – abzuschneiden, war ich sicher, daß ich an den Schmerzen sterben würde.
Dann kam diese alte Frau, eine Spiritistin. Als sie mich sah, fragte sie mich, ob ich an Gott glaube, und als ich antwortete: »Ja, ich glaube«, fragte sie, ob sie mir helfen dürfe. Eine Woche lang behandelte sie mich mit nichts anderem als mit Kräutern, und es ging mir wieder gut. Als ich sie fragte, was ich zu zahlen hätte oder was ich ihr für die Hilfe geben könnte, wollte sie nichts. Statt dessen nahm sie mir das Versprechen ab, daß auch ich den Menschen helfen würde. Und als ich sie fragte, auf welche Weise ich helfen könnte, sagte sie, das würde von selber kommen.
Damals war ich noch ein junger Mann und wünschte mir mehr Selbstsicherheit, wünschte, mein Versprechen einlösen zu können. So schloß ich Freundschaft mit einigen Heilern und versuchte von ihnen zu lernen. Bald begann ich zu verstehen und selbst kleine Heilungen vorzunehmen.
Früher heilte ich anders als heute, weil man sich ja weiterentwickelt, wenn man sein ganzes Herz an eine Sache hängt, wenn man ehrlich ist und die Hilfe Gottes sucht. Ich weiß aber eine ganze Reihe von Heilern, die zwanzig oder dreißig Jahre lang geheilt haben und nicht weitergekommen sind. Sie haben ihre Arbeitsweise nie geändert und sich nicht der Mühe unterzogen, dazuzulernen, um ihre Situation bzw. ihre Heilkunst zu verbessern. Sie halten es für selbstverständlich, daß das, was sie tun, das Beste ist, was sie machen können. Ich sehe die Dinge anders, ich lerne dazu und suche ununterbrochen einen besseren Weg des Heilens.
G. Ch.: Manchmal sind die Heiler auf bestimmte Krankheiten spezialisiert. Gilt das auch für Sie?

E. S.: Nein, ich kann jede Krankheit heilen, sofern sie spiritueller Natur ist. Ist sie rein materieller Art, dann empfehle ich dem Patienten, jemanden aufzusuchen, der auf diesem Gebiet besser bewandert ist, als ich es bin. Für manchen, der einen Unfall erlitten hat, ist es sicher am vernünftigsten, er geht in ein Krankenhaus und konsultiert einen Arzt.

Wenn mein Test ergibt, daß die Krankheit des Patienten spirituell ist, sage ich es ihm. Durch das Ergebnis des Tests und durch mein Gefühl weiß ich, wie weit ich bei dem jeweiligen Patienten gehen kann. Ich kann auch sagen, ob die Heilung in einer Woche, einem Monat oder in Jahren eintreten wird – das richtet sich danach, wie weit die Krankheit fortgeschritten ist.

G. Ch.: Haben Sie eine Vorstellung über den Prozentsatz an Kranken, die Sie geheilt haben?

E. S.: Nein. Wie ich schon gesagt habe, gibt es nichts Endgültiges im Heilen. Es hängt immer vom karmischen Zustand des Individuums ab.

An erster Stelle steht für den Patienten das Ergebnis. Wenn ich Ihnen einen großen Stein herausoperiere, und Sie fühlen sich gesund – was macht es dann aus, was der Stein darstellt? Wären Sie nicht geheilt, dann würde das *ja* etwas ausmachen.

G. Ch.: Wie gelangt aber der Stein in den Körper?

E. S.: Ich muß leider zugeben, daß es Heiler gibt, die sehr flink mit den Händen sind. Man kann sicherlich manipulieren. Wir sollten die Sache aber nicht auf diese Weise betrachten. Es spricht nichts dafür, darauf weiter einzugehen, denn ein Stein ist etwas Unnatürliches im Körper. Wenn dieser Stein aus dem Körper genommen wird, und man fühlt sich nicht besser, dann wäre das sehr seltsam. Wenn Sie sich aber wohl fühlen, dann brauchen Sie keine Erklärung. *So* ist das!

G. Ch.: Haben Sie selbst auch materielle Gegenstände in Körpern gefunden?

E. S.: In einem ganz speziellen Fall, ja. Das war vor langer Zeit. Der Patient hatte eine Sicherheitsnadel verschluckt. Während der Operation kam mir die Nadel unter die Finger, so habe ich sie herausgenommen. Aber die Sicherheitsnadel war nicht die Ursache des Leidens, sondern das Karma.

G. Ch.: Was halten Sie von Würmern, vom Herausoperieren von langen, lebendigen Würmern?

E. S.: Das ist durchaus möglich, denn der Mensch kann von Würmern befallen werden.

G. Ch.: Sind das wirkliche Würmer oder die Materialisation der Krankheit?

E. S.: Es sind richtige Würmer.

In meiner Praxis gab es da einen Patienten, der voll von Würmern war, aber nicht operiert werden konnte, weil er zu schwer krank war; er hätte die Operation nicht überstan-

den. Ich machte also Tests und führte eine Untersuchung durch, nach der sich herausstellte, daß es sich um wirkliches Karma handelte: In einem früheren Leben war der Patient eine Frau gewesen, die aus Nachlässigkeit jemandem verdorbenes Essen vorgesetzt hatte, was bei dieser Person heftige Magenbeschwerden und den späteren Tod verursacht hatte. In diesem Leben mußte der Patient nun dasselbe erleiden, nur daß er ein Er und keine Sie war.
In der Reinkarnation ist es durchaus möglich, daß man als Filipino stirbt und später als Europäer, Amerikaner oder Australier, möglicherweise auch als Farbiger wieder auf die Welt kommt. Um das Jüngste Gericht zu erreichen, muß man alle gegenwärtigen Formen des menschlichen Lebens durchlaufen, damit das Letzte Gericht gerecht sein kann.
G. Ch.: Sie können mit Ihren Fingern einen Körper öffnen – können Sie das auch bei Tieren?
E. S.: Nein, wir machen ja spirituelle Heilungen, und wie viele Heiler sage ich ein gewisses Wort, bevor ich den Körper aufmache: *mind.* Ich sage dieses Wort, um den Patienten vor dem Sterben zu schützen, ich spreche die Seele, den Verstand des Individuums an. Ohne diesen Verstand kann ich nicht eindringen.
G. Ch.: Die Indianer glauben, daß eine Kuh eine Seele hat. Wie denken Sie darüber?
E. S.: Es ist die Religion der Indianer. Ich deute es als das Überwechseln einer Seele in einen schlechteren Seinszustand. Die Umformung einer menschlichen Existenz zu einem Schwein oder umgekehrt bedeutet es bestimmt nicht. Und auch die Bibel sagt, daß es nicht sein kann. Ich habe sehr oft versucht, den Körper von Tieren zu öffnen, ich hatte aber keinen Erfolg.
Man nennt uns spirituelle Heiler. Die Laien nennen uns Glaubensheiler, weil sie unsere Arbeit so sehen. In Wirklichkeit aber sind wir spirituelle Heiler – wir beschäftigen uns mit Geistern. Das ist alles.

Francisco Supnets telepathische Kräfte

Ein kleines Blechhaus, versteckt hinter einer Villa am Berghang von Lucnab, ist Francisco Supnets Behausung. Haustiere und Kinder umlagern den Eingang, nur wenige Patienten kommen hierher. Häufig geschieht es, daß Boten mit Briefen und Fotos auftauchen. (Zwischen den handgeschriebenen Krankengeschichten sind diskret Geldscheine versteckt.)
Der greise Heiler gehört zur ersten Garnitur, zu jenen unermüdlichen Idealisten, die schon seit Jahrzehnten für einen Hungerlohn Heilrituale praktizieren. Die Zeit ist an Supnet vorbeigegangen. Er beschäftigt keine Taxifahrer, die für Provisionen auf Kundenfang

gehen, er hat keine Honorarvorstellungen und auch keine internationalen Beziehungen. Was er tut, ist viel zuwenig attraktiv, als daß es sich vermarkten ließe. Seine Erfolge sind noch weniger belegbar als die anderer Heiler, seine Heilmethode beansprucht in stärkerem Maße den Glauben und das Vertrauen der Patienten.
›Fernheilung‹ ist der übliche Sammelbegriff für das, was hier geschieht. Ein Foto des Kranken und eine kurze Beschreibung der Krankheit sind beizubringen. Alles andere geschieht von selbst über die Intervention Supnets und die Güte der Heiligen, mit denen er korrespondiert.
Ein Winkel seiner Wohnung ist mit einem Altar ausgestattet. Eine Reihe von ›Santos‹, von Heiligen, steht zwischen Kerzen und Wachsblumen. An beiden Seiten, an den Wänden, hängen die Fotografien der Kranken. Täglich um Mitternacht steht der Heiler auf und beginnt mit seinen Gebeten und Inkantationen. Er nimmt jedes Bild von der Wand und bringt den Abgebildeten in ein Nahverhältnis zu Gott.
Supnet versteht sich dabei als Vermittler, als ein engagierter Vertreter aller Kranken, die sich an ihn wenden – seit über vierzig Jahren. Durch seine Erzählungen erfahre ich, daß er erst spät mit dem Fernheilen begonnen hat, zu einem Zeitpunkt, als er längst ein ausgewachsener Mann war und im Krieg die Not der Menschen kennengelernt hatte. Krankheit und Hunger hatten ihm die Augen geöffnet, und als er daraufhin mit dem Heilen begann, tat er es nicht anders als heute.
In einem Eisenschrank sind alle Briefe aufbewahrt, die er in den letzten Jahrzehnten bekommen hat – eine Sammlung unvorstellbarer Leiden und grenzenloser Hoffnung. Daß er geholfen hat, ist schwer zu beweisen. Nie würde er für sich selbst einen Erfolg in Anspruch nehmen, denn er versteht sich wie alle anderen Heiler nur als Medium, das im Auftrag Gottes seine Pflicht tut.
Aus europäischer Sicht gehört die Fernheilung für viele zum Fragwürdigsten überhaupt. Lieber stolpert man von einer Analyse in die andere, bevor man dem Irrationalen einen Sieg zugesteht. Viele der Patienten wollen nach ihrer Genesung keine Stellung beziehen. Für sie ist es wichtig, wieder gesund zu sein. Das Warum interessiert sie wenig. Dennoch ist das Phänomen bekannt und in den Kreisen der Geistheiler eine unumstößliche Tatsache.

Rechts: Der 87jährige Heiler Francisco Supnet vor seinem Altar. Seine Behandlungen erfolgen meist telepathisch über große Entfernungen.

Seiten 54/55: Hunderte von Fotos hängen in den bescheidenen Räumen seines Hauses. Alle Bilder wurden geschickt oder abgegeben. Sie stammen von Heilungsuchenden aus aller Welt.

Seite 56: Täglich zu mitternächtlicher Stunde entzündet Supnet die Kerzen auf seinem Altar und betet zwischen Opfern und Zeremonien für die Kranken.

Shoulder luxation (right)
Fits of asthmatic coughing
(Allergic against horse dust)
Remote -1979

[redacted] nove, 1980
[redacted] nove, 1980
[redacted] April 1980
nove. 1980
1979 - Feb.
30. Sept 1979
Switzerland
[redacted] 1980
[redacted] 1980
[redacted] 1980
- 1980 -
nove 1980
1979
- 1980 -
1980
1980
[redacted] 1979
Remote - 1978
Remote - 1978
Remote - 1979
Remote - 1979
Remote - 1978
Head & Stomach Trouble

BOUKE VELTMANN
ASTHMA

Bei meinem letzten Besuch in Supnets Haus begegne ich einem schmächtigen, sehr intelligent wirkenden Mann. Er ist Professor an der St. Louis University. Supnet hat ihn geheilt. In seinem Fall war die Kombination zwischen Magnetheilung und Fernheilung erfolgreich. Die Krankheit wurde in Manila als Magenkrebs diagnostiziert.
Beim Hinausgehen fällt mir ein, daß ich drei Fotos mit mir trage. Es sind Bilder von Kranken aus meinem Heimatort. Ich gebe sie Supnet, zusammen mit einem Zehndollarschein. Einen Monat später erfahre ich, daß das Nervenleiden und die Schlaflosigkeit einer der abgebildeten Personen verschwunden sind. Nach zwölf Jahren, erzählt sie mir, könne sie nun endlich auf Medikamente verzichten.

Die Dimension der Zeit

Da sich nach der ersten Behandlungswoche bei Brigitte keine spürbaren Veränderungen zeigen, habe ich das Gefühl, daß sie ungeduldig wird. Wir haben in Europa verbindliche Auskünfte über die Heiler eingeholt und finden, daß sich diese Angaben hier in den meisten Fällen bestätigen. Eines allerdings haben wir nie wirklich verstanden: die Dimension der Zeit.
Die allermeisten Berichte, die mir bekannt sind, handeln von Spontanheilungen. Naturgemäß sind diese spektakulären Ereignisse brisanter und werden deshalb fast immer überbetont. Die Realität aber zeigt, daß auch hier, so wie in anderen Teilen der Welt, die Heilungen schrittweise über Wochen oder Monate erfolgen. Die Tatsache, daß europäische, australische oder amerikanische Patienten primär Informationen über Spontanheilungen erhalten, birgt das Problem in sich, daß die Frustrationsschwelle beim Patienten schnell überschritten ist, wenn sich – gepaart mit Skepsis – der Erfolg nicht innerhalb weniger Stunden oder Tage einstellt. In Gesprächen mit verschiedenen Heilern gelangte ich zu der Ansicht, daß das Zeitproblem und die Bereitschaft, die Dinge geschehen zu lassen, für viele Kranke ein unüberwindbares Hindernis darstellen. Die bewußte oder unbewußte Auflehnung gegen den Heiler, der aus einem völlig anderen Kulturkreis stammt, dessen Weltanschauung für den Patienten nicht nachvollziehbar ist und daher etwas Geheimnisvolles darstellt, ist ein erfolgmindernder Grund. Eine Erziehung, die zum Mißtrauen aufruft, hindert viele der Patienten daran, sich bedingungslos, ohne die Phänomene zu hinterfragen, dem Heiler aufzuschließen. Die Verunsicherung durch negative Informationen versperrt oft den Weg zum Erfolg. Vielen fehlt jene entkrampfte Gelassenheit, in welcher der innere Dialog angehalten wird, um einfach alles geschehen zu lassen, was ein Heilerfolg voraussetzt.

(Carlos Castanedas Indianer-Schamane Don Juan fordert: »Stopp den inneren Dialog.« Das durch Kontemplation erreichbare Sichleermachen ermöglicht es den Kräften des Heilers, die Krankheit zu besiegen.)

Placido erklärt seine am Christentum orientierte Religion als ein Konglomerat all jener Kräfte, die als positiv angesehen werden können. In diesem Punkt gleicht die Auffassung der Geistheiler jener der Voodoo-Anhänger in Amerika und Afrika: Alles, was stark ist und der Aufgabe dient, kann integriert werden. Die philippinischen Geistheiler haben wie die Voodoo-Anhänger unterschiedliche religiöse Auffassungen. Während bei Simbol das Karma eine entscheidende Rolle spielt, spricht Placido vom Cakra* und von der Reinkarnation. Das alles sind dem Christentum fremde Gedanken. Es scheint, als würde sich mit dem Voodoo und der Weltanschauung der Geistheiler eine neue, alles umfassende Weltreligion ankündigen, von der man weiß, daß sie in Afrika und Amerika bereits mehr als fünfzig Millionen Anhänger hat. Die Zahl der Gläubigen, die den asiatischen Synkretismen** anhängen, ist nicht bekannt.

In Übereinstimmung mit anderen Heilern meint Placido, daß eine Krankheit, die Jahre braucht, um sich zu entwickeln, nicht in wenigen Tagen verschwunden sein kann. Die wenigen Ausnahmen durch Spontanheilungen sind laut Simbol Wunder, die von Gott außerhalb üblicher Gesetzmäßigkeiten vollbracht werden. Dabei ist man sich darüber einig, daß auch das Wunder ein Phänomen ist, das sich im Einklang mit den Naturgesetzen ereignet.

Brigittes Enzephalomyelitis gehört, das kann man nach sieben Behandlungstagen sagen, zu jenen Leiden, denen offenbar keine karmischen Belastungen zugrunde liegen, deren Bekämpfung aber einen angemessenen Zeitraum erfordert. Mein guter Kontakt zu Marcelino läßt in mir den Entschluß reifen, Brigittes Zustand vom Standpunkt des Reflexologen beurteilen zu lassen.

Marcelino und dessen Frau tasten den Körper der Kranken ab. Die gelähmten Beine zeigen deutliche Reflexe. Die Massage und das Abtasten der Fußsohlen sind schmerzhaft, rufen aber Reaktionen hervor, die zu Hoffnung Anlaß geben. Ein Griff an die Achillessehne – das Bein zuckt und biegt sich

* In den sieben Cakras, die im Kundalini-Yoga als entfaltete Lotosblüte mit zunehmender Blütenzahl entlang der Wirbelsäule vom Wurzel-Cakra bis zum Scheitel aufsteigen und als Zentren der Kraft gelten, erkennt der Meditierende Farbe und Form von sieben Symbolen. Cakras sind Konzentrationspunkte im menschlichen Körper und kosmische Zentren.

** Synkretismus: Vermischung oder Verschmelzung verschiedener Religionen. Im afro-amerikanischen Synkretismus vermischte sich das Christentum mit den durch afrikanische Sklaven importierten Naturreligionen (Yoruba). Ähnlich entwickelte sich der Glaube auf Luzon, wo sich spanischer Katholizismus mit hinduistisch-buddhistischem Gedankengut überlagerte.

in einem Winkel bis zu fünfundvierzig Grad. Ohne diese Reizmassage kann sie den Fuß nicht anziehen. Marcelino dreht sie auf den Bauch und beginnt den Rücken zu massieren. Er hält inne, und ohne irgendeine Vorbereitung öffnet er ihren Körper über dem Steißbein. Der Eingriff ist kraftvoll und für Brigitte schmerzhaft, dauert aber nur wenige Sekunden. Dann öffnet der Heiler seine bis dahin in den Körper gedrückte Hand und zeigt eine Menge schwarzer, geronnenem Blut ähnlicher Klumpen.
Die Massage und der Eingriff haben mehr als eine Stunde gedauert. Brigitte ist erschöpft, aber Marcelino tröstet sie, er erachtet die Heilchancen für konkret, wenn genügend Zeit zur Verfügung ist. Für die Patientin, die für ihren Aufenthalt nur vierzehn Tage vorgesehen hat, stellt sich die Frage, wiederzukommen oder diese Reise zu verlängern.

Bei Josephine Sison

Von der naßkalten Bergstadt Baguio geht unsere Reise ins feuchtheiße Flachland zu Josephine Sison. Ihre Kapelle, in der sie operiert und Kranke heilt, liegt nahe der Stadt Urdaneta in der kleinen Siedlung Villasis. Patienten und Haustiere drängen sich unter dem Sonnendach, alles wartet auf Josephine, die, weil sie Geburtstag hat, in der Stadt weilt und sich verspätet.

Der in hellem Blau gestrichene Behandlungsraum ist bescheiden ausgestattet. Einige Drucke, Jesus darstellend, zwei große bestickte Fahnen, Betbänke, ein Tischchen mit Wachsblumen und ein Pokal, wie ihn siegreiche Sportler erhalten. Hinter einer brusthohen Mauer stehen der Operationstisch, ein Plastikeimer, ein Tischchen mit Watte und einige Utensilien, wie Salben und Flüssigkeiten in Glas- und Plastikbehältern.

Josephine Sison bereitet sich auf die operativen Eingriffe vor.

Die Patienten sind bunt zusammengewürfelt: ein Araber, ein Irani und wir – Skip, Walther und ich – neben einem halben Dutzend Einheimischer, von denen eine Frau im Greisenalter und ein Säugling auffallen.
Etwas verspätet kommt Josephine durch den Hintereingang und beginnt unvermittelt mit den Vorbereitungen. Die greise Frau wird nach vorn gerufen, sie hat den Bauch zu entblößen und auf dem Tisch liegend den Eingriff zu erwarten. Josephine betet, sie wirkt konzentriert und energisch. Sie berührt mit der linken Hand die knapp über ihrem Kopf baumelnde Fahne, so als zöge sie unsichtbare Fäden heraus. Dann legt sie die rechte Hand auf die Bauchhöhle der Frau, spitzt ihre Finger, als wollte sie einen kleinen Gegenstand aufheben, und schon rinnt Blut über den faltigen Leib der Alten. Ein Assistent in rotem T-Shirt reinigt den Körper mit feuchter Watte, während Josephine einige Klumpen geronnenes Blut in einen bereitgestellten Plastikeimer wirft. Sie arbeitet noch schneller als alle jene Heiler, die ich bis dahin gesehen habe. Ich komme kaum dazu, den Eindruck aufzunehmen, da hat sie bereits ähnliche Eingriffe am Auge und an den Schultern durchgeführt.
Ein schmächtig wirkender Araber hat sich nun auf den Operationstisch gelegt. Josephine, die wieder mit den Fingern in die Luft greift und dabei betet, heißt ihn aufstehen. Das Hemd soll geöffnet werden. Schnell wie bei den vorhergehenden Aktionen zieht sie dem neben ihr stehenden Mann einen dicken blutroten Pfropfen aus dem Körper. Die Operationsstelle liegt etwa acht Zentimeter unter dem Adamsapfel. Der Patient zeigt keinen Schmerz.
Sie ruft den nächsten Kranken. Erst entnimmt sie seinem Bauch etliche Gerinnsel, dann heißt sie auch ihn aufstehen; während er die Arme auf den Tisch stützt, drückt sie kraftvoll knetend einen Blutpfropfen vom Aussehen einer übergroßen Raupe aus der Haut.
Ich habe den Eindruck, daß Josephine mit großer Leichtigkeit arbeitet und es ihrer Methode entspricht, an der Oberfläche zu bleiben, also nicht wie Placido ins Körperinnere vorzudringen. Ihre Patienten versichern mir hingegen, daß sie auch andere Methoden anwendet.

Rechts: Josephine Sison gehört zu den bekanntesten Heilerinnen auf Luzon. Das Bild zeigt einen Eingriff, bei dem der Patientin Blutgerinnsel aus dem Auge genommen werden.

Seiten 62/63: Zu den erstaunlichsten Leistungen Josephines gehört das Materialisieren und Dematerialisieren von Watte. Die in den Körper ›eingelegte‹ Watte soll die Krankheit aufsaugen und wird dann wieder aus dem Körper entfernt. In manchen Fällen verbleibt die Watte im Leib des Patienten und dematerialisiert sich dort von selbst. Diese Wattebehandlung ist durch Schweizer Wissenschaftler nachgewiesen und bestätigt worden.

Seite 64: Ein arabischer Patient wird stehend operiert. Am Hals erscheint geronnenes Blut, das vom Assistenten abgewischt wird.

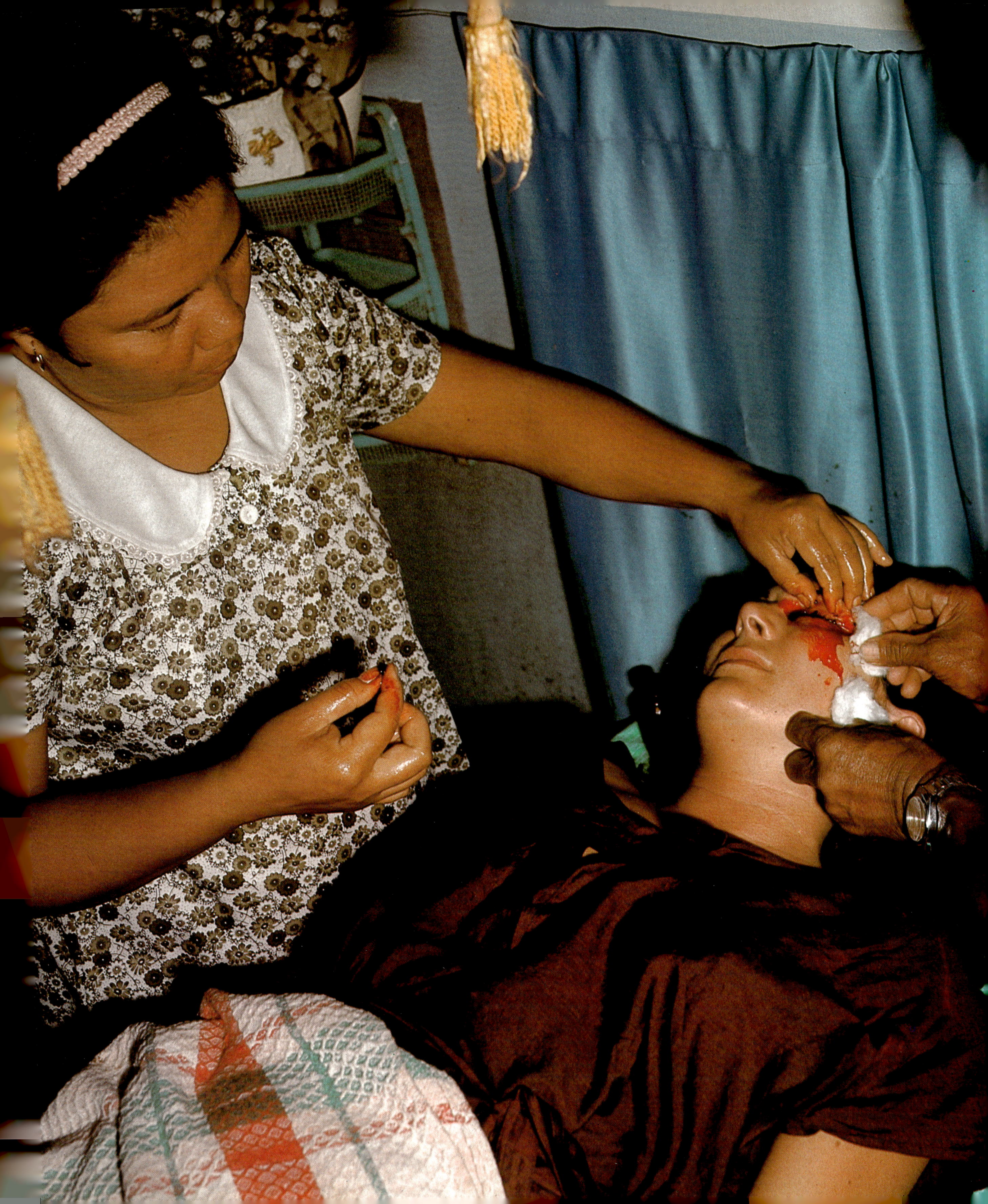

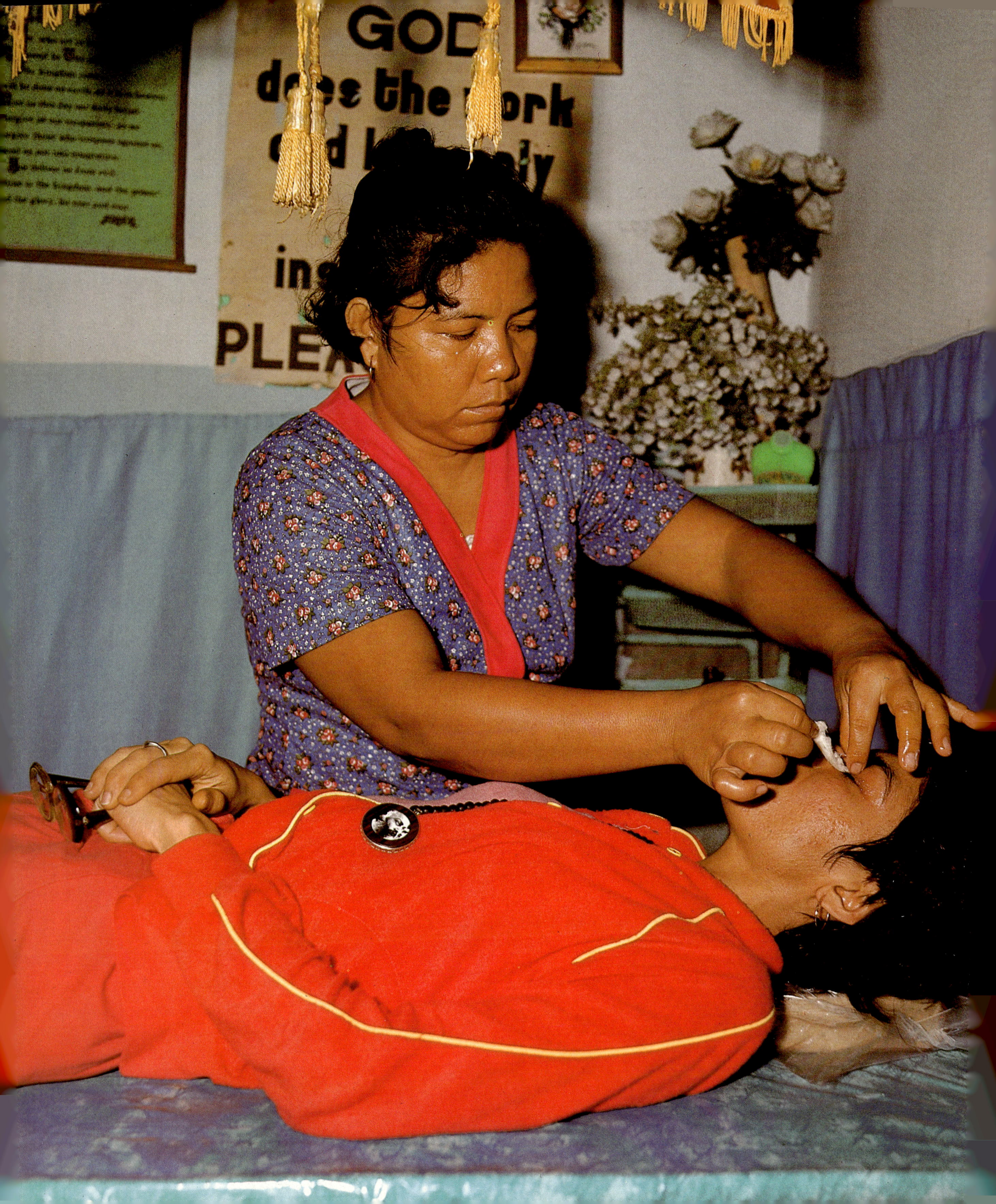
GOD

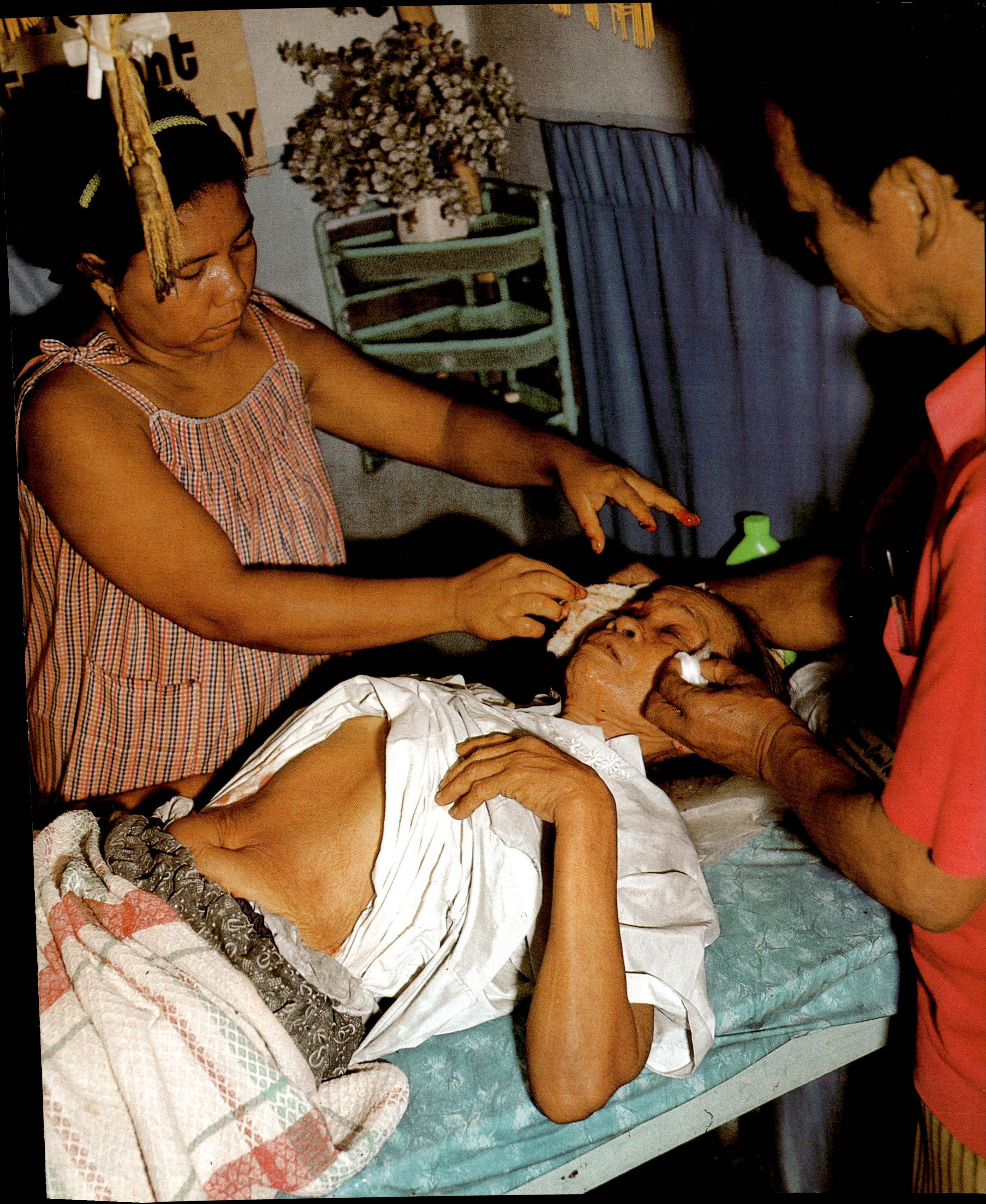

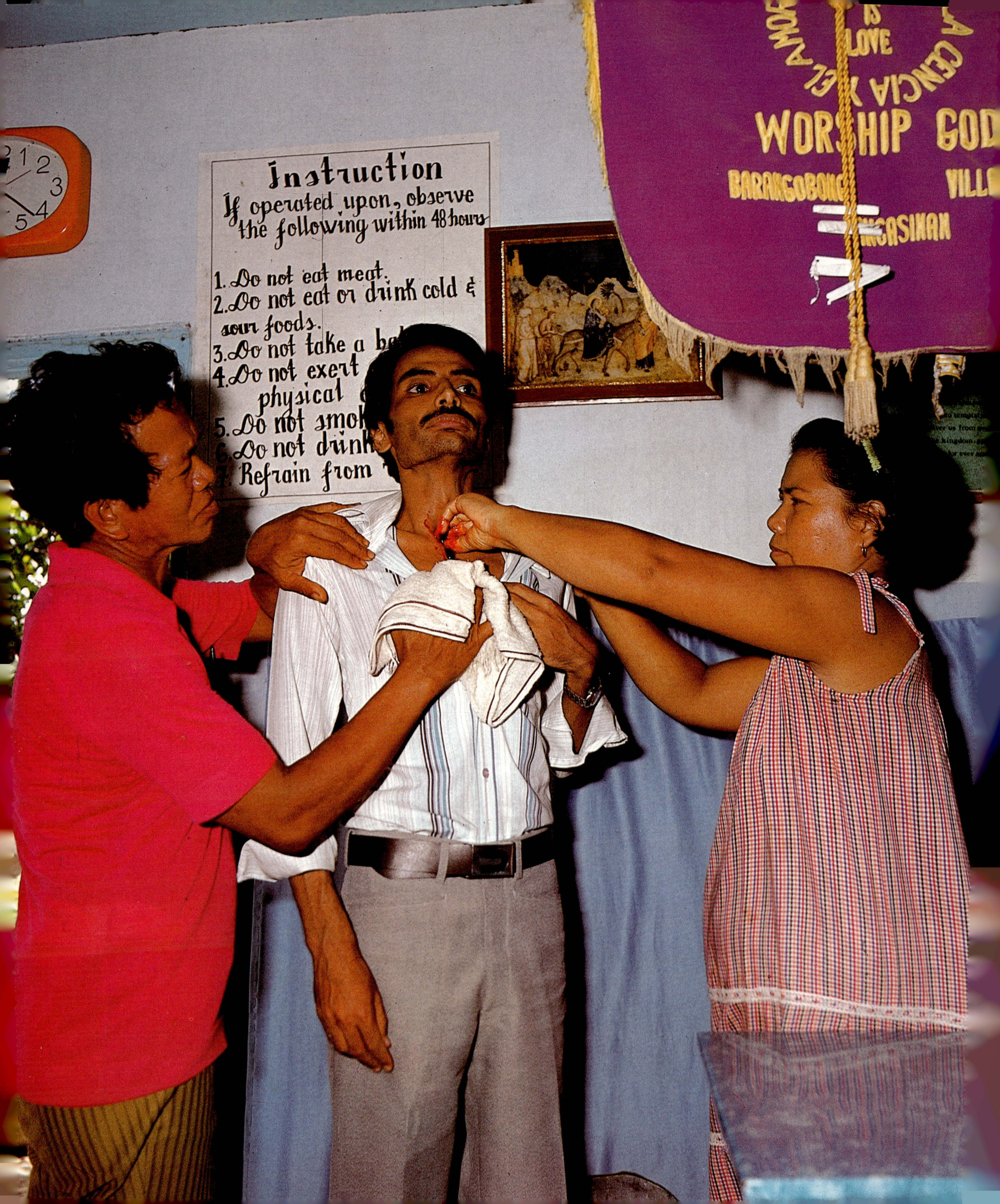
Instruction
If operated upon, observe the following within 48 hours
1. Do not eat meat.
2. Do not eat or drink cold & sour foods.
3. Do not take a
4. Do not exert
physical
5. Do not
6. Do not
7. Refrain from
IS LOVE
WORSHIP GOD

Fast am Ende der Behandlungen ruft sie einen Lungenkranken zum Operationstisch. Während er mit dem Kopf auf ein Polster gestützt liegt, stopft sie in sein linkes Nasenloch einen großen Wattebausch, der zu unserem Erstaunen restlos darin verschwindet. Der Assistent erklärt mir später, daß sich die Watte im Körper auflösen und nicht mehr zum Vorschein kommen wird.
Einem Schweizer Forschungsteam war es sogar möglich, diese Wattebehandlungen, von denen Josephine glaubt, sie hätten reinigende Wirkung, wissenschaftlich zu bestätigen. Radioaktive Watte wurde einmassiert und ihre Position mittels Geigerzähler bestimmt. In manchen Fällen holt Josephine später den blutigen Wattebausch wieder aus dem Körper, wobei das Einführen meist durch Einmassieren in der Bauchgegend geschieht. Filmaufnahmen haben bewiesen, daß keinerlei Manipulationen betrügerischer Art stattgefunden haben. In filmischen Sequenzen, die vom Kameramann mit $^1/_{25}$ Sekunde belichtet wurden, zeigte sich der Dematerialisierungsvorgang deutlich: die Watte begann sich von außen her aufzulösen, sie wurde für das Auge und den Film gleichermaßen unsichtbar.
Erklärungen dieser Phänomene wurden vielfach versucht. Prof. Hans Naegeli neigt, wie auch bei anderen Erscheinungen, zu der Annahme, daß hier sowohl Materialisationen als auch Dematerialisationen stattfinden.

Exorzismus bei David Oligane

In der kleinen Ortschaft Asingan stehen das Haus und die Kapelle des Exorzisten David Oligane. Er ist ein bescheiden wirkender Mann, sieht keineswegs furchterregend aus und auch nicht so, als könnte er, wie er sagt, Hexen und Teufel im Körper des Kranken auffinden und vertreiben.
David heißt uns willkommen und freut sich sichtlich, Skip wiederzusehen, der vor Jahren das letztemal hier vorbeigekommen ist. Er zeigt uns eine Einladung zum ersten Weltkongreß der Parapsychologen nach Bogotá. Er wird nicht mitreisen können – zu viele Patienten würden ohne seine Betreuung zurückbleiben.
Von David ist bekannt, daß er, wie Juan Blance in Manila, psychoplastische Schnitte am Patienten ausführt, wobei seine Hand in einer Entfernung von zehn Zentimetern über den Körper fährt. Diese Schnitte sind schmerzhaft, aber notwendig, um Operationen einzuleiten.
Während unseres Gesprächs klagt Skip über seine Rückenschmerzen, die sich, obwohl er vor Jahren von Heilern in Baguio gesundgepflegt wurde, erneut eingestellt haben. David möchte etwas versuchen. Walther und Skip sollen die Schuhe ausziehen, ich darf sie anbehalten. Zuerst faßt er mich an den Händen, und während er zum Himmel aufschaut, murmelt er unverständliche Gebete.

Keine Reaktion. An den Socken berührt er nun Walthers große Zehe, vorsichtig abwartend, als würde jeden Moment etwas Ungeheuerliches passieren. Keine Reaktion. Nun kommt Skip an die Reihe. Bevor David noch seinen Finger an Skips Zehe gelegt hat, schreit dieser vor Schmerz. David, auf dem Boden kniend, bläst aus voller Lunge auf Skips Fuß, doch der alte Australier sitzt, obwohl er dem Schmerz entfliehen will, wie gelähmt auf seinem Stuhl.
David lacht. »Das ist sie, die Hexe, die dir den Schmerz bereitet. Spürst du, wie sie sich wehrt?« Dann erzählt er, wie er seine Austreibungen vornimmt. »Zuerst muß ich wissen, ob der Kranke an einer natürlichen oder einer unnatürlichen Krankheit leidet. Ich prüfe das so« – er drückt Daumen und Zeigefinger zusammen, als hielte er eine imaginäre Laus zwischen den Fingern –: »Ich berühre mit meinen Fingerspitzen die Brust des Patienten. Wenn er eine Hexe in sich trägt, fühlt sich diese entdeckt und beginnt jämmerlich zu schreien. Sie bittet mich dann, sie in Ruhe zu lassen. Ich kämpfe oft mit Hexen, und manchmal ist das sehr gefährlich. Es kommt auch vor, daß Hexen in mein Haus kommen. Ich vertreibe sie dann.«
Ich unterbreche seine Erzählung und frage, woran man eine Hexe erkennt, wenn sie ins Haus kommt. David beginnt kurz und angestrengt zu atmen, er gebärdet sich wie ein Asthmatiker, ringt nach Luft. »Daran.« Seine Frau, die immer bei uns sitzt, nickt zustimmend.
Von seinen sechs Kindern sind vier in der Lage, übernatürliche Wahrnehmungen zu machen oder auf solche zu reagieren. Seine Tochter, vierzehnjährig, ein auffallend hübsches Mädchen, kann wie er und die anderen den Körper verlassen und auf Reisen gehen. Seine wichtigsten Erfahrungen hat David auf solchen Reisen gemacht. Er habe die Hexenbekämpfung durch Eingebung während einer solchen Reise gelernt.
David Oligane meint, wir sollen am Sonntag wiederkommen, wenn er Patienten behandelt.

David Oligane macht den Hexentest.

Sonntag bei David Oligane

Als wir um halb elf, von Baguio kommend, Davids Haus erreichen, ist der Gottesdienst bereits im Gang. Die Kapelle neben dem Wohnhaus ist mit etwa vierzig Gläubigen besetzt – Erwachsenen und Kindern. Davids drei Hunde spazieren ungestört umher, die Stimmung ist trotz energischer Reden sehr entspannt und von intensiver Religiosität getragen. David selbst spricht nicht. Einige ältere Männer werden zum Rednerpult gebeten, und schließlich, als sie alle gesprochen haben, bittet mich David, meine Erfahrungen mitzuteilen, die ich im Kreise afrikanischer Voodoo-Priester gesammelt habe.
Ich erzähle von meinen Kontakten in Westafrika und von den Trancen der Voodoo-Anhänger, die es ihnen ermöglichen, ihre Personalität zugunsten der Göttersymbolik aufzugeben, um auf diese Weise für einige Minuten oder Stunden selbst göttlich zu sein. In diesen Trancen, die spektakulär und gewalttätig wirken, werden Erkenntnisse realisiert, die dem Kollektiv dienen. Die Gläubigen, die sich in Götter verwandelt haben, können befragt werden, oder sie geben durch Lieder, Tänze und Gesten Antworten auf nie gestellte Fragen. Die Antworten nehmen die Fragen vorweg. Ich erzähle auch von den zerstörerischen Geistern, von denen sich manche Afrikaner besessen glauben, und obwohl ich erst zum zweitenmal hier bin, scheine ich intuitiv ein Thema getroffen zu haben, das in den Problemkreis der ›Union Espiritista Cristiana‹ gehört.
Nach meiner Erzählung, die ich kurz fasse, kommen noch andere Redner zu Wort. Sie sprechen in der Sprache der Einheimischen, und wir ahnen nur – weil immer wieder die Bibel aufgeschlagen und vorgezeigt wird –, daß es sich um Kommentare zur Heiligen Schrift handelt.
Nachdem alle Reden gehalten sind, ertönt ein Glockenschlag. Die Gläubigen stehen auf, einige gehen nach vorn auf das Podium, der größere Teil bleibt an seinem Platz.
Die Wand hinter dem Operationstisch, der die Stelle des Altars einnimmt, ist mit einer Landschaft bemalt, über der ein Auge, die Erdkugel und eine weiße Taube schweben. Vor dieser Kulisse stehen im Halbkreis versammelt die Mitglieder der ›Union Espiritista Cristiana‹. Sie halten die Hände auf, als warteten sie auf den Segen, der in sie fallen wird, und während sie singen, geraten sie immer mehr in Trance; sie schwanken leicht, und ihre ausgestreckten Arme zittern.
Diese Form der Trance kommt auch bei den Ritualen der Yoruba in Nigeria vor, und Susanne Wenger*, die seit dreißig Jahren in einen traditionellen Kultkreis initiiert ist,

---

* 1914 in Graz geboren, lebt seit nunmehr dreißig Jahren in Oshogbo in Nigeria. Sie wurde als Priesterin einer Yoruba-Kultgruppe initiiert und leitete in der Folge eine starke Wiederbelebung des religiösen und kulturellen Lebens ein.

bezeichnet sie als eine selige Entrücktheit, in der der Gläubige mit seinem Gott intim sein darf. In einem Oriki* heißt es dazu: »Du wirst fallen wie ein welkes Blatt.« Genauso wirken die Menschen in David Oliganes Kirche. Ihre Gottbeziehung scheint so vollkommen zu sein, daß sie bereit sind, sich in die Arme ihres Gottes fallen zu lassen, der sie leitet und ohne den ihr Leben undenkbar wäre.

Nachdem die Gesänge zu Ende sind, erwachen nach und nach die Gläubigen und gehen schweigend zurück an ihre Plätze. Nur ein Mädchen bleibt stehen, still und sicher, mit geschlossenen Augen und hängenden Armen: Davids vierzehnjährige Tochter. Zwei ältere Frauen rücken näher an sie heran und warten auf die Prophezeiungen, die aus ihrem Mund erwartet werden. Sie spricht sehr langsam und ruhig – langsam genug, daß die Frauen mitschreiben können. Sie spricht fast eine Viertelstunde, und währenddessen ist es andächtig still. Am Ende der Prophezeiung wird ihr eine Bibel in die Hände gelegt. Sie öffnet sie scheinbar wahllos und zeigt auf eine Stelle. Während eine der alten Frauen die Passage zitiert, erwacht das Medium. Fast übergangslos nimmt es einen Säugling auf und geht aus der Kapelle.

Wieder ertönt ein Glockenschlag. Nun beginnen die Heilungen. Die Fahnen, die zuerst seitlich des Altars gestanden sind, werden vor das Gitter getragen, das den Zuschauerraum vom Podium trennt. Eine der alten Frauen steht neben einer der Fahnen, und während die Gläubigen in einer Reihe an ihr vorbeigehen, gibt sie Injektionen in der Art wie Flores. Noch stärker als dieser imitiert sie die Injektionsspritze, indem sie mit dem Zeigefinger zusticht und dann mit Daumen und Mittelfinger den imaginären Inhalt der Spritze in den Körper drückt. Der Einstich scheint zu schmerzen, denn einige der Patienten zucken erschreckt zusammen. Ich sehe allerdings keine Blutungen. Bei einer Frau und einem Kind macht sie wie Flores ›Röntgenbilder‹: sie legt weißes Papier auf die kranke Stelle und schaut hindurch.

Inzwischen hat sich Brigitte, die mit Walther und Skip mitgekommen ist, entschlossen, auf den Operationstisch zu klettern, um auch diese Möglichkeit einer Heilung zu prüfen. Brigittes Zustand ist trotz zahlreicher Eingriffe Placidos unverändert geblieben.

David hält seinen Finger an die große Zehe Brigittes. Ein starker Schmerz durchzieht ihren Körper. David meint, daß sie zuviel Wärme hätte, und schickt sich an, diese

---

* Bei den Yoruba in Nigeria konzentriert sich die Potenz des gesprochenen Wortes vor allem im Oriki. Orikis sind Anrufungen, deren Zweck es ist, die charakteristische Kraft einer Wesenheit mit Hilfe der Götter zu potenzieren.

Rechts: David Oligane bereitet sich auf die Behandlungen vor. Vor dem Wandbild seiner Kapelle in Toboy steht der Behandlungstisch. Hier werden Heilungen und Hexenaustreibungen durchgeführt.

Wärme abzuleiten. Brigitte verspürt deutlich, wie ein kühlendes Gefühl ihren Körper durchzieht. David nimmt sie bei den Händen, betrachtet ihre Finger. Seine Diagnose weist auf das Vorhandensein eines Hexers hin.
Nun entblößt David den Rücken der Kranken und bittet Skip, mitzuhelfen. Er führt den Finger Skips in einer Entfernung von etwa zehn Zentimetern über Brigittes Rükken. Da erfolgt ein Energiestoß und schneidet eine kleine Wunde in den Rücken. Davids Frau hat ein Wasserglas vorbereitet, das, mit brennender Watte gefüllt, über den Schnitt gesetzt wird. Das entstehende Vakuum saugt einen Ballen aus dem Körper, auf dessen Erhebung nun kleine Blutstropfen entweichen. Langsam rinnt das austretende Blut den Rand des Glases entlang. Nach einigen Minuten wird das Glas entfernt, und während David das Blut im Kreis verreibt, quillt aus der Wunde eine wurmartige, gelblich-transparente Masse. Der Körper wird gereinigt, es verbleibt ein kleiner Schnitt, dessen Narbe am Abend desselben Tages noch zu sehen ist.
Auch Skip unterzieht sich einer ähnlichen Prozedur, und während diesmal Walther, geführt von Davids Hand, den Schnitt ausführt, haben wir Gelegenheit, bewußter als beim erstenmal das Phänomen zu beobachten.

Links: In der Kapelle von David Oligane behandelt eine Mitarbeiterin durch spirituelle Injektionen.

Am Nachmittag in Davids Haus habe ich Gelegenheit, Fragen zu stellen und seine Erzählung aufzuzeichnen.

Gert Chesi: Mr. Oligane, ich finde es besonders interessant, daß Sie Hexen fangen können. Würden Sie uns etwas über Ihre Arbeit berichten?
David Oligane: Ich kann nicht nur Hexen fangen, sondern auch niedrige Geister, die sich so herumtreiben – jede Art von Geistern, also auch die schlimmen. Ich bin Bauer und erhielt diese Gabe von Gott.
Ich befasse mich mit materieller und spiritueller Heilung und mit Exorzismus, ich fange Hexen oder niedrige Geister, die ihr Unwesen treiben. Ich bin sehr glücklich darüber, daß Gott mir diese Fähigkeit gab, nicht nur für mich, sondern für alle Menschen, die herkommen und meine Hilfe suchen.
Deshalb möchte ich, daß Sie mich kennenlernen: Ich bin David Oligane von Toboy. Ich bin glücklich, Sie kennengelernt zu haben, Gert Chesi, und hoffe, durch dieses Tonband wird weltweit bekannt, daß ich allen Menschen helfen will.
Wir hier auf den Philippinen befolgen die Gebote Jesu Christi, wie sie in der Bibel niedergeschrieben sind: »Wenn ihr die Kranken heilt, werden sie geheilt sein.« So legen wir unsere Hände auf, operieren, exorzieren und heilen verschiedene Arten von Krankheiten nur mit unseren Händen, ohne Instrumente.

Sie fragten mich, wie ich mit Hexen umgehe. – Nun, ich arbeite jetzt schon seit 27 Jahren und habe festgestellt, daß meine Arbeit für viele Menschen wichtig ist, denn Krankheit gibt es auf der ganzen Welt. Manche Menschen glauben nicht an meine Methode, ich aber weiß, daß sie der richtige Weg des Heilens ist. Aber es ist auch ein sehr gefährlicher Weg, denn die Hexen können einen Menschen geradewegs töten.
Gott gab mir die Gabe des Exorzierens, und ich wende sie an, indem ich meine Hände so wie jetzt halte [er legt seinen Zeigefinger über den Daumen] – damit kann ich Hexen fangen.
Habe ich auf diese Weise eine Hexe gefangen, gesteht sie alles ein, was sie den Menschen angetan hat, sie gesteht auch, warum sie es getan hat, warum sie es immer noch tut und warum sie ihnen die einzelnen Krankheiten angehext hat.
Ich kann also eine Hexe im Körper eines Patienten aufspüren, kann zu ihr sprechen und sie – direkt im Körper eines Menschen – bestrafen, ohne daß dem Patienten ein Leid geschieht.
Ich mache das nicht oft, denn es ist gegen das Gebot Gottes, aber ich warne die Hexe; ich warne sie zwei- oder dreimal, und wenn sie mir dann nicht gehorcht, bestrafe ich sie.
Es gibt 29 Arten von Krankheiten, die von Hexen verursacht werden, und man muß wissen, wie man mit ihnen umzugehen hat.
Ich verwende meine Hände und Kräuter. Wenn ich meine Hände auf einen von einer Hexe Besessenen lege, geschehen schreckliche Dinge. Der Besessene schreit: »Oh, es ist heiß! Es ist viel zu heiß! Es brennt wie Feuer!« Wenn sie eine gute Hexe ist, wird sie den Körper verlassen, sobald ich sie zwischen den Fingern habe. Wenn sie aber eine böse Hexe ist, wird sie mir Widerstand leisten. Sie wird mir ihre bösen Taten eingestehen, wird großen Schmerz fühlen und um Vergebung bitten, indem sie sagt: »Es ist heiß, bitte vergebt mir!«
G. Ch.: Wie erkennen Sie eine Krankheit, die durch eine Hexe verursacht wurde, und woran die Hexe selbst?
D. O.: Ich kann Hexen erkennen, weil ich ihren Atem höre und ihre Augen und ihre Bewegungen sehen kann.

Rechts: Die Fahne der ›Union Espiritista Cristiana de Filipinas‹ in der Kapelle von David Oligane.

Seite 74: Aus einer Distanz von etwa zwanzig Zentimetern vollzieht David Oligane seine ›chiroplastischen Schnitte‹. Der Magnetismus seiner Hände wirkt wie ein auf den Patienten gerichtetes Skalpell.

Seite 75: Frau Oligane setzt das Schröpfglas über den Schnitt und unterstützt die Behandlung mit magnetischen Massagen.

Seite 76 oben: Nach dem Gottesdienst beginnen die Behandlungen. David Oligane und seine Frau bereiten einen Exorzismus vor.
Unten: Durch eine Mitarbeiterin werden ›spirituelle Injektionen‹ verabreicht.

UNION ESPIRITISTA
CRISTIANA-de-FILIPINAS-INC.
TRONO TI PARABOR NI CRISTO
JAH

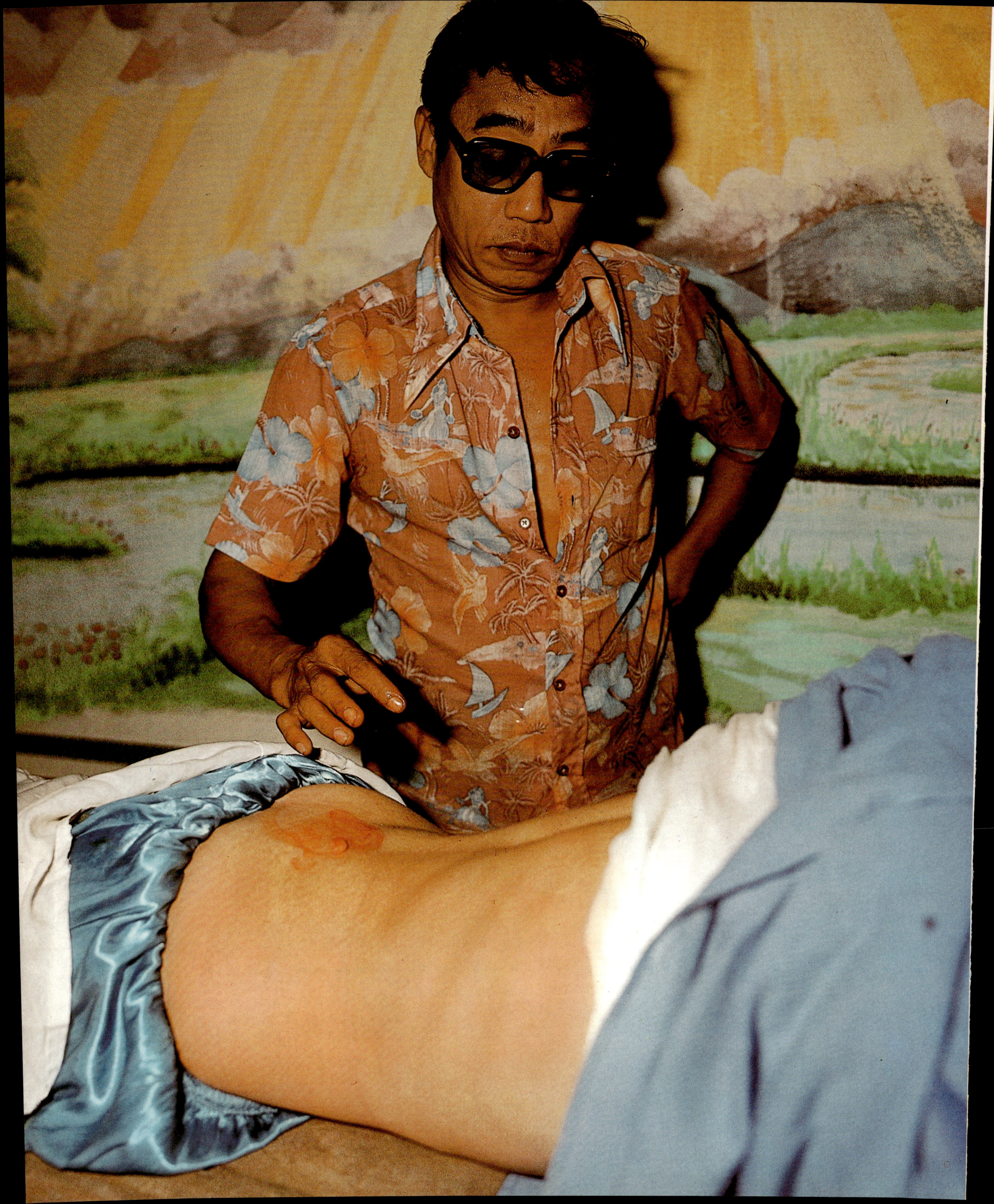

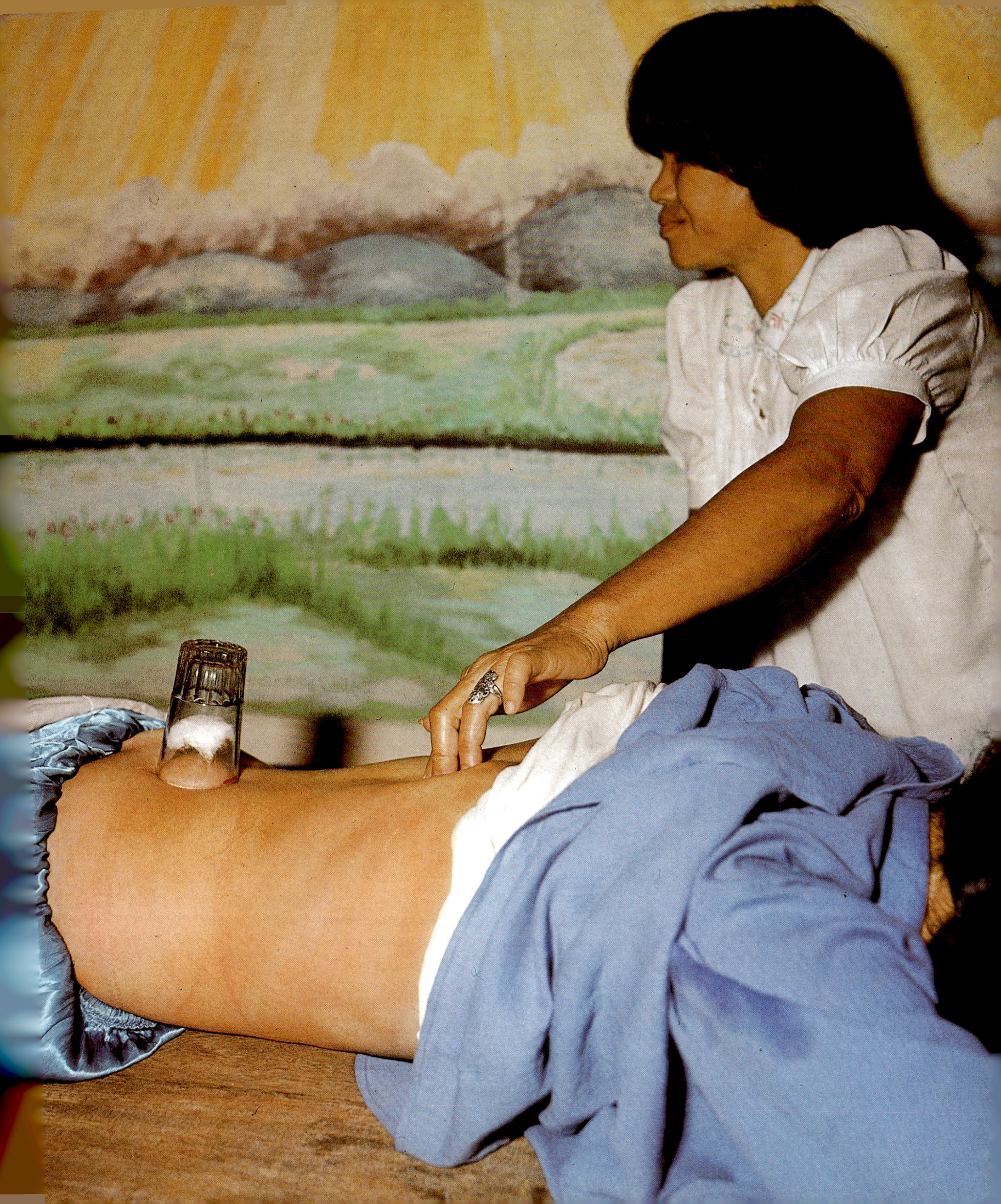

& Mrs. Ismedio Toquéro
Malued, VICTORIA

CRISTO

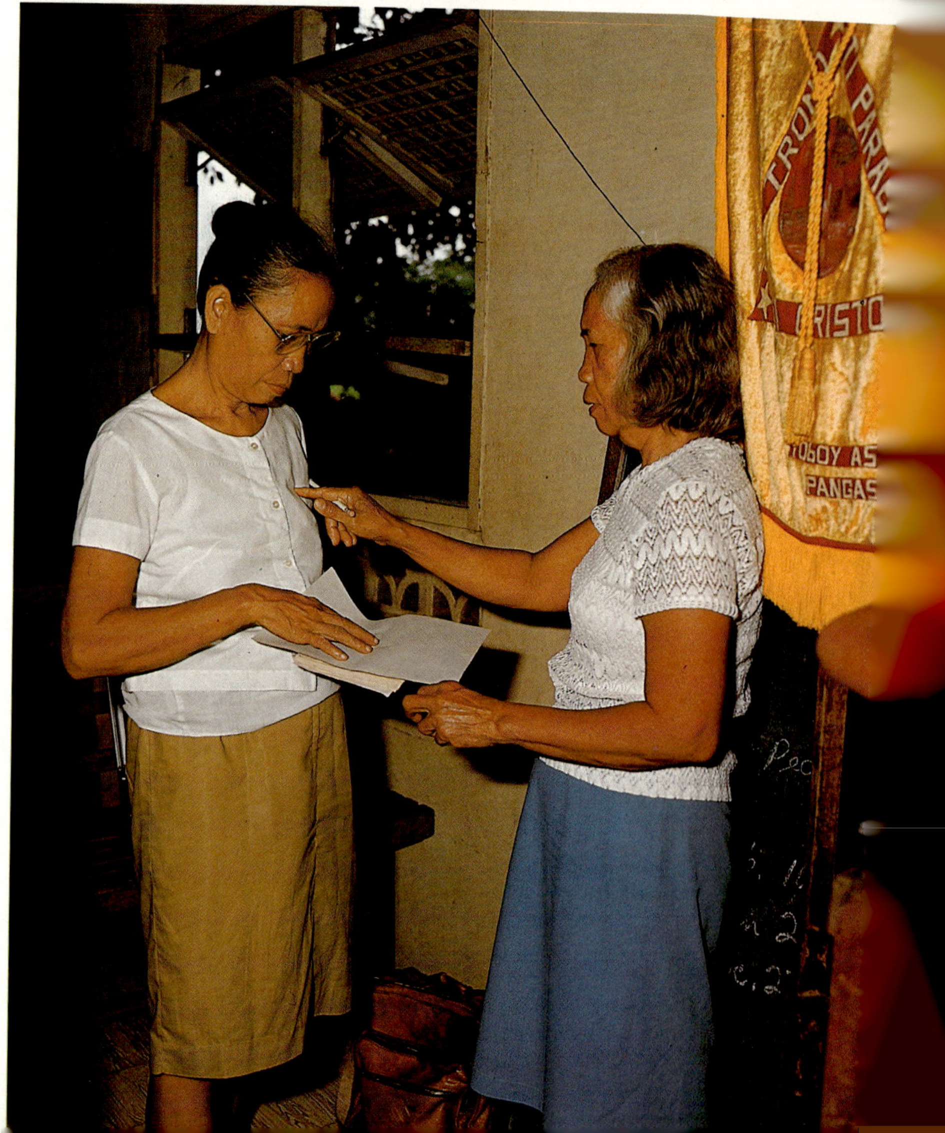
CRISTO

Es ist sehr schwer, die 29 Arten von Hexen auseinanderzuhalten, und es ist genauso gefährlich, denn drei von ihnen verursachen Krankheiten, die einen Patienten innerhalb eines Tages umbringen können.

G. Ch.: Suchen viele von Hexen besessene Menschen Hilfe bei Ihnen?

D. O.: Ja, es sind viele, und sie kommen aus aller Welt. Ich lade sie ein zu kommen, denn es sind so viele, die von dieser Krankheit befallen sind, und sie suchen vergeblich jemanden, der ihnen hilft. Ich wünschte mir, daß ich in der Welt noch wesentlich bekannter wäre, denn ich möchte helfen. Ich sehe es als meine Verpflichtung an, allen Menschen zu helfen.

G. Ch.: Wenden viele Heiler Ihre Methode an, oder sind Sie der einzige in dieser Gegend, der Hexen fangen kann?

D. O.: Ich bin der einzige Heiler, der Hexen fangen kann.

G. Ch.: Ist eine Hexe, die eine Erkältung bringt, schwächer als eine, die z. B. Krebs verursacht?

D. O.: Eine Hexe, die Krebs verursacht, ist äußerst gefährlich. Sie kann Augen, Herz und Lunge angreifen – jeden Teil des Körpers.

G. Ch.: Und Sie wissen immer, welcher Körperteil jetzt gerade von der Hexe attackiert wird?

D. O.: Manchmal sagen mir die Patienten, wo es weh tut, manchmal sehe ich die Hexe mit bloßem Auge, oder ich sehe die Hexe mit Hilfe von Röntgenstrahlen, die ich auf einem Blatt Papier sichtbar mache. Die Hexe ist wie auf einem Negativ zu sehen. Diese kräftigen Geister sind sehr gefährlich, denn sie können jeden verletzen. Man kann sie nicht sehen, kann nicht gegen sie kämpfen und sie nicht verwunden.

G. Ch.: Können diese Hexen auch Sie angreifen?

D. O.: Ja, manchmal greifen sie mich an, wenn Gott nicht in mir ist. Der Kampf mit ihnen ist eine Art Versteckspiel.

G. Ch.: Was geschieht, wenn Sie selber krank sind? Kann dann die Hexe Besitz von Ihrem Körper ergreifen, und können Sie sich selbst exorzieren?

D. O.: Ja, sie kann in meinen Körper kommen, und ich kann sie selbst wieder vertreiben. Wichtig aber ist es, sich daran zu erinnern, daß der Kampf mit Geistern ein sehr gefährliches Spiel ist. Es ist ein Kampf zwischen dem Geist ›Jesus Christus‹ und dem Geist ›Satan‹. Wir sind nicht mehr als ein Werkzeug, ein Werkzeug Gottes und des Satans, deren Kampf sich in uns manifestiert. Aber es ist immer ein Kampf zwischen den Geistern.

G. Ch.: Können Sie, wie andere Heiler, Körper öffnen?

D. O.: Ja, ich kann genauso heilen wie andere Heiler auf den Philippinen, wie Placido oder andere.

G. Ch.: Dann können Sie auch Blutklumpen und andere Objekte aus dem Körper des Patienten entfernen?

D. O.: Ja. Wenn eine Hexe eine Krankheit in den Körper des Patienten gebracht hat, ist es leicht, zu heilen. Wenn aber die Hexe Kälte, Hitze oder auch nur Wasser in den Körper gegeben hat, dann kann man das nicht mit einer Operation kurieren. Das muß man dann mit einer psychischen Heilung durchführen, denn es ist eine wesentlich gefährlichere Krankheit. Wir haben verschiedene Elemente in unserem Körper. Das Gleichgewicht dieser Elemente ist sehr wichtig, und die Hexen tun alles, um es zu stören, indem sie immer mehr zum einen oder zum anderen hinzufügen.

G. Ch.: Können Sie notfalls einen Patienten, der im Sterben liegt, sofort heilen, oder müssen Sie bis zum Sonntag warten, wenn in der Kapelle geheilt wird?

D. O.: Es kommt darauf an, was der Geist mir sagt. Wenn er sagt, ich soll sofort helfen, dann muß ich nicht bis zum Sonntag warten. Aber Sie dürfen nicht vergessen, daß nicht alle Krankheiten heilbar sind. In der Bibel steht: »Da ist Krankheit, die ihr heilen könnt, und solche, die ihr nicht heilen könnt!«

Wenn ich es mit einer sehr schweren Krankheit zu tun habe, befrage ich den Geist, um herauszufinden, ob sie geheilt werden kann oder nicht. Ich schreibe den Namen des Patienten und seine Krankheit auf ein Stück Papier und werfe es in die Luft, und je nachdem, wie es fällt, weiß ich, ob der Patient leben wird oder ob er sterben muß. Ich kann zum Patienten nicht sagen: »Du wirst geheilt werden«, aber ich will mein Bestes tun, und wenn es Gott gefällig ist, wird er heilen.

G. Ch.: Haben Sie jemals versucht, Tiere zu heilen?

D. O.: Ich habe es nie versucht, aber ich denke, es ist durchaus möglich, daß auch Tiere von Hexen befallen werden.

G. Ch.: Kann man den Körper eines Tieres genauso öffnen wie den eines Menschen?

D. O.: Ich glaube, ja. Vielleicht werde ich es eines Tages versuchen – nur als Experiment.

G. Ch.: Viele von uns lieben Tiere. Könnte man sie heilen, würden viele Menschen ihre Tiere auf die Philippinen bringen.

D. O.: Tiere sind oft besser als Menschen, denn sie sind treu, auch wenn sie schlecht behandelt werden. Das Geheimnis Gottes ist auch in niedrigen Lebewesen zu finden. Nehmen wir eine Kuh als Beispiel: Woher wissen wir, daß sie nicht Gott preist, wenn sie »muh« sagt? Und wenn die Sonne untergeht und die Dunkelheit einbricht, kniet sie nieder und küßt die Erde – auch Kühe tragen Gott in sich.

[An dieser Stelle unterbricht David seine Erzählung und ruft etwas Unverständliches in den Raum. Der Ruf gilt einer Hexe.]

G. Ch.: Sie haben gerade eine Hexe gerufen. Können Sie sie sehen?

D. O.: Ja, sie ist hier. Hören Sie sie atmen?
[Man hört lautes Atmen.]
G. Ch.: Wie sieht sie aus?
D. O.: Sie hat ein weißes Gesicht, eines von vielen, dem Typ nach philippinisch.
Sie sehen, sogar in meinem eigenen Haus habe ich Ärger mit Hexen. Die Hexe hat meine Tochter krank gemacht, ich mußte hinter ihr her und sie umbringen. Hexen schauen aus wie normale Menschen und können durch die Tür hereinkommen. Aber ich kann sie entdecken, weil ich ihr heftiges Atmen höre. Auch gibt es mehr weibliche Hexen als männliche.
G. Ch.: Wie bereiten Sie sich auf eine Operation oder auf einen Exorzismus vor?
D. O.: Ich meditiere, um meine Seele zu reinigen, meinen Körper und meinen Verstand. Ich gehe nicht in die Disco, rauche nicht, trinke nicht und berühre meine Frau nicht. Nach dieser Meditation ist mein Körper sehr gekräftigt, und ich kann heilen.
Ein Heiler muß immer gereinigt und bereit zu heilen sein, er muß diese Meditationen immer wiederholen.
Als ich klein war, hatte ich Träume, in denen ich vieles sah. Ich sah, wie andere Menschen heilten, und schließlich befahl mir der Geist, hinauszugehen und selbst zu heilen – ich gehorchte.
Mit 25 Jahren habe ich zum erstenmal geheilt, das war 1955. Seither habe ich nicht mehr damit aufgehört.

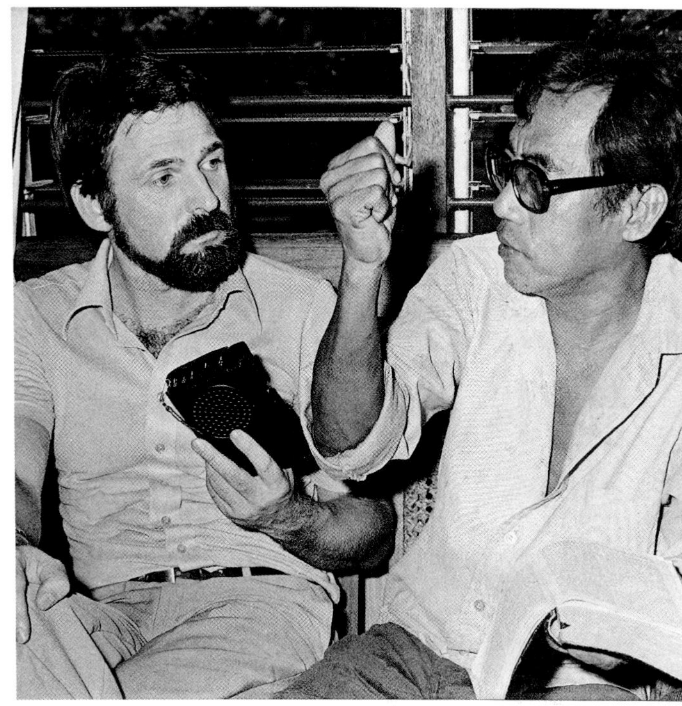

Der Autor im Gespräch mit David Oligane.

G. Ch.: Glauben Sie an Reinkarnation?
D. O.: O ja, ich glaube ganz fest daran, weil ich es selbst erlebt habe. Ich werde Ihnen davon erzählen:
Als ich noch ein Knabe war, lebte in unserer Gemeinde ein sehr reicher, alter Mann. Er dachte nur an sich selbst und half nie anderen Menschen.
Eines Tages verließ mein Geist den Körper und stieg zusammen mit dem Geist des alten Mannes, der gestorben war, empor.
Er sagte zu mir: »Sohn, hilf mir, es ist zu heiß, ich kann es hier nicht länger aushalten!«
Und wie es so sein will, trafen sich die Geister alle dreißig Tage an diesem Ort.

Da begegnete ich einem Engel und sagte zu ihm: »Engel, ich habe da diesen alten Mann getroffen, der mich um Hilfe bat, aber ich weiß nicht, wie ich ihm helfen kann.«
Der Engel wandte sich an den Mann: »Welche Art von Hilfe wünschst du?«
»Ich weiß, daß der Herr freundlich und gütig ist und daß er vergibt«, flehte der Mann.
Der Engel schnippte mit den Fingern, und ein feuriges Pferd erschien. Er befahl dem Mann, mit ihm zu kommen, und sie ritten davon.
»Ich möchte auch gern mitkommen!« schrie ich.
Wir kamen zu einem gewaltigen goldenen Berg, in dem sich ein Tor öffnete. Wir traten ein, und es waren Funken unter meinen Füßen. Dann standen wir einem alten Mann gegenüber.
»Herr, dieser Mann wünscht Eure Hilfe«, sagte der Engel.
»Herr, bitte hilf mir! Bitte verzeih mir!« schrie der Mann. »An dem Ort, an dem ich jetzt bin, kann ich es nicht mehr länger aushalten.«
Der Engel nahm ein goldenes Buch – es war das linke von zweien, die ich dort liegen sah – und übergab es dem Herrn. Der öffnete es und las: »Als du noch auf der Erde warst, bist du nicht freundlich gewesen, nicht hilfreich, und du hast nur dich selbst geliebt. – Mein Kind, ich bin betrübt, aber ich kann dir nicht helfen. Nicht ich bin es, der dich bestraft, du selbst bist es. Wenn ich hungrig war, hast du mir nichts zu essen gegeben, wenn ich krank war, hast du mir nicht geholfen, und wenn ich durstig war, hast du mich nicht gelabt!«
»Aber ich habe *dich* nicht hungrig gesehen, Herr«, jammerte der alte Mann.
»Was du dem geringsten meiner Brüder getan hast, das hast du mir getan«, antwortete der Herr.
»Was soll ich tun?« fragte der alte Mann.
Wir drehten uns um, und da fielen unsere Blicke auf einen Greis, der auf der Straße lag, seine Hände flehend emporgehoben und lahm an den Beinen.
»Siehst du diesen Mann?« fragte der Herr.
»Wenn du es so willst, dann sende ich dich zur Erde zurück, und dieses wird dein Leben sein, das du wirst führen müssen!«
Das war das erstemal, daß ich den Herrn sah. Er war wunderschön und prächtig.
G. Ch.: War es ein Traum?
D. O.: Nein, es war kein Traum. Mein Geist war wirklich dort, außerhalb des Körpers, in Trance.
G. Ch.: Meditieren Sie, bevor Sie in Trance fallen?
D. O.: Nein, ich muß nicht meditieren, um in Trance zu fallen, man muß nur an Gott und Jesus Christus glauben.
G. Ch.: Trifft das auch auf Ihre Tochter und die anderen Familienmitglieder zu?
D. O.: Ja, alle Familienmitglieder sind Medien und werden von Jesus Christus geleitet.

Unsichtbare Injektionen

Eine der wohl interessantesten, wenn auch schwierigsten Persönlichkeiten unter den philippinischen Heilern ist Juanito Flores in Urdaneta. Wir erreichen seine Kapelle eine Stunde bevor er behandelt. Diesen Spielraum haben wir eingeplant, weil Flores für seine besondere Aversion gegen jede Art von Publizistik bekannt ist. Er hat nie erlaubt, daß gefilmt oder fotografiert wird, und steht damit im Gegensatz zu den meisten Heilern, denen selbst das Blitzen während der operativen Eingriffe nichts ausmacht.
Das letzte Haus am Beginn eines riesigen Reisfeldes gehört Flores. Einige Schritte daneben befindet sich die Kapelle, ähnlich wie die von Josephine, aber einige Bankreihen größer und etwas düsterer. Obwohl wir verfrüht kommen, sind bereits Patienten da. Die Assistentin sagt kurz, daß nicht fotografiert werden darf, daß sie es aber für möglich hält, nach den Behandlungen ein Gespräch zu arrangieren. Wir warten im Kreis einiger Kranker.
Um halb zwölf kommt Flores von seinem Wohnhaus in die Kapelle. Er wirkt anders als die Heiler in Baguio oder gar die liebenswerte Josephine. Fast mürrisch, grußlos, ohne die Patienten zu beachten, geht er über die zwei Stufen auf das Podium, auf dem der Operationstisch vor einem seltsamen Wandgemälde steht. Die Szenerie zeigt einen kegelförmigen roten Berg, auf den sich in Serpentinen eine Straße windet. Auf seiner Spitze steht aufgeschlagen die Bibel. Weiter vorn im Raum hängen wie bei Josephine zwei Fahnen, die die Zugehörigkeit zur ›Union Espiritista Cristiana‹ anzeigen. Ein Patient, der offensichtlich schon öfter hier war, unterrichtet mich, daß die Kranken von rechts aufs Podium zu kommen haben und Beobachter nur links stehen dürfen, wobei zu beachten ist, daß nie jemand zwischen Flores und die Fahnen gerät. Das würde seine ›Silberschnur‹ durchtrennen, die ihn mit den metaphysischen Räumen verbindet.
Flores hält eine Bibel in der Hand und vertieft sich. Sein Gesicht wirkt wie in Trance, er schneidet Grimassen und lacht gelegentlich das Lachen eines Mannes, dessen Gedanken nicht auf dieser Erde weilen. Dann werden die Anwesenden aufgefordert, der Reihe nach aufs Podium zu kommen.
Ein junges Mädchen steht vor Skip und mir in der Reihe. Flores dreht sie mit dem Rücken zu sich und hält ihr, während die Assistentin mit einem nassen Wattebausch verschiedene Körperstellen kennzeichnet, Daumen und Zeigefinger in die rechte Kniekehle. Er schlägt mit der freien Hand auf den Rücken der anderen, und die Patientin zuckt wie elektrisiert zusammen. Das wiederholt sich sechsmal. Die Patientin wird von einem Assistenten mit Kokosfett an den ›Injektionsstellen‹ eingerieben.

Skip, der eine kurze Hose trägt, steht vor mir in der Reihe. Flores berührt seinen Oberschenkel von hinten und schlägt mit ausgestreckten Fingern auf den Handrücken. Skip zuckt zusammen, und ich sehe, wie ein dicker Blutstropfen das Bein entlang bis zum Schuh rinnt. Die Assistentin fängt das Blut mit einem Wattebausch auf. Skip blutet an drei Stellen. Einige der Einstiche waren unblutig verlaufen.

Ich sehe, daß Flores absolut nichts in den Händen hält. Die ›Injektionen‹ sind spiritueller Art, unbekannte Energien ermöglichen es, Bereiche des Körpers zu dematerialisieren, in ihn einzudringen.

Nach Skip stehe ich vor Flores. Wieder erscheint die Assistentin mit einem nassen Wattebausch und markiert die Einstichstellen. Ich spüre Flores' Finger durch das Hemd und einen kurzen Schmerz, der mehr an eine Entladung statischer Energie als an einen Einstich denken läßt. Sechsmal dringt Flores' imaginäre Nadel in meinen Körper. Nur viermal vernehme ich einen kurzen brennenden Schmerz.

Nachdem über zwanzig Patienten geimpft worden sind und jeder wieder seinen Platz in der Kapelle eingenommen hat, ruft er einen jungen Engländer aufs Podium. Der Patient steht in der Mitte der ›Bühne‹ und bleibt während der ganzen Behandlung angekleidet. Flores schiebt ihm weißes Schreibmaschinenpapier unter das Hemd und gestikuliert wild. Später zieht der Heiler seinem Patienten das Schreibmaschinenpapier wieder aus dem Hemd und betrachtet die Blätter wie Fotografien. Das sind ›Röntgenaufnahmen‹.

Flores hat es sich zur Eigenheit gemacht, verschiedene ärztliche Techniken zu imitieren. Es wird behauptet, daß er kraft seiner außerordentlichen Begabung fähig ist, Gegenstände, sogar chirurgisches Werkzeug, zu materialisieren. Diese dem feinstofflichen Bereich entliehenen Gegenstände werden meist durch Entmaterialisierung zurückerstattet.

Nach einer ganzen Reihe von ›Röntgenaufnahmen‹ beginnt Flores mit weiteren Injektionen. Über zwanzigmal trifft die spirituelle Nadel den Patienten. Dann hält Flores plötzlich still. Eine für mich unverständliche Aufregung ergreift die Mitarbeiter. Der Patient wird auf den Stuhl gesetzt, und Flores, der vor ihm kniet, drückt einen feuchten Wattebausch gegen seine Brust. Er fragt, ob er Schmerzen habe. Der Patient bejaht. Während zwei Mitarbeiter aufgeschlagene Bibeln über Kopf und Schultern des Kranken halten, massiert Flores unaufhörlich eine Stelle über dem Herzen. Er will wissen, wie spät es ist. Es ist sieben Minuten vor zwölf. Flores meint, das könne nun lange dauern. Seine Mitarbeiterin erklärt, daß eine der Injektionsnadeln im Körper des Patienten abgebrochen sei. Er wolle nicht gleich operieren, vielleicht kann er durch Massage die Nadel auch so entfernen. Ich schaue auf die Uhr. Es ist inzwischen zweiundzwanzig Minuten nach zwölf. Flores kniet noch immer vor dem auf dem Stuhl sitzenden Kranken, die Finger massieren unaufhörlich dessen Brust. Der Heiler verlangt weißes Papier. Wieder und wieder schaut er durchs Papier hindurch in den Körper des Kranken. Endlich ist es soweit, die Nadel kann entfernt werden.

Ich stehe nur einen Meter vom Geschehen entfernt. Da ich nicht fotografieren darf, kann ich meine Aufmerksamkeit besser als sonst aufs Geschehen richten. Flores macht eine letzte Handbewegung. Der Patient kann wieder aufstehen. Er versichert den anderen, die Nadel gesehen zu haben. Ich habe sie nicht gesehen. Ein sehr gebildeter Mann aus Deutschland, der seine krebskranke Frau mitgebracht hat, meint, es sei sehr selten und zeuge von großer Sensibilität, wenn ein Patient einen spirituellen Gegenstand zu sehen vermag. Er selbst hätte ihn auch nicht erkennen können.

Prof. Hans Naegeli schildert in seinem Werk ›Die Logurgie in den Philippinen‹ Flores als einen der spektakulärsten Heiler. Neben einigen aufregenden Fällen zitiert er den Schweizer Zahnarzt Dr. Walter Früh, der sich einer Behandlung durch Flores unterzog:

»Im Beisein meiner Bekannten, Fräulein M. D. aus Zürich, des Dr. chem. ETH N. G. sowie meines philippinischen Chauffeurs legte ich mich auf den Behandlungstisch. Ich bekam auf Verlangen einen Spiegel in die linke Hand, den ich hinter das ›Operationsfeld‹ hielt, um selber die Vorgänge exakt beobachten zu können. Eine Kopfunterlage ermöglichte ein Sehen im spitzen Winkel.

Nach nochmaligem Betasten der schmerzhaften Stelle schräg links oberhalb des Nabels ging Flores auf die übliche Weise in mein Abdomen ein und zog nach einigen Augenblicken ein Stück meines Dünndarms in die Höhe, tastete mit Zeigefinger und Daumen das Darmstück ab und fragte mich, ob ich ›bones‹ (Knochen) gegessen hätte. Er spürte ein Knochenstückchen in meinem Darm und zeigte mir die Umgebung dieses Abschnittes, der eine gräulich-gelbe Farbe aufwies. Dann riß er, das Darmstück leicht spannend, die Stelle entzwei, preßte ›pus‹ (›Eiter‹) aus den Enden, hielt seinen rechten Zeigefinger mit dem Eiter unter die Nase und zeigte ihn auch den Umstehenden. Nun strich er mit Daumen und Zeigefinger das harte Gebilde heraus und übergab es mir (Größe: 6:4:2 mm). Anschließend reinigte er gemütlich mit Finger und Watte die stark ausgefransten Enden des Darmes. Mit seiner rechten Hand hielt er das linke Darmende, während die Helferin mit der Pinzette das rechte Ende zum linken führte. Mit der linken Hand vollzog er die übliche kreisende Bewegung über der Stelle, die wieder zusammengefügt werden sollte, und blies aus ca. 30 cm Distanz leicht darauf.

Die Darmstücke hielten aber nicht zusammen. Nun wiederholte sich das gleiche Spiel, und wieder klappte es nicht. Lachend und plaudernd zupfte er nun die gröbsten Fransen weg, setzte die Enden wie vorher wieder zusammen, kreisende Handbewegung, kurzes Blasen, und geschlossen war der Darm! Mit der Pinzette auf der Unterseite des Darmstückes hin und her fahrend, demonstrierte er nun lachend die erfolgreiche Zusammenfügung. Langsam ließ er das Darmstück ins Abdomen zurückgleiten, wiederum die kreisende Handbewegung und das kurze Blasen: die Bauchdecke war geschlossen. Anschließend erfolgte eine kurze Reinigung der Oberfläche mit Watte, und ich konnte aufstehen.

Meine Bekannte, Frl. M. D., war schon im Vorjahr von Juanito Flores wegen Niereninsuffizienz erfolgreich behandelt worden. Aus verschiedenen Gründen und besonders wegen Beschwerden in der Leber und Magengegend suchte sie ihn wieder auf und hatte vor der Behandlung zu Flores geäußert, daß sie seit mehreren Wochen einen merkwürdigen Metallgeschmack im Munde verspüre. Flores lachte hellauf und behauptete, sie hätte ›Geld‹ im Bauche. Seine anschließende Intervention führte zu einer runden, gallertig glänzenden ›Auraöffnung‹ von ca. 5 cm Durchmesser auf der rechten Bauchseite, etwa zwischen Magenausgang und Blinddarm. Nach längerem ›Grübeln‹ in der Wunde sahen wir plötzlich zwei aufeinanderliegende mondsichelförmige graue Bänder (von uns weggekrümmt). Allmählich wuchsen sie zur Halb- und Vollmondform – und da lag eine Münze im Abdomen. Flores klaubte sie weg, zeigte sie Frl. D. und überreichte sie dann mir. Mit etwas mehr Mühe entfernte er die zweite Münze und übergab sie Dr. G. Nach ca. einer Minute wiederholte sich dieser Vorgang mit noch einer Münze, die erheblich schwieriger und für die Patientin schmerzhafter entfernt werden konnte. Es handelte sich um 1/4-US-Dollar-Stücke (Quarters) mit den Jahreszahlen 1965, 1967 und 1970.

Frl. D. verspürte während dieser Intervention immer leichte Schmerzen, besonders beim Wegnehmen der Münzen. Flores fragte Frl. D., ob der Metallgeschmack verschwunden sei, worauf sie entgegnete, er sei wohl schwächer geworden, aber noch nicht ganz weg. Flores sagte, daß sie offenbar noch mehr Money in sich trage.

Er arbeitete nun weiter in der Wunde, und plötzlich sahen wir am magenseitigen Rand zwei kleine ›staples‹ (Bostichklammern). Bald war eine dritte da, und deren Entfernung schmerzte Frl. D. sehr, da sie an beiden abgewinkelten Enden verbogen war. In der Folge kamen noch weitere 17, also insgesamt 20 dieser Klammern zum Vorschein. Danach wurde die Wunde in der für Flores üblichen Weise narbenlos geschlossen.«

Alicia Publicio

Die einundzwanzigjährige Alicia nimmt unter allen Heilern eine Sonderstellung ein. Sie ist Spastikerin und hat nie sprechen oder gehen gelernt. Sie wohnt im Haus ihrer Eltern, das immer mehr den Charakter eines Wallfahrtsorts annimmt. Im Jahre 1980 waren es mehr als 9000 Besucher, die um Hilfe baten.

Alicia empfängt ihre Patienten am Wochenende. Auswärtige dürfen auch an Werktagen kommen, allerdings ist das von der Anwesenheit ihrer Mutter abhängig, die als Lehrerin arbeitet und erst um vier Uhr nach Hause kommt.

Als ich am Samstag mit Skip im Haus von Alicia eintreffe, ist das Wohnzimmer schon voll von Besuchern. In unserem Gefolge befinden sich ein deutsches Ehepaar mit einem spastischen Kind und Frau Landolt, die gerade mit einer Gruppe von Kranken in Baguio weilt. Wir werden fröhlich begrüßt, und es scheint fast, als würde die Not der kranken Alicia kompensiert durch die Gabe zu heilen. Es herrscht heitere Stimmung, die Leute lachen, es ist alles eher als die bedrückende Grabesstille leidender Menschen, die beisammensitzen und über ihr Schicksal grübeln.

Die Mutter Alicias erkundigt sich nach dem Krankheitsverlauf des fünfjährigen deutschen Kindes. Wir erfahren, daß es gesund

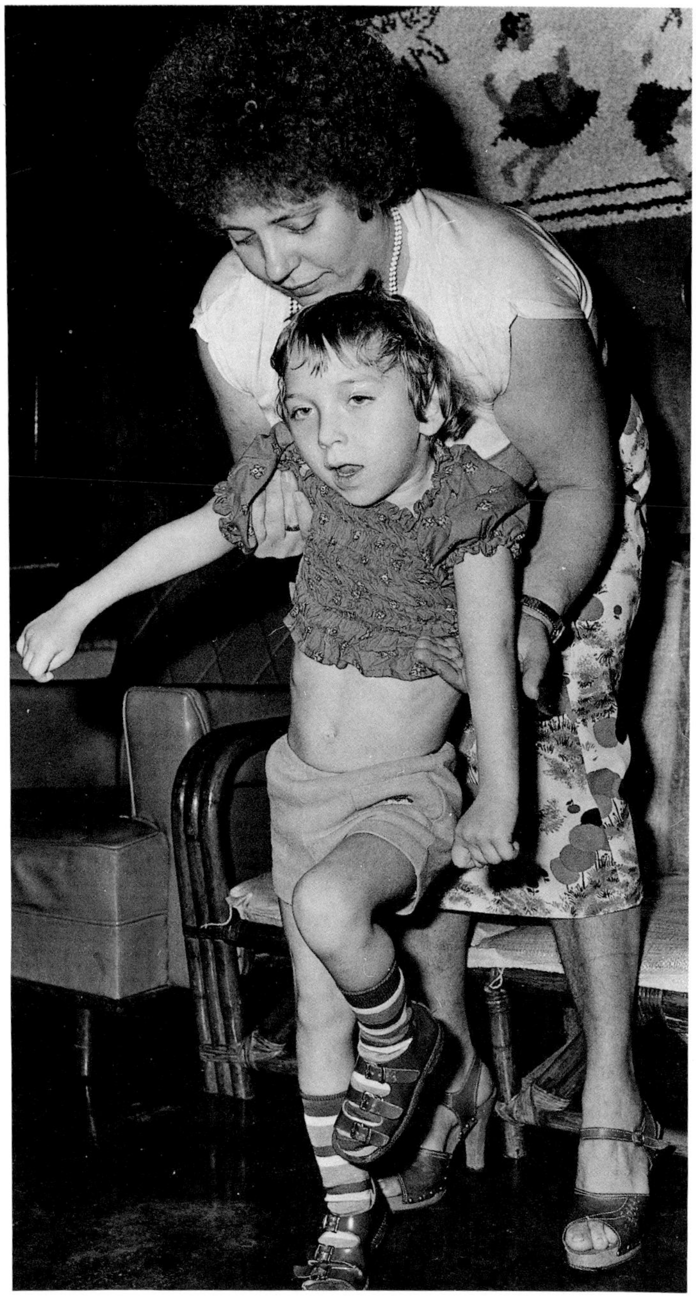

Die Eltern des spastisch erkrankten Kindes nützen jede Möglichkeit einer Behandlung. Obwohl sie mit einer organisierten Reisegruppe nach Baguio kamen, besuchten sie Alicia aus eigener Motivation. Sie wollen sich nicht den Vorwurf machen, daß sie nicht alles getan hätten. Bei dieser ersten Begegnung zeigt das Kind erstaunliche Reaktionen.

zur Welt kam und erst infolge eines ärztlichen Kunstfehlers zum Spastiker wurde.
Frau Publicio fordert uns auf, Fragen an Alicia zu stellen. Wir könnten das in jeder Sprache tun, Alicia würde uns verstehen und antworten.
Verängstigt fragt der Vater des Kindes, ob es Aussicht auf Heilung gäbe. Er spricht deutsch. Alicia bringt einen uns unverständlichen Laut hervor, und ihre Mutter übersetzt ihn mit einem klaren Ja. Nun fragt die Mutter – wieder auf deutsch –, wie lange man auf die Genesung zu warten habe. Noch vier Jahre, ist die Antwort.
Es kommt mir unwahrscheinlich vor, daß jemand von den anwesenden Filipinos Deutsch versteht. Ich stelle dann eine Frage, mit der ich offensichtlich Alicia überfordere. Es sei üblich, nur Fragen zu stellen, die mit ja oder nein beantwortet werden können.
Nachdem keine Fragen mehr kommen, wird das Kind zu Alicia gebracht. Diese taucht ein Holzkreuz in einen neben ihr stehenden Wasserkübel und betätschelt das Kind an Schultern, Bauch und Rücken. Dabei gibt Alicia unverständliche Laute von sich, sie wirkt, wie auch das deutsche Kind, unglaublich fröhlich, so daß sie mit ihrer unkontrollierten Gestik die achtzehn Menschen im Zimmer zum Lachen bringt – eine Situation, die man nur schwer zu beschreiben vermag: zwei von derselben Krankheit gepeinigte Menschen, abseits der Fähigkeit zu einer allgemeinverständlichen Kommunikation, bringen andere, die nicht wissen, ob sie es unter solchen Voraussetzungen überhaupt dürfen, zum Lachen. Dennoch hat man das Gefühl, daß Alicia und ihre Familie das gemeinsame Schicksal mit solcher Selbstverständlichkeit tragen, daß all das ohne den geringsten Hauch von Peinlichkeit geschehen darf.
Alicia nimmt nun einen Wattebausch und tränkt ihn mit geweihtem Wasser. Wiederum betupft und betätschelt sie das kranke Kind. Später, an seinen Platz zurückgekehrt, verlangt das Mädchen nach Alicia. Es erhebt sich vom Schoß der Mutter und taumelt, von dieser gestützt, zu Alicia zurück. Die Eltern sind ergriffen. Das sei das erstemal, daß eine eigenständige Handlung solchen Ausmaßes vorgekommen sei.
Alicias Mutter hat eine Rose in Papier gewickelt und das kleine Päckchen den Eltern übergeben. Sie sollen täglich damit über Rücken und Brust des Kindes streichen. Es würde, wenn auch nur allmählich, eine Heilung eintreten.
Inzwischen sind andere Besucher ins Haus gekommen, und Alicia widmet sich jedem in ähnlicher Weise. Viele haben einen Kanister mit Wasser mitgebracht, das sie von Alicia weihen lassen und als Medizin trinken. Es sollte reines Quellwasser sein, kein mit chemischen Zusätzen versehenes Leitungswasser. Auch das deutsche Kind sollte wiederkommen und Wasser mitbringen.

Viele der Patienten sind Frauen. Gelegentlich kommt verlegene Heiterkeit auf, wenn Alicia einer Frau mit dem hölzernen Kreuz zwischen die Beine fährt. Die solcherart Behandelten sind meist kinderlos und wünschen sich ein Baby. Zwei Frauen haben als Folge dieser Berührungen später Kinder geboren, eine davon nach einer klinisch bestätigten Unfruchtbarkeit, die neun Jahre dauerte.
Je später der Nachmittag, um so jünger werden die Gäste. Eine ganze Horde von Schulmädchen trifft ein. Sie lassen sich Kugelschreiber segnen, weil sie am Montag eine Prüfung haben.
Beim Verabschieden wollen wir verschämt einen Geldschein auf dem Tisch deponieren. Der Vater protestiert energisch, Alicia würde niemals Geld annehmen. Auf meine Frage, wie wir uns für all die erwiesene Freundlichkeit bedanken könnten, meint er, wenn wir wollten, könnten wir nächstesmal ein paar Lebensmittel mitbringen. Zum Abschied bekommt noch jeder Patient eine Rose geschenkt. Er soll damit die kranke Stelle seines Körpers berühren und Gott um Hilfe bitten.
Wir gehen über eine kleine Wiese der Hängebrücke zu, die über den Bach zur Straße führt. Auf der anderen Seite warten fünfzehn Menschen, jeder eine Rose in der Hand, bis sie über die Brücke, die wir blockieren, zu Alicia gelangen.

Einige Tage später beantwortet Alicias Mutter eine Reihe von Fragen, die mich beschäftigen.

Gert Chesi: Señora Publicio, wie lange ist Ihre jüngste Tochter Alicia schon Heilerin?
Patricia Publicio: Alicia wurde vollständig gesund geboren und kam dann ins Krankenhaus, weil sie nicht saugen konnte. Schon nach einem Tag platzte ihr die Haut auf. Möglicherweise sind die Injektionen, die ihr die Ärzte gegeben haben, schuld daran, daß sie bis heute nicht gehen kann.
G. Ch.: Wann haben Sie Alicias Begabung festgestellt?
P. P.: Nach Beendigung seines Studiums kam einer meiner Söhne nach Hause, und Alicia sagte, daß auch sie studieren wolle.
Ich fragte sie: »Wo möchtest du studieren?«
»Auswärts«, antwortete sie.
»Aber wie kannst du außer Haus gehen – ich habe nirgendwo Verwandte oder zumindest Bekannte, die dich aufnehmen würden«, jammerte ich.
Aber sie gab zurück: »Es ist die Mutter Maria, die mich betreuen, und Jesus, der mich lehren wird!«
Ich wollte dann wissen, was sie eigentlich werden wolle, und sie sagte, sie wolle Arzt werden.
Ich fragte: »Wie lange möchtest du studieren?«
Sie antwortete: »Zwei Monate.«

Als ich sie dann noch fragte, wie sie dies zustande bringen wolle, wo sie doch nicht gehen könne, gab sie mir keine Antwort.
Eines Tages sagte sie dann: »Mama, Jesus möchte, daß ich fortgehe; ich soll an anderen Orten Menschen heilen.«
Ich fragte, wer sie begleiten würde, und sie antwortete, daß ich sie begleiten würde.
Aber ich wandte ein, daß wir, wenn ich aufhören müßte zu lehren, von Papas Gehalt allein nicht so weiterleben könnten wie bisher. So sagte ich ihr, sie solle Jesus noch einmal fragen und ihm unsere Situation schildern. Wenn er schon von ihr verlange, daß sie anderen Menschen helfe, dann solle er ihr dies auch ermöglichen, ohne daß sie fortgehen müsse.
Alicia schrie zuerst eine Weile und diskutierte noch länger, schließlich aber wandte sie sich doch in Gebeten an Jesus um die Erlaubnis, zu Hause heilen zu dürfen.
Ich wußte wohl, daß meine Tochter sehr ambitioniert war, aber ich wußte nicht, daß sie jede Nacht mit Jesus sprach. Eines Morgens erzählte sie mir, sie habe es geschafft – sie habe promoviert.
Ich lachte und sagte: »Wie kannst du promoviert haben, wenn du noch nie einen Fuß vor das Haus gesetzt hast?«
»Jesus hat es möglich gemacht«, sagte sie.
Drei Wochen später hörte ich sie reden: »Jesus, wen werde ich zuerst heilen? Wird es die Mutter sein mit ihrer Herzerweiterung?«
Ich war völlig durcheinander, denn es stimmt: ich hatte tatsächlich eine Herzerweiterung.
Am Morgen rief mich Alicia zu sich, nahm ein Gummiband, hielt es in verschiedener Weise an meinen Körper und rieb es an mir. Dies wiederholte sie in den nächsten drei Tagen.
Am vierten Tag wurde ich von Alicia aufgefordert, ein Kardiogramm machen zu lassen. Halb im Spaß sagte ich zu Alicia, daß ich in diesem Fall das Ergebnis der Untersuchung genau kennen würde.
Eine Woche später erhielt ich das Ergebnis, und als ich mit dem Stück Papier in der Handtasche nach Hause kam, wußte Alicia schon, was herausgekommen war. Sie drängte mich, die Handtasche aufzumachen, fischte das Papier heraus und rief: »Keine Herzerweiterung! Du bist geheilt, genau wie Jesus versprochen hat!«
Am folgenden Sonntag hatten wir Besuch, ein guter Freund von uns kam. Alicia war auch anwesend, schaute auf den Besucher und sagte, er solle zu ihr kommen. Sie teilte ihm mit, er habe Arthritis im Fuß. Sie veranlaßte ihn, Wasser zu holen und zwei Schüsseln, in die er das Wasser gießen sollte. Dann mußte er in jede Schüssel einen Fuß stellen, ungefähr zehn Minuten lang.

Rechts: Das erkrankte Mädchen soll von dem durch Alicia geweihten Wasser trinken. Die Mutter Alicias (links) übersetzt die Befehle, die Alicia von Jesus empfängt.

Wir saßen schon beim Essen, als der Gast plötzlich rief, er habe keine Schmerzen mehr im Fuß.

G. Ch.: Als wir am letzten Samstag hier waren, sahen wir mehr als hundert Patienten.

P. P.: Ja, am Samstag voriger Woche hatten wir 187 Patienten, gestern waren es nur 129. Alicia behandelt nur solche Patienten, die wirklich krank sind. Die Krankheit erkennt sie, wenn sie ihr Kruzifix auf die Person richtet. Dazu verwendet sie noch ein kleines Päckchen, das aussieht wie ein Stoffball. Es enthält eine Statue von Jesus und einen goldenen Ring, den Heiligenschein. Diese Reliquien kommen direkt aus Rom.

G. Ch.: Versetzt sich Ihre Tochter in Trance, wenn sie heilt?

P. P.: Nein, sie ist nicht in Trance, aber sie hat eine direkte Verbindung zu Jesus.

Ich bin römisch-katholisch – Alicia hängt keiner bestimmten Glaubensrichtung an, denn sie sagt, Jesus fragt nicht nach einer bestimmten Religion. Für Alicia ist es lediglich wichtig, daß Menschen zu ihr kommen und geheilt werden.

Man kann Alicia in jeder Sprache anreden, und sie wird antworten. Sie versteht sogar Chinesisch. Als ich sie einmal fragte, wie dies denn möglich sei, antwortete sie: »Begreifst du denn nicht, daß Jesus die Antworten gibt?!«

G. Ch.: Sie arbeiten immer noch als Lehrerin. Wird dies alles nicht zuviel für Sie?

P. P.: Ja, natürlich. Mein normaler Arbeitstag dauert von sieben Uhr früh bis vier Uhr nachmittags. Deshalb kann ich Alicia nur am Wochenende helfen.

Sonntags sind ebenfalls Patienten hier und bleiben bis spät abends. Sie gehen oft nicht mehr weg und schauen Alicia an. Einige fragen, wie es möglich sei, daß das Gesicht sich verändere: zuerst sei es das Gesicht von Alicia gewesen, dann habe es ausgesehen wie das Gesicht von Jesus. Ich sage ihnen, daß sie für mich immer wie Alicia aussehe.

Einmal kam eine Frau, die seit elf Jahren blind war. Alicia heilte sie auf der Stelle. Sie rieb Kokosöl in die Augen der Frau und befahl ihr, auf eine Tasche zu schauen, die sie vor sich hatte. »Wenn du dort Jesus oder die schmerzensreiche Jungfrau sehen kannst, wirst du geheilt sein!«

Alicia strich der Frau also Kokosöl in die Augen, und ich war richtig erschrocken, als diese plötzlich vor Schmerzen zu schreien begann.

Ich zitterte und betete zum Herrn, aber plötzlich sagte die Frau: »Ich kann sehen!« Dann wandte sie sich mir zu, weil sie meinte, ich sei Alicia. Ich sagte ihr, daß ich nur die Mutter sei, sie aber war überzeugt davon, ich sei Alicia und Alicia sei Jesus. Mein Mann zeigte ihr dann ein Magazin, und sie konnte die Farben auf den einzelnen Seiten unterscheiden. Die Frau heißt Mrs. Buhail und ist heute Professor an der Universität in Manila.

Die erste Person, die von Alicia geheilt wurde, war eine bucklige alte Frau. Sie kam, glaube ich, viermal her. Das erstemal ging sie noch stark nach vorn gebeugt, aber nachdem Alicia sie mit ihrer Salbe eingerieben hatte, ging sie immer mehr aufrecht, und zum Schluß konnte sie wie ein junges Mädchen gehen.
Dann gab es da noch einen alten Mann, der an chronischer Verstopfung litt. Er war bei Dr. Salunge gewesen, einem Arzt und Heiler, und hatte viel Geld ausgegeben, bevor er hierher kam. Alicia behandelte ihn dreimal und gab ihm große Mengen Wasser zu trinken. Am dritten Tag sagte der Alte zu meinem Mann: »Jetzt bin ich schon an so vielen Orten gewesen und habe soviel Geld ausgegeben, und nun stellt sich heraus, daß die Hilfe so nahe war.« Aber er war nur einer von vielen, die Alicia geheilt hat.
G. Ch.: Alicia verwendet bei ihren Heilungen oft Wasser als Medikament. Nun können Patienten aus Übersee nicht gut große Mengen Wasser mit sich nehmen. Wie geht es nun weiter, wenn diese Patienten nach Hause fahren?
P. P.: In so einem Fall genügt es, ein paar Blätter zu verwenden, die hier wachsen. Man gibt sie einige Minuten in kochendes Wasser und trinkt es dann. Diejenigen, die ernsthaft an die Heilkraft des Wassers glauben, werden geheilt werden – wer nicht glaubt, wird nicht geheilt werden.

Der Heiler Alex Orbito

Nach einer langen Taxifahrt durch das Gewühle der Straßen von Manila erreiche ich in Quezon City das Haus von Alex Orbito. An diesem Morgen sind es siebzig Patienten, die sich in dem überdachten, zur Kapelle umfunktionierten Hof versammelt haben, um die Ankunft Orbitos zu erwarten.
In einem kleinen Garten sind Stühle und Tische aufgestellt, in einer Ecke, im Inneren einer selbsterrichteten Tropfsteingrotte, steht ein Marienbildnis in kitschigem Himmelblau. Das noble Inventar des großräumigen Hauses läßt den materiellen Erfolg des Heilers ahnen. Jugendstilfiguren und Bilder schmücken den Raum, Bücher, Vasen und elektronische Geräte verraten einen in Manila nicht üblichen Standard.
Mit geringer Verspätung trifft Orbito ein. Das große Eisentor wird geräuschvoll geöffnet, und einem hereinrollenden Mercedes entsteigen zwei elegante Herren: Alex und sein Bruder, der ebenfalls Heiler ist. Alex bittet mich in sein Büro. Bereitwillig spricht er mit der Routine des Predigers seine Geschichte auf mein Band. Dann drängt er zum Aufbruch, er will seine Kunden nicht länger warten lassen.
Nach Gesängen und Gebeten beginnen die Operationen. Die Patienten werden in Gruppen in den glasverkleideten Behandlungsraum gerufen. Ich bin erstaunt über

seine ›Operationstechnik‹. In Sekundenschnelle graben sich seine Hände in den Körper des Patienten, und immer wieder bringt er daraus große Blutklumpen und Gewebeteile hervor.

Zwei Tage zuvor bin ich mit dem deutschen Arzt Dr. Detlef Berensmann auf der Terrasse des ›Manila‹-Hotels gesessen und habe mit ihm über seine Eindrücke von Alex Orbito gesprochen. Für ihn war kein Zweifel offen: Orbito hat geschwindelt. Nun stehe ich vor dem Operationstisch, um zu prüfen, welchen Wert diese Kritik hat. Nach fast hundert Eingriffen verlasse ich meinen Standort mit einem Ergebnis, das allen anderen gleicht: Beweisbar sind auch Orbitos Eingriffe nicht, jedenfalls nicht, wenn wir von der Annahme ausgehen, daß das Eindringen der Heilerhände in den Patientenkörper eine Schlüsselsituation darstellt, an der die Arbeit des Heilers qualifiziert werden kann. Andererseits hat Orbito kein Versprechen abgegeben, gegen das er verstoßen hätte; er hat keine Behauptung aufgestellt und seine Methode nicht deklariert. Es bleibt bei der Pattstellung: all das Gesehene ist zu akzeptieren, weil nichts dem Widersprechendes angekündigt war. Selbst dort, wo Orbito offensichtlich einen Wattebausch hinter seiner Hand zur Operationsstelle beförderte, bietet sich kein wirklicher Ansatz zur Kritik. Er hat nie behauptet, keinen Wattebausch zu benützen.

Auf der Fahrt ins Hotel kommen mir Gespräche in den Sinn, in denen es hieß, in versteckten Wattebäuschen würden Blutbeutel transportiert, die dann zerdrückt würden und so die blutige Pfütze am Bauch des Patienten erzeugen sollen. Ich erinnere mich aber auch an den Brief des österreichischen Patienten Dr. Günter Kubka, in dem dieser schrieb, er halte alle, die die philippinischen Heiler als Schwindler bezeichnen, selbst für Schwindler, weil sie etwas behaupteten, das sie nicht beweisen könnten.

Alex Orbito: Die Heiler haben verschiedene Methoden, aber denselben Gott. Viele Menschen kommen von auswärts, einige davon, um geheilt zu werden, einige, um die Heiler zu beobachten. Ein paar werden bekehrt, einige nicht. Nicht einmal Jesus Christus war imstande, alle Menschen zu bekehren.

Rechts: Als einer der bekanntesten Heiler gilt Alex Orbito. Zu ihm strömen Tausende Hilfesuchende. Seine Arbeitsweise wirkt schnell und routiniert, seine Erfolge werden durch zahlreiche Krankengeschichten belegt.

Seite 94: Die Art der Krankheit ist nicht entscheidend für den Heilerfolg. Der Glaube des Patienten und die Übereinstimmung positiver Schwingungen zwischen Heiler und Patient geben den Ausschlag.

Seite 95: In der Magengrube erscheint geronnenes Blut. Nach Ansicht des Heilers handelt es sich dabei um die die Krankheit verursachende Substanz.

Seite 96: Nach achtzig Patienten ist für Alex Orbito der Behandlungstag vorüber. Die Assistentin säubert den Operationstisch in der Kapelle.

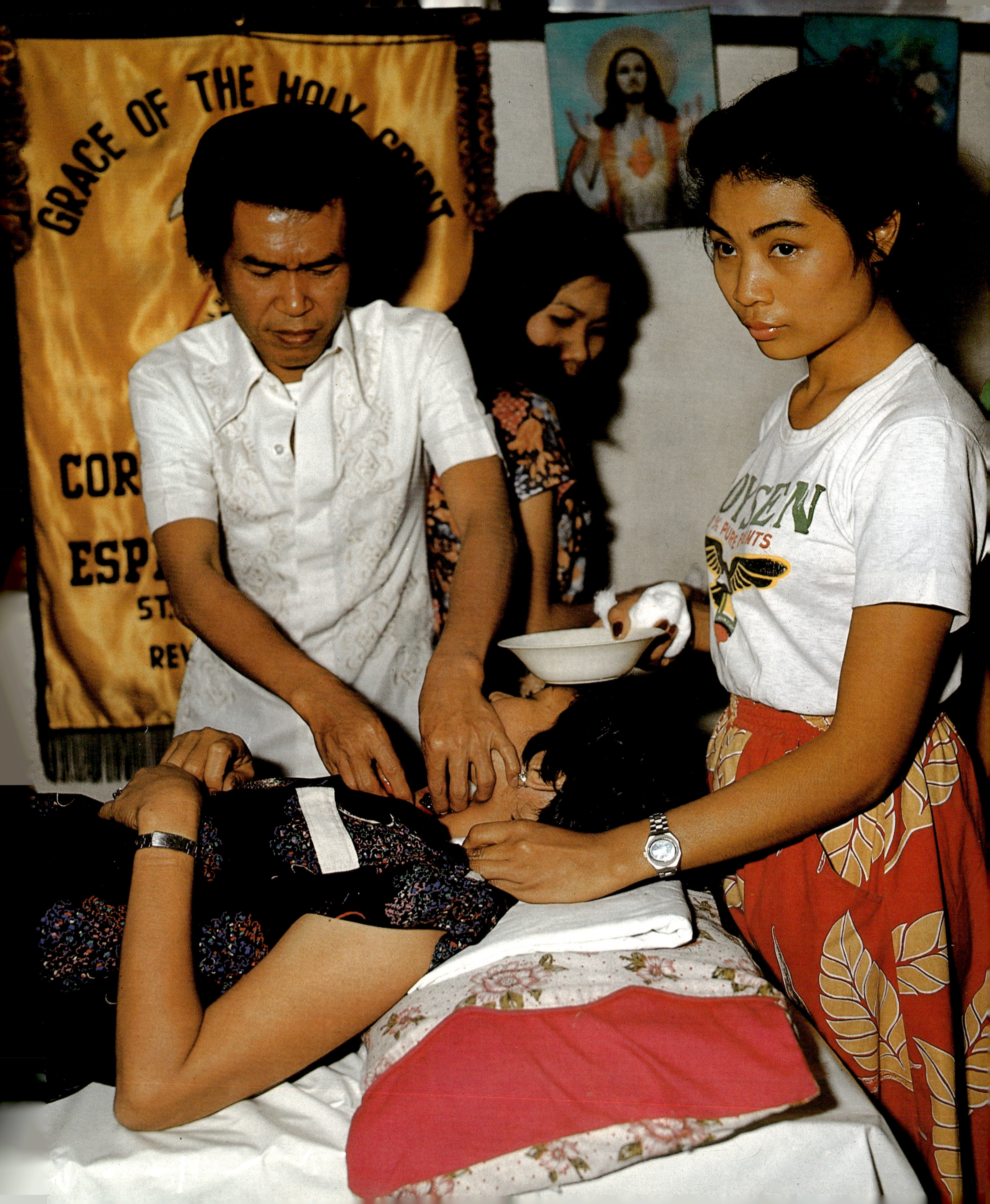
GRACE OF THE

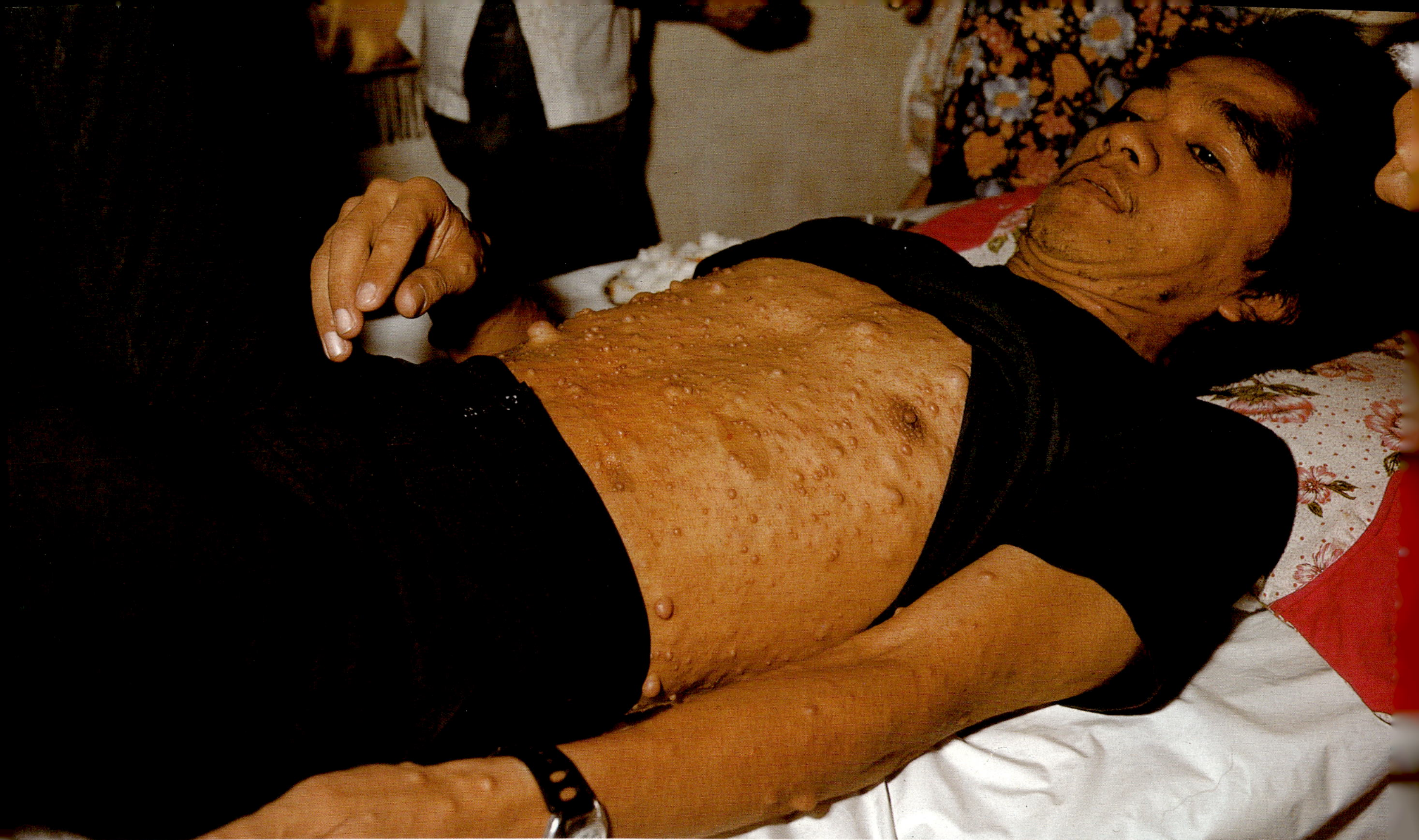
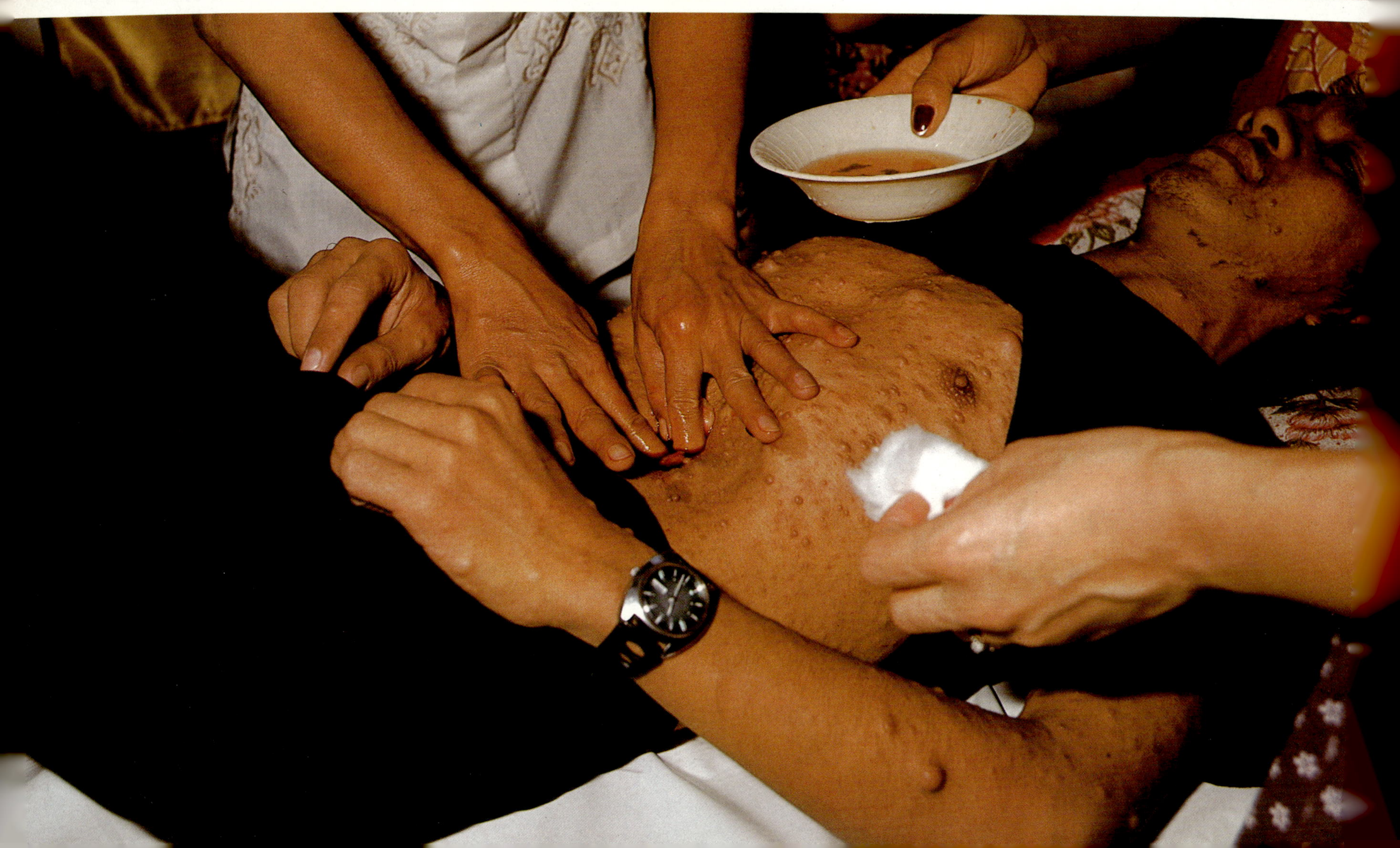

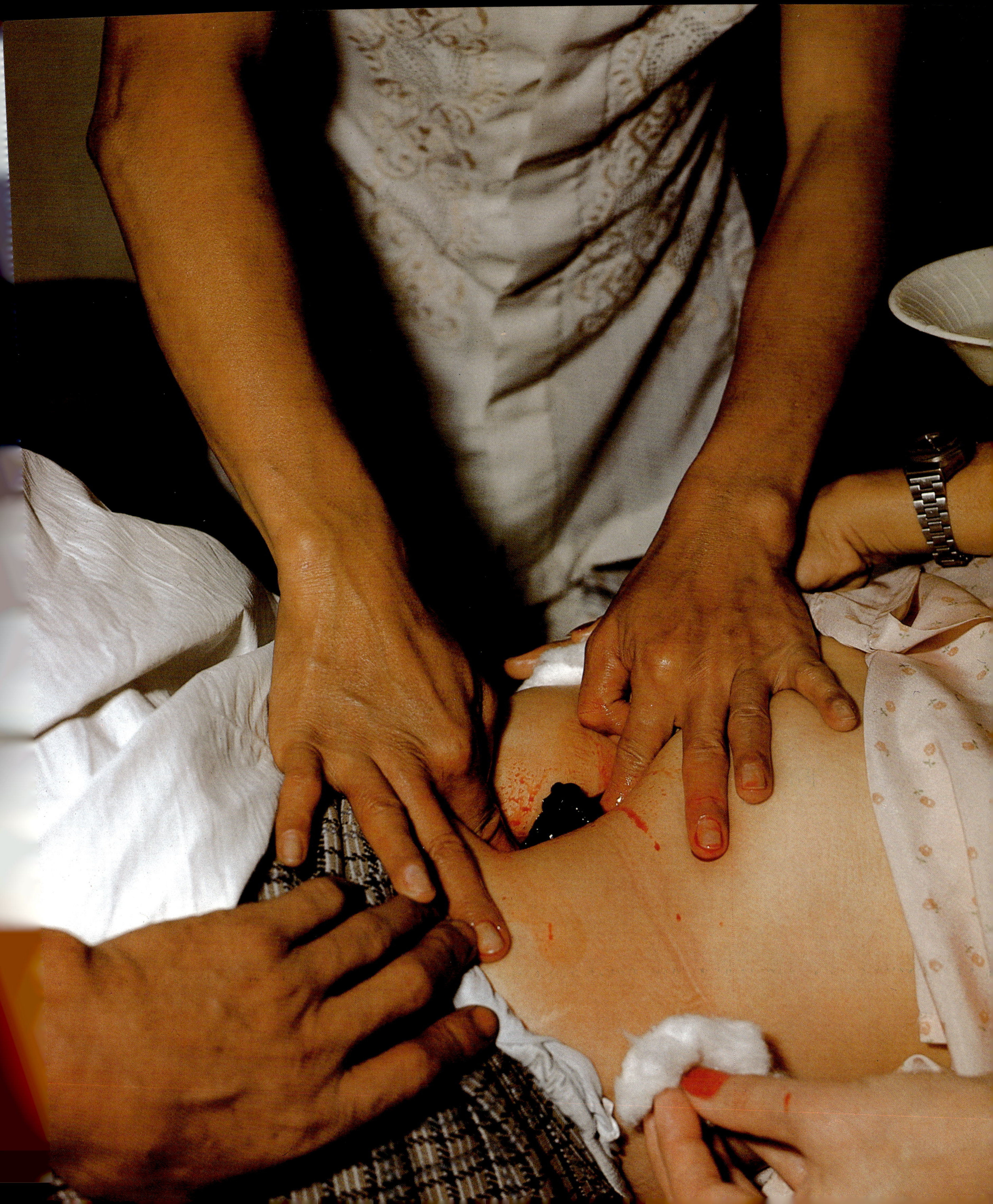

INRI
GRACE OF THE HOLY SPIRIT
HACIA DIOS POR LA CENCIA
Y EL AMOR
CORAZON DE AMOR
DE
ESPIRITU SANTO
ST. JAMES V-14-15
REV. ALEX ORBITO
BOYSEN
100% PURE PAINTS

Ich glaube, daß Gottvater aus dem Westen ist, Gott Sohn aus dem Mittleren Osten und der Heilige Geist aus dem Fernen Osten.
Gottvater ist aus dem Westen, denn im Westen ist die Dunkelheit, und Gottvater erschuf die Welt aus der Dunkelheit.
Gott Sohn ist aus dem Mittleren Osten. Seine Mission bestand darin, sein Blut für die Menschheit hinzugeben, um sie zu retten. Aber bevor er ihr sein Blut gab, gab er ihr seinen Geist.
Nun ist die Zeit des Geistes angebrochen, und der Geist ist im Osten.
Unsere Aufgabe besteht nicht nur darin, Menschen zu kurieren, sondern auch darin, ihren Verstand zu öffnen, so daß sie Gott näher kommen.
Jeden Donnerstag, Freitag und Samstag kommen die Leute zu mir, aber nicht, um belehrt, sondern um geheilt zu werden. Deshalb predige ich für sie, bevor ich sie heile, denn ich möchte nicht nur ihren Körper heilen, sondern auch den Verstand.
Ich glaube, jeder Mensch hat zwei Körper: einen materiellen und einen geistigen. Der materielle ist von der Erde, der spirituelle von Gott.
Sie sind dazu ausersehen, ein Buch zu schreiben, ich zu heilen. Wenn wir aufrichtig sind, wird unser Werk immer wahr sein – sind wir es nicht, wird uns unser Werk vernichten.
Natürlich gibt es auch falsche Heiler, aber auch die Apostel hatten ihren Judas.
Viele Fremde kommen hierher und wandern von Heiler zu Heiler; läuft ihnen zufällig ein falscher über den Weg, dann vergessen sie die guten Heiler und sehen nur noch den falschen.
Vielleicht fragen Sie sich, warum es spirituelle Heiler nur im Osten gibt. Gott, der Geist, ist im Osten, und es ist die Mission der Menschen im Osten, den Verstand der Welt zu öffnen, damit die Welt die Macht Gottes sehen wird.
Gert Chesi: Für eine materiell orientierte Gesellschaft ist es schwer, diese Heilkraft zu verstehen. Die Operationen als ein materielles Phänomen faszinieren daher mehr als andere Aspekte des Heilens. Man hat mir gesagt, Operationen seien in Wirklichkeit nicht das Wesentliche.
A. O.: Psychische Heilung ist sehr wichtig. Wenn aber ein Heiler nur psychische Heilung praktiziert, werden die Menschen nicht zu ihm kommen. Sie glauben nämlich nur dann an die Kraft der Operationen, wenn der Körper geöffnet und irgend etwas herausgenommen wird.
Nach einer Operation wenden wir daher magnetische Heilung als Medizin für die Seele an, und das ist die eigentliche Heilung: es ist Medizin für den spirituellen Körper, die verabreicht werden muß, nachdem der materielle Körper geheilt ist. Eine Behandlung im rein materiellen Bereich würde keinen Erfolg bringen.

G. Ch.: Ein anderer, ebenfalls widersprüchlicher Aspekt des Heilens ist das entstehende Blut. Es ist nicht immer menschliches Blut. Unterliegt der Beobachter hier einer Täuschung?
A. O.: Es ist nicht menschlich, es ist eine Materialisation. Es wird zum Symbol des eigenen Blutes, der zentralen Kraft des eigenen Geistes, ein Symbol für die Macht Gottes.
G. Ch.: Vor zwei Tagen sprach ich mit Tertes Tochter, Señora dela Cruz. Wie sie sagt, sind 90 Prozent aller Operationen Schwindel. Was ist Ihre Meinung?
A. O.: Da stimme ich nicht zu, es ist Arsenias Meinung. Ich würde sagen, 30–40 Prozent sind Schwindel.
G. Ch.: Man hat mir berichtet, daß erst im Jahre 1925 mit den Heilungen auf den Philippinen begonnen wurde. Hat es vorher diese Heiler nicht gegeben?
A. O.: Heilkraft gab es immer, nur arbeiteten die Heiler ursprünglich in den Bergen. Es gab kein Radio und kein Fernsehen, und so wußte niemand etwas davon. Die Leute waren sich auch nicht klar darüber, daß sie Heiler waren. Das ist ein Name, den sie von den ›Gebildeten‹ bekamen. Um das Jahr 1925 begannen sie in die Städte und Täler zu ziehen, und ihr Ruf verbreitete sich.
G. Ch.: Man hat mir gesagt, die Heimat der Heiler sei Pangasinan.
A. O.: Meine Eltern kommen aus Pangasinan, ich wurde jedoch nicht dort geboren. Ich glaube auch, daß Pangasinan die Heimat der Heiler ist. Wenn schon ein Heiler nicht dort geboren ist, so stammt meist zumindest sein Vater oder sein Großvater von dort. Die Silbe ›asin‹ bedeutet Salz, daher bedeutet für mich das Wort Pangasinan das Salz der Erde.
G. Ch.: Wann kann ein Heiler seine Kraft verlieren?
A. O.: Wenn ein Mensch dir etwas gibt, dann kann es sein, daß er es dir wieder wegnimmt, wenn er sich über dich ärgert. Gott aber wird dich nicht einer Gabe berauben, die er dir einmal gegeben hat. Die Heilkraft kann schwächer werden, man wird sie aber nie ganz verlieren.
G. Ch.: Was halten Sie von Fernheilung?
A. O.: Fernheilung ist möglich, wenn ein Heiler in der Lage ist, sich besonders stark zu konzentrieren. Es ist nur eine Sache des geistigen Trainings.
G. Ch.: Manche Heiler sind fähig, Krebs zu heilen, und trotzdem ist es ihnen nicht möglich, geringfügige Krankheiten wie Lipome zu heilen. Wie ist das möglich?
A. O.: Bevor man einen Patienten heilt, muß man in seinen Verstand eindringen. Wenn ihm nun seine Krankheit keine sehr großen Schmerzen bereitet, ist es schwierig, seinen Verstand zu öffnen, und ebenso schwer, ihn zu heilen.

Rechts: Ein ›blutiger‹ Eingriff durch Alex Orbito.

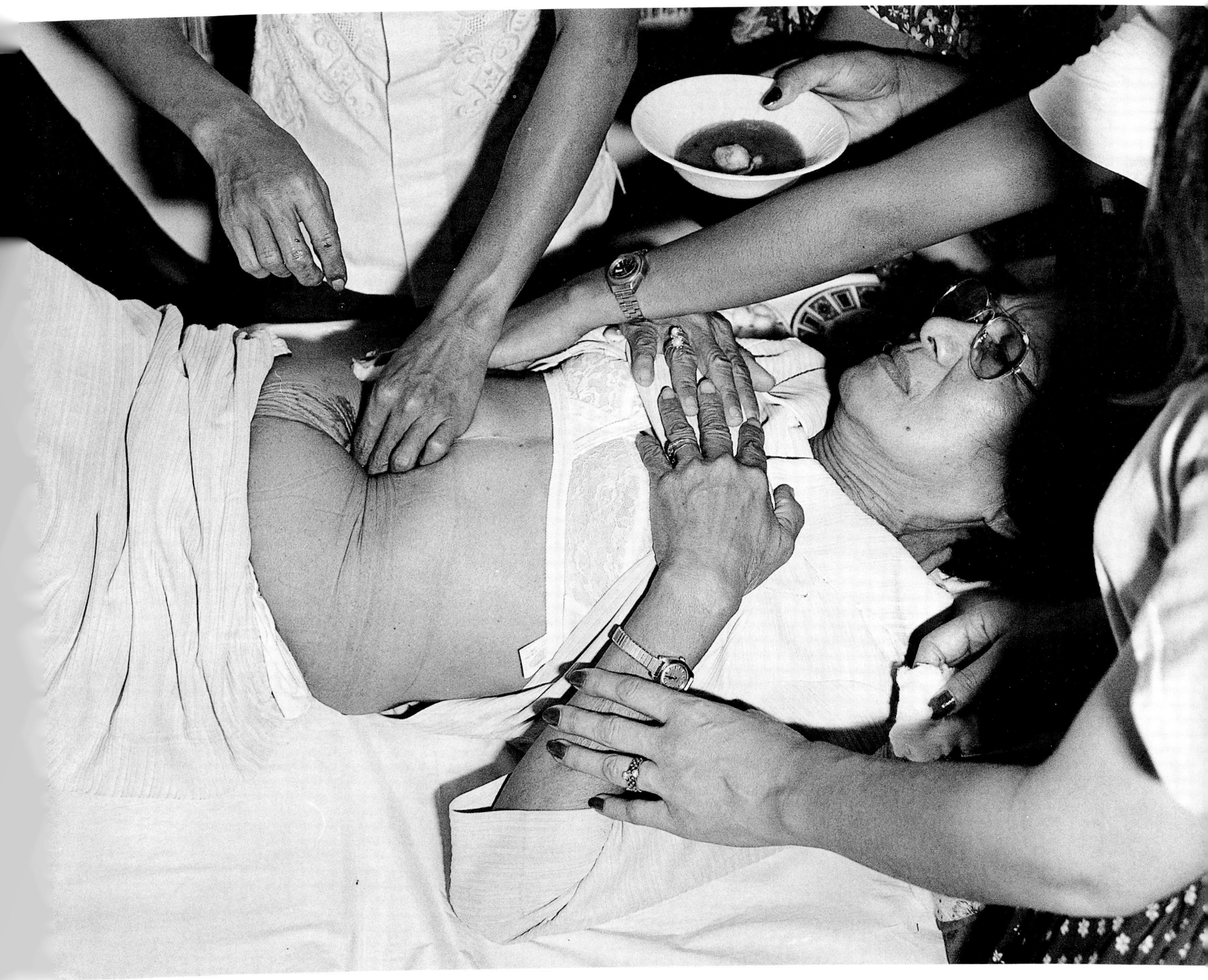

Rosita Agaid

Die Heiler von Pangasinan verfügen über andere Heilmethoden als die von Baguio. Rosita Agaid praktiziert wie Juanito Flores und die Heiler um David Oligane die spirituelle Injektion.

In langen Reihen stehen die Kranken in Rositas Kapelle und warten auf die Behandlung. Auf einem kleinen Tisch unter der Fahne der ›Union Espiritista Cristiana‹ sind Flaschen mit Wasser, Wattebäusche und Plastikbehälter arrangiert, die zur Erstellung der Diagnose dienen. Daneben sitzt auf einem Stuhl Rosita, assistiert von zwei Frauen. Die Kranken werden erst ›durchleuchtet‹, indem man ihnen ein weißes Tuch über Rücken und Brust hängt. Mit feuchter Watte betupft die Heilerin auf dem Tuch einige Punkte. Sie dreht den Körper der Kranken, als befände er sich hinter einem Röntgenschirm, und verharrt dann, wenn sie den Krankheitsherd entdeckt hat.

Nur von zwei Patienten kenne ich die Krankengeschichte. Beide haben Knochenschäden, der eine im Rückgrat, der andere an der Schulter. Die Bewegungsabläufe sind aber ungehindert und die Leiden äußerlich unsichtbar.

Nachdem dem ersten das Tuch über den Rücken gehängt und an sechs Punkten mit Alkohol betupft wurde, gleiten die Finger Rositas die Wirbelsäule des Patienten entlang. Die Heilerin verharrt beim fünften Lendenwirbel und diagnostiziert innerhalb von Sekunden dessen Verschiebung und die daraus resultierenden Schmerzen. Der Patient wird in den Rücken ›geimpft‹. Rosita tut das wie Flores, indem sie mit einer Hand die Spritze imitiert und mit der anderen die ›Kraft‹ aus der aufgeschlagenen Bibel nimmt. Dann drückt sie langsam die spirituelle Substanz in den Körper des Patienten. Diese Vorbehandlung geschieht bei jedem. Später erst finden die Operationen statt, an einer Auswahl von Patienten, die sie während des ›Impfens‹ bestimmt.

Der zweite mir bekannte Patient wird in gleicher Weise versorgt. Auch bei ihm dauert die Erstellung der Diagnose nur Sekunden. Unfehlbar gleiten ihre Finger über das weiße Tuch auf die erkrankte Stelle zu.

Rechts: Rosita Agaid gibt eine ›spirituelle Injektion‹. Seit westliche Patienten auftreten, haben die Heiler begonnen, Behandlungsmethoden der Schulmedizin zu imitieren.

Seiten 102/03: Bei Rosita Agaid entstehen die Materialisationen unter einem mit Wasser getränkten Wattebausch. Im Laufe eines Behandlungstages bringt sie Palmzweige, Schnüre, Plastikteile und Nägel hervor. Diese schwer durchschaubare Methode gibt naturgemäß Anlaß zu Mißtrauen. Nach Ansicht mancher Parapsychologen entstehen durch Rositas Vorstellung ›Apporte‹, Gegenstände, die durch Geistwesen herbeigeschafft werden.

Seite 104: Zweimal wöchentlich finden die Behandlungen in Rositas Kapelle statt. Meistens sind es mehr als fünfzig Patienten, die behandelt werden. Das Foto zeigt wartende Patienten, die mit ›spirituellen Injektionen‹ versorgt werden.

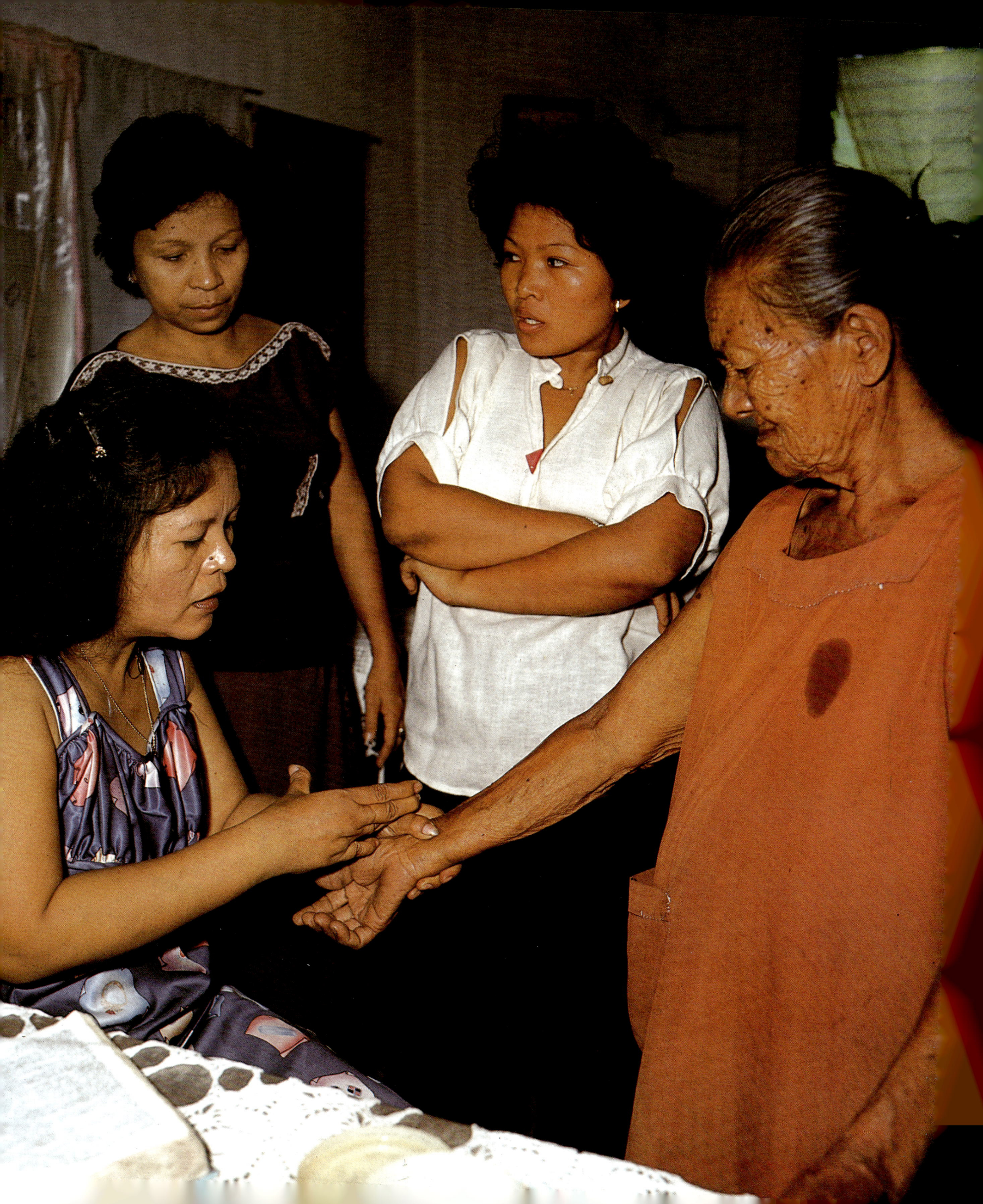

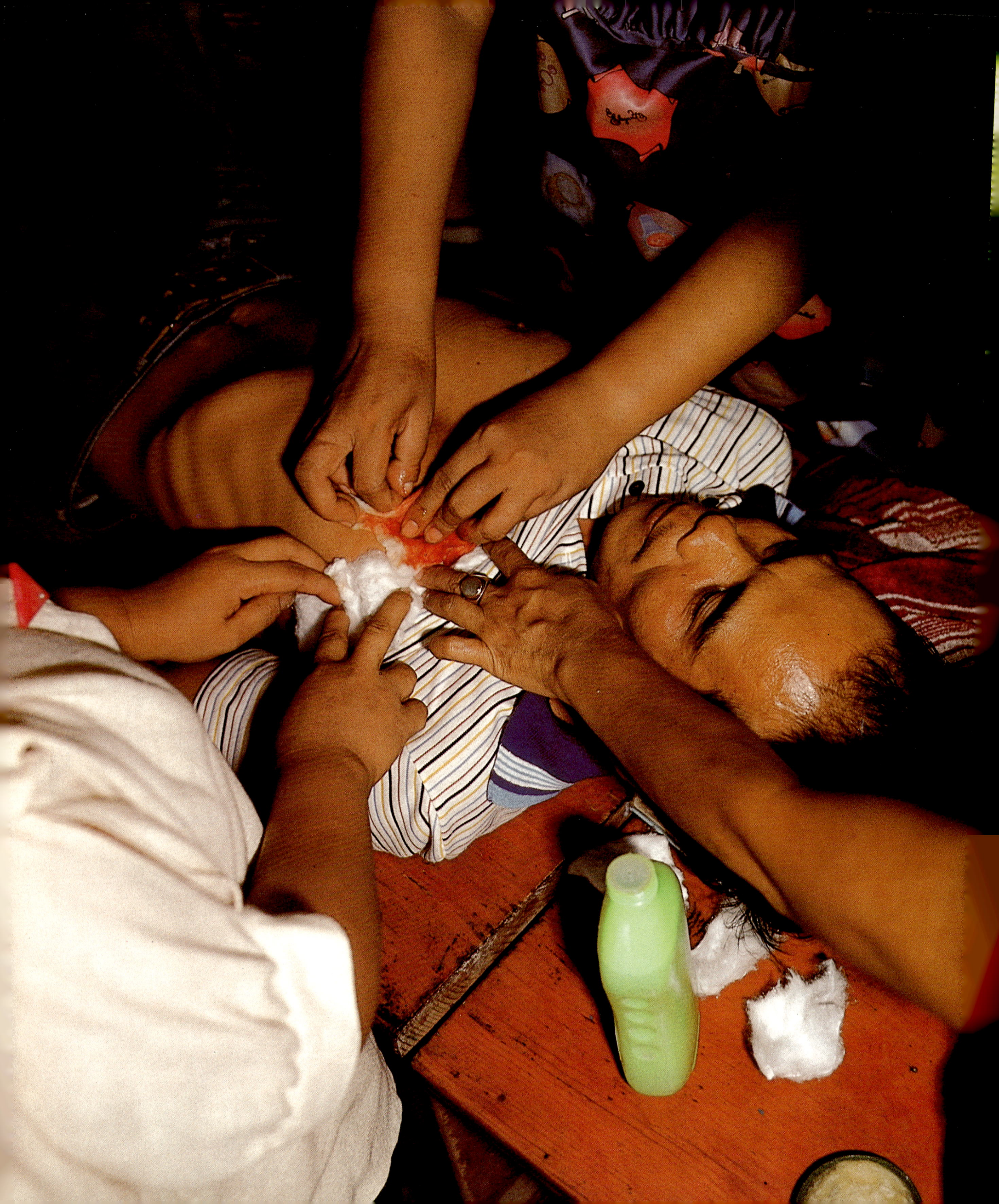

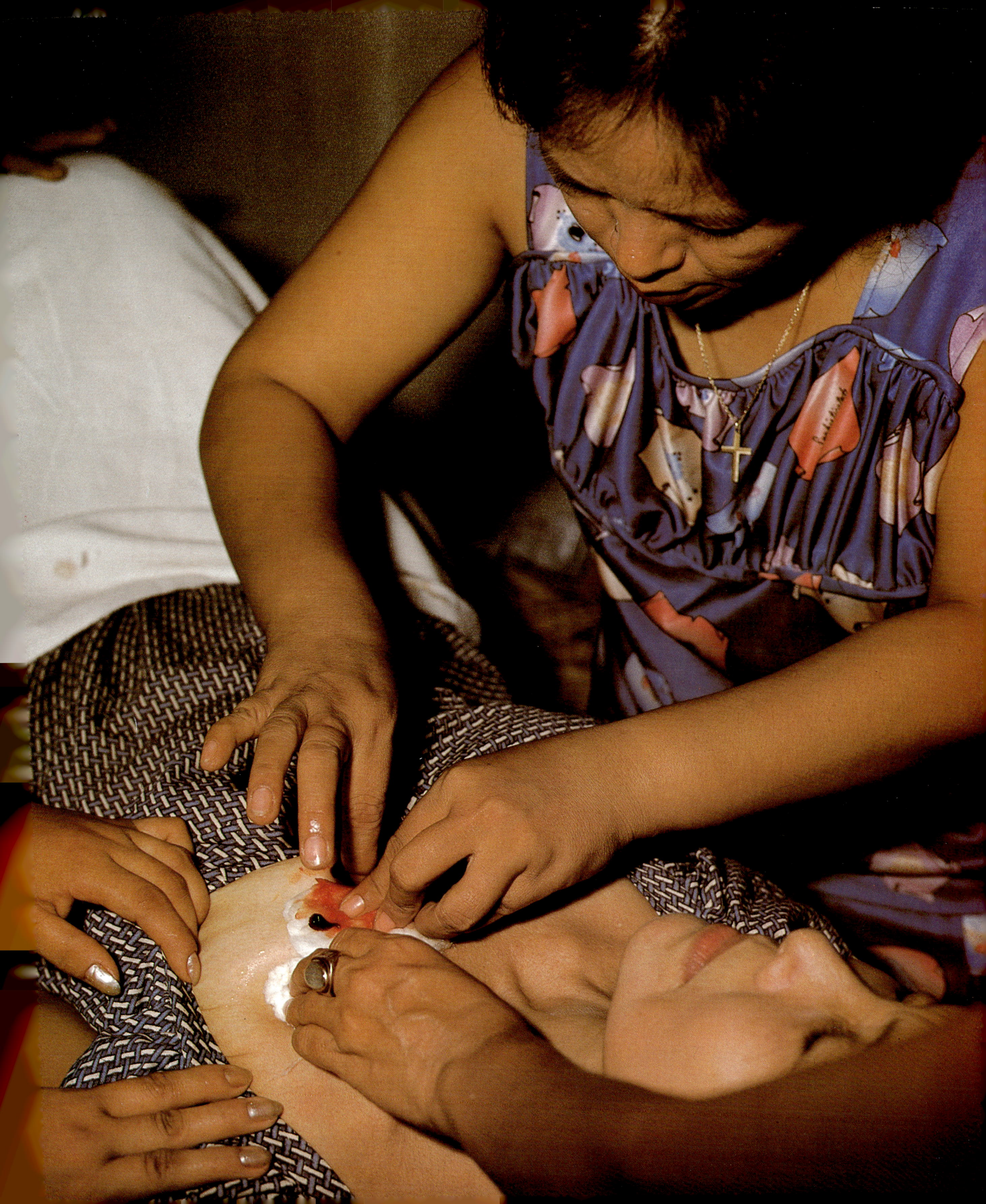

SALVACION POSIBLE
CENTRO
EL CONSOLADOR
CENTRO
EL CONSULADOR

Die Vorbehandlungen dauern einige Stunden, und Rosita verkündet fröhlich lachend, daß sie jetzt eine Pause machen möchte. Die Operationen an achtundzwanzig Patienten sollen erst in einer Stunde stattfinden.
Nach einem lausigen Essen im Tankstellenbuffet sitze ich wieder in der vordersten Reihe gegenüber dem Operationstisch. Rosita und ihre drei Medien Esteban Corpus, Johnny Lucena und Rodrigo Vista sind von ausnehmender Freundlichkeit. Mein ständiges Fotografieren und die damit entstehende Unruhe scheinen sie nicht zu stören. Wenn ich beim Umhergehen lautstark an einen Stuhl renne, lächeln sie entschuldigend, als sei es ihre Schuld gewesen, den Stuhl dorthin gestellt zu haben. Ein Klima der Freundlichkeit beherrscht die Atmosphäre. Dasselbe gilt für die Patienten, denen ich entschuldigend zunicke, wenn ich ihnen offen ins Gesicht blitze. Auch von dieser Seite erfahre ich höflich entgegenkommendes Verständnis. Wieder einmal versuche ich mir vorzustellen, was passieren würde, wenn ich unter ähnlichen Umständen in einem europäischen Krankenhaus arbeiten wollte.
Das Prinzip dieser Heilmethoden kennt keine Geheimniskrämerei. Alles liegt offen vor dem Betrachter, kein Tabu schränkt den Beschauer ein, keine Frage wird ihm abgeschlagen. Diese alles erklären wollende Offenheit steht in krassem Widerspruch zur westlichen Vorstellung. Wer's nicht glaubt, der darf auch die Finger auf die Operationsstelle legen, und wem das nicht genügt, dem werden die vorher durch Rituale gereinigten Apporte mitgegeben.
Ich stehe angelehnt an den Operationstisch über den Patienten gebeugt und betrachte die Vorbereitungen. Zwei Helferinnen legen Watte um die zu operierende Stelle. Rosita, in entspannter Verklärtheit, lacht und redet mit dem Patienten, bevor sie massierend mit ihren Fingern Blut aus dem Körper quellen läßt. Dann folgen Blutklumpen von beachtlicher Größe und Gewebeteile.
Ihre Operationstechnik ist verwirrend, denn alles, was sie aus dem Körper zieht, wird unter einem Wattebausch hervorgeholt. Würde man nur einen Eingriff sehen, so könnte diese Technik wie Taschenspielerei wirken. Rosita scheint aus dem Bauch eines Patienten ein über dreißig Zentimeter langes abgewelktes Palmenblatt zu holen. Leicht blutverschmiert, fördert sie es behutsam unter dem Wattebausch hervor. Dann kommt es noch schlimmer. Einem der Patienten entnimmt sie Nägel, einem anderen eine blaue Plastikschnur und Heftklammern, an denen Plastikteile hängen. Die Zuschauer wirken gelassen. Sie haben solche Entnahmen schon vielfach gesehen.
Rosita wirft alles zusammen in einen Kübel, der schon fast überquillt vor blutdurchtränkten Wattebäuschen, Blutpfropfen und Gewebeteilen.

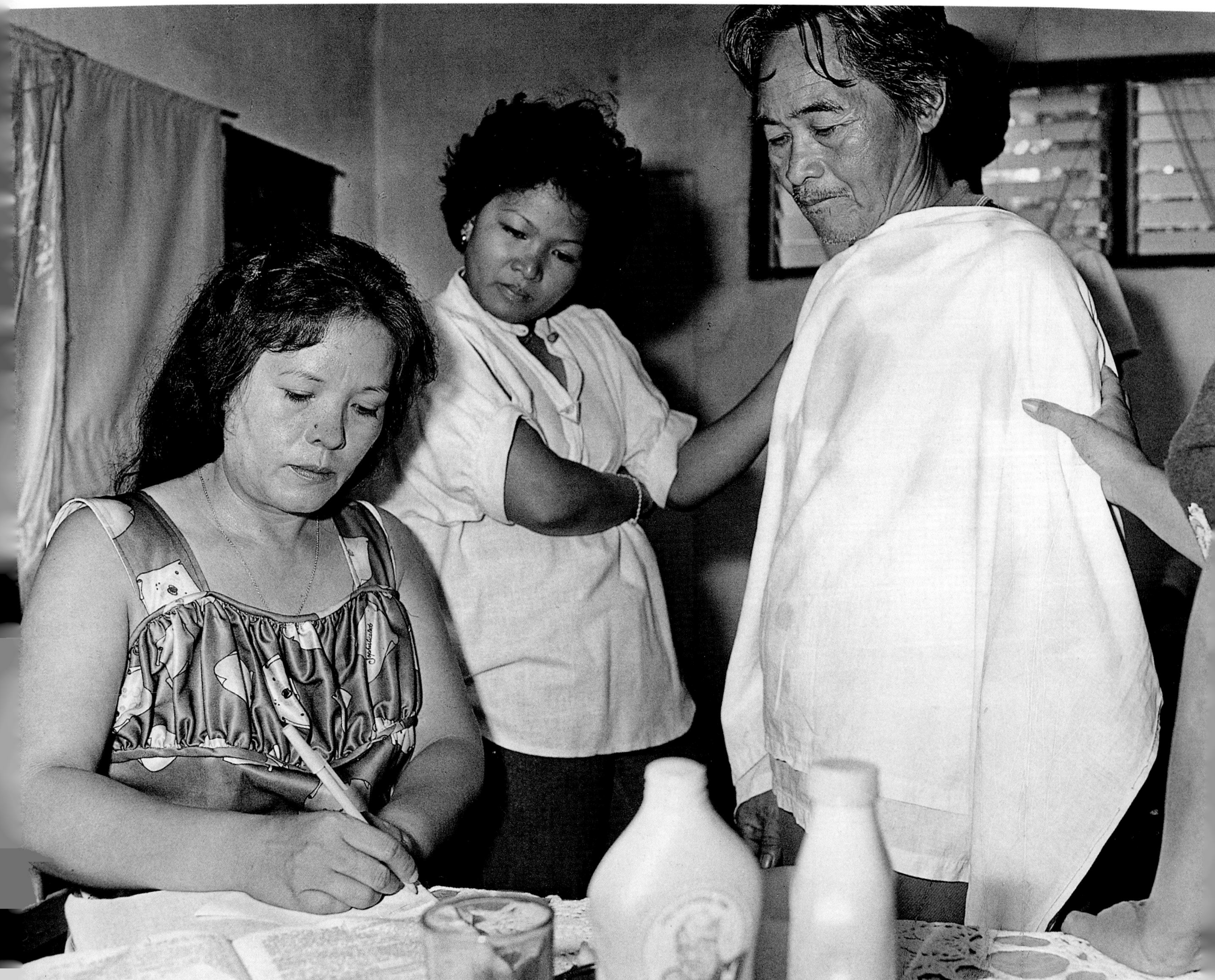

Ein deutscher Heilpraktiker, der mich begleitet, bittet um Erlaubnis, die Gegenstände mitnehmen zu dürfen. Die Heilerin reinigt sie aber zuerst in geweihtem Wasser und Öl, weil diese ›Materialisationen‹ nicht nur Träger eines geistigen Prinzips, sondern auch gefährlicher Strahlungen sind. Sie repräsentieren die Krankheit, und wenn sie falsch gehandhabt werden, sind sie in der Lage, die krankmachende metaphysische Substanz in den Körper anderer zu übertragen.
Es sei möglich, erklärt Rodrigo Vista, daß sich die Materialisationen verflüchtigen, dematerialisieren. Auch dem Körper entnommene Knochenteile hätten sich verflüchtigt, sie seien in die metaphysische Welt zurückgewandert.
Ich betrachte die Gegenstände genau, drehe und wende sie zwischen meinen Fingern. Ratlosigkeit überkommt mich. Rostige Nägel, eine abgerissene Plastikschnur und ein Palmenblatt. Ist dieses Blatt nie an einem Baum gehangen? Wurde dieser Nagel nie von einer Maschine erzeugt? Und wenn er erzeugt wurde, hat er sich durch Zauberkraft der materiellen Welt entzogen und sich erst später wieder durch die Kraft des Geistes rematerialisiert? Welche Rolle spielt die Zeit? Finden solche Abläufe außerhalb der irdischen Zeitbegriffe statt, oder bin ich Opfer von Taschenspielereien geworden?
Auf all meine Fragen finde ich keine Antwort – bei mir nicht und auch nicht bei den Heilern. Ein Priester der Dogon* hat einmal gesagt: »Die Weißen denken zuviel.« Das mag auch mein Fehler sein, dem die Unerklärbarkeit eines Phänomens in der Tiefe der Empfindungen noch immer unbehaglich ist.

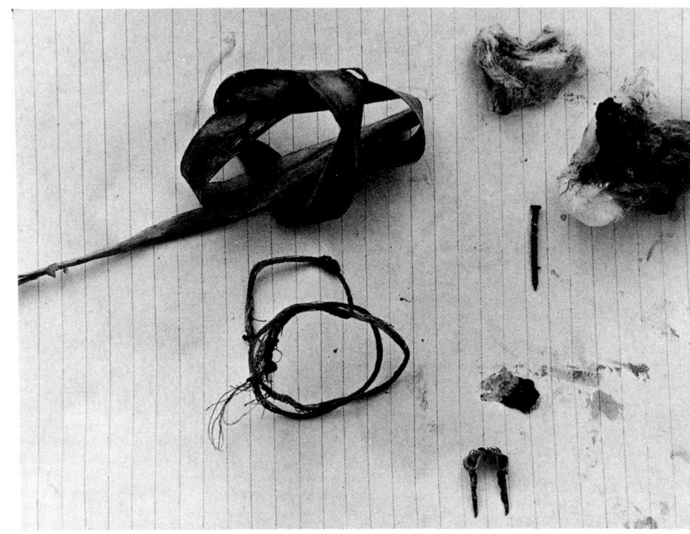

Operationsrückstände nach einem Behandlungstag bei Rosita Agaid. Nägel und Plastikschnüre, Palmblätter und Blutgerinnsel gehören zu den Materialisationen.

Links: Rezepte werden mit ›automatischer Schrift‹ geschrieben. Diese Schrift folgt Intuitionen, die, von einem Geistwesen kommend, die Hand der Heilerin führen. Medien vermögen den Sinn des Geschriebenen zu begreifen.

* Afrikanisches Volk, südlich des Nigerbogens lebend. Das kosmische Weltbild der Dogon zieht sich durch alle Lebensbereiche. Die Existenz der Dogon besteht in totaler Übereinstimmung mit dem Mythos. Aus diesem Grund sind in den vergangenen Jahren zahlreiche Studien entstanden, die dieses Volk als besonders interessant ausweisen. Die Schweizer Psychologen Paul Parin, Fritz Morgenthaler und Goldy Parin-Matthey haben die Bemerkung ihres afrikanischen Gesprächspartners als Titel eines Buches gewählt: »Die Weißen denken zuviel.«

Das Baguio Philippine Healing Center

Chairman Galo D. Weygan heißt uns willkommen. Das neue Heilzentrum, dessen Präsident er ist, hat vor drei Tagen eröffnet, und schon drängen sich ein Dutzend Patienten im Warteraum. Diese Einrichtung war das Resultat einer neuen Idee: Fünf Heiler, jeder auf einem anderen Gebiet begabt, haben sich unter der Leitung Weygans zusammengeschlossen. Die offizielle Gründungsurkunde bestätigt den Verein als legale Institution, die ohne Profit und ohne politische Motivation arbeitet. Die Finanzierung erfolgt durch Mitgliedsbeiträge und Spenden.

Vorerst besteht die ›Klinik‹ aus einem Wartezimmer und einem Behandlungsraum. Während hinter einem grünen Vorhang Paul Bastawang und Fermin Depnang operieren, sitzt mitten im Wartezimmer der Zahnarzt Jose Segundo. In einer Ecke, nicht geräumiger als ein Klosett, finden Joseph Teodors Elektrotherapien statt.

Mitten in die Geschäftigkeit eines Behandlungstages kommen Skip und ich unangemeldet als Beobachter. Wir werden von einem Patienten zum anderen geführt und erfahren Krankengeschichten und Behandlungsmethoden. Die Körperöffnungen – wir sehen ein ganzes Dutzend – gleichen in Art und Technik denen Placidos. Nur einmal, als Fermin Depnang mit seinen Fingern in den Leib eines Patienten eindringt, spritzt das Blut einen halben Meter weit. Seine Arbeitsweise wirkt routiniert und schnell. Was er bei diesem Patienten aus dem Körper holt, schlägt alles, was ich bis dahin gesehen habe. Blutklumpen in der Größe von Hühnereiern, Gerinnsel und Fasern.

Während wir noch fasziniert am Operationstisch stehen, ruft uns Jose Segundo in den Warteraum. Er beginnt mit dem Zähneziehen. Ein alter Mann sitzt auf dem Stuhl und zeigt auf die schmerzende Stelle. Jose nimmt einen kleinen Wattebausch, umfaßt mit Daumen und Zeigefinger den vorderen Schneidezahn und zieht ihn ohne das geringste Anzeichen von Mühe aus dem Kiefer. Als Jose merkt, daß ich meinen Fotoapparat auf den Patienten richte, sagt er, er würde mir zuliebe den nächsten Zahn etwas langsamer ziehen, er werde aber bis drei zählen, damit ich den entscheidenden Moment erkennen könne. Dann zählt er: eins, zwei, drei – und hält den zweiten Schneidezahn zwischen den Fingern. Zum Schluß zieht er einen Backenzahn: eins, zwei, drei – und im Bruchteil einer Sekunde hält er ihn lachend zwischen den Fingern.

Wie alles, was wir hier beobachtet haben, widerspricht auch das soeben Gesehene jedem physikalischen oder medizinischen Gesetz. Das Herausziehen von Backenzähnen – ich habe es in der Folge noch viele Male gesehen – ohne jede Kraftanwendung und ohne Schmerzen zu verursachen bleibt unverständlich. Ich erinnere mich, wie ich an einem Sonntagmorgen von einem praktischen Arzt meiner Heimatstadt mitsamt dem Stuhl, auf dem ich saß, am Backenzahn durch die Ordination gezogen wurde. Ich höre noch das Zerplatzen des Zahnes unter dem Druck der Zange. Und dann diese Hilflosigkeit, als die Wurzel im Kiefer steckenblieb!

Ich werde aus meinen Gedanken gerissen. Joseph Teodor winkt: er hat gerade seinen ›Apparat‹ in Betrieb genommen, um eine elektrotherapeutische Behandlung zu beginnen.

Der ›Aparatos‹, wie er ihn nennt, sieht abenteuerlich aus: ein Kasten mit Schaltern und Drähten, Batterien und Armaturen, selbst gebaut. An zwei Kabeln sind Eisenschuhe angeschlossen, Kontakte hängen an dem Stuhl, auf dem die Patientin sitzt. Sie hält ein Kind im Arm, und später erfahre ich, daß die Behandlung nicht ihr, sondern dem Kind gilt. Die Frau wird mit einem Eisenstab betastet, und in einem Schraubenzieher, den wir Prüfstift nennen würden, leuchtet ein oranges Licht auf, wenn er bestimmte Reflexzonen berührt.

Dieses Gerät, so überlege ich im stillen, könnte jeder Elektrolehrling im dritten Schuljahr bauen, aber keiner der westlichen Ärzte könnte damit eine Heilung erzielen. Immer wieder komme ich zu dem Schluß, daß die Geräte und Materialien, deren sich die Heiler bedienen, nur als Vehikel zum Transport ihrer Kräfte fungieren. Das gilt für die Schnupfensalbe Rusticos genauso wie für die Watte Josephines und die Magnetisiermaschine von Joseph Teodor.

Inzwischen hat der Zahnarzt Jose Segundo eine ganze Reihe von Patienten versorgt. Seine Spezialität ist das Ziehen von Zähnen, eine Reparatur kann er nicht durchführen. Er verfügt weder über Bohrer noch über Werkzeuge, seine Kraft sitzt in den Fingern, und wenn er Zähne zieht, dann tut er es ohne die geringste Anstrengung. Er behauptet, wie alle Heiler, daß er seine Kraft durch Gebet und Meditation bezieht. Der Zahn werde von ihm nicht gewaltsam ausgerissen, er werde, wie die Blutklumpen bei den Operationen, in seine Finger gelegt.

Nach der Behandlung erhält jeder der Patienten ein Glas Wasser. Jose streckt drei Finger seiner rechten Hand auf die Wasseroberfläche und bereitet so eine Medizin. Die Patienten spülen sich damit vor dem Haus auf der Straße den Mund aus, was augenblicklich die Blutung stoppt.

Ich habe eine halbe Stunde nach dem Eingriff die Wunden betrachtet und gesehen, daß sie blutungsfrei und im Begriff waren zu heilen. Einen Tag später waren die Löcher geschlossen.

Joseph Teodor, der mein Erstaunen nicht begreifen kann, erzählt, wie er seine Bega-

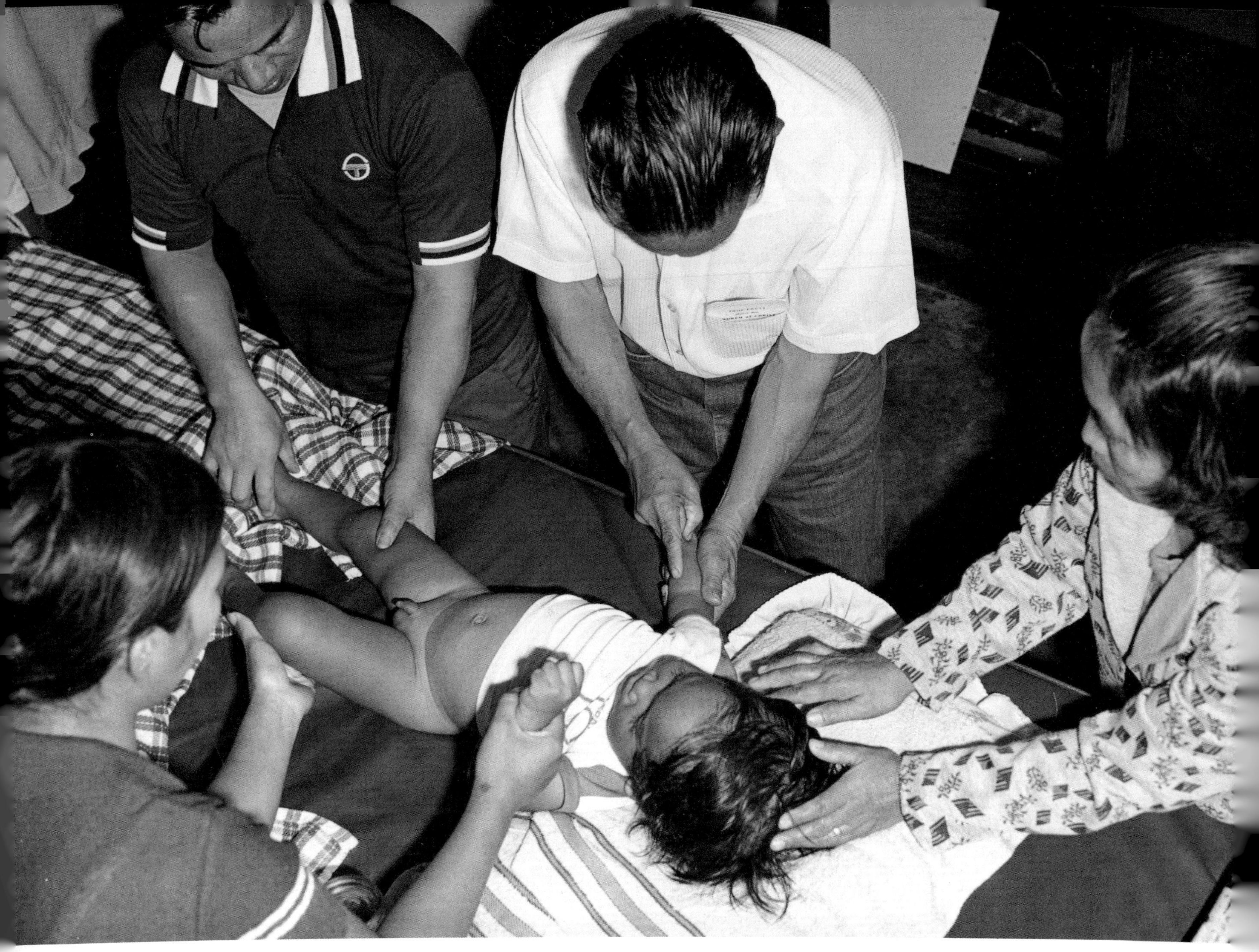

bung entdeckt hat: Eines Tages war er Zeuge einer Rauferei, in deren Verlauf ein Mann niedergestochen wurde. Der Einstich lag an der rechten Bauchseite, breit und stark blutend. Intuitiv legte er seine Hand auf die Wunde und war später selbst überrascht, als diese zu bluten aufhörte. Im Spital von Baguio wurde die Heilung bestätigt.

Joseph Teodor meint, es sei weitaus schwerer, eine materielle Wunde zu schließen als eine spirituelle. Das heißt, daß die operativen Körperöffnungen der Heiler sich als spirituelle Wunden im Prinzip selbst schließen. Wenn das nicht vollständig geschieht, schließt sie der Heiler durch Anblasen nachträglich zur Gänze. Eine materielle Wunde hingegen, etwa ein Messerstich oder eine Unfallverletzung, sei in der Regel nicht oder nur schwer zu schließen.

Spirituelle Injektionen in den Arm ergänzen die Magnetbehandlung. Die deutlich spürbaren ›Einstiche‹ werden wie kleine Elektroschocks empfunden, die sich zwischen der Heilerhand und dem Patienten entladen.

Simbol erzählte, daß er, durch eine Granate schwer verletzt, von einer alten Frau geheilt wurde. Sein Schlüsselerlebnis war eine materielle Verletzung, deren Heilung eine außerordentliche Leistung darstellte. Zutiefst beeindruckt von diesem Phänomen, entschloß er sich damals, selbst Heiler zu werden.

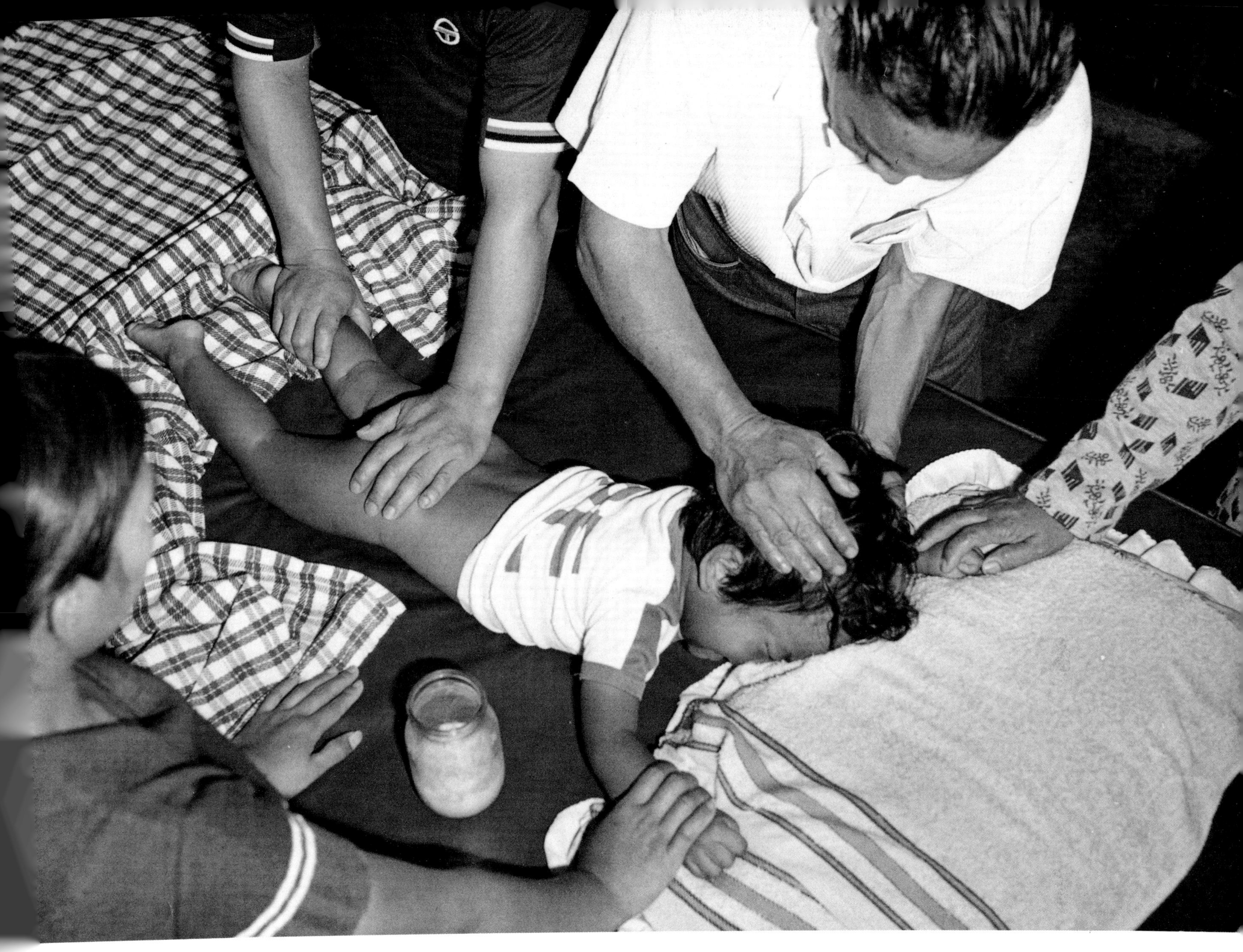

Drei Heiler und die Mutter des Kindes wirken mit ihrem Magnetismus auf den Körper ein.

Gespräche im Heilzentrum

Gert Chesi: Mr. Weygan, Ihr Heilzentrum ist ganz neu. Was ist dieses Heilzentrum, wie wird es arbeiten, und wie unterscheidet sich diese Arbeitsweise von der Praxis der anderen Heiler in Baguio?

Galo D. Weygan: Das Baguio Philippine Healing Center ist eine Gesellschaft ohne eigenes Kapital, nicht gewinnorientiert, keine Sekte und unpolitisch. Es wurde in erster Linie ins Leben gerufen, um die Vorteile des Heilens denjenigen zu vermitteln, die sie nötig haben, denjenigen also, die von Krankheiten befallen sind, die speziell im Rahmen der orthodoxen medizinischen Denkweise schwer zu heilen sind. Es ist charakteristisch für dieses Zentrum, daß Heiler herkommen, die ihr Können für diesen guten Zweck zur Verfügung stellen wollen.

Mitgliedsbeiträge und kleine Spenden von Patienten erlauben es uns, die Tätigkeit des Instituts aufrechtzuerhalten. Aber wenn es so vorangeht, hoffen wir auf mehr Spenden, die uns in die Lage versetzen würden, mehr Investitionen vorzunehmen in Richtung auf ein verbessertes Heilzentrum. Derzeit sind wir in nur einem Raum untergebracht und sehen uns vielen Unzulänglichkeiten gegenüber. Aber auf lange Sicht hoffen wir, hier im Zentrum Unterbringungsmöglichkeiten, Fitnessräume, eine Versammlungshalle und viele Behandlungsräume, die mit den nötigen Erfordernissen für ein Heilzentrum ausgestattet sind, einrichten zu können.

G. Ch.: Wie viele Heiler arbeiten derzeit im Zentrum?

G. W.: Im Augenblick sind es vier. Einer von ihnen ist gerade auswärts. Sein Name ist Pater Sagalla, und er ist Priester der Anglikanischen Kirche. Er besitzt auch die Gabe des Heilens. Pater Sagalla ist einer von den freiwilligen Heilern, die ihre Begabung zur Verfügung stellen. Er hat die Organisation dieses Zentrums angeregt, weil er solche Institute in anderen Ländern gesehen hat.

G. Ch.: Hat jeder Heiler hier in diesem Zentrum ein Spezialgebiet, oder macht jeder alles?

G. W.: Die verschiedenen Heiler haben verschiedene Heilbegabungen: einige sind gut für spirituell charismische Heilungen, andere für die physikalische Therapie wie Handauflegen und Körpermassage; manche sind sehr erfahren in der richtigen Anwendung von Kräutern bei verschiedenen Krankheiten; wieder andere ziehen Zähne – sie reißen sie heraus, als ob sie einen Stein, der auf dem Boden liegt, aufheben würden. Alles dies sind spezielle Möglichkeiten, die man normalerweise nicht bei einem einzigen Heiler vereint findet. Deshalb nennen wir das hier ein Zentrum, wo jeder Heiler seine spezielle Begabung einbringen kann. Wir wollen die Zusammenarbeit zwischen den Heilern zum Nutzen der Patienten fördern. Wir akzeptieren nur wirklich anerkannte Heiler, wobei wir das ungeschriebene Gesetz des Heilberufes achten.

G. Ch.: Glauben Sie auch an die Möglichkeit, junge Heiler anzuleiten, damit sie ihre Heilkraft stärken können?

G. W.: Ich glaube schon daran, weil nach Aussagen unserer Heiler die Kraft gesteigert werden kann, wenn auch die Begabung zum Heilen grundsätzlich vorhanden sein muß. Man kann jungen Heilern lediglich helfen, weiterzukommen.

Rechts: Reverend Anthony O. Sagalla bei der Behandlung eines Kranken. Gebete sollen bewirken, was Medizinen nicht erreichen können. Seine Heilmethoden stehen im Einklang mit der Heiligen Schrift und sind darin (siehe Textteil) genau beschrieben.

Seite 114: Ein Kleinkind wird mit dem ›Aparatos‹ behandelt. Dieses Elektrizität erzeugende Gerät soll erfolgreich als Unterstützung der Behandlung eingesetzt worden sein.

Seite 115: Joseph Teodor, der Ersinner des ›Aparatos‹, bei der Behandlung eines Patienten mit einem Zusatzgerät.

Seite 116: Der Heiler Jose Segundo beim Zähneziehen. Die Patienten bestätigen, keinen Schmerz zu verspüren. Die Wunden schließen sich ungewöhnlich schnell. Der Eingriff erfolgt ohne Werkzeuge. Selbst festsitzende Stockzähne werden mit zwei Fingern gezogen.

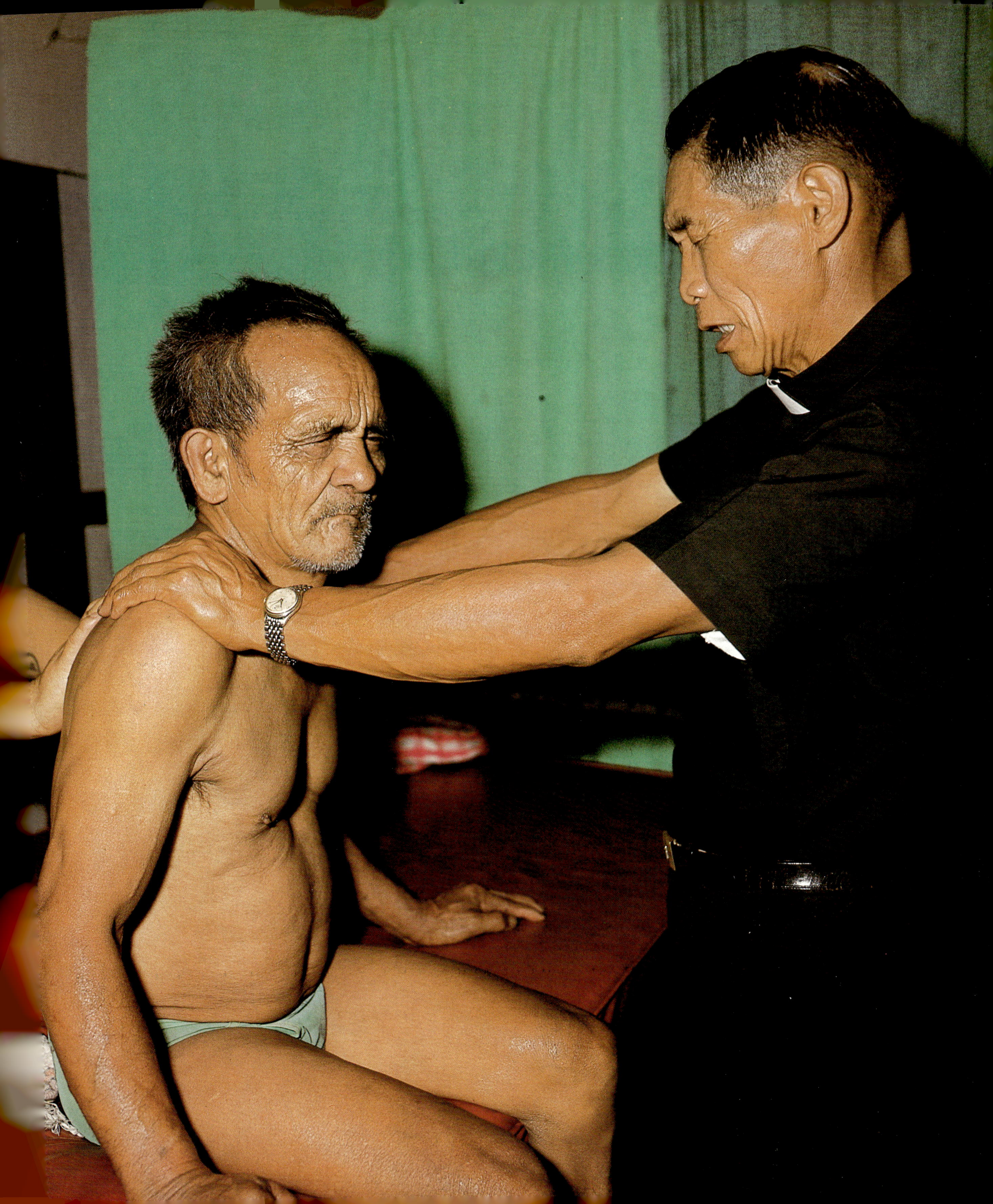

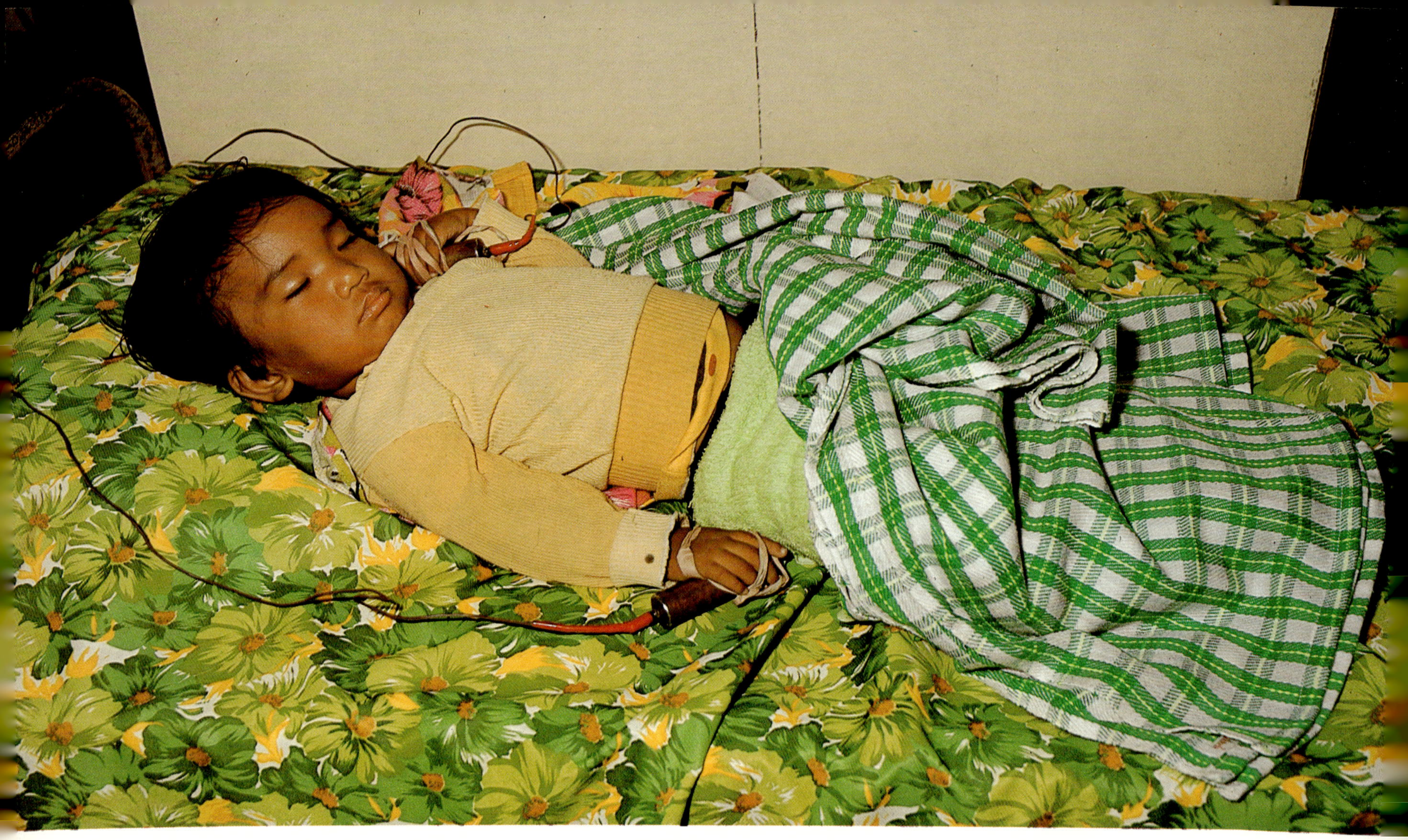

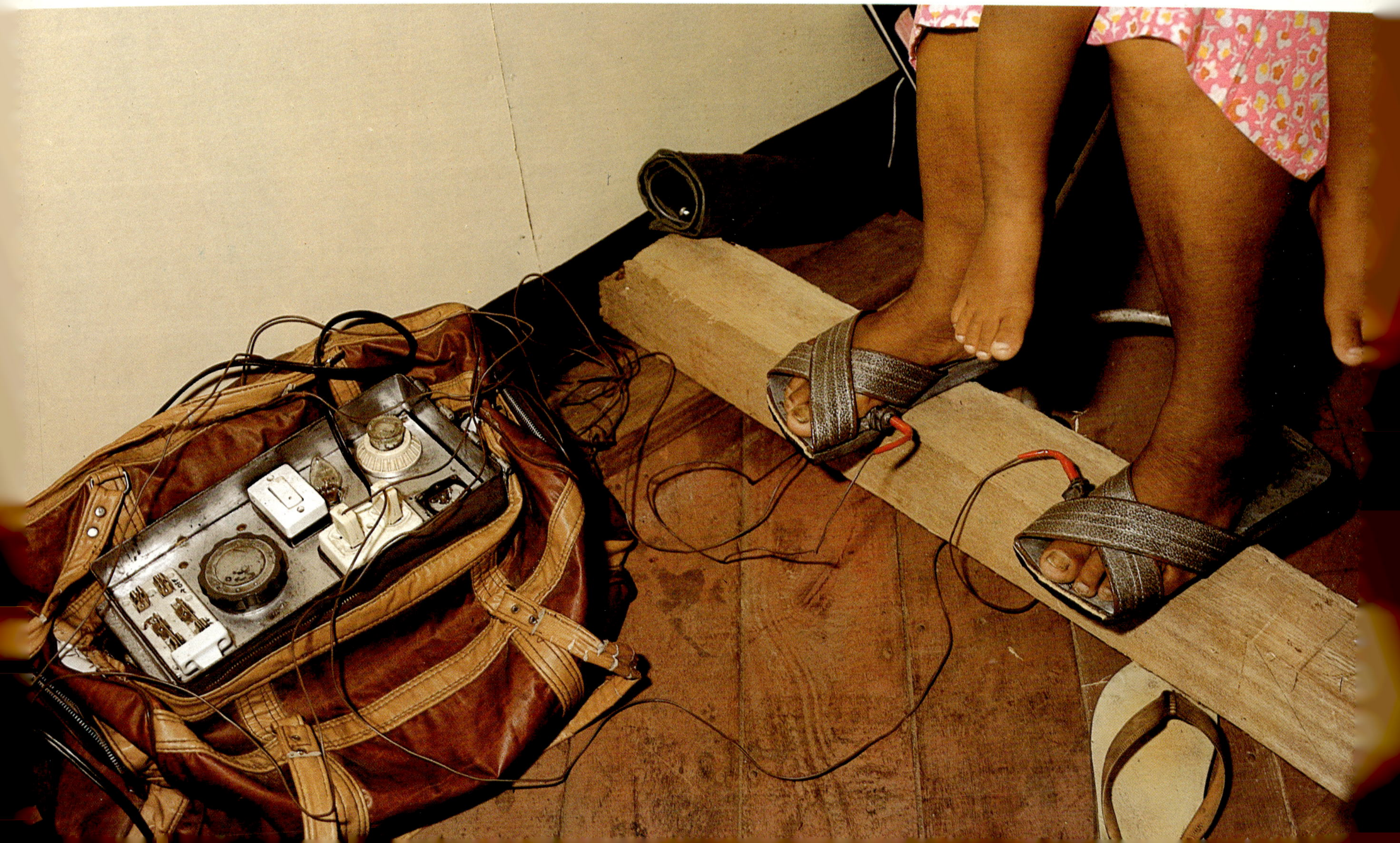

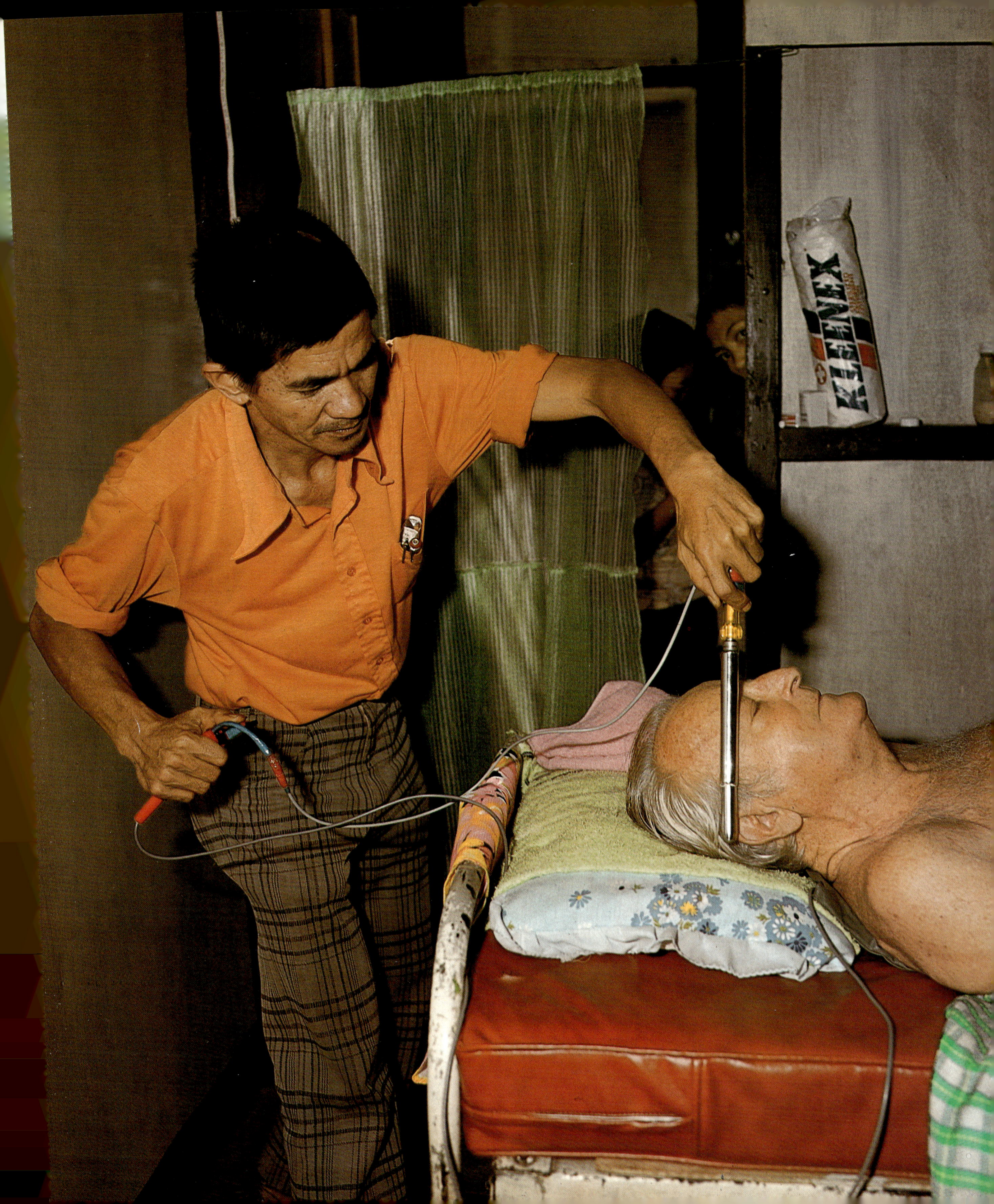
KLEENEX

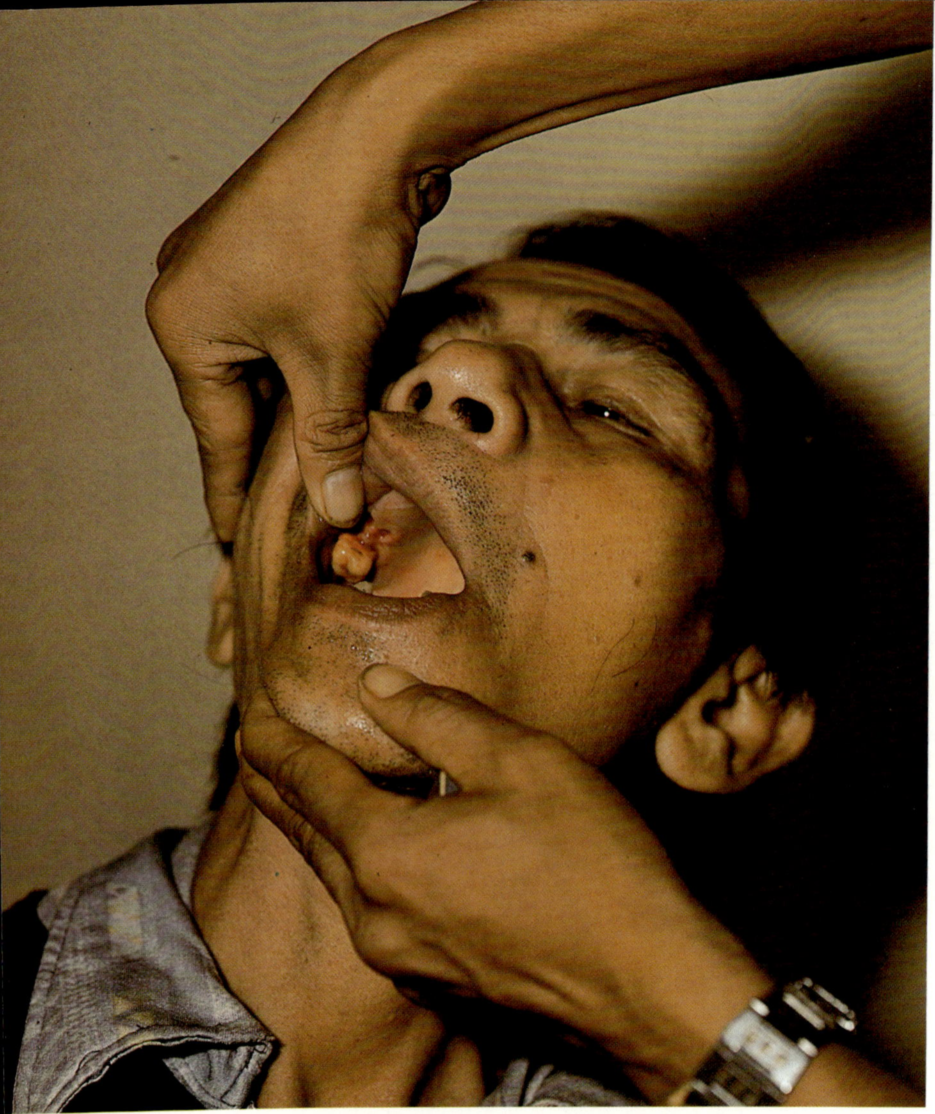

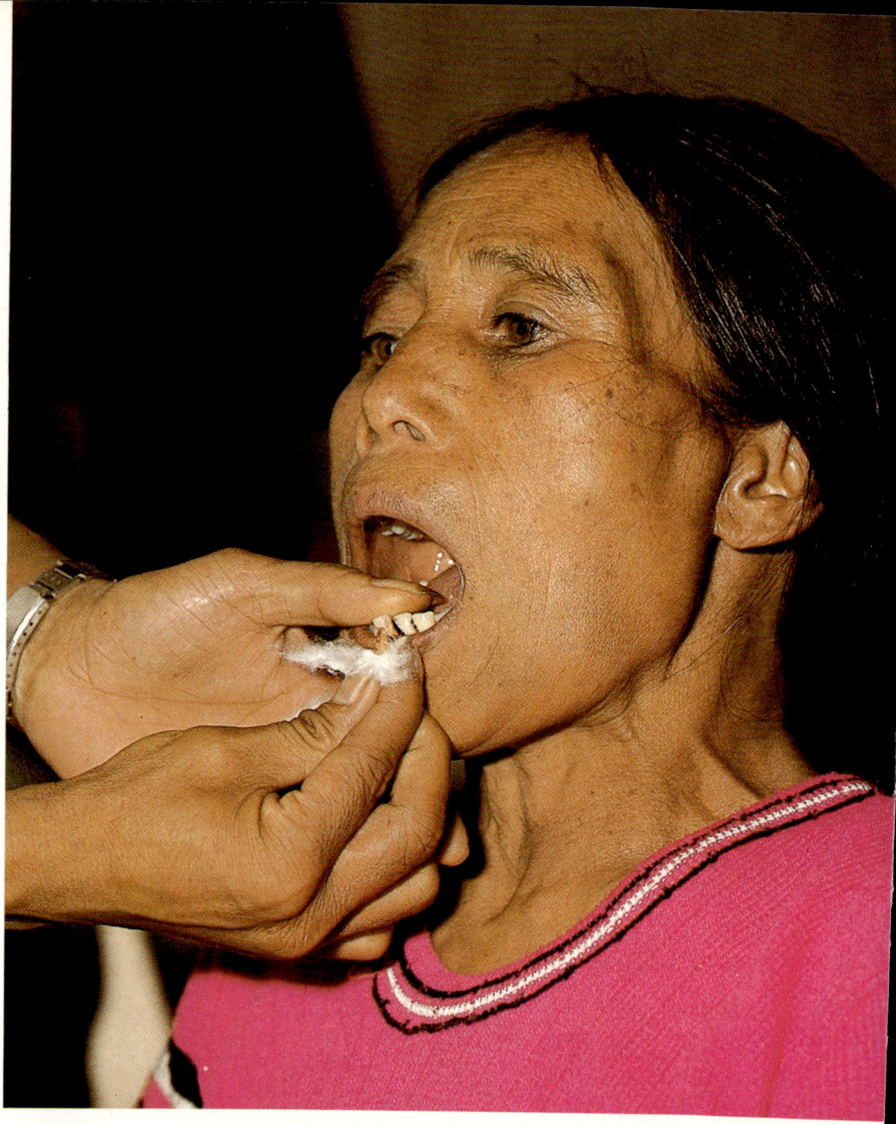

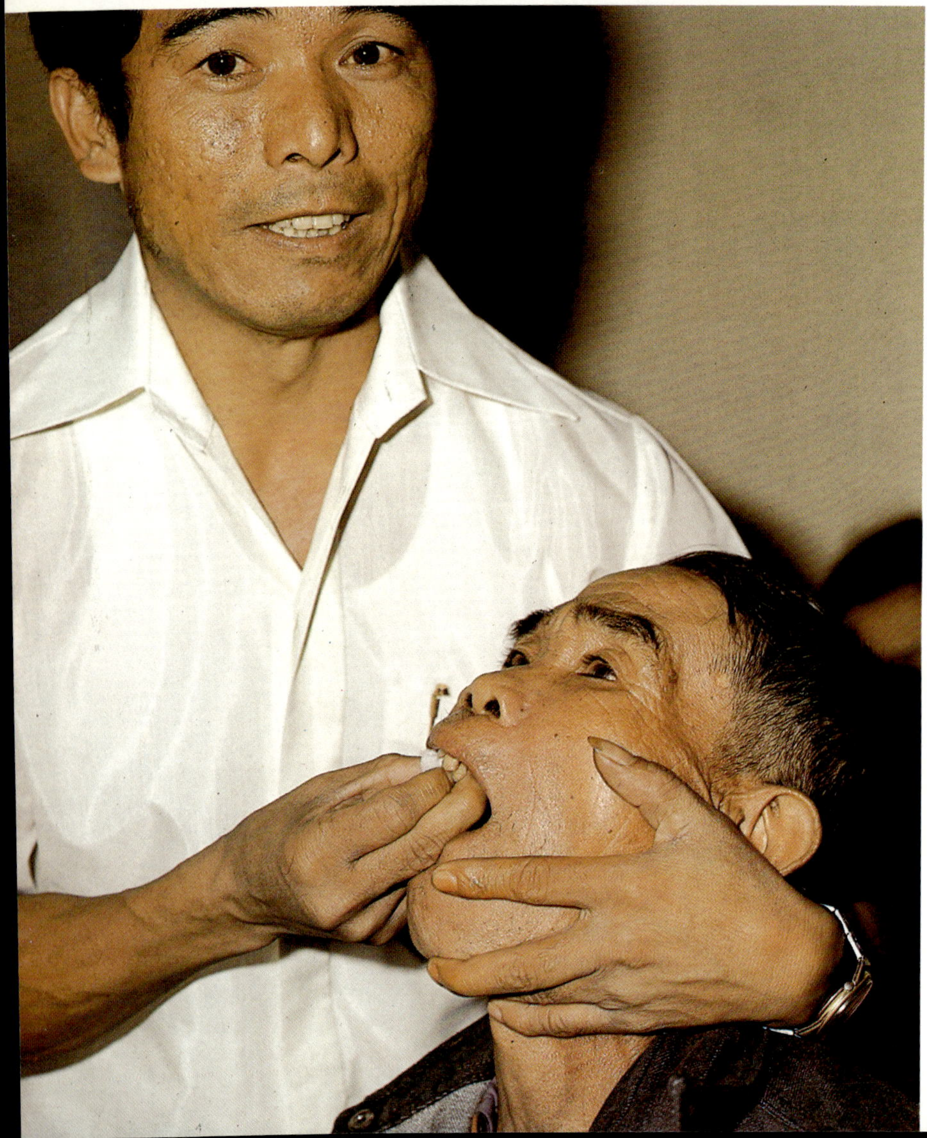

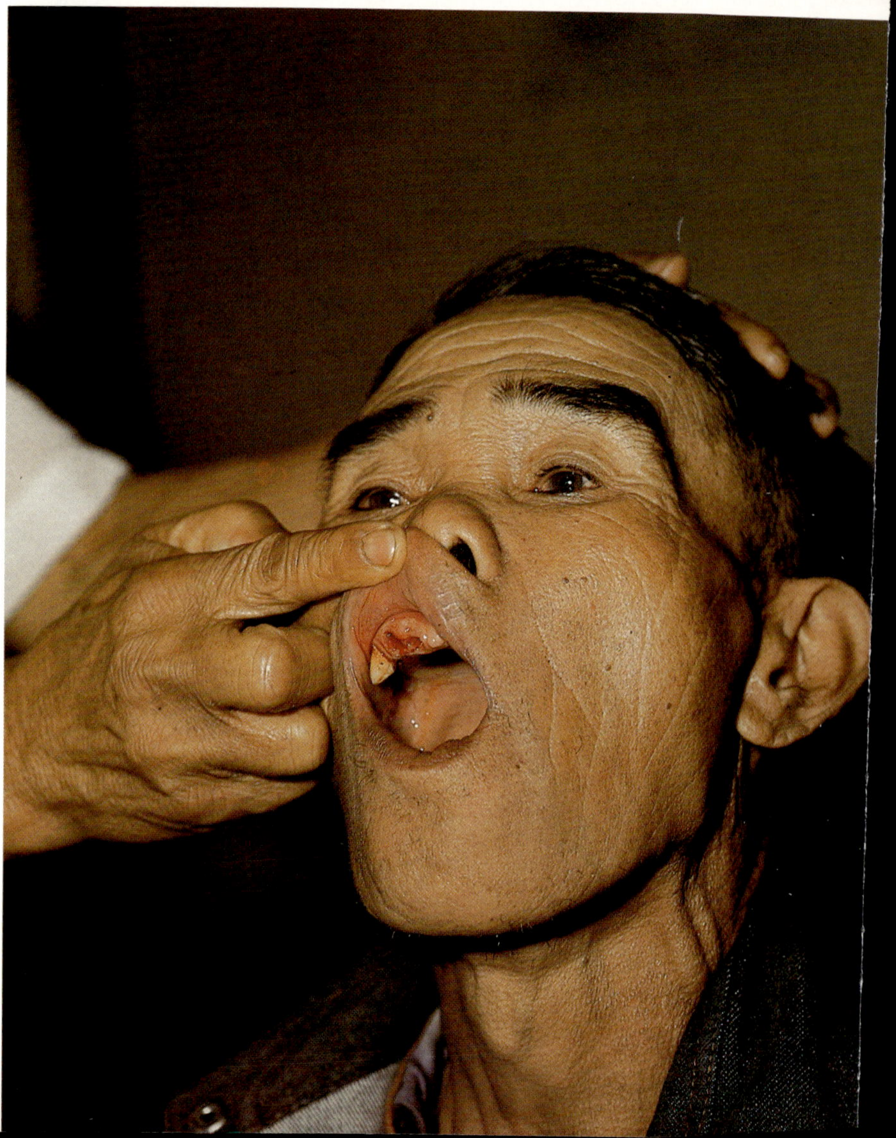

Mein nächster Gesprächspartner ist Joseph Teodor, der Erfinder des ›Aparatos‹.

Gert Chesi: Mr. Teodor, Sie haben eine Maschine erfunden, mit der Sie Patienten behandeln. Wie funktioniert sie?
Joseph Teodor: Diese Maschine dient der Elektrotherapie. Sie hilft Patienten, die an Rheumatismus oder Arthritis leiden. Sie heilt aber auch eine Menge von Krankheiten, die wir nicht erkennen können und die uns unbekannt sind. Die Verwendungsmöglichkeiten dieser Maschine sind vielfältig, und wir haben sie bei einer Anzahl verschiedener Fälle ausprobiert. Auch bei einfachen Erkältungen oder Grippeinfektionen waren wir in der Lage zu heilen.
Früher behandelten wir mit dieser Maschine regelmäßig Krebs. Nun aber habe ich eine andere Methode entwickelt. Sie heißt ›Magnetotherapie‹ und hilft Krebszellen auflösen. Ich habe sie an vielen Patienten versucht, und es verlief erfolgreich.
G. Ch.: Bevor Sie die Maschine benützten, arbeiteten Sie als Heiler und führten Operationen durch.
J. T.: Die Heilkraft liegt in den Händen jener Männer, die begnadet sind. Wenn sie ehrlich sind, besteht kein Zweifel, daß sie die von Krankheit befallenen Patienten heilen können. Ich selbst habe psychische Heilungen bei Patienten ausgeführt, die von unbekannten Krankheiten befallen waren.

Im Falle materieller Krankheiten verwenden wir materielle Medizinen, wie Pflanzen und auch diese Apparate. Wenn es aber zu unbekannten Erkrankungen kommt, dann müssen wir eine höhere Kraft einsetzen, die wir nur ›den Willen des Schöpfers‹ nennen, denn wir können nichts am Patienten vollbringen, was der Schöpfer uns nicht erlaubt.
Wie die Ärzte, so versuchen auch die Heiler, den leidenden Menschen zu helfen.
Wir selbst nennen uns Heiler. Ein Glaubensheiler bezieht seine Kraft aus dem Glauben. Das heißt, alles was er tut, kann nur in Übereinstimmung mit dieser Kraft geschehen, die ihm von Gott gegeben wurde. Wenn er als Gottes Werkzeug arbeitet, ist das genug.
G. Ch.: Kann man diese Apparate auch zur Heilung von Tieren verwenden?
J. T.: Ja. Ich habe es versucht, unter anderem mit Schweinen. Aber ich betrachte dies als Experiment und nur als eine Stufe auf dem Weg zur Heilung des Menschen. Beim Heilen ist es notwendig, die Gefühle eines Menschen total unter Kontrolle zu haben – wenn das nicht gewährleistet ist, kann nicht geheilt werden. Da gibt es sehr schwierige Fälle, wie z. B. die ›lebenden Toten‹, die keine Gefühle haben und deshalb auch nicht beeinflußt werden können. Aber durch Übung können sie in einen Zustand versetzt werden, in dem man sie dann heilen kann.
G. Ch.: Welche Bedeutung hat die Operation?

J. T.: Ich kann nur sagen, daß wir Operationen in verschiedener Form hier auf den Philippinen praktizieren sowie die höchsten Formen hypnotischer Kraft, die dazu verwendet werden, Menschen zu heilen. Die Heiler hypnotisieren sich selbst und ermöglichen es den Menschen, an die Heilkraft zu glauben, und wenn beide Teile im Gleichklang sind, ist es möglich, Objekte aus dem Körper des Menschen zu entfernen.
G. Ch.: Erzählen Sie uns über Ihre Meditationstechnik!
J. T.: Es ist einfach. Ich sage nur: »Herr, du bist der Ursprung des Lebens, du hast mich erschaffen. Ich fühle mich nicht wohl, wenn mein Herz bedrückt ist. Ich brauche deine Kraft, und wenn ich deine Kraft empfange, werde ich mich wieder wohl fühlen.«
Das ist in meinem Verstand eingepflanzt. Wenn ich die Strömung durch Meditation und Gebet erfahre, dann geht sie in meinen Geist ein, und ich fühle mich nie wieder schwach.

Das Prinzip Hoffnung

Erst einige Tage später werde ich dem fünften Mitglied der Heilergemeinschaft vorgestellt. Reverend Anthony O. Sagalla, ein Mann um die Sechzig, ist im Ordensgewand erschienen, auf der Brust trägt er ein schwarzes Kreuz.
Ähnlich wie die anderen Heiler ist auch er durch eine Reihe erlebter Krankheiten zum Heiler geworden. Sagalla, ein Mann der Kirche, ist eher als Gesundbeter zu bezeichnen. Seine Methode erinnert an Exorzismus und steht eigenständig und ergänzend den Arbeitsweisen der anderen gegenüber.
Zwei alte Männer haben sich im Warteraum eingefunden: Arthritis und Altersbeschwerden, Probleme beim Urinieren und Schmerzen in den schlecht durchbluteten, fast steifen Gelenken. Anthony Sagalla sitzt dem Patienten gegenüber, er hält die nackten, ausgestreckten Beine an den Zehen fest. Energisch beginnt er an den Füßen zu ziehen und zu reißen, dann verfällt er in einen Monolog: »Herr und Schöpfer, der du alles Leben dieser Erde geschaffen hast, lasse es nicht zu, daß dieser Mann krank ist. Nimm seine Schmerzen, die ein Werk des Teufels sind, befreie ihn von seiner Pein.« Seine Stimme erhebt sich, wird energischer, fast aggressiv. Dann, während er die verknöcherten Füße knetet und dreht, beschwört er die Kräfte des Guten. »Du wirst frei sein von deiner Krankheit, deine Beine werden dich wieder tragen. Gott der Allmächtige wird dir dabei helfen.« Er beginnt zu singen. Laut und mit unverbildeter Stimme psalmodiert er, immer noch an den Füßen ziehend und reißend.

Rechts: Rev. Anthony O. Sagalla rüttelt mit Hilfe Fermin Depnangs die ›eingeschlafenen Nerven‹ des Patienten wach.

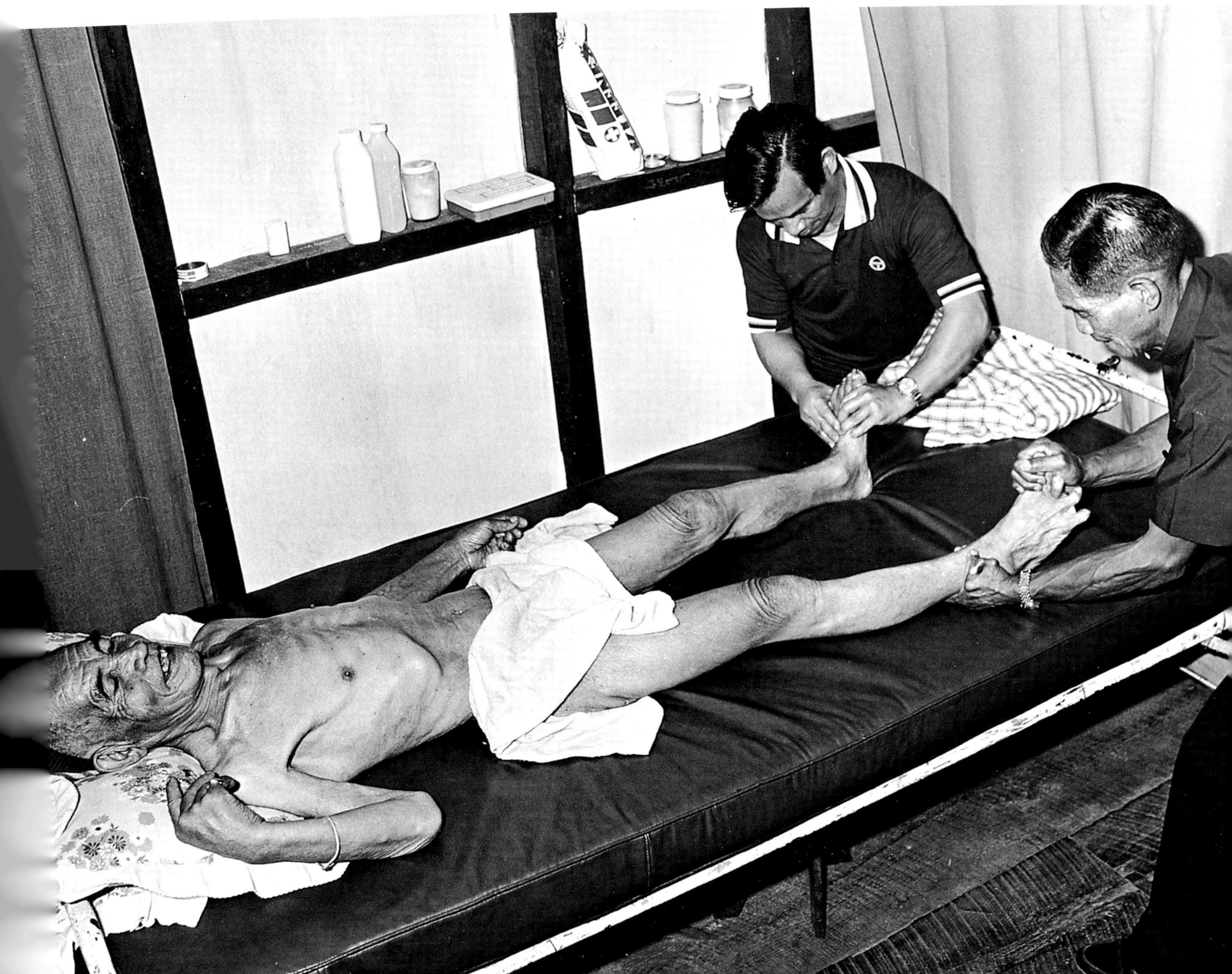

Nachdem sich der Patient auf das plastikbezogene Bett gelegt hat, beginnt eine durch Fermin Depnang unterstützte Heilmassage. Wenig später darf der Kranke aufstehen. Er soll nächsten Tag wiederkommen.
Am folgenden Tag um neun Uhr morgens kommen die zwei Alten ins Heilzentrum. Als sie mich erblicken, lachen sie. Einer von ihnen hebt die Arme über den Kopf. Das konnte er gestern noch nicht. Der andere bewegt seine Beine, als wolle er einen imaginären Fußball durch die Luft schießen. Gestern noch ging er steif am Stock.
Anthony Sagalla freut sich. So wird seine Arbeit belohnt. Zum Dank haben die beiden Alten ein Bündel Wurzeln mitgebracht. Ich erfahre, daß man sie einpflanzt, daß ihre Blätter antiseptische Wirkung haben und daß sie daher seit Jahrhunderten als Volksheilmittel Verwendung finden.
Einige Tage später wieder im Baguio Healing Center. Anthony O. Sagalla betet. Drei Heiler stehen um den Operationstisch, und jeder hält den Kranken an einem Körperteil. Die Kraft der Gesunden soll dem Kranken helfen. Nach den Inkantationen folgen Gebete, Beschwörungen, die unabhängig von der Schwere der Krankheit und dem Zustand des Patienten immer dasselbe Ziel vor Augen haben: die Genesung.

Links: Durch den Magnetismus der Heilerhände verwandelt sich normales Wasser in Medizin.

Anthony Sagallas Anrufungen sind immer dieselben. Sie gipfeln in der Behauptung, daß die Krankheit nun besiegt sei. Er gratuliert dem Kranken zu seinem schönen, gesunden Körper. Niemand, der vom Behandlungstisch steigt, soll glauben, daß auch nur ein Funken der Krankheit zurückgeblieben ist. Darin sind sich alle Heiler einig – positives Denken, das immer nur die Gesundung betrifft, nie die Krankheit selbst. Wer an die Krankheit denkt, der protegiert sie. Daher ist das wichtigste aller Prinzipien das der Hoffnung.
Wie Sagalla, so versichern auch Rustico und Alicia dem fragenden Patienten, daß er gesund würde. Auch andere Heiler entlassen die Behandelten mit der Zusicherung, daß die Krankheit besiegt sei. Was passiert aber, wenn der Patient in seinem Heimatland feststellt, daß die Krankheit andauert?
Die meisten Heiler weichen dieser Frage aus. Geistheilungen setzen den Glauben voraus, und nur wer an die Gesundheit glaubt, der wird genesen. Die Statistik beweist zwar, daß auch andere genesen sind. Denn wie könnten sonst Säuglinge oder Atheisten geheilt werden? Der Glaube ist jedoch eine die Genesung protegierende Kraft. Sie ist nicht alleinbestimmend für den Erfolg, aber sie erleichtert vieles. Die seelische Einstimmung des Patienten auf den Heiler ist eine wichtige Voraussetzung. Das Prinzip Hoffnung ist der Schlüssel zum positiven Denken und wird

auch dann vertreten, wenn Rückschläge seine Richtigkeit in Frage stellen. In Sagallas Gebeten kommt dies zum Ausdruck:

Preise den lebendigen Gottvater, Gott Sohn und den Heiligen Geist, der mit uns ist.
Allmächtiger Gott, gnadenreicher Vater, wir flehen dich an, führe uns zu deiner göttlichen Gegenwart in Jesus Christus, daß uns – in dir und durch ihn – die Kraft zuteil werde, deinen Willen zu erfüllen, zu deinem Ruhm.
[...]
Wir flehen dich an, Gottvater, Gott Sohn und Heiliger Geist, ziehe ein in unsere Herzen, wir leihen dir unsere Hände für deinen Willen und die Instrumente, damit du die Hämorrhoiden dieses deines Dieners heilen mögest.
Zu deiner Ehre, o Herr Jesus, und Gott zum Wohlgefallen.
[...]
Aus dem Grunde unseres Herzens danken wir dir für dieses wundersame Werk und die herrliche Operation, die deine Hände an deinem Diener vollbracht haben.
O Herr Jesus, wir danken dir, daß du diesen Anus so vollendet geschaffen hast von Anfang an und daß du es nun vollendest, zu deinem eigenen Ruhm und Gott zum Wohlgefallen.
[...], du Diener Gottes, höre und glaube, daß dein Anus vollendet ist von Beginn an bis zu diesem Augenblick.
Wir beglückwünschen dich: dein Anus ist so gesund, wie er nur sein kann.
Gott segne dich! Preise und verherrliche ihn in alle Ewigkeit!
Wahrhaftig, da ist kein Fehl an deinem Anus. Du bist so glücklich, wie man nur sein kann – du fühlst keine Schmerzen mehr, nie mehr, deine Muskeln schließen sich – schließen sich – ganz einfach. Du findest zu dir zurück – ganz zu dir zurück!
Danke dem Herrn, danke ihm und verherrliche ihn immerdar!
Kein Schmerz mehr, kein Schmerz.
Gott segne dich! Preise und verherrliche ihn in Ewigkeit.
[...]
Preise, preise Gott! [...] Halleluja! Preise den Herrn!
Wir danken dir, Vater, Sohn und Heiliger Geist, im Namen Jesu für dieses herrliche Werk und diese großartige Operation deiner Hände an deinem Diener.
Wir danken dir aus tiefstem Herzen für alle deine Heilungen, Herr Jesus!
Preiset den Herrn!

Antonio Agpaoa

Von allen philippinischen Heilern ist Tony Agpaoa der bekannteste. Sein Name wurde in Hunderten Berichten erwähnt, und seine im Eigenverlag erschienene Broschüre ›The Living Legend‹ trägt nicht zu Unrecht diesen Titel. Tony, wie ihn seine Patienten nennen, gehört zu den umstrittensten Persönlichkeiten unter den Heilern. In ganz Baguio habe ich kein einziges freundliches Wort über ihn vernommen, und auch in Europa sind viele seiner früheren Freunde ins Lager der Skeptiker übergewechselt.
Was kann der Grund dafür sein, daß ein Mann, dem man die unglaublichsten Fähigkeiten nachsagt, plötzlich ins Licht einer so erbarmungslosen Kritik gerät? Man sagt, Tony hätte seit Jahren seine Kraft verloren, die meisten Heilungen würden von seinen Mitarbeitern vollbracht; Tony sei größenwahnsinnig geworden, er stelle sich nicht mehr auf eine Stufe mit den anderen Heilern; er wolle imponieren und gefährde dadurch oft Heilerfolg und Sicherheit des Patienten.
Ein solcher Ruf – das ist nicht selten der Fall – kann aus einem gewissen Neid entstehen. Es ist tatsächlich so, daß Tony Agpaoa der meistverdienende unter den Heilern ist. Eine private Klinik mit angeschlossenem Hotel zeugt davon. Daß Tony nicht gerade zimperlich mit der Gestaltung seiner Preise ist, kann

jeder überprüfen, der in seinem Hotel absteigt. Das alles aber sagt nichts über seine Fähigkeit als Heiler, die hundertfach von Patienten und Beobachtern bestätigt wurde. In einem Gespräch im Kreise von Patienten und Heilern zeigt sich das Bild Agpaoas aus einem anderen Blickwinkel. Je größer sein Erfolg wurde, um so weniger vermochte er zu leisten. Erfolg in diesem Sinne widerspricht an sich den Prinzipien und Wesenszügen der Logurgie.

Mit großer Spannung komme ich ins Hotel Tony Agpaoas. Es ist Mittagszeit, einige Patienten sitzen beim Essen. Obwohl man mir an der Rezeption erklärt, das Hotel wäre ausgebucht und man erwarte zusätzlich eine fünfundneunzig Kopf starke Gruppe aus Amerika, sind nur wenige Tische besetzt. Tony Agpaoa, dem ich vorgestellt werde, wirkt zerstreut. Er begrüßt mich, ohne mich wirklich zu sehen, und verweist mich, ohne daß ich überhaupt Gelegenheit habe, meine Pläne zu unterbreiten, an einen Tisch, an dem zwei australische Patienten sitzen. Die ältere Frau wurde von Tony vor sechs Jahren behandelt, der jüngere Mann hat sie begleitet und war selbst wegen einer Drüsenerkrankung in Behandlung.

Die Australierin erzählt, daß damals keiner außer Tony Agpaoa in der Lage gewesen wäre, ihre verstopften Adern zu reinigen. Er hätte Hauptadern freigelegt und ihnen Gerinnsel entnommen. Nachdem sie damals die Behandlung frühzeitig abgebrochen hatte, haben sich jetzt, sechs Jahre später, ähnliche Symptome eingestellt. Die Frau wirkt müde und ohne große Hoffnung. Nach den Operationen sei eine deutliche Linderung eingetreten, geheilt aber sei sie nicht.

Die außerordentlich vitale Schwester Tonys hat sich an unseren Tisch gesetzt und möchte mehr über mein Anliegen wissen. Sie meint, ich solle in einigen Tagen wiederkommen, Mister Agpaoa hätte dann mehr Zeit.

Ich komme, wie geheißen, nach ein paar Tagen wieder. Tony Agpaoa wirkt arrogant, und obwohl er mich nicht abweist, ist es mir auch nicht möglich, irgendeine Stellungnahme von ihm zu erwirken. Die australische Patientin, die wieder an unserem Tisch sitzt, will von mir fotografiert werden. Nachdem Tony mehrmals abrupt unsere Gesellschaft verlassen hat, läßt er ausrichten, daß er erst seinen Anwalt befragen müsse, die Fotoerlaubnis könne er so nicht geben.

Inzwischen höre ich, wie er eine Patientin abweist, weil sie vorher bei einem anderen Heiler um Hilfe gebeten hat. Der Hinauswurf ist peinlich und ohne jede menschliche Dimension. Ein anderer Patient erklärt mir verängstigt und flüsternd, das würde Agpaoa immer so machen, er dulde keine anderen Götter neben sich.

Es wäre nun ganz falsch, den zweifellos verdienten Heiler wegen seiner schlechten Manieren abzulehnen. Die Sammlung der Fälle zeigt eindrucksvoll, daß er im Laufe der letzten zwanzig Jahre unzähligen Menschen geholfen hat. Das Gerücht, daß er seine Kraft verloren hätte, ist nicht bestätigt. Wie andere Heiler, so hat freilich auch Agpaoa eine Vielzahl von Patienten, denen nicht geholfen werden kann.

Ein Hühneropfer für Brigitte

Für Brigitte stellt sich nach vierzehn Behandlungstagen die Frage, ob sie den Heiler wechseln soll. Placido Palitayan hat sein möglichstes getan, er gehört zu den besten Heilern in Baguio. Dennoch gilt es als Tatsache, daß nicht jeder Heiler für jeden Patienten der richtige ist. Eine geistige, vielleicht sogar seelische Übereinstimmung zwischen Patienten und Arzt ist eine der wichtigsten Voraussetzungen. Möglicherweise ist dieses Prinzip zwischen Placido und Brigitte nicht völlig erfüllt. Dazu kommt ein anderer Aspekt: Wenn Brigitte im Sinne der Auslegungen von David Oligane und Simbol an einer übernatürlichen, dem feinstofflichen Bereich angehörenden Krankheit leidet, dann können Operationen keine Besserung bringen. David Oligane meinte, als er eine Behandlung anbot, daß er den schädigenden Geist, die Hexe, ohne Operation exorzieren würde. Das steht im Einklang mit der Auffassung Simbols, der materielle Eingriffe für sinnlos hält. – Niemand kann Brigitte in dieser Situation beraten. Sie selbst trifft den Entschluß, ihre Behandlung bei Simbol fortzusetzen.
Auf diese Weise finden wir uns wieder im Schlafzimmer Simbols ein. Der Holztisch mit der schwarzen Decke, der Glasplatte und einer Kerze ist arrangiert. Diesmal wiederholt sich der Test mit dem Stein in abgeänderter Form. Neben die Kerze stellt man einen Teller mit Blut, dessen Spender, ein Hahn, kurz vorher unter beschwörenden Formeln getötet wurde. Der Stein liegt wie bei der ersten Sitzung in einer kleinen Wasserpfütze auf der Glasplatte, deren Kanten Brigitte mit den Fingern berührt.
Diesmal bedient sich Simbol eines kleinen Besens, den er aus einem Kübel holt. Er betet in einer mir unverständlichen Geheimsprache. Sein Auftritt ist mehr Beschwörung als Andacht, sein nervöses Hinundherlaufen dramatisiert die Szene zusätzlich.
Skip, der assistiert, stößt mich an, wir schauen auf die Glasplatte und sehen, wie der Stein in Bewegung gerät. In kleinen Schüben, wie von Geisterhand gestoßen, gleitet er auf Brigitte zu.
Das ist ein gutes Zeichen. Es beweist, nach Auffassung des Heilers, die vitale und ungebrochene Kraft der Patientin und gibt zu der Hoffnung Anlaß, daß der gegenwärtige Zustand gebessert werden kann.
Skip wird von Simbol angehalten, das inzwischen verdickte Blut des Opfertiers in einen

Plastikbeutel zu streifen; diesen soll Brigitte selbst verbrennen.
Dieser Nachmittag bei Simbol hatte im wesentlichen Merkmale einer animistischen Opferhandlung, wie ich sie in Afrika Hunderte Male gesehen habe. Das Blutopfer gehört bei allen Naturvölkern zu den wichtigsten Ritualen. Mit der fliehenden Blutwärme reiten die Dämonen der Krankheit in unergründliche metaphysische Fernen. Die Kraft des Opfertiers wird dem Patienten zuteil, denn niemand kann Lebenskraft gewinnen, die nicht anderswo bezogen wird. Das Sühneopfer hat den Sinn, etwas zurückzugeben, das man sich – vielleicht viele Leben früher – zu Unrecht genommen hat. Wie der Sündenbock, der im mittelalterlichen Europa sein Leben für die Verfehlung eines Menschen geben mußte – für Afrika gilt das heute noch –, so war es bei Simbol der Hahn, der eine im Karma verfestigte Schuld übernehmen mußte.
Später sprechen wir über unsere Verwirrung und unsere Unsicherheit, die sich im gleichen Maß steigern, in dem wir beginnen, die Zusammenhänge zu erfassen. Nach welchen Kriterien soll sich ein Patient den Heiler aussuchen? Wie kann er wissen, ob er nicht von Beginn an eine grundsätzliche Fehlentscheidung getroffen hat? Welcher anreisende Europäer oder Amerikaner verfügt über genügend Hintergrundinformationen, um den zeitlich beschränkten Aufenthalt nutzbringend zu investieren? – Simbol muß eine gewisse Eifersucht unter den Heilern zugeben. Jeder hat eine andere, scheinbar unfehlbare Methode, und keiner glaubt, daß ausgerechnet er der Ungeeignetste sein soll. Auch Skip, der sechs Jahre in intensivem Kontakt mit Heilern verbracht hat, kennt keine Antwort auf diese Fragen.
Bis zur Ankunft unseres Taxis nütze ich die Gelegenheit, noch einige Fragen an Simbol zu stellen.
Warum wird behauptet, daß nur Agpaoa und Flores den Körper des Patienten so weit öffnen, daß man als Betrachter die freiliegenden Organe sehen kann? – Simbol wirkt verlegen, er will nichts Schlechtes über seine Kollegen sagen. Schließlich entringe ich ihm doch die Meinung, daß das Öffnen in dieser Art eine große Gefahr für den Patienten darstelle, aber nicht notwendig sei. Es gehöre zu den Prinzipien der Geistheiler, daß der Körper so schnell wie möglich zu öffnen und zu schließen sei; jede unnötige Verzögerung diene nur dem Imponiergehabe des Heilers, nie aber dem Patienten. Die Öffnungen sollen so klein wie möglich sein, es soll wenig Luft in den Körper eindringen.
Diese Darstellung drängt mich, die Frage zu stellen, wie er das Problem der Sterilität sehe. Simbol meint, daß die spirituellen Kräfte des Heilers die Bakterien abtöten, die er an den Händen hat. Es sei erwiesen, daß die Magnetfelder an den Händen eines Heilers so

stark seien, daß sie nicht nur wie bei Agpaoa Leukoplaststreifen zu durchtrennen vermögen, sondern gleichermaßen den Wundbereich desinfizieren. Experimente hätten gezeigt, daß in einem Glas mit verseuchtem Wasser alle Keime zum Absterben gebracht wurden, als ein Heiler seine Finger eintauchte.
Bei diesem Gespräch kritisiert Simbol zurückhaltend auch jene Heiler, die absichtlich erkennbare Narben hinterlassen (Juan Blance). Auch das gehöre in den Bereich des Imponierens. Angeblich beeindruckt diese Methode den Patienten weit mehr als das völlige Fehlen einer Narbe, durch das der Eindruck entsteht, es sei nur oberflächlich manipuliert worden.

Rustico M. Villamor

Vor meiner Abreise auf die Philippinen traf ich in der Schweiz Frau Friedel Landolt. Sie nannte mir den Namen Rustico Villamor. Eine Frau wie sie, die seit acht Jahren mit Patienten auf die Philippinen kommt, hat Erfahrungen gemacht, die kein anderer Europäer nachweisen kann. Sie weiß, warum sie den ›Bonesetter‹ Rustico empfiehlt. Der hauptberufliche Maler und Anstreicher will nicht ›Geistheiler‹ genannt werden. Er sei ein Knocheneinrichter, das treffe seine Tätigkeit besser. Seine Arbeit unterscheidet sich von der anderer Heiler dadurch, daß er keine Körperöffnungen macht. Sein Arbeitsfeld ist die Ebene des Spiritisten.
Brigitte, die am Ende ihres Aufenthalts von Simbol behandelt wird, fühlt sich besser. In ihrer Begeisterung entschließt sie sich, auch zu Rustico zu kommen, um auf einem zweiten Geleise die Bemühungen Simbols zu unterstützen. Dieser Entschluß stößt nicht auf allgemeine Gegenliebe. Wir kennen den Grundsatz, der besonders von den Heilern vertreten wird, daß das ständige Wechseln mehr schadet, als es hilft.
Es sind nur mehr vier Tage bis zu Brigittes Abreise, und wir beraten, was zu tun sei. Wenn Rusticos Heilungen auf andere Weise wirken wie die von Placido und Simbol, könnte der Effekt ergänzend sein. Möglicherweise reden wir uns das aber ein, weil Rustico einen so überwältigend sympathischen Eindruck auf uns gemacht hat. Seine bescheidene Art, seine einfache Philosophie, die ganz gegen jeden Materialismus gerichtet ist und sich in der Anspruchslosigkeit seines eigenen Daseins veranschaulicht, hat uns für Rustico eingenommen.
Als wir die Hühnerleiter zu seiner Blechhütte emporklettern, sehen wir, daß auch andere Patienten da sind. Zwei Frauen, Filipinas einer gehobenen Klasse, sitzen in dem kaum zehn Quadratmeter großen Wohn- und-Behandlungs-Raum. Rustico tastet den Arm der einen Patientin ab und erkennt das

Problem. Die Frau, so erklärt er, könne den Arm nicht heben. Ein Nerv sei eingeklemmt und verursache ihr Schmerzen. Er richtet seinen Finger gegen ihren Ellbogen und gebärdet sich, als wolle er einen imaginären Schlüssel umdrehen. Daraufhin hebt die Frau den Arm. Sie lacht verlegen, als könnte sie es nicht glauben, macht einige kreisende Bewegungen mit der Schulter, greift ins Leere – es funktioniert.

Rustico wendet sich zu uns: »Ich brauche keine blutigen Operationen, es geht auch so.« Dann bemüht sich Brigitte, ihre Krankheit zu erklären. Das ist nicht nötig, er sieht die Probleme auch so. Rustico beschreibt, wie sein ›drittes Auge‹ eingeschaltet wird. Als ob er etwas umdrehen wollte, fährt er ans linke Lid. Dann dreht er Brigitte hin und her. Er geht mit seinem Gesicht ganz nahe an den Körper heran und schaut in sie hinein. »Das Rückenmark hat die falsche Farbe.« Es sollte gelb sein, ist aber angeblich weiß. Besonders in der unteren Hälfte sei die Farbverschiebung gravierend. Dann bewegt er ihre Füße und schüttelt seinen Kopf. Wie Simbol und David Oligane ist er der Ansicht, Operationen reichten nicht aus, um diese Krankheit zu beheben.

Er schlägt vor, Brigitte solle die Nacht in seinem Haus verbringen, er wolle sie mit Ginger behandeln, einer Wurzel, die der Karotte gleicht, aber intensiver riecht als diese. Seine aus nur zwei Zimmern bestehende Behausung, kaum größer als ein Wohnwagen, soll von Brigitte und seiner ganzen Familie geteilt werden. Trotzdem nimmt Brigitte die Einladung an.

Wenig später beginnt Rustico mit den Massagen. Brigitte wird dann bandagiert und ins Bett gelegt. Alle paar Stunden sind die Verbände zu wechseln. Er hat ihr das einzige Bett zur Verfügung gestellt; er, seine Frau und die Kinder werden die Nacht im ›Wohnzimmer‹ auf dem Boden und auf Bänken verbringen.

Das überaus bescheidene Wohnhaus von Rustico.

Inzwischen bespricht Rustico einen Tiegel mit Creme, den er in einer Drogerie besorgen ließ. Die Salbe, die üblicherweise bei Erkältungen verwendet wird, ist als Arzneimittel nutzlos. Das weiß auch Rustico. In seinem Falle dient sie nur als Träger für das Gebet, das er in sie spricht.
Ich sehe Rustico auf dem Boden knien und in den geöffneten Tiegel sprechen. Einen Moment lang denke ich nach, wie ich das darstellen kann, ohne als verrückt angesehen zu werden. Wie kann ich die Großartigkeit dieser bescheidenen Szene veranschaulichen, ohne fragwürdig zu wirken oder die Absicht dieses Buches zu verfehlen? Eine distanzierte analytische Betrachtung reicht nicht aus, um Rustico darzustellen, genausowenig, wie die Mittel der westlichen Wissenschaft ausreichen, um die Arbeit der Heiler zu erklären. Im Gegenüber mit diesem Mann wird die Beschränktheit rationalen Denkens bewußt, das unser Leben um all die Dimensionen beschneidet, die sich dagegen wehren, in das Schema der Kausalität gezwängt zu werden.
Als wir am darauffolgenden Tag Brigitte abholen, bemerkt sie überrascht, daß sie ihre Zehen anscheinend ohne Mühe bewegen kann. Das war bis dahin völlig unmöglich. Beim Einsteigen ins Taxi kann sie ihren Fuß so weit anheben, daß sie ihn ins Wageninnere bringt, ohne dabei mit den Händen nachzuhelfen.
Wir sind erstaunt und verblüfft. Sollten nun die Behandlungen von Placido, Simbol und Rustico langsam ihre Früchte zu tragen beginnen?
Inzwischen sind Schweizer Patienten bei Rustico eingetroffen. Ein spastisches Kind wird untersucht und behandelt. Es hat zuwenig Kraft.
Rustico entschließt sich zu einer spirituellen Bluttransfusion. Er hält Mutter und Kind am Puls und läßt, wie er sagt, das Blut von der Mutter zum Kind laufen. Wenige Minuten später wird der Mutter schlecht. Sie wirkt blaß und müde. Erst nach zweistündigem Ruhen im Hotelzimmer ist sie wiederhergestellt. Das Kind schläft ruhig, trotz des anstrengenden Tages.

Rechts: Rustico Villamor gehört zu den stärksten Heilerpersönlichkeiten auf den Philippinen. Er lehnt die blutigen Operationen ab. Seine Methode ist dem ›Magnetheilen‹ verwandt. Durch Berührungen und Massagen reaktiviert er ›eingeschlafene‹ Nerven.

Seite 130: Zu seinen Schutzheiligen gehört auch Maria, die Rustico im Heilen unterweist. Dieses Bild soll manchen Patienten im Deckel der Dose erschienen sein, in der die für die Behandlung verordnete Creme aufbewahrt war.

Seite 131: Rusticos Diagnosen berufen sich auf Farbveränderungen innerhalb des Körpers, die er mit seinem ›dritten Auge‹ wahrnimmt. Er spricht von zehn Farben, die er differenziert und den entsprechenden Nerven zuordnet. Wenn diese Farbkombinationen gestört sind, deutet das auf eine Krankheit hin. Selbst Fotos erkrankter Menschen vermag Rustico auf diese Weise zu diagnostizieren.

Seite 132: Eine Szene vor dem Haus Rusticos. Bis heute lebt der anerkannte Heiler in ärmlichen Verhältnissen.

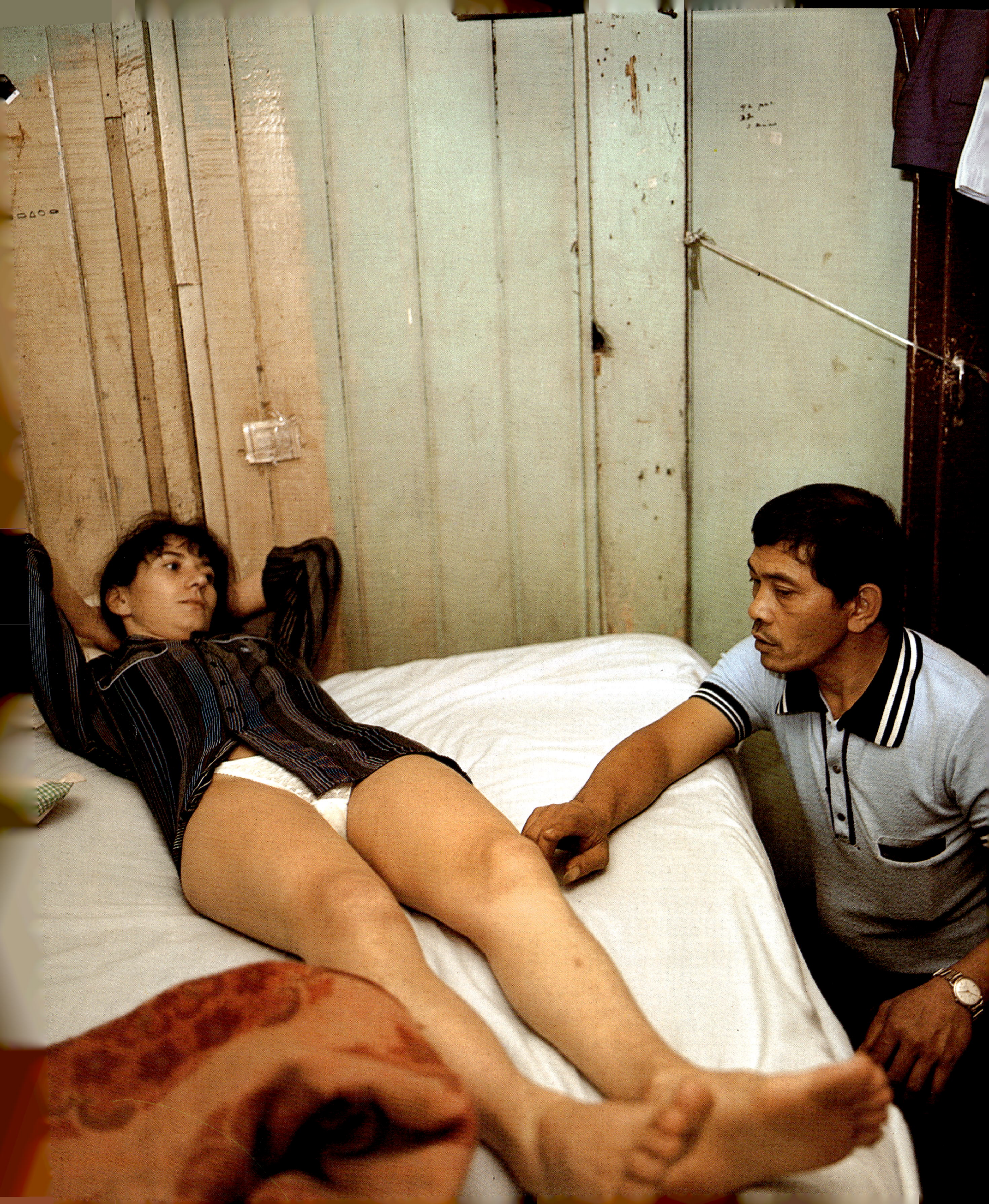

RCBC
Responding to your every need.

Ich wehre mich gegen die Vorstellung, daß das Blut durch Rusticos Körper von da nach dort gelangte. Wenn ich nicht seine hervorragenden Erfolge kennen würde, hätte ich hier wie andere Beobachter die Grenzen meiner Vorstellungskraft erreicht.
Am selben Abend sitzen wir mit Rustico im ›Hyatt‹-Hotel von Baguio. Der Zufall will es, daß ein deutscher Heilpraktiker in unserem Kreis weilt, ein Mann, der von sich behauptet, die Aura der Menschen zu sehen. Verständlich, daß sich die Gespräche um diese Fähigkeit drehen.
Rustico hat Mühe, sich verständlich zu machen. Die Welt seiner Begriffe ist voll von Symbolen und Umschreibungen, deren Gehalt wir nicht immer erfassen können. Er erklärt noch einmal das Einschalten seines dritten Auges. Diese Bewegung habe er von den drei Personen gelernt, denen er auch seine anderen Fähigkeiten verdanke: von Gottvater, dem Sohn und Mutter Maria. Sie hätten ihn gelehrt, die Farben zu deuten.
Der Heilpraktiker will nun wissen, welche Farbe seine Aura habe. Ohne aufzuschauen, sagt Rustico: Gelb. Der Heilpraktiker nickt. Eine Frau an unserem Tisch will wissen, welche Farbe sie hätte. Wie aus einem Mund sagen Rustico und der Heilpraktiker: Rot. Nun wird es zum Gesellschaftsspiel, und im Laufe des Fragens erfahre ich, meine Aura sei blau und weiß. Rustico, nach seiner Aura befragt, schaut beschämt auf den Boden. Als ob es ihm peinlich wäre, zeigt er auf den Goldrand der Kaffeetasse: Gold.
Ich will wissen, was es mit diesen Farben auf sich hat. Rustico erklärt, daß Gelb eine stärkere Farbe sei als mein Blau. Der gelbumrandete Heilpraktiker könnte mich heilen, nicht aber ich ihn. Rot sei so: Rustico wölbt die Hand und hält sie mit der Höhlung nach unten. Das soll etwas Müdes oder Zorniges bedeuten, jedenfalls kommen wir bei den Schwierigkeiten der Konversation auf diesen Schluß. Sein eigenes Gold und die anderen Farben seiner Aura könne er im Spiegel sehen. Der Heilpraktiker bestätigt das. Er sehe Rusticos goldene Aura auch. Sie zeige die höchste von einem Menschen zu erreichende Stufe an. Auch Gold, so erfahre ich, hätte verschiedene Qualitäten, und die höchste Stufe hätten nur Heilige erreicht, bei denen sich dann die Aura – anscheinend für viele sichtbar – als Heiligenschein über dem Kopf abzeichnete.
Rusticos goldene Aura befähigt ihn zu den verschiedensten Leistungen. Er zieht seine Schirmmütze vom Kopf und zeigt uns den Aufdruck. Der Besitzer dieser kalifornischen Firma hatte ihn ins Hotel rufen lassen. Seine Frau hatte mit einer schweren Krankheit transportunfähig in Amerika zurückbleiben müssen. Der Fabrikant bat ihn um Hilfe. Rustico verlangte telefonischen Kontakt. Als es einige Stunden später soweit war, konzentrierte er sich auf das Foto der Kran-

ken und drehte es, wie er sonst den Patienten zu drehen pflegt, zur Seite. Wenig später wurde die Spontanheilung der Frau telefonisch bestätigt.
Rustico erzählt, daß er seine rechte Hand beim Promenieren stets in der Tasche hielte, weil die von ihr ausstrahlende Kraft Passanten verletzen könnte. Sein Verhalten richte sich in vielen Belangen nach den Empfehlungen der ›drei Personen‹ (gemeint sind Gottvater, der Sohn und die heilige Maria), von denen er alles Wissen beziehe. Seine Weltanschauung sei römisch-katholisch. Nach kurzem Gespräch stelle ich allerdings fest, daß gewaltige Abweichungen zur offiziellen Lehrmeinung bestehen. So vertritt Rustico beispielsweise den Reinkarnationsgedanken, modifiziert ihn aber auf sehr persönliche Art: Nur die guten Menschen würden wiedergeboren. Auch in anderen Belangen entpuppt sich sein Glaube als eine private Mischreligion, in die andere Weltreligionen einfließen. Seine Philosophie hat archaische Tendenzen, und in manchen Aussagen erinnert sie stark an das frühe Christentum. Eine naive, bildhafte Darstellungsgabe macht seine Erzählungen ergreifend. Seine sympathische Art hat ihn in den letzten Jahren zu einem der beliebtesten und erfolgreichsten Heiler gemacht.

Links: Rustico, das Marienbild vor Augen, bespricht eine Salbe, um ihre Heilkraft zu erhöhen.

Beim Auftauchen der Serviererin erfahren wir noch, daß er keinen Alkohol trinkt, wohl aber raucht. Er habe früher zuviel getrunken und dadurch seine Fähigkeiten teilweise eingebüßt. Er sei nun, was Alkohol betreffe, abstinent.

Erfahrungen einer Europäerin

In einem Hotel in Baguio ist inzwischen eine Schweizer Gruppe unter der Leitung von Frau Friedel Landolt angekommen. Einige Tage vor meiner Rückreise ergibt sich neuerlich Gelegenheit zu einem Gespräch.

Gert Chesi: Frau Landolt, Sie haben in den letzten acht Jahren immer wieder die Geistheiler auf den Philippinen besucht. Sie haben vermutlich mehr Heilungen miterlebt als irgendein anderer Europäer. Darf ich Sie zunächst fragen, was für Ihre Reisetätigkeit ausschlaggebend war?
Friedel Landolt: Meine erste Reise habe ich als Patient unternommen. Ich war einer jener hoffnungslosen Fälle, die in Europa als unheilbar gelten. Ich hatte Schrumpfnieren, und das Schlimmste für mich war, mir vorzustellen, daß ich an eine künstliche Niere angeschlossen werden sollte. Als sich mein Zustand so weit verschlechtert hatte, daß man mich ins Spital brachte, erfuhr ich, daß keine Spenderniere vorhanden war.

In dieser Situation geriet ich in Panik und verlangte, erst noch für einige Tage nach Hause gebracht zu werden, damit ich mich gedanklich auf die Operation vorbereiten könne. Damals geschah das, ohne daß ich viel von den Philippinen wußte. Nur ein Gespräch mit meinem Schwager war mir in Erinnerung, der von einem Freund berichtet hatte, der dort von einer Leberzirrhose geheilt worden war. Nachdem ich mir aber dann die Geschichte nochmals hatte berichten lassen, entschloß ich mich, auf die Philippinen zu fliegen.

Als ich Europa verließ, hatte ich drei verschiedene Möglichkeiten vor Augen: die erste war, die Reise in diesem schlechten Gesundheitszustand nicht zu überleben, die zweite, wenigstens einen alten Wunsch erfüllt zu sehen, nämlich eine schöne Reise gemacht zu haben, und schließlich gab es noch, wenn auch gedämpft, die Hoffnung, gesund zu werden. Als wir dann auf den Philippinen waren, hatte ich das große Glück, eine Spontanheilung zu erfahren. Diese Form ist die seltenste von allen und kommt lediglich bei zwei Prozent aller Heilungen vor.

Ich hatte fünfzehn Tage für meinen Aufenthalt vorgesehen. Damals reiste ich mit einer deutschen Gruppe, und alle Patienten wurden täglich behandelt. Wir waren damals bei Tony Agpaoa, und ich konnte überhaupt nicht verstehen, daß ich nach nur einer Behandlung nicht mehr kommen sollte. Ich spürte natürlich, daß meine Nieren wieder funktionierten, glauben konnte ich es aber nicht. Auf mein Drängen hin, weiter behandelt zu werden, schickte mich Tony weg, und ich war verzweifelt, weil ich nicht wußte, wie ich sein Verhalten zu deuten hatte. Erst später, als es mir immer besser ging, wußte ich, daß ich geheilt war.

G. Ch.: War Ihre Heilung ausschlaggebend dafür, daß Sie später selbst mit Kranken auf die Philippinen reisten?

F. L.: Damals noch nicht. Ich wollte ursprünglich deshalb nochmals auf die Philippinen kommen, weil ich von dem Volk und dem Land so begeistert war, daß ich schon während der ersten Reise diesen Entschluß faßte. Erst 1975 ergab sich die Gelegenheit, mit einer Freundin zu reisen, die auch als Patientin auf die Philippinen wollte. Damals erfuhr ich auch, daß Prof. Naegeli eine Forschungsreise vorbereitete, an der auch Dr. Walter Früh und der Biologe Hans A. Traber teilnehmen sollten. Der Biologe, der ein Experte auf dem Gebiet des wissenschaftlichen Films war, sollte mit seinen Methoden in der Lage sein, jeden eventuellen Trick zu entlarven. Ich nützte also die Gelegenheit, sowohl mit dem Team als auch mit meiner Freundin abwechselnd die Heiler zu besuchen.

Auf einer späteren Reise erst habe ich dann spektakuläre Operationen bei Juanito Flores gesehen, der aus dem Körper eines kanadischen Patienten Geldstücke holte. Ein anderer Patient kam mit einer Gehirnembolie. Man hatte ihn in England gut geschult, mit seiner Krankheit fertig zu werden. Sein Problem war nur eine völlig ungenügende Durchblutung der gelähmten Körperhälfte. Arme und Beine wirkten wie abgestorben. Diesem Patienten zog Flores nach seinen eigenen Vorstellungen am Oberschenkel eine Vene heraus. Er hielt sie dann neben das Bein, als wollte er die Länge vergleichen, und putzte sie mit einem Lappen, ehe er sie mit den Daumen wieder zurück in den Körper stopfte und einmassierte. Später habe ich den Patienten noch getroffen und erfahren, daß die Lähmung geblieben war, daß er aber keinerlei Durchblutungsstörungen mehr hatte. Heute führt er ein völlig normales Leben.

G. Ch.: Wir gehen von der Annahme aus, daß die vermeintlich aus dem Körper gezogene Vene eine Materialisation war. Gerade Flores ist aber dafür bekannt, daß seine Ergebnisse unberechenbar sind. Haben Sie erfahren, in welchem Verhältnis die Materialisationen zu den dem materiellen Körper entnommenen Organen stehen?

F. L.: Diese Frage ist auch für mich ein echtes Problem. Ich habe festgestellt, daß durch das Interesse westlicher Wissenschaftler auch bei den Heilern ein interessanter Effekt auftritt. Durch die Gespräche und den Austausch von Erfahrungen werden die Heiler – ich möchte sagen: leider – bis zu einem gewissen Grad ausgebildet. Je mehr sie vom Körper wissen, um so mehr sehen die Entnahmen der tatsächlichen Anatomie des Körpers ähnlich. Bei manchem Heiler geraten die Entnahmen den tatsächlich erkrankten Organen so ähnlich, daß jeder Laie sagen würde, das sei nun tatsächlich seine Krankheit, sein Geschwür. Der Labortest bringt allerdings ein völlig anderes Bild. Die vermeintlichen Körperteile sind ebenfalls Materialisationen.

G. Ch.: Viele Jahre lang war das der Grund, die Heiler als Schwindler anzusehen. Das Nichtübereinstimmen der Entnahmen mit dem Körper wurde als negativer Beweis gewertet.

F. L.: Das ist absolut richtig. Ich habe einer Operation bei Flores zugesehen, bei der der Patient das Gefühl beschrieb, Stroh im Bauch zu haben. Flores hat daraufhin Stroh materialisiert. Er hat Büschel von grasähnlichen Fasern aus dem Leib des Patienten gezogen. Dieser war anschließend geheilt.

Flores hat sich nie bemüht, den Menschen anatomisch zu begreifen. Er spricht ja kein Englisch und ist auch sonst nicht kommunikativ. Er hat sich immer nur von seinen Vorstellungen und den Eingebungen seines Geistes leiten lassen.

Meine Erfahrungen in letzter Zeit lassen mich annehmen, daß nicht alles, was dem Körper entnommen wird, als Materialisation gelten kann. Gerade auf dieser jetzigen Reise habe ich gesehen, daß einer krebskranken Frau durch den jungen Heiler Alex Ampaguey ein angefressenes Knochenstück entnommen wurde, dessen Existenz man vorher schon kannte. Alex hat die Patientin im Hotelzimmer operiert. Er kam mit leeren Händen, und alles, was er brauchte, waren zwei Handtücher und etwas Toilettenpapier. Die Patientin hatte starke Schmerzen während der Operation, nach der Entfernung des Knochenstücks war wie immer der Körper narbenlos geschlossen. Der Mann dieser Frau ist selbst Arzt, er hat das Knochenstück in Formalin konserviert und mit nach Europa genommen. Diesen Knochen würde ich nicht als Materialisation ansehen. Eine spätere Untersuchung in Deutschland wird das vielleicht beweisen.

G. Ch.: Wenn man wie ich eine Dokumentation zu gestalten hat, das heißt, für Menschen berichtet, die das alles nicht miterlebt haben, dann ist auch die Fotografie für viele kein ausreichender Beweis, denn wir alle wissen, daß Fotos manipulierbar sind. Es gibt nur wenige Bilder, die den geöffneten Körper wirklich so zeigen, daß man die darin freiliegenden Organe sieht. Diese leider sehr seltene Art von Bildern wäre besser geeignet, Skeptiker zu überzeugen. Solche extreme Öffnungen geschehen aber nur sehr selten. Haben Sie Erfahrung mit Heilern, die in dieser Art operieren?

F. L.: Ich habe das selbst nur ein einziges Mal gesehen. Der Patient hatte Schwierigkeiten mit der Speiseröhre, und der Heiler öffnete ihm den Hals zur Gänze. Diese Operation wurde auch fotografiert. Mit Hilfe eines medizinischen Atlas konnte man die einzelnen Organe identifizieren. Solche Operationen geschehen auch bei Agpaoa. Die meisten Operateure verdecken die Körperöffnung mit der Hand, denn die Finger stecken förmlich im Leib, die Größe der Wunde richtet sich also nach den Händen des Heilers.

G. Ch.: Diese kritische Betrachtungsweise wird dem Beobachter wichtiger sein als dem Patienten. Was der Heiler auch immer aus dem Körper holt, die Genesung bleibt für ihn das einzige und entscheidende Ziel.

Ich habe miterlebt, wie geheilte Patienten von Ärzten und Publizisten bis zur Verzweiflung ausgefragt und falscher Aussagen verdächtigt wurden. Hier können Ihre Erfahrungen vielleicht einen Beitrag leisten. Wieviel Prozent der Kranken dürfen mit einer Heilung rechnen?

F. L.: Ich bin mit Dr. Naegeli und Dr. Stelter darüber einig, daß höchstens dreißig Prozent reine Heilungen erfolgen. Die meisten dieser Fälle sind von der naturwissenschaftlichen Medizin aufgegeben worden. Das sind also dreißig Prozent mehr, als unsere Medizin heilen kann. Von zwanzig bis dreißig Prozent kann man sagen, daß sie eine Besserung erreichen. Der Rest bleibt unverändert.

Man darf aber nicht vergessen, daß noch etwas anderes stattfindet: Durch diese Phänomene, die von den Patienten erlebt werden, lernen sie ein anderes Denken. Die meisten von ihnen fahren als andere Menschen nach Hause, auch dann, wenn sie nicht geheilt wurden. Hier passiert im geistigen Bereich sehr viel. Wenn auch ein Kranker wieder als solcher nach Hause geht, so ist sein spirituelles Empfinden so gewandelt, daß es eine ungeheure Hilfe sein kann. Das ist ja das Anliegen eines jeden Heilers: den Patienten auch geistig zu heilen, weil man ja weiß, daß sein Leiden durch eine falsche geistige Grundhaltung erst entstanden ist. Die innere Einstellung zur großen kosmischen Ordnung ändert sich in jedem Fall.

Es gibt natürlich auch Patienten, von denen man schon vor Antritt der Reise den Eindruck hat, daß ihnen nicht geholfen werden kann. Das sind vor allem diejenigen, die von sich selbst sagen, ihnen könne niemand helfen, sie hätten doch schon alles probiert. Diese Patienten nehmen ihre Krankheit so wichtig, um eine Entschuldigung für ihr Versagen im täglichen Leben zu haben, oder sie brauchen ihre Krankheit, um andere zu erpressen. Dieser Typus wird auch auf den Philippinen nur sehr selten geheilt. Der Glaube ist nicht die Voraussetzung für die Heilung, wichtig scheint es mir, daß das Unterbewußtsein die Heilung will. Dann kann sich sogar der Intellekt dagegen sträuben. Ich hatte einmal einen Patienten mit, der zu dieser Reise gezwungen wurde. Er hat sich gewehrt, so gut er nur konnte; trotzdem wurde er geheilt.

G. Ch.: Glauben Sie, daß diese Geistheiler einmal aussterben werden, so wie die Vertreter fast aller traditionellen Gesellschaften in der dritten Welt vom Aussterben bedroht sind, oder werden junge Heiler das Erbe fortführen?

F. L.: Ich fürchte fast, daß auch diese Tradition zugrunde gehen wird. Wenn auch junge Heiler nachkommen, so haben sie vielfach eine falsche Motivation. Sie suchen das große Geld. Wenn sie dann ihre Kraft verlieren, beginnen sie zu manipulieren. Das habe ich selbst schon beobachtet. Wir Europäer haben hier auch vieles kaputtgemacht. Wir haben die Heiler dazu gebracht, uns nach unseren Vorstellungen zu behandeln. Sie wissen ja, daß nach einer Spontanheilung der Patient unbefriedigt bleibt, weil er es nicht glauben kann. Dann wird einfach weiterbehandelt, um den Anforderungen der westlichen Menschen zu genügen.

Früher mußte niemand sagen oder aufschreiben, was ihm fehlt. Heute muß man das. Das macht der Heiler aber nicht für sich, sondern der Patient will aussprechen dürfen, was ihm fehlt, sonst ist er nicht zufrieden. Ich habe Angst davor, daß im gleichen Maß, in dem sich die Heiler uns anpassen, alles zugrunde geht.

Zweite Reise

Drei Monate liegen zwischen den beiden Reisen, die ich unternommen habe, um dieses Buch über die Geistheiler zu gestalten. Viele neue Aspekte und Informationen sind dazugekommen, sechsundachtzig Briefe, die ich von Patienten erhalten habe, bestätigen meinen Optimismus. Auf die Frage, ob Tricks beobachtet wurden, gab es keine Reaktion, die die Heiler belastet hätte. Fast die Hälfte der Briefe enthielt positive Informationen, Heilungen oder Besserungen wurden bestätigt. Bei den Patienten, die keine Heilung erfahren haben, blieb dennoch eine wohlwollende Meinung. Auffallend war das energische Engagement einiger Schreiber, die mich beschimpften, weil ich zu fragen wagte, ob Tricks beobachtet worden seien.

Mit einer Fülle von Informationen erreiche ich im Februar 1981 Baguio, um meine Arbeit fortzusetzen. Mein Weg führt mich zu allen mir bekannten Heilern nach Urdaneta, Villasis und auch nach Rosales.

Bei Josephine Sison sehe ich aufregende Materialisationen: einer Patientin wird ein großer Plastikbeutel aus dem Bauch gezogen, einer anderen ein welkes Palmblatt. Josephine erlaubt mir, beides mitzunehmen.

Bei Alex Ampaguey sehe ich einige spektakuläre Operationen. Gewebefetzen in ungewohnter Größe werden zutage gefördert.

Später erlebe ich einen Streit zwischen Tony Gentile, dem Leiter einer australischen Gruppe, und den Heilern Ernie Catungal und Flore Calub. Die Behandlungen haben auf der Basis freiwilliger Spenden stattgefunden, am Ende der Behandlungen allerdings wurden den Patienten Augentropfen um hundert Dollar und Kräuter um fünfzig Dollar verkauft. Das macht Tony so rasend, daß er droht, die Polizei zu holen. Später löst sich das Problem, das Geld wird zurückerstattet, und Alex Ampaguey, der der Gruppe angehört, betont, nicht er habe die Preise gemacht, sondern der chinesische Händler, der die Medikamente herstelle.

Bei Simbol verbringe ich einen ganzen Nachmittag und sehe Fotos von Operationen, bei denen Gewebeteile in der Größe von Wiener Schnitzeln materialisiert wurden. Im Gespräch vertritt Simbol die Auffassung, daß die Patienten meistens zu kurz verfügbar sind und daß die verschiedenen Schwingungen unterschiedlicher Heiler, wenn sie gleichzeitig einen Patienten behandeln, den Erfolg gefährden. Damit befindet er sich im Einklang mit der Meinung Placidos, der das immer wieder betont.

Bei Rustico erlebe ich verblüffende Diagnosen. Österreichische Patienten, deren Krankengeschichte ich kenne, werden in Sekundenschnelle diagnostiziert.

Zwei Freunde, die mich begleiten, werden von Placido und Marcelino behandelt. Dem Verleger Engelbert Perlinger werden durch Reflexzonenmassagen und durch eine allerdings schmerzhafte Operation verschiedene

Beschwerden genommen. Aufregung gibt es, als der österreichische Naturheiler Hans Neuner durch einen einzigen Eingriff Placidos einen dreißig Jahre alten Defekt am Auge verliert. Neuner war seinerzeit operiert worden, die Diagnose hatte auf grünen Star gelautet. Seit dieser Operation sah er auf einem Auge grün, und zusätzlich zeigten sich bei Übermüdung ein schwarzer Balken und eine Kugel auf der Retina. Sowohl das Grün als auch die die Operationsnarbe darstellende Sehstörung sind am Abend nach der Operation verschwunden. Beide Patienten fühlen sich müde und erschöpft.
Bei Rustico beobachte ich die Behandlung einer Patientin, die durch jahrelanges Einnehmen der Pille Knoten in der Brust hat. Rustico erfühlt einen dieser Knoten und sagt, den ziehe er jetzt nach unten. Er fährt mit den Fingern den Körper entlang, und die Patientin bemerkt zu ihrem Erstaunen, daß der Knoten in der Brust verschwunden ist, sich aber in der Lendengegend wiederfindet. Zwei Tage später liegt dieselbe Patientin bei Josephine Sison auf dem Behandlungstisch und erklärt ihr Problem mit den Knoten. Josephine kann auf eine Behandlung verzichten; die Knoten sind, ohne daß es von der Patientin bemerkt worden ist, verschwunden.
In diese unwirkliche – von Erfolgen gekennzeichnete – Stimmung fällt die Begegnung mit Arsenia dela Cruz, der Tochter des legendären Heilers Eleuterio Terte.

Die Bedenken der Arsenia dela Cruz

Arsenia dela Cruz ist Heilerin. Im Gegensatz zu ihrem Vater vertritt sie die Ansicht, die Magnetbehandlung sei entscheidend. In der momentanen Situation hält sie die Operation für ein Zugeständnis an die Patienten.
In ihrer kleinen Kapelle neben dem Wohnhaus steht ein mit Frotteehandtüchern bedeckter Behandlungstisch. Über dem Fenster ist ein weißes Tuch gespannt, auf dem die Flagge ihrer Kirche hängt. Die Seitenwand trägt ein großes Gemälde, das eine Bibelszene darstellt. (Dieses Bild befand sich einst in der Kapelle ihres Vaters in St. Fabian auf der Insel Luzon und wurde erst nach seinem Tod nach Baguio gebracht.)
In ihrem Wohnzimmer, bei Nescafé und Kuchen, beginnt Arsenia dela Cruz mit einer Enthüllung: Über neunzig Prozent aller Operationen finden nicht statt. Neunzig Prozent aller Patienten unterliegen einer Täuschung, wenn sie glauben, daß der Heiler mit seinen Händen die Bauchdecke durchdringt und im Inneren die Krankheit materialisiert.
Ich bin völlig verunsichert, eine so schwere Anklage gerade aus dem Mund einer Heilerin zu hören.
Arsenia sieht mein erschrockenes Gesicht und sagt: »Ich kann Ihnen vormachen, wie es geht.« Dann steht sie auf, nimmt ein Handtuch und breitet es über den Körper eines

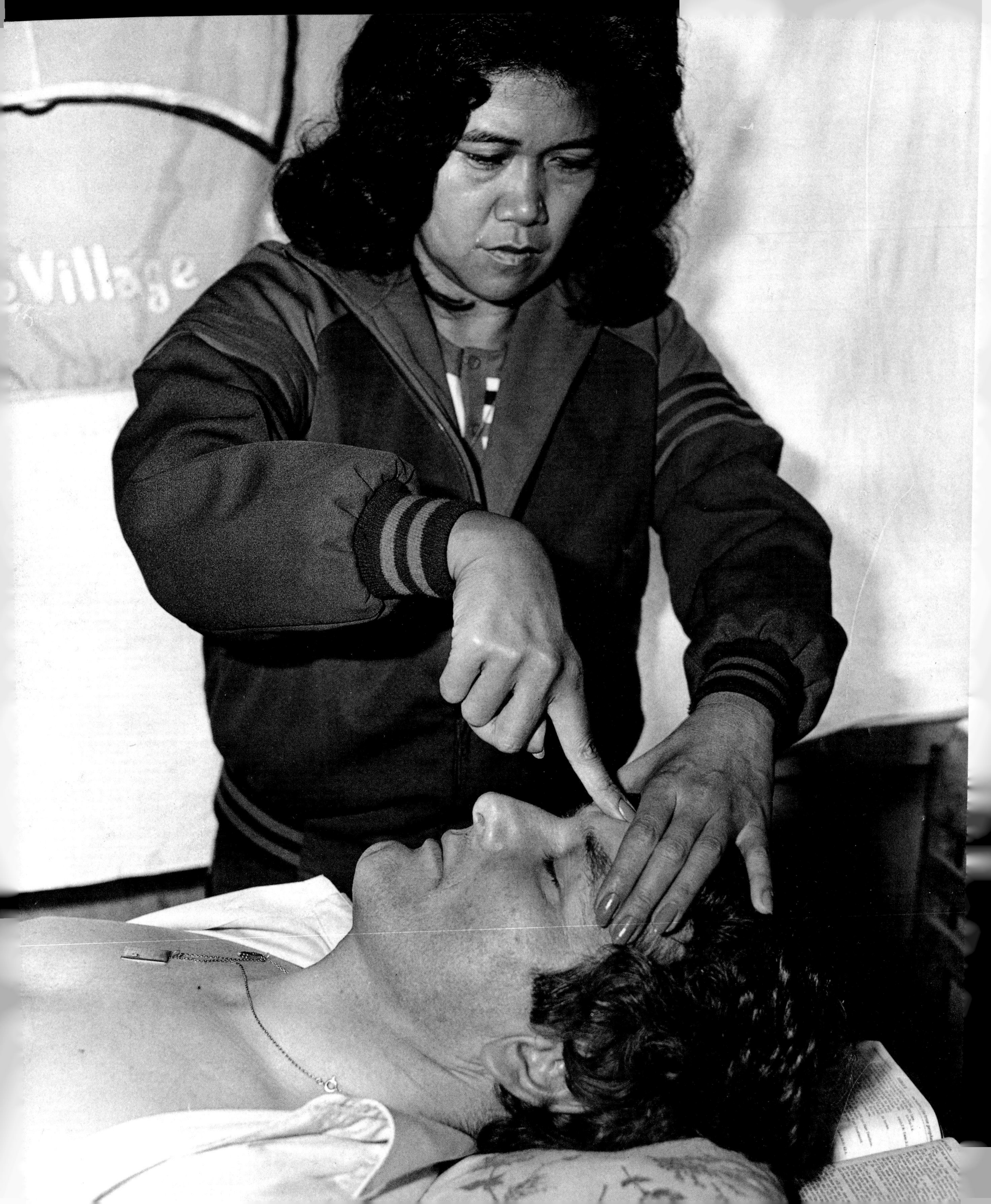
Village

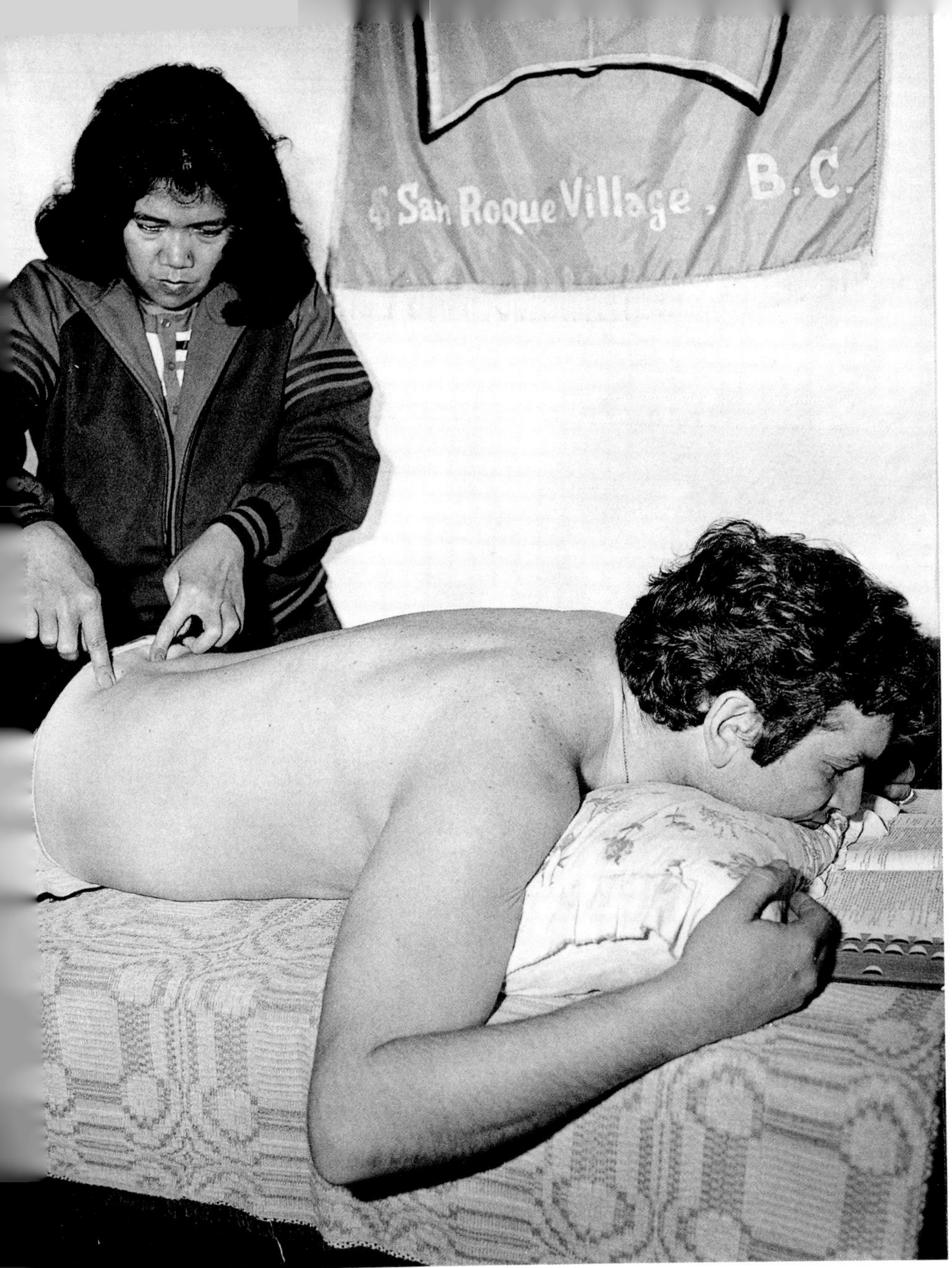

Von den Fingerspitzen strahlt die stärkste Heilkraft aus. Arsenia sucht die Ansatzpunkte nach Intuitionen, die sie von ihrem verstorbenen Vater empfängt.

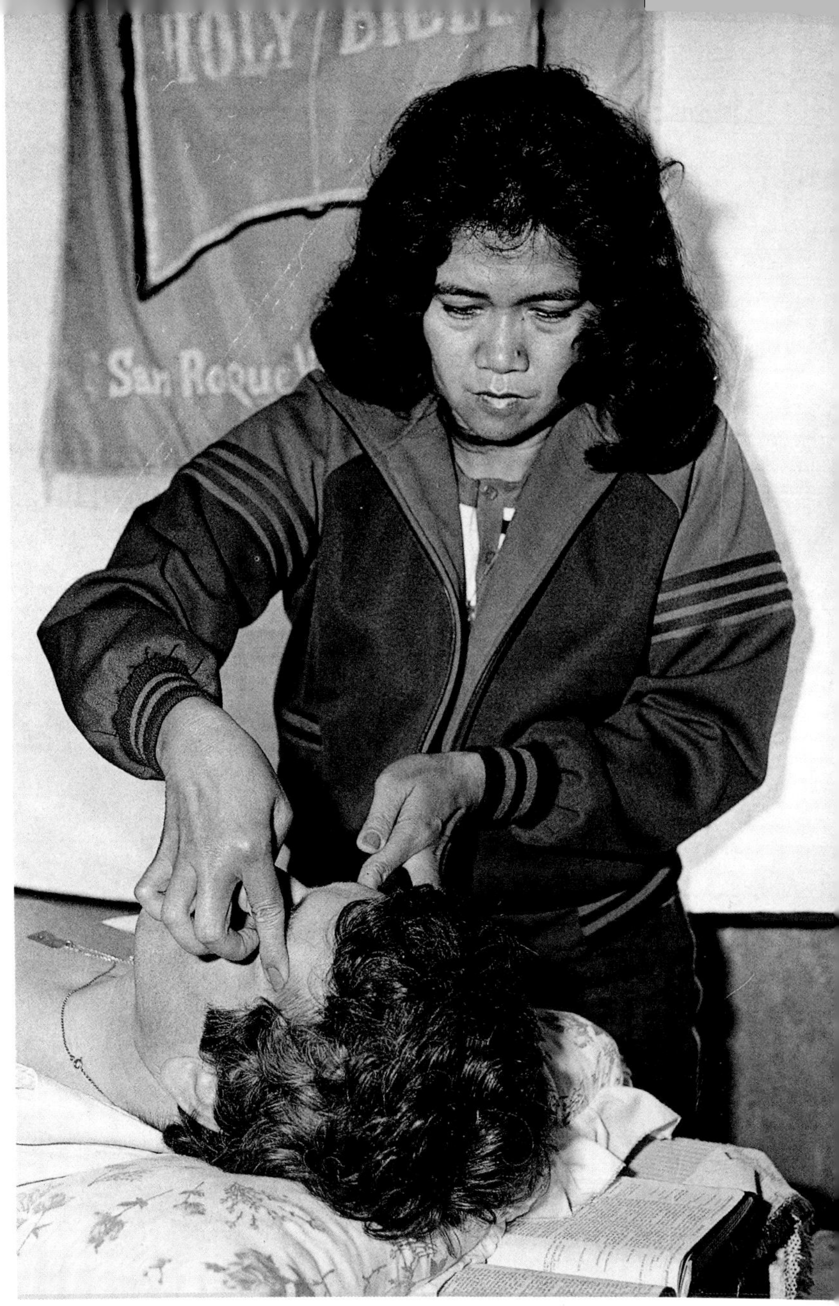

Die magnetopathische Behandlung wird durch Fernheilung ergänzt. Noch Wochen später steht die Heilerin mit dem Patienten in telepathischem Kontakt.

imaginären Patienten. In der rechten Hand hält sie zusammen mit dem Handtuch ein kleines Etwas versteckt. Das könnte ein Nylonbeutel mit Blut sein. Er wird hinter der Hand, zwischen Daumen und Handfläche, dem Patienten und dem Beobachter unsichtbar, zur Operationsstelle gebracht, mit einer knetenden Bewegung zerdrückt und dann mit dem durch den Assistenten gereichten Wattebausch in den Mülleimer befördert.

Arsenia glaubt, daß es keinen Heiler in Baguio gäbe, der sich nicht dieser oder anderer Methoden bediene. Ihr Vater habe keine Operationen gemacht, wenn er sich nicht stark genug fühlte. Der Verbrauch an Magnetismus sei bei Operationen so stark, daß alle jene Heiler, die Dutzende Operationen hintereinander zu machen gezwungen seien, als überfordert gelten müßten. Unter dem Druck der Patienten entschlössen sie sich dann lieber für den Trick, als zuzugeben, daß sie nicht zu operieren imstande seien. Dabei schließe sie nicht aus, daß echte Operationen stattfänden, sie seien nur viel seltener, als man annähme.

Meine Frage, ob sie auch Josephine Sison eines Tricks für fähig hielte, bejaht Arsenia. Diese Aussage ist mir so unverständlich, daß ich eine Beobachtung beschreibe, die ich am Vortag gemacht habe. Ich sah, wie Josephine Sison Watte in den Ohren eines von Juckreiz geplagten Patienten verschwinden ließ. Diese Dematerialisationen sind bekannt und bestätigt. Bei einer Patientin holte sie ein Palmblatt aus dem Unterleib, wenig später bei einer anderen einen Plastiksack. Ich frage nun konkret, ob ich Opfer einer unerklärlichen Täuschung geworden sei oder ob es das wirklich gäbe. Arsenia antwortet mit leiser Stimme: »So etwas kann nicht im Bauch eines Patienten gewesen sein.« Dann hält sie einen Augenblick den Atem an und sagt: »Es sei denn als Folge von Hexerei.«
Diese für mich nun endgültig verwirrende Aussage gibt mir den Glauben an Josephine zurück. Arsenia erklärt, daß das Heilen schwieriger geworden sei. Das läge an dem Mangel an Glauben und an der westlichen Denkungsart, die zunehmend vom Patienten vertreten werde. Die Heilung eines ungläubigen Menschen sei ungleich schwerer als die eines gläubigen.
Sie selbst gehört den ›Christian Spiritists*‹ an, einer der zahlreichen spiritistischen Gruppen, zu denen sich die Heiler zusammengeschlossen haben. Ihre Heilmethode umfaßt neben den magnetopathischen Behandlungen spirituelle Operationen, bei denen nur Medien die dem Körper entnommenen, die Krankheit repräsentierenden Teile sehen können. Bei diesen Eingriffen glaubt sie von ihrem Vater geleitet zu sein, der auch im übrigen durch sie wirkt.
Arsenia hat schon als Kind die Behandlung Tertes miterlebt. Sie erinnert sich, daß er den Körper des Patienten sehr weit öffnete. Oft zog er Gedärme heraus und reinigte sie. Manchmal gebrauchte er ein Messer. Wenn er den Körper schloß, kam es gelegentlich zu kleinen Pannen. Nicht immer gelang die Schließung beim ersten Versuch. Dann mußte er durch Anblasen und Zuhalten der Wunde die Schließung erwirken. Der Fall, daß eine Wunde für längere Zeit offen blieb, ist nie eingetreten.

* The Christian Spiritists of the Philippines, Inc., eine Organisation, die Eleuterio Terte im Jahre 1966 gründete. Bis heute sind ihr mehr als 50 000 Mitglieder beigetreten. Zahlreiche Heiler sind aus ihr hervorgegangen.

Rechts: Arsenia dela Cruz kritisiert die Behandlungsmethoden anderer Heiler. Ihrer Ansicht nach werden die meisten der blutigen Operationen nur vorgetäuscht, sie sind daher wirkungslos. Sie selbst arbeitet ausschließlich im Bereich des Magnet- und Fernheilens.

Seiten 146/47: Arsenia dela Cruz ist die Tochter des legendären Heilers Eleuterio Terte, der 1978 verstorben ist. Aus seiner Kapelle in St. Fabian hat sie Wandgemälde, Bibelszenen darstellend, in ihre Kapelle nach Baguio übersiedelt.

Seite 148: Dieses Wandbild stammt aus der Kapelle von Juanito Flores in Urdaneta. Im Vordergrund der Holztisch, auf dem die Behandlungen stattfinden.

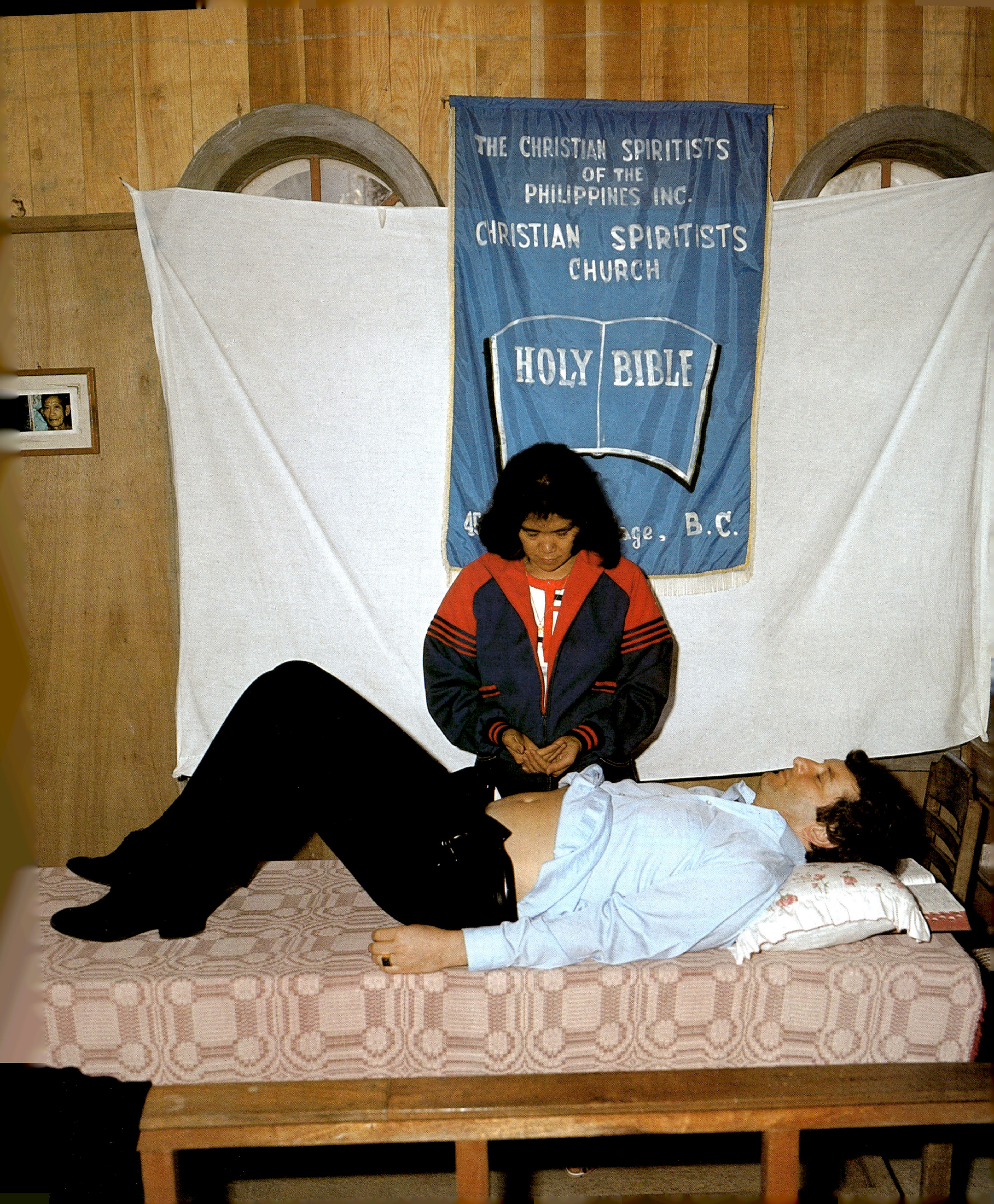
THE CHRISTIAN SPIRITISTS
OF THE
PHILIPPINES INC.
CHRISTIAN SPIRITISTS
CHURCH
HOLY BIBLE

THE CHRISTIAN
SAN FABIAN, PANGASIN
Deu. 10:
MOISES
NARRO
ADAN
EVA
Gen. 3:1-24
Donated by:
Mr. & Mrs. Proceso Hernandez
Mrs. Charing Bernarte
Miss Manolita R. Bravo
Mrs. Romana Laya
Mrs. Rufina R. Bravo

NARROW PATH
MATT. 7:13
ernandez
arte
Bravo

San Juan 8:12
SILAW
TI
BIAG
1 Juan 5:16
TI DIOS ISU
TI AYAT

Tage später unternehme ich mit Arsenia eine Fahrt in den Heimatort ihres Vaters. Sie möchte mir die Unterlagen geben, die ihr Bruder über Eleuterio Terte gesammelt hat. Während der Fahrt stelle ich eine Reihe von Fragen.

Gert Chesi: Señora dela Cruz, Sie sind die Tochter von Eleuterio Terte, den man als den Begründer der psychischen Chirurgie ansieht. War er Ihr Lehrmeister?
Arsenia dela Cruz: Ja, mein Vater hat mich heilen gelehrt, und als er noch lebte, habe ich mit seiner Hilfe Heilungen gemacht. Mein Vater starb vor zwei Jahren, und seither habe ich nicht mehr operiert.
G. Ch.: Wann hat Ihr Vater zu heilen begonnen?
A. d. C.: Um 1925. Aber damals wendete er nur die magnetische Heilung an. Die Operationen kamen später.
G. Ch.: Operierte er nur Filipinos oder auch Fremde?
A. d. C.: Meistens Filipinos, gelegentlich auch Fremde.
G. Ch.: Hat sich das Heilen auf den Philippinen sehr verändert?
A. d. C.: Ja, jetzt ist es ganz anders. Damals waren die Patienten gläubiger als jetzt. Es ist sehr schwierig geworden.
G. Ch.: Glauben Sie, daß es für einen Patienten notwendig ist, im Sinne der christlichen Kirche an Gott zu glauben?
A. d. C.: Ja, es ist wichtig! Natürlich kann es auch vorkommen, daß ein Patient geheilt wird, der nicht glaubt, aber das ist kompliziert.
G. Ch.: Die meisten philippinischen Heiler behaupten, sie seien römisch-katholisch. Was ist Ihre religiöse Auffassung?
A. d. C.: Es sind nicht alle von ihnen römisch-katholisch. Wir haben unsere eigene Organisation, die ›Christian Spiritists of the Philippines‹.
G. Ch.: Gibt es Heiler, die Operationen vortäuschen?
A. d. C.: Natürlich sind einige von ihnen Schwindler, und sie werden es, weil sie ihre Kraft verloren haben.
Sehen Sie, es ist wichtig, den Patienten davon zu überzeugen, daß etwas von seinem Körper weggenommen wurde, sonst kann er nicht geheilt werden. Wenn nun ein Heiler seine Kraft verloren hat, dann wendet er Tricks an und produziert Blut, das ganz sicher alles andere als menschliches Blut ist. Ich habe vielfach gesehen, wie es gemacht wird.
G. Ch.: Was hat Ihr Vater gemacht, wenn er gefühlt hat, daß seine Kraft nachläßt?
A. d. C.: Er hat die Operation abgebrochen und magnetische Heilung angewendet, die genauso wirksam ist.
G. Ch.: Heilen Sie magnetisch?
A. d. C.: Ja, ebenso führe ich spirituelle Operationen durch.

G. Ch.: Was ist eine spirituelle Operation?
A. d. C.: Bei einer spirituellen Operation entfernt man irgend etwas aus dem Körper. Wenn man ein Medium ist, kann man es sehen, sonst nicht.
G. Ch.: Können Sie die Aura sehen?
A. d. C.: Manchmal. Jeder hat seine eigene Aura. Wenn eine Person krank ist, dann ist ihre Aura gestört.
G. Ch.: Wie erfahren Sie, welche Heilmethode Sie anwenden müssen?
A. d. C.: Durch Anschauen des Patienten. Dann führt mich der Geist meines Vaters und hilft mir.
G. Ch.: Heilen Sie nur Filipinos?
A. d. C.: Für gewöhnlich heile ich Filipinos, sie kommen aus Baguio und aus dem Tiefland.
G. Ch.: Manche Heiler in Baguio werden reich, weil sie eine Menge Geld für ihre Arbeit fordern.
A. d. C.: Sie haben das Heilen kommerzialisiert, das ist falsch. Wenn ein Patient eine freiwillige Spende für die Kirche gibt, dann kann man sie annehmen, wenn man aber Geld für sich selbst verlangt, wird das die Heilkraft schwächen. Die Frage ist nicht, ob man Geld nimmt oder nicht, die Frage ist vielmehr, wofür der Heiler das Geld verwendet. Läßt er es den anderen Menschen zugute kommen, dann behält er die Kraft, verbraucht er es aber zum eigenen Nutzen, dann wird er sie verlieren.

Aus westlicher Sicht

Im General Hospital in Baguio herrscht Hochbetrieb. Eine Ärztin, die unsere Wünsche entgegennimmt, äußert sich spontan über die Geistheiler: »Ich glaube, daß die Arbeit der Geistheiler sehr sinnvoll sein kann. Eine meiner Bekannten wurde durch einen Geistheiler kuriert. Sie litt an Hämorrhoiden, die nach mehrfachen herkömmlichen Operationen wiederkehrten. Nach dem Eingriff eines Faith-healers sind sie verschwunden.« Die Frage nach vorgetäuschten Operationen beantwortet sie zugunsten der Heiler: »Es hat eine Zeit gegeben, da war es Mode, mit kleinen Plastikbeuteln zu arbeiten, die Tierblut enthielten. Dieser Trick ist inzwischen so bekannt, daß er schon deshalb wieder abgekommen ist.« Beim Verabschieden sagt sie noch, daß sie lieber nicht genannt werden möchte; es handle sich schließlich nur um ihren persönlichen Standpunkt.
Dr. Jesus del Prado empfängt uns in seiner Ordination. Der überaus gefällige Arzt erlaubt uns einzutreten, obwohl noch zahlreiche Patienten im Wartezimmer sind. Auch hier stelle ich erstaunt fest, daß Dr. del Prado den Heilern mit Sympathie begegnet. »Über Geistheilung kann ich nichts erzählen. Ich bin Arzt, und was wir machen, hat nichts mit Geistheilung gemeinsam. Unsere Arbeit findet im physischen Bereich statt, die Geistheilung ist etwas völlig anderes. Vor allem hat

sie etwas mit Religion zu tun und mit Glauben. Sie bezieht sich allein auf die geistige Seite menschlicher Existenz.
Vor Jahren noch hat die hiesige Ärztekammer Anträge gestellt, das Geistheilen zu verbieten. Heute denken wir anders darüber. Ich glaube – das ist meine persönliche Meinung –, daß ein Patient, dem wir mit unseren Methoden nicht helfen können, es bei den Geistheilern versuchen sollte.
Wir selbst sind mit den Geistheilern nicht befaßt, da deren Kunden zum größten Teil von auswärts kommen. Nur selten gelangen Patienten der Geistheiler in unsere Klinik, ich erinnere mich nur an wenige Fälle, und das waren meistens Krebspatienten.«
Auf dem Weg in mein Hotel treffe ich den Heiler Teodor. Das Gespräch mit Arsenia dela Cruz hat mich sehr belastet, denn ich stehe den Heilern mit ehrlicher Sympathie gegenüber und bin durch Arsenias Erzählung verunsichert worden.
Wir sitzen nun im Café ›Amapola‹ in der Session Road. Bevor ich meine Frage stellen kann, breitet Teodor Fotokopien und Pläne auf dem Tisch aus.
Eines Nachts, so erzählt er, habe er geträumt, daß das Wesen aller Dinge die Schwingung sei. Sein Geist habe ihm das erklärt. In diesem Dialog habe er erfahren, daß die Menschheit einer Energiekrise entgegengehe, die durch einfache Erfindungen zu entschärfen sei. Das hier – Teodor zeigt auf eine Werkzeichnung – sei seine Erfindung, ein Gerät, das man im Vergaser eines Autos anbringen könne und das durch Vibration erreiche, daß das Benzin restlos verbrenne. Auf diese Weise ließen sich 25–30 Prozent Brennstoff sparen. Dabei kostet das einfach aussehende Gerät nur zwanzig Dollar. Das Einbauen besorgt ein Mechaniker für zehn Dollar.
Eine ausführliche Beschreibung und der Patentbrief aus Manila sind andere Teile des Dokuments. Teodor möchte, daß ich die internationale Anmeldung seines Patents übernehme.
Bevor ich über seine Erfindung nachdenke, möchte ich ein anderes Problem besprechen. Ich erzähle von der Begegnung mit Arsenia dela Cruz und von der Behauptung, daß alle Heiler auch mit Tricks arbeiten.
Teodor lehnt sich zurück und denkt nach. »Das ist ein großes Problem und nicht leicht zu beantworten.«
Er nennt mich jetzt ›Bruder Chesi‹, und es ist mir fast, als gehörte ich schon zu den ›Wissenden‹, die in einem Verhältnis merkwürdiger Verbundenheit ein gemeinsames Geheimnis hüten.
Dann sagt er mit niedergeschlagenem Blick: »Neun von zehn Operationen sind Schwindel. Aber ich werde dir erklären, warum das so ist: Kein Heiler hat ununterbrochen so viel Kraft, daß er spiritistische Operationen machen kann. Außerdem spielt die Operation

nur eine sehr geringe Rolle. Alles, auch die Operation, beruht auf Magnetismus. Das Eindringen in den Körper geschieht unter derselben Voraussetzung, unter der das Magnetheilen stattfindet. Es kommt also überhaupt nicht darauf an, ob operiert wird oder nicht, allein das Ergebnis zählt. Wenn du einen Patienten mit einem Trick heilen kannst, ist der Trick legal; er ist keiner mehr.
Ich selbst erinnere mich an eine Behandlung am vergangenen Sonntag in der Kirche von Placido. Ich habe gepredigt und dann die spirituellen Heilungen gemacht. Als ich meine Hände auf den Kopf der australischen Patientin legte, da fühlte ich, daß mich eine ungeheure Kraft durchströmte, und meine Gedanken waren klar wie Wasser. Die Frau hat diese Kraft auch gespürt, und ich weiß, daß solche Momente selten sind.
Wenn nun ein Heiler Hunderte Patienten operiert, dann kann es schon vorkommen, daß er seine Kraft verliert. Das ist der Moment, in dem er schwindelt, denn die Patienten wären sonst enttäuscht. Sie verlangen Blut zu sehen, sie können sich nicht vorstellen, daß alles auch über den Magnetismus zu erreichen ist.«
Ich mag sehr enttäuscht gewirkt haben, denn als er mein Gesicht sieht, wirft Teodor ein: »Es gibt natürlich richtige Operationen, es gibt sie wirklich!«
Ich dränge ihn, mir zu erzählen, ob er selbst schon geschwindelt habe.

»Ich«, so meint er verlegen, »bin in erster Linie Magnetmasseur. Aber ich habe auch schon geschwindelt. Wenn ich merke, daß ein Patient mir nicht vertraut, wenn ich die Vibration nicht spüre, dann nehme ich meinen Aparatos. Der Aparatos steht jetzt in Placidos Haus. Er ist meine Erfindung, und er ersetzt die Kraft des Heilers durch seine eigene elektrische Strömung. Ich habe mit ihm schon schwere Krankheiten geheilt.«
Ich frage ihn, ob er denn glaube, daß ein so seriöser Heiler wie Placido auch schwindle.
»Das kann ich nicht sagen, wirklich nicht.«
Und all die anderen?
»Ich weiß es nicht, aber es wäre möglich.«

Insider berichten

In der ›Mountain Lodge‹ in Baguio trifft sich eine illustre Gesellschaft. Ärzte, Journalisten, Parapsychologen und Patienten sitzen um den runden Erkertisch und diskutieren. Offensichtlich interessiert die Frage am meisten, in welchem Umfang sich metaphysische Phänomene ereignen und in welchem Ausmaß sie imitiert werden.
Der Schweizer Parapsychologe Schmidt-Escher und seine Frau gehören zu den intimen Kennern der Szene. Herr Schmidt hat selbst mit zahlreichen Heilern gearbeitet und wie seine Frau eine Anzahl wichtiger Beobachtungen machen können.

Gert Chesi: Frau Schmidt, Sie haben reiche Erfahrung auf dem Gebiet der Geistheiler. Erzählen Sie uns, wie es dazu kam.
Frau Schmidt: Vor zwei Jahren kamen wir nach Manila, weil ein Heiler versprochen hatte, meinen Mann zu unterrichten. Zuerst besuchte er uns regelmäßig im Hotel und trug uns auf, Bibelsprüche zu lernen. Das sei notwendig, weil ohne dieses Fundament kein Erfolg erreicht werden könne. Nachdem wir einige Wochen mit dem Lernen der Bibel verbrachten, gelangten wir zur Ansicht, daß das allein nicht Sinn unserer Studien sein könne. Eine Freundin sagte mir damals, daß die meisten Heiler insgeheim Angst vor den Konsequenzen solcher Aktionen hätten, und empfahl uns, damit aufzuhören. Zur selben Zeit trafen wir einen Australier, der auch gekommen war, um zu lernen. Im Gespräch ergab sich dann die Auffassung, daß die Phänomene existierten und vielleicht auch erlernbar sind, daß wir aber mit den falschen Leuten in Kontakt waren.
Bei einer späteren Begegnung führten wir eine außerordentlich scharfe Diskussion mit unserem »Lehrer«. Er mußte schließlich zugeben, daß er selbst in den meisten Fällen mit Tricks arbeitet. Er fühlte sich jedoch dazu im Recht, denn – so sagte er – wenn der Patient die Vorgänge glaubt, dann löst das in ihm den Heilungsvorgang aus. Es gab natürlich eine heftige Auseinandersetzung, der Heiler aber beharrte auf dem Standpunkt, daß er das Recht zu schwindeln habe, denn in der Bibel stehe deutlich: »Dein Glaube hat dir geholfen.«
Dieser Heiler ist natürlich nicht typisch für alle, er ist jedenfalls der Meinung, daß autosuggestive Wirkung ein wichtiges Faktum darstellt. Daß mehrere Heiler so arbeiten, wird schon durch die Tatsache klar, daß in Manila eine Einkaufsstelle für die benötigten Utensilien existiert.
Wir haben uns intensiv mit den Phänomenen befaßt und sind zu der Auffassung gelangt, daß es grundsätzlich drei Möglichkeiten gibt: das Echte – das bei vielen Heilern noch stattfindet –, das Kombinierte – wenn ein Heiler die Kraft zeitweise verliert und dann zum Trick greift – und die Taschenspieler, die sich letztlich mit Bibelsprüchen zu rechtfertigen versuchen.
Meine Vorstellungen von Geistheilung haben mit Tricks nichts zu tun. Ich war bei Harry Edwards, und wenn man diese Dimension einmal kennengelernt hat, dann lehnt man jede Fragwürdigkeit ab. Nur Leute, die das nicht erlebt haben, tolerieren Tricks, weil sie keinen Maßstab haben.
Ich kenne Josephine Sison seit vielen Jahren. Ich habe sie schon gekannt, als sie noch unter ganz traurigen Verhältnissen gearbeitet hat. Da wurde neben der Kapelle geschlachtet, das hat gestunken, daß man es fast nicht aushalten konnte. Das ganze Milieu war ärmlich. Josephine hat sich nicht verändert. Ich

habe nie einen Trick bei ihr erlebt – ich bin überzeugt, sie würde das nicht tun. Sie hat lange nicht als Heilerin gearbeitet. Sie hatte aufgrund einer Operation ihre Kraft verloren, weil sie – wie sie sagt – den Ärzten mehr vertraute als Gott.

Auf meiner zweiten Reise habe ich erlebt, wie ein Heiler anderen die Kraft nahm. Das war bei Blance. Damals waren ein Arzt aus Lausanne dabei und eine blinde Patientin, die uns bat, mitzukommen. Als wir bei ihm waren, war ich so fasziniert, daß ich erst gar nicht merkte, wie mich alle Kraft verließ. Es war, als würde man mir die Kraft aus dem Körper ziehen. Ich wurde ohnmächtig, und es dauerte einige Tage, bis ich mich wieder erholt hatte.

Beim nächsten Besuch blieb ich zu Hause. Der Arzt aus Lausanne, der sich sehr um die Patienten bemühte, war diesmal wieder dabei, und es passierte ihm dasselbe wie mir. Er war fünf Tage krank und teilweise bewußtlos. Erst später erfuhren wir, daß es in Brasilien Heiler gibt, die fragen, ob sie jemandem die Kraft nehmen dürfen, weil sie im Moment selbst nicht genug haben.

Beim dritten Besuch war es dann ein Akupunkturzart aus Paris, dem es so erging, und als die vierte Behandlung stattfinden sollte, wollte niemand mehr dabeisein.

Die Erfahrungen von Frau Schmidt wurden noch durch die ihres Mannes ergänzt.

Herr Schmidt: Ich habe Sophologie und Parapsychologie studiert, als ich eine Einladung von Tony Agpaoa nach Baguio bekam. Ich konnte natürlich nicht widerstehen und reiste mit einem englischen Wissenschaftler und einem Zürcher Arzt auf die Philippinen. Wir hatten dann Gelegenheit, mit Agpaoa drei Wochen lang durchs Land zu reisen und viele Behandlungen zu sehen. Das war vor zwölf Jahren.

Damals habe ich gelernt, daß der entscheidende Unterschied zwischen unserer Auffassung und der der Geistheiler im Denken liegt. Alle Heiler waren sich einig, daß die Ursache von Krebs – um nur ein Beispiel zu nennen – im falschen Denken liegt.

Durch mein Studium der Sophologie war mir vieles von dem, was ich hier sah, schon bekannt. Trotzdem habe ich eine Menge dazugelernt, vor allem das Arbeiten mit Mantram und das Arbeiten mit der Ausstrahlung, das man in Europa kaum kennt. Es gibt Methoden, die Ausstrahlung, das heißt die Magnetfelder, so zu verstärken, daß man alles durchdringen kann. Ich arbeite heute in der Schweiz teilweise mit solchen Methoden.

Die in Europa dominierende Frage, ob bei den Heilern geschwindelt wird, ist zu bejahen. Allerdings sind nicht die Heiler allein an dieser Entwicklung schuld; wir Europäer haben sie erst so weit gebracht. Unsere Vorstellungen, daß auch hier die Heilungen wie in einem Spital stattfinden sollen, sind falsch. Die Heiler brauchen ihre gewohnte Umgebung, um wirklich optimal zu arbeiten. Schon der Besuch eines Heilers im Hotelzimmer des Patienten ist problematisch. Wir stellen uns vor, daß hier ein Kranker nach dem anderen abgefertigt werden kann, aber das ist falsch. Geistheilung ist etwas grundsätzlich anderes.

Wenn nun die Heiler zum Trick greifen, dann ist das zwar nicht richtig, aber ich kann es verstehen. Wir Europäer erwarten von den Heilern ein Wunder nach dem anderen. Aber sie sind auch nur Menschen, und ihre Kräfte sind begrenzt. In der Not greifen sie dann zum Trick. Es gibt im übrigen nur wenige Heiler, die über ein sehr großes Kräftepotential verfügen. Einer von ihnen ist Alex Orbito, den ich lange beobachtet habe. Er konnte in einer Nacht bis zu zweihundertfünfzig Eingriffe machen.

Wenn wir zurück nach Europa kommen, dann stellt sich uns die Frage: Wie können wir allen jenen, die das nicht gesehen haben, die Phänomene erklären? Ich habe immer wieder gefilmt und fotografiert, aber es gibt auch Wissenschaftler, z. B. Dr. Stark aus dem Tessin, der die Grundlagen zu einem Verständnis geschaffen hat und die Phänomene physikalisch erklären kann.

Gert Chesi: Sie haben durch Agpaoa vieles gelernt und gesehen. Verständlicherweise hegen Sie eine gewisse Sympathie für ihn. In Kreisen von Heilern und Patienten übt man jedoch zunehmend Kritik an seiner materialistischen Einstellung.

H. Sch.: Ich habe Agpaoa nur von der besten Seite kennengelernt. Er war wirklich ein guter, ehrlicher und anständiger Freund. Mittlerweile ist er ins große Geschäft eingestiegen, und das tut nicht jedem gut.

G. Ch.: Wenn man wie Sie verschiedene Heiler kennengelernt hat, dann drängt sich die Frage auf, welcher von ihnen besonders begabt und erfolgreich ist.

H. Sch.: Damals war Agpaoa die absolute Spitze. Heute finde ich Jose Mercado besonders stark und auch Marcello Jainar.

G. Ch.: Über Agpaoa hat es die unglaublichsten Berichte gegeben. Reichten seine paranormalen Fähigkeiten über das Heilen hinaus?

H. Sch.: Das kann ich bestätigen. Einmal war ich dabei, als er sechs Schichten Leukoplast mit der Handkante durchtrennte. Dann lachte er und sagte, er könne noch mehr. Er nahm das Leukoplast, imitierte mit den Fingern eine Schere und schnitt es durch. Nicht genug damit, er demonstrierte dasselbe nur mit dem kleinen Finger und schließlich sogar mit der Zunge. Das war aber immer noch nicht genug: er holte tief Luft und durchtrennte das Leukoplast mit seinem Atem wie mit einem Messer.

G. Ch.: Ich habe unlängst mit Placido über derartige Demonstrationen gesprochen und erfahren, daß auch er vor Jahren solche Experimente gemacht hat. Heute lehnt er sie energisch ab, weil sie niemandem dienten und einzig als Wichtigtuerei angesehen werden müßten.

H. Sch.: Das stimmt, ich schließe mich in dieser Frage seiner Meinung an. Placido wollte mir einmal etwas Ähnliches vorführen; es klappte aber nicht, er hatte nicht genügend Kraft.

G. Ch.: Das sagt aber nichts über seine Qualitäten als Heiler aus?

H. Sch.: Das ist wie mit dem Fakir und dem Yogi: der Fakir macht eine Schau, beim Yogi ist das etwas anderes.

G. Ch.: Wie erklären Sie sich denn das schlechte Klima der Heiler untereinander?

H. Sch.: Jeder möchte der Beste sein. Keiner duldet andere Götter neben sich. Kein Heiler hat es gern, wenn die Patienten auch zu anderen Heilern gehen.

G. Ch.: Welche Konsequenzen hat das für den Patienten?

H. Sch.: Jeder Heiler baut seine Magnetfelder auf. Wenn dann der Patient während der Heilung zu anderen geht, dann werden neue Magnetfelder aufgebaut und die alten zerstört. Der Leidtragende ist der Patient.

G. Ch.: Eine der besonders umstrittenen Fragen ist die der Materialisationen. Einerseits wissen wir, daß Gegenstände wie Nägel oder welkes Blattwerk materialisiert wurden. Halten Sie es für möglich, daß auch Lebewesen materialisiert werden?

H. Sch.: Ich habe Würmer gefilmt, die aus dem Auge genommen wurden.

G. Ch.: Glauben Sie, daß dieser Wurm tatsächlich im Auge war, oder halten Sie ihn für eine Materialisation?

H. Sch.: Ich bin der Meinung, der Wurm wurde materialisiert.

G. Ch.: Welche Erfahrung haben Sie im Umgang mit Materialisationen – bleiben sie bestehen oder lösen sie sich auf?

H. Sch.: Sie können bestehen bleiben oder sich auflösen. Prof. Naegeli hat das selbst erlebt; er hatte ein Marmeladeglas mit Materialisationen gefüllt, hatte es verklebt und gesichert, doch schon einen Tag später war es leer. Ich selbst habe auch eine derartige Erfahrung gemacht: Ich habe eine Materialisation von Josephine mitgenommen und später einem Schweizer Parapsychologen zur Untersuchung mitgegeben. Gleich nach der Übergabe war sie verschwunden.

G. Ch.: Es ist bekannt, daß die Labortests in Europa unterschiedlichste Ergebnisse bringen. Einerseits ist es das Blut der Patienten, das an den Kleidern zurückbleibt, andererseits wurde Tierblut nachgewiesen. Wie kommt das?

H. Sch.: Wenn bei der Operation der Körper wirklich durchdrungen wird, dann ist das Blut mit dem des Patienten identisch. Wenn aber nur eine Materialisation an der Oberfläche oder ein Trick stattfindet, dann wird es sich um Tierblut handeln.

G. Ch.: Gibt es einen qualitativen Unterschied zwischen dem Eindringen in den Körper und der oberflächlichen Materialisation?
H. Sch.: Der Unterschied liegt in der Arbeit. Aber auch der Effekt, der erzielt wird, ist ein anderer: beim Eindringen kommt es zu einer direkten Veränderung innerhalb des Körpers – bei der an der Oberfläche stattfindenden Materialisation tritt die Veränderung erst später über einen Umweg ein.
G. Ch.: Gibt es Heiler, die mehr als andere an der Oberfläche arbeiten?
H. Sch.: Sie machen beides. Es kommt nicht immer auf den Heiler an. Sie haben außerirdische Helfer – Geistwesen, die ihre Hände führen und bestimmen, was geschieht.
G. Ch.: Wenn nun Nägel oder Leukoplast materialisiert werden, dann stellt sich die Frage, woher diese Gegenstände kommen.
H. Sch.: Das sind Apporte, die sich irgendwo anders verflüchtigen. Viele dieser Materialisationen sind Symbole. Wir haben das bei Josephine erlebt. Eines Tages holte sie aus dem Bauch einer Frau einen faustgroßen Klumpen Blut. Sie legte ihn auf ein Blatt Papier, öffnete ihn, und im Inneren kamen zwei ineinander verflochtene Ringe zum Vorschein. Josephine erzählte später, daß die Frau vor zwei Jahren ihren Mann verloren hatte und psychosomatisch erkrankte. Als Folge bekam sie Leibschmerzen. Nach der Operation und dem Auffinden der Ringe erklärte Josephine der Frau, daß sie nun nicht mehr einsam sei. Ihr Mann hätte ihr ein Zeichen gegeben, daß er bei ihr wäre. Die Frau, die ich später noch öfter sah, war geheilt.
Ich habe in der Folge noch viele Heilungen psychosomatischer Krankheiten durch Symbole erlebt.
G. Ch.: Kann man sich diese Eingriffe erklären? Was weiß man über das Öffnen des Körpers?
H. Sch.: Ein Heiler kann die Magnetfelder an seinen Händen derart verstärken, daß er die Materie des Körpers, der auch durch Magnetfelder zusammengehalten wird, durchdringen kann. Man stellt sich am besten vor, daß an den Fingerspitzen des Heilers imaginäre Messer sitzen, mit denen er den Weg bereitet. Beim Herausziehen der Finger aus dem Körper schließen sich die Magnetfelder, das heißt, der ursprüngliche Zustand ist wiederhergestellt. Ich habe selbst bei Placido, viele Wunden geschlossen.
G. Ch.: Wie gelangten Sie denn an die offene Wunde? Ich habe bei Placido nie eine Wunde gesehen. Wenn er seine Finger aus dem Körper zog, war dieser geschlossen.
H. Sch.: Das stimmt nur zum Teil. Diese Wunden können eine gewisse Zeit offen bleiben.
G. Ch.: Haben Sie das öfter erlebt?
H. Sch.: Ja.
G. Ch.: Ist das die Folge einer metaphysischen Panne, oder darf das geschehen?
H. Sch.: Das sind normale Abläufe.

Der animistische Ursprung

Die Bergbewohner von Luzon kennen und praktizieren heute noch eine Reihe archaischer Heilmethoden. Das Tieropfer in der Art, wie es von den meisten primitiven Kulturen dargebracht wurde, ist wie die Inkantation und die Magie bestimmender Teil ritueller Heilmethoden.

Unweit von Baguio, eine halbe Fußstunde von der Kennon Road entfernt, steht das Bauernhaus der Heilerin Rita Brabante. Sie unterscheidet sich von den Heilern in Baguio durch ihre Methode, die, völlig unbeeinflußt von den modernen Praktiken, jahrhundertealte Tradition repräsentiert.

Im ›Warteraum‹ des blechgedeckten Hauses sitzen einige Besucher. Nur die ältere Dame ist krank, die anderen sind mitgekommen, um der Sehbehinderten den beschwerlichen Weg zu erleichtern. In einer kleinen Kammer kommt es zur Begegnung zwischen Patientin und Heilerin. Ein Wasserglas wird mit Gin gefüllt, einige Gebete begleiten die Suche nach der orakulären Antwort. Im Bodensatz des Getränks wird die Diagnose gestellt.

Im Unterschied zu den Heilern in Baguio erfaßt Rita Brabante nicht das Symptom, sondern den das Symptom auslösenden Grund. Sie schaut ins Glas, dreht es vorsichtig und erklärt spontan, daß eine andere Frau durch Mißgunst und Verwünschungen das Leiden verursacht hätte. Als wirksames Gegenmittel verordnet sie ein Hühneropfer, das durch den Magier Colas Aglagbo vollzogen werden soll.

Colas erklärt, er werde das Opfer für Kabunian erbringen, dieser sei für die Bontoc und Ifugao der Schöpfergott.

Nach der Beschaffung der Hühner geht die kleine Gruppe zum Opferplatz. Die auf einem Auge erblindete Patientin kniet dem Magier gegenüber, in der Mitte zwischen den beiden liegt das Huhn mit dem Genick über einem Baumstamm, um den tödlichen Hieb mit einem Buschmesser zu erhalten. Die Patientin, eine Dame aus Manila, bringt der Auftrag, das Huhn zu töten, in Verlegenheit. Nie hätte sie so etwas versucht. Dem Tötungsauftrag folgen Gebete und Anrufungen. Das Huhn soll stellvertretend für die Verursacherin der Krankheit den Schlag empfangen.

Dann gibt Colas das Zeichen. Mit zugekniffenen Augen schlägt die Frau zu. Sie verfehlt den Hals des Tieres, mit halb gespaltenem Kopf rast das Huhn den Berghang hinunter. Die Verfolger fangen es ein. Nun beginnt ein grausames Ritual: das Tier wird mit einer Rute geschlagen, bis es endlich ermattet ist und stirbt.

Über einem Feuer werden die Federn abgebrannt, etwas später zerlegt Colas Aglagbo das Tier mit wenigen Schnitten. Die Eingeweide werden von den Beteiligten untersucht. Wenn die Gallenblase frei liegt und so deutlich wie diesmal zu sehen ist, sei das ein gutes Zeichen. Es bedeute, daß die die Patientin bedrohende Frau ihre Kraft verloren habe.

Helfer bringen das zweite Huhn. Bei Kopf und Beinen gehalten, empfängt es Dutzende Schläge, die Colas Aglagbo mit hingebungsvoller Grausamkeit vollzieht. Ein Helfer breitet die Flügel des Tieres auseinander, so daß der Magier mit einem dünnen Stock die Unterseite der Flügel nahe am Körper trifft. Später wird das Tier gedreht, und er schlägt es nun auf den Kopf, bis nach geraumer Zeit der Widerstand gebrochen ist und das Huhn verendet.

Wieder wird dieselbe Prozedur vollzogen. Abbrennen und Rupfen, dann das Auseinanderschneiden und schließlich die Suche nach der Gallenblase, die diesmal nicht so offen, aber dennoch sichtbar ist. Die Patientin – so schlußfolgert Colas – hat eine Chance. Ich frage nach dem Fortgang der Dinge und erfahre, daß keine Behandlung vorgesehen sei. Das Opfer allein werde den Heilungsprozeß einleiten, denn Kabunian habe ein Zeichen der Versöhnung gegeben, er werde die Hexe bestrafen.

Diese animistische Opferhandlung entstammt einer Vorstellung, die wir in Afrika, Brasilien und auch im mittelalterlichen Europa durch den ›Sündenbock‹ verkörpert sehen. Hier trägt ein zum Opfer auserwähltes Tier die Last einer Schuld, die jemand durch Hexerei, Verwünschung oder durch das Praktizieren von Schwarzer Magie auf sich geladen hat. Der strafende Gott wird erst durch das Opfer mobilisiert, seine menschlichen Qualitäten machen ihn käuflich – für eine gute und gelegentlich auch für eine schlechte Sache.

Eduardo Simbol, dessen Karmadiagnosen vor demselben Hintergrund stattfinden, hat diese ursprüngliche Opfertechnik verfeinert. Im Zusammenspiel magischer Kräfte vermag es sein Wunsch, einen Stein zu bewegen. Vibrationen und durch Simbol transformierte magnetische Energien werden konkret und verwirklichen sich auf einer rationalen, dem westlich orientierten Beobachter verständlichen, weil prüfbaren Ebene.

Alte Methoden

Im ›Pines‹-Hotel rüstet eine kleine Gruppe österreichischer Patienten zum Aufbruch. Der Heiler Alex Ampaguey und sein Team haben eine Reise an das Chinesische Meer vorgeschlagen, um dort wirksame Opfer zu bringen.

Nach anderthalbstündiger Fahrt ist die Küste erreicht. Schwitzend zieht die kleine Gesellschaft zu einem Platz, der von Palmen und Blechhütten umstanden ist und noch einen Rest einheimischen Alltags verkörpert. Un-

ter einem Sonnendach wird gerastet und das Opfer vorbereitet. Vorerst, so empfehlen die Heiler, seien die Kranken in den heißen Sand zu legen. Es werden Gruben geschaufelt, und einer nach dem anderen bettet sich am Strand. Diese Methode sei uralt, die Einheimischen praktizierten sie angeblich seit grauer Vorzeit. Der Sand habe aufgrund seiner besonderen chemischen Beschaffenheit heilende Wirkung auf den Eingegrabenen.
Die Dauer des Schwitzbades ist unterschiedlich. Herzleidende und Patienten mit hohem Blutdruck werden nicht oder nur sehr kurz eingegraben. Andere liegen bis zu einer halben Stunde im Sand, das Gesicht mit einem Handtuch bedeckt.
Inzwischen sind die Taxifahrer mit den Opfertieren angekommen: zehn Hühnern und drei Enten. Trotz schwacher Proteste der verschreckten Patienten beginnen Alex und sein Helfer mit dem Opfern der Tiere. Wie es seine Vorfahren in Bontoc getan haben, so tötet auch er durch quälendes Schlagen auf die Flügel und den Hals der Tiere ein Huhn nach dem anderen. Im Zustand der Benommenheit empfangen sie den erlösenden Schnitt durch die Kehle. Das Blut wird in einer Schale gesammelt, die nur mehr schwache Lebenszeichen gebenden Opferhühner werden nach Bontoc-Tradition übers Feuer gehalten und gerupft.
Die Auswahl der Tiere erfolgt nach rituellen Kriterien. Es sei notwendig, sagt man, schon vor der Opferung den Hals zu rupfen. Aus den Flügeln werden Federn gerissen, die zur rituellen Verwendung bestimmt sind. Über den Sinn des Schlagens herrscht unterschiedliche Auffassung. Die Mehrheit der Befragten behauptet, die Schockeinwirkung beeinflusse den Fleischgeschmack. Blutergüsse, die sich im Fleisch bildeten, verfeinerten das Aroma. Eine andere Version ist die, daß sich das Blut während der Torturen in den Gefäßen sammelt und dadurch die orakuläre Stellung der Eingeweide beeinflußt. Nach dem Zerlegen des Körpers gibt die Lage der Gallenblase, aber auch die der anderen Organe Antwort auf die Frage, ob der Kranke Heilung findet.

Rechts: Alex Ampaguey (rechts) mit seinem Assistenten bei einer Magnetbehandlung.

Seiten 162/63: Stationen einer ›blutigen Operation‹. Alex entfernt Gewebeteile aus dem Bauch eines Kranken.

Seite 164: Das Hühneropfer soll die Behandlung unterstützen. Alex tötet in der Bontoc-Kopfjägertradition einige Hühner und läßt das Blut in eine Schale rinnen. Von den Patienten getrunken, wird Hühnerblut zur Medizin.

Seite 165: Die Gallenblasen von zehn Hühnern und drei Enten werden an einem Fetischbaum aufgehängt. In der Nacht sollen sie die Geister, auf Vögeln reitend, abholen.

Seiten 166/67: An der Lage der Eingeweide erkennt der Heiler die Erfolgschancen seiner Arbeit. Besonders die Gallenblase gibt entscheidende Hinweise.

Seite 168: Der heiße, eisenhaltige Sand am Ufer des Chinesischen Meeres soll heilkräftige Wirkung haben. Seit Generationen werden Sandbäder als Ergänzung und Abschluß für andere Heilmethoden verschrieben.

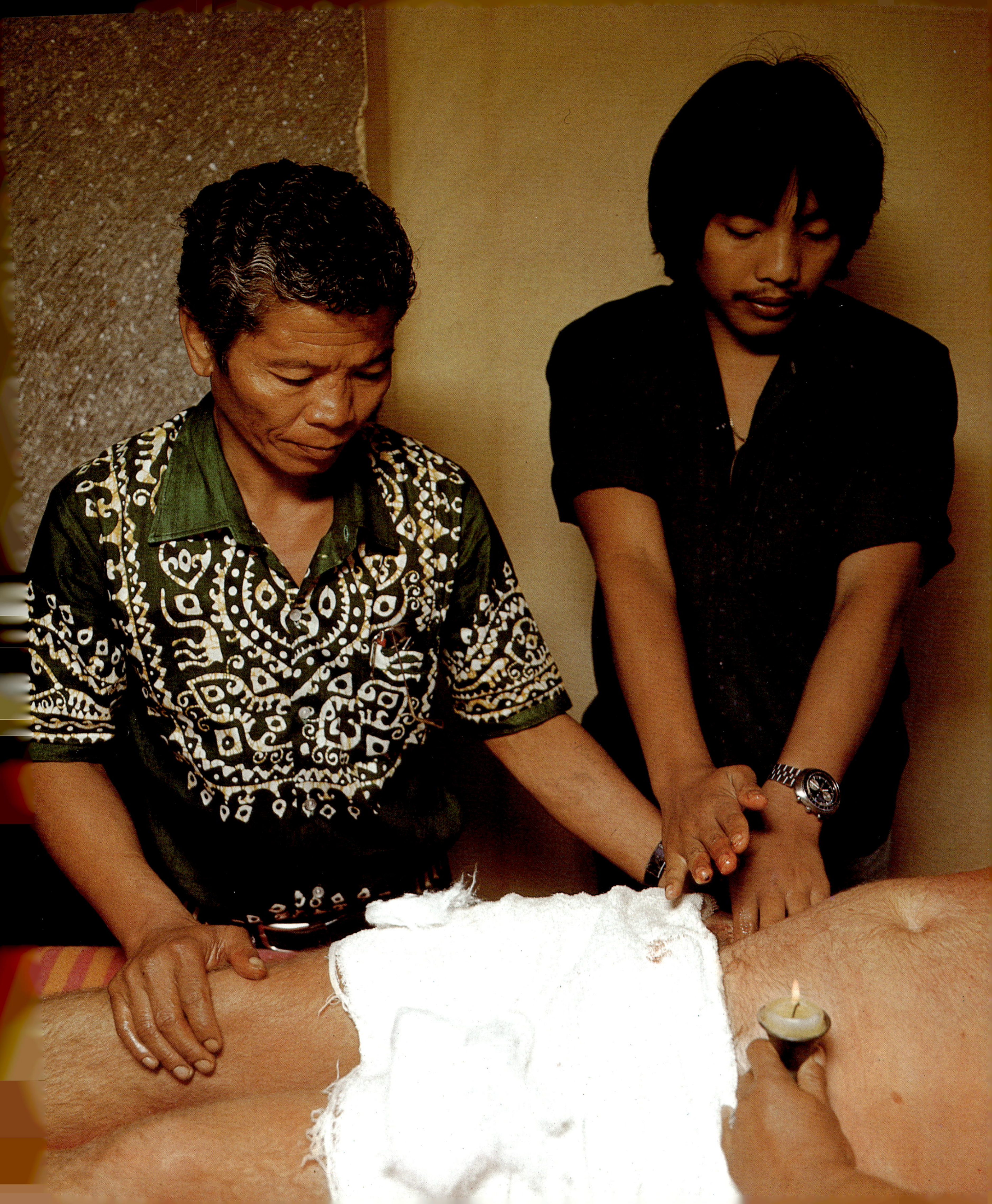

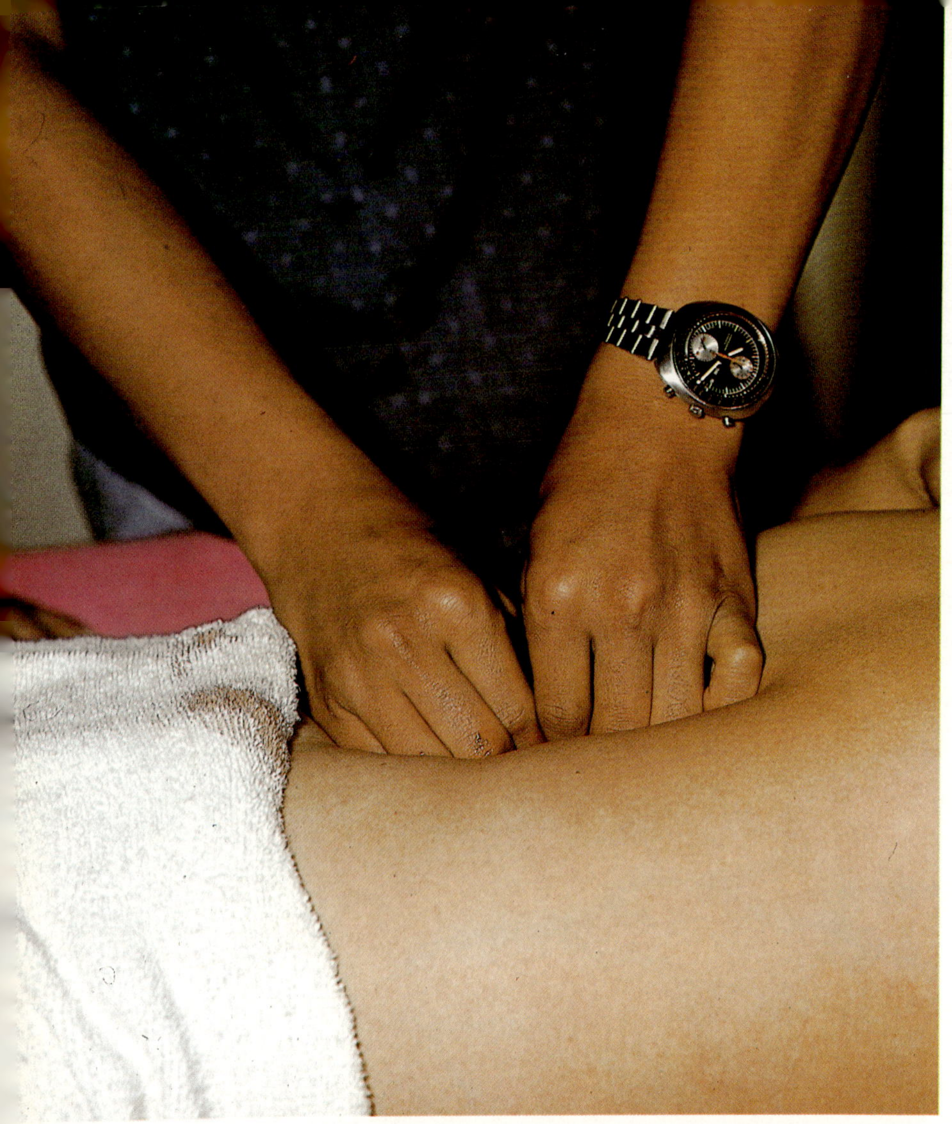
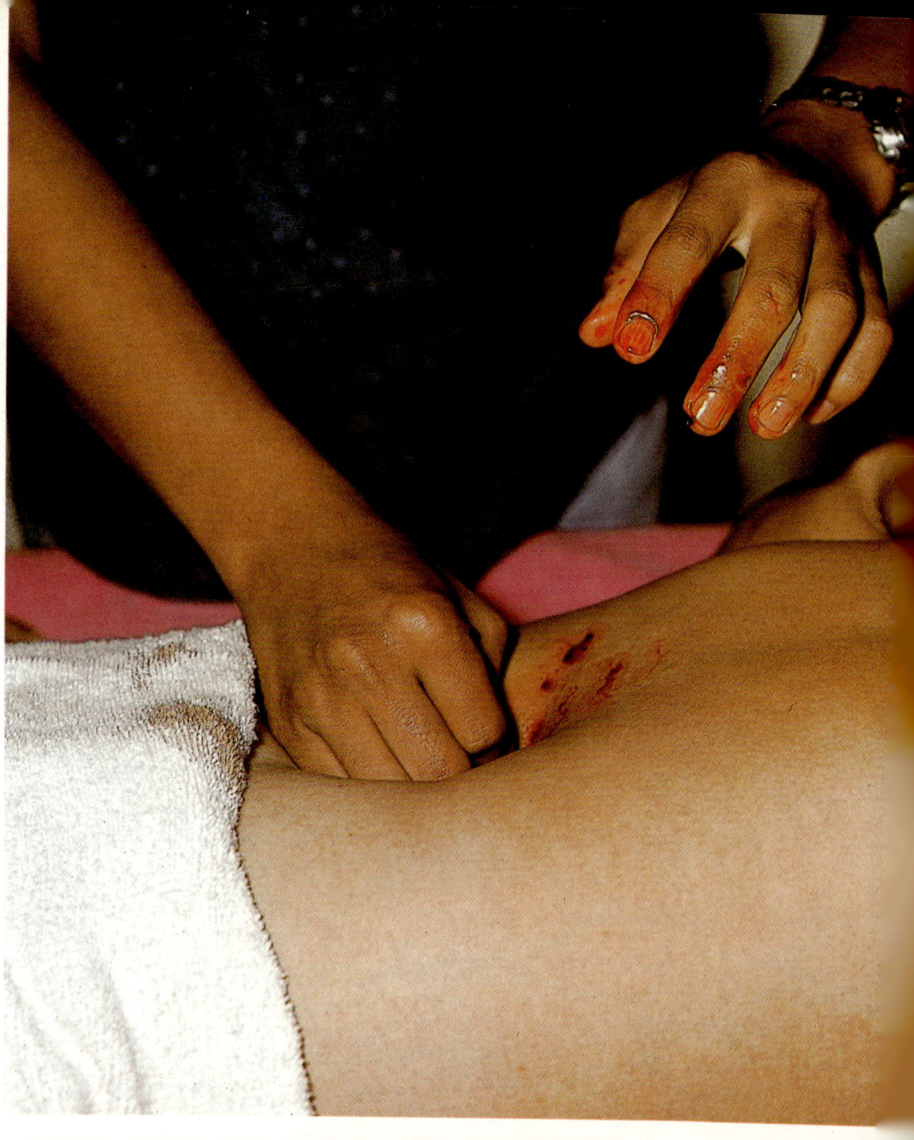
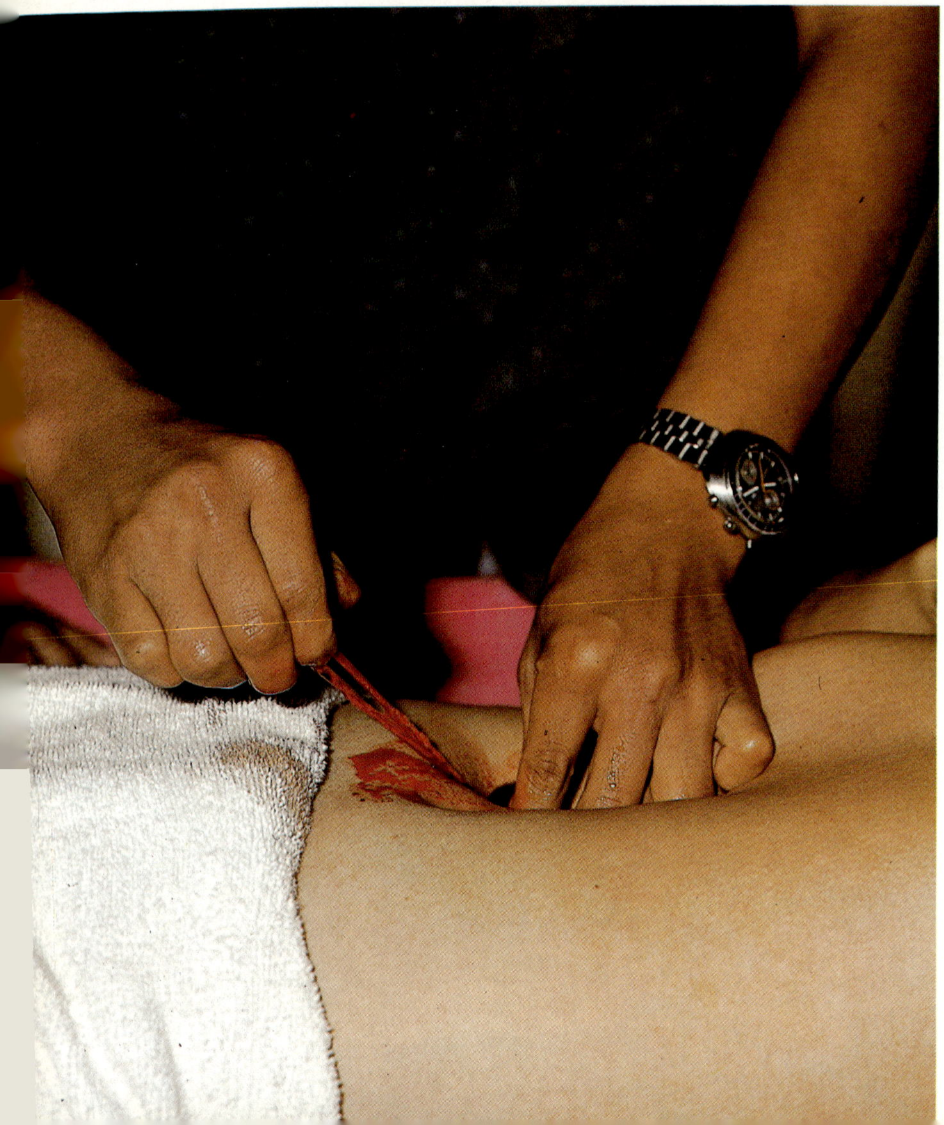
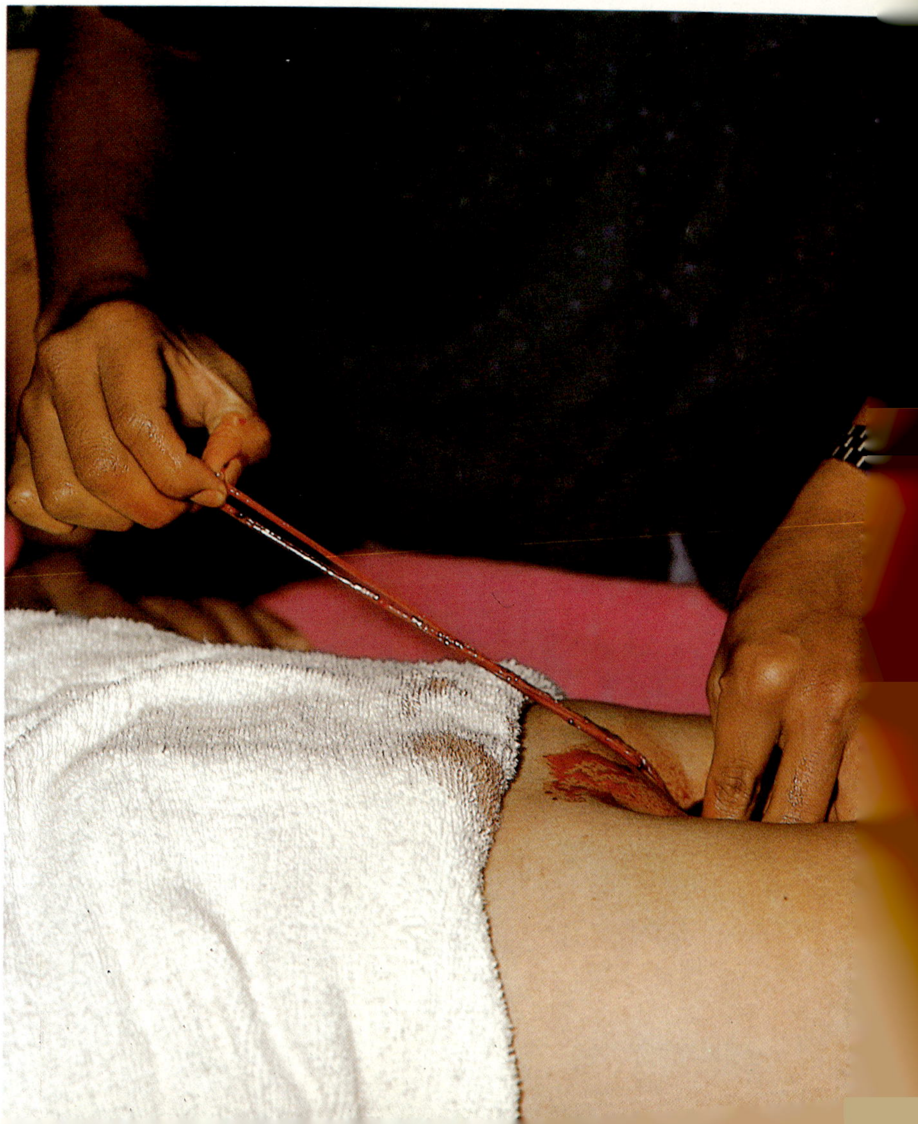

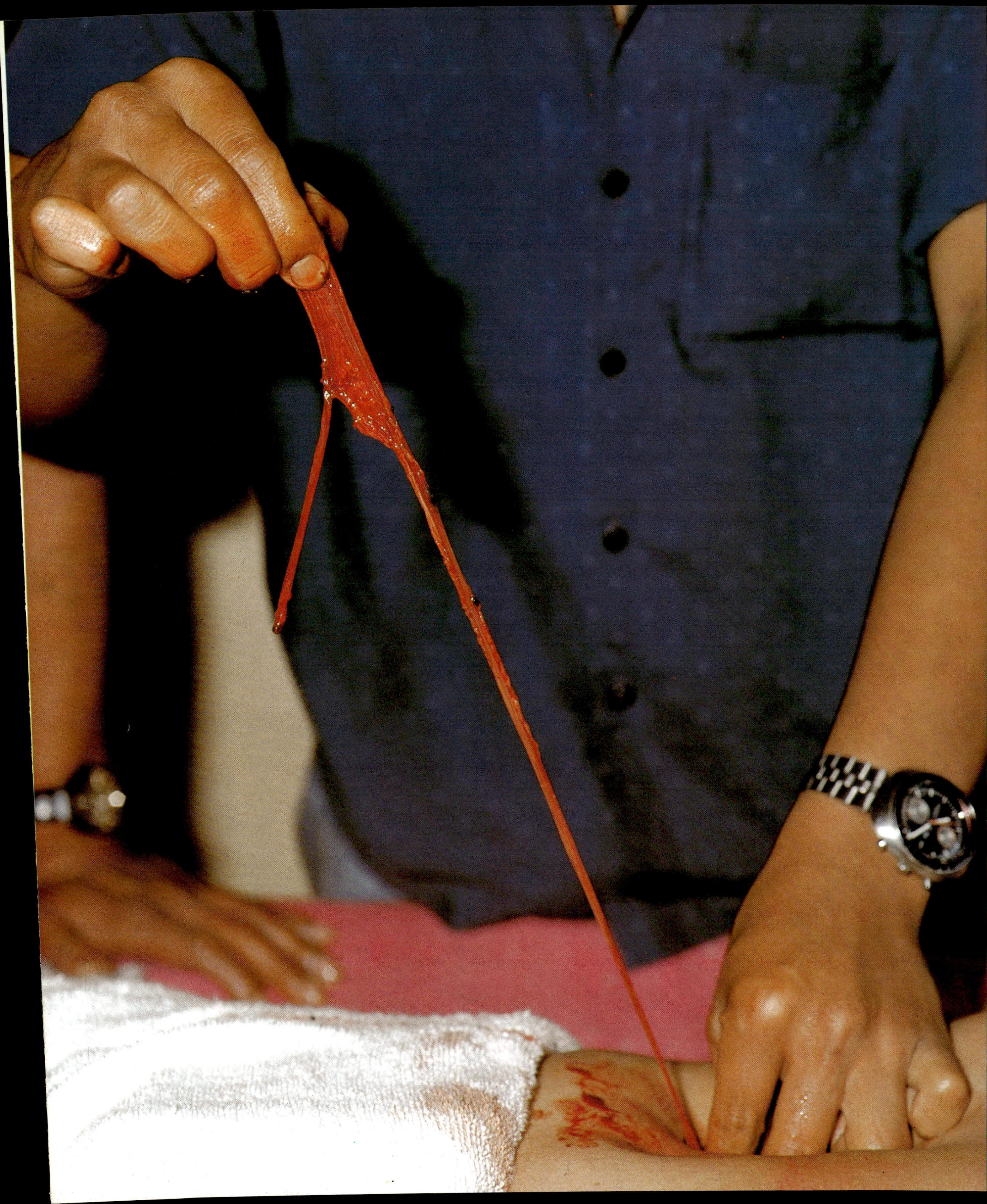

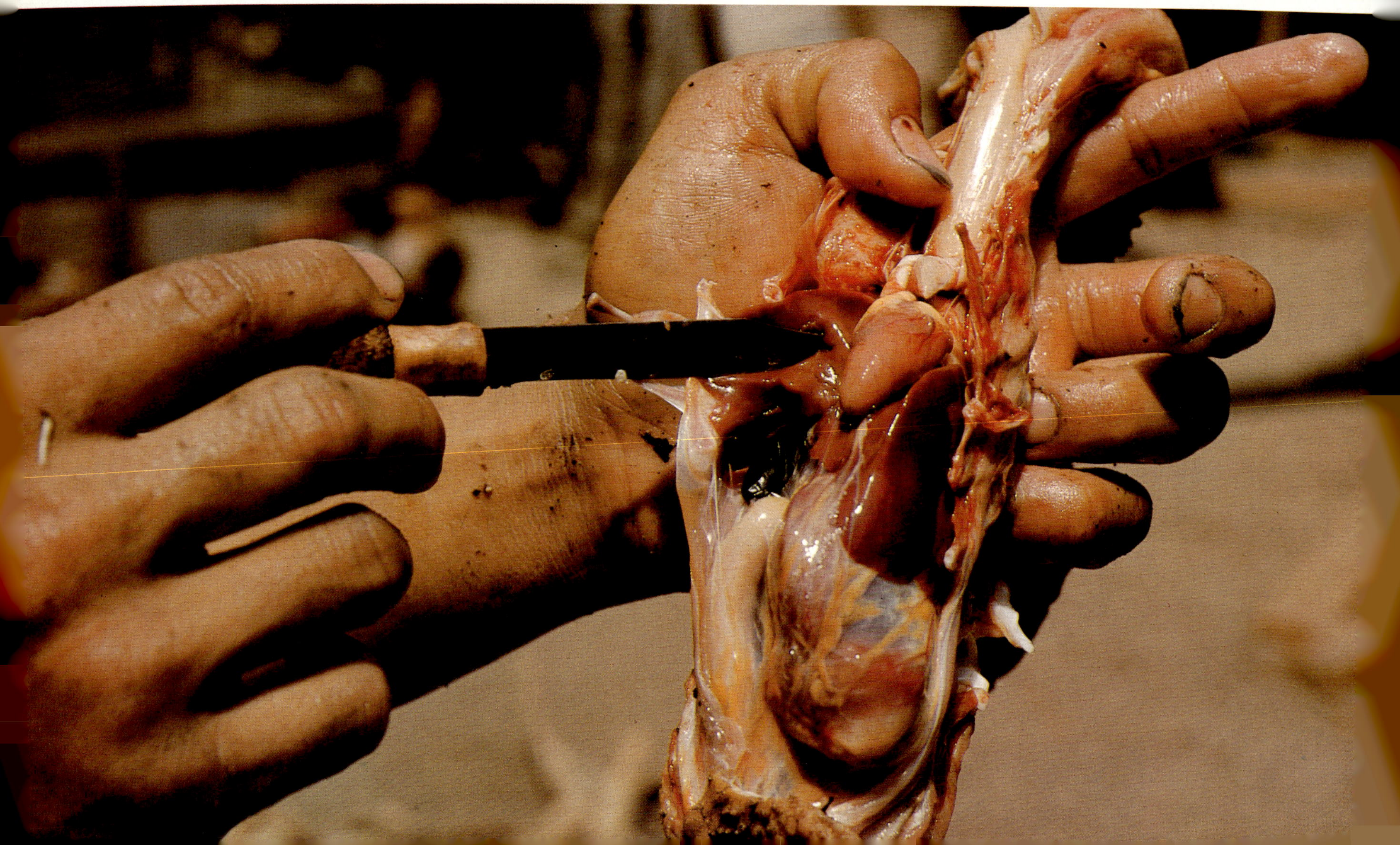

Während die Helfer mit dem Abbrennen und Zubereiten der Hühner und Enten beschäftigt sind, baut Alex einen Fetisch, indem er die rituell entfernten Federn in ein noch grünes Bambusrohr steckt und auf feinem Astwerk aufgespießte Gallenblasen dazwischen arrangiert. Dieses einer Vogelscheuche ähnliche Gebilde wird auf einem langen Stock befestigt und inmitten eines Maniokfeldes aufgestellt. Die bange Frage bleibt, ob die Götter dieses Opfer annehmen werden oder nicht. (Wie in traditionellen afrikanischen Gesellschaften, so vertritt man auch hier die Ansicht, daß die Nachtvögel von den Göttern als Vehikel benutzt werden und nachts zum Fetischbaum fliegen, um das für sie bereitete Opfermahl zu empfangen.)
Nach der rituellen Schlachtung werden die Hühner gekocht und verzehrt. Ergreifend, mit welcher Selbstverständlichkeit die europäische Gruppe nun an dem Mahl teilnimmt! Zwei Frauen werden von Alex aufgefordert, das in einer Tonschale gesammelte Blut zu trinken – sie tun es.
Im Gegenüber mit solchen Erlebnissen wird klar, daß ein unglaubliches Vertrauen zwischen Heilern und Patienten aufgebaut wurde. So, als hätte dieses animistische Opfer keiner Umstellung bedurft, integrieren sich die Europäer mit Strohhut und Bikini in die Gruppe der philippinischen Heiler. Aus einem in der Nähe abgestellten Taxi ertönt alpenländische Jodlermusik, die von einer Schweizer Reisegruppe auf Band gesungen und dann den Chauffeuren geschenkt worden ist.
Einen Tag später begleite ich Marcelino Asuigui und zwei Patienten in die Berge. Auch er, der seine Wurzeln im Bontoc-Gebiet hat, vollzieht dieses Hühneropfer.
Mit seiner Frau und zwei Helfern marschiert er mit uns entlang eines Baches nahe der Kennon Road. Unter einem Felsen vollzieht er dann die Opferhandlung – insgesamt feierlicher, theatralischer und mit Anrufungen, wie sie den Naturvölkern eigen sind. Auch diesmal wird das Opfertier gegessen, Reiswein und Suppe, Hühnerfleisch und Ingwer werden in Blechtellern auf Steinen serviert. Die Frau des Patienten wird durch Marcelino tief in das Ritual einbezogen; es scheint fast, daß sie die eigentliche Rolle in der durch das Opfer eingeleiteten Handlung spielt.

Diskussion ohne Ergebnis

Eine Gruppe deutschsprachiger Ärzte, Journalisten, Parapsychologen und Naturheiler sitzt einer philippinischen Vertretung gegenüber, die von Dr. Tony Araneta, dem Präsidenten der ›Philippine Society for Psychic Research‹, ins vornehme ›Manila‹-Hotel eingeladen wurde. Grund des Treffens ist der Versuch, eine Annäherung der Standpunkte in Sachen Geistheilung zu erzielen. Dem außerordentlich skeptischen deutschen Arzt Dr. Rolf Detlef Berensmann steht der philippinische Arzt Dr. Jesus Lava gegenüber, den ›Stern‹-Journalisten Günther Dahl und Mihal Moldvay der Exjournalist Dr. Tony Araneta, dem Parapsychologen Ernst Neukamm der Schriftsteller und Vizepräsident der ›Human Resources Division‹, Jaime T. Licauco. Zudem sind Ärzte aus Deutschland und Beobachter anderer europäischer Länder mit dabei.

Nach der Vorführung eines Films über Geistheilung ist man an dem Punkt angelangt, an dem die Europäer glauben, Antwort auf ihre Fragen zu erhalten. Die europäische Gruppe ist seit fast zwei Wochen von einem Heiler zum anderen gefahren, hat die Wattedematerialisationen von Josephine Sison gesehen, die Operationen von Alex Orbito, die chiroplastischen Schnitte von Juan Blance und die Auradiagnosen von Rustico. Sie haben vieles gesehen, und trotzdem reicht es nicht aus, um auch nur annähernd Klarheit in die allgemeine Verwirrung zu bringen.

Im Mittelpunkt steht – und das war vorherzusehen – die Frage nach der wissenschaftlichen Erklärbarkeit der Körperöffnungen bzw. Operationen. Dr. Lava, der die Frage beantworten soll, erklärt, daß vom Standpunkt der Wissenschaft derzeit noch keine brauchbare Methode vorliege, um die Dinge zu prüfen. Es sei anzunehmen, daß sich Kraft- und Magnetfelder in einem solchen Ausmaß potenzierten, daß sie imstande seien, Körper zu durchschneiden. Das Wort ›durchschneiden‹, so verbessert er sich, sei zu sehr dem chirurgischen Bereich entlehnt und nicht zutreffend. Es handle sich vielmehr um ein Trennen der Materie, die aber unverletzt bleibe.

Auf der Suche nach wissenschaftlichen Kriterien stellt Dr. Berensmann die Frage nach Lehrstühlen, die sich mit paranormalen Phänomenen befassen. Es gebe – so berichtet Ernst Neukamm – in Amerika, Kanada, Brasilien und Italien Lehrstühle für Parapsychologie; die Philippinen und die Bundesrepublik hätten nichts Gleichartiges aufzuweisen. In der BRD gebe es allerdings teilparapsychologische Ordinate, die von Stelter bzw. Schiebeler besetzt seien.

In diesem Zusammenhang will Dr. Berensmann wissen, ob es eine offizielle Stellungnahme der philippinischen Ärzteschaft zum Phänomen Geistheilung gebe. Dr. Lava bestätigt, daß die Ärzteschaft die Geistheiler für Schwindler halte. Jaime Licauco und er hätten im Jahre 1978 einige Briefe an die Ärzteschaft verfaßt, in denen sie um Mithilfe bei der Klärung der strittigen Fragen gebeten hätten. Bis heute seien diese Briefe unbeantwortet geblieben. Es habe eine Zeit gegeben, da wollte die Ärzteschaft die Geistheilung verbieten. Dieses Ansinnen sei aber nicht verwirklicht worden, weil ein Heiler den philippinischen Präsidenten Marcos erfolgreich behandelt habe. Seitdem habe sich das Klima insgesamt gebessert. Heute sei es üblich, daß bei Kongressen über Geistheilung gesprochen werde; das wäre vor zehn Jahren noch undenkbar gewesen.

Dr. Berensmann, der betont, er sei nicht als Vertreter der deutschen Ärzteschaft hier, vertritt die Meinung, daß es nun an der Zeit sei, zu prüfen, was hinter dem Phänomen Geistheilung stehe. Hunderte deutsche Patienten kämen monatlich auf die Philippinen, und das allein sei für die Ärzteschaft Grund genug, sich zu informieren. Er selbst sei in Kollegenkreisen kritisiert worden, weil er sich zu dieser Reise entschlossen habe.

Die Diskussion dreht sich im Kreis, im Mittelpunkt steht die Frage nach der wissenschaftlichen Prüfbarkeit der Dinge. Dr. Araneta meint dazu, solange sich die Ärzteschaft auf einen Nachweis im Sinne der Naturwissenschaften versteife, könne sie das Wesen der Geistheilung nicht verstehen, denn dieses vollziehe sich in anderen Dimensionen, die der Wissenschaft heute noch unbekannt sind. Das würde ein Umdenken erfordern, an dessen Zustandekommen niemand glaubt.

Ich habe in eigenen Gesprächen mit Medizinern gesehen, daß diese eher bereit sind, eine Fehldiagnose einzugestehen, als einem Heiler einen Heilerfolg zu bestätigen. Immer dann, wenn die Krankengeschichte zur Diskussion steht, wird primär die Richtigkeit der Diagnose angezweifelt. Dem Patienten wird grundsätzlich unterstellt, daß er sein Leiden falsch einschätzt, und selbst wenn nach jahrelangen Bemühungen der Schulmedizin kein Erfolg sichtbar wird, wird der Besuch eines Heilers abgelehnt. Das Verhältnis Arzt–Patient ist vielfach so gestört, daß Kranke, die einen Geistheiler aufsuchen wollen, dies aus Angst vor ihrem Arzt nur heimlich und unter Vortäuschung falscher Tatsachen tun.

Das Treffen in Manila geht ohne Ergebnis zu Ende. Man hat vieles gesehen, vieles besprochen und manches erkannt. Nur die Hürde der westlichen Ratio, ohne die nichts anerkannt werden kann, bleibt bestehen.

Auf der Suche nach der Wahrheit

Meine beiden Reisen zu den Geistheilern standen unter zwei verschiedenen Aspekten. Die erste Reise galt dem Kennenlernen neuer Weltanschauungen und Heilmethoden. Mit großer Offenheit und begeisterter Zuneigung zu den Heilern habe ich versucht, europäische Engstirnigkeit und Ratiobezogenheit einer höheren spirituellen Dimension unterzuordnen. Dabei stand es nicht zur Diskussion, Nachweise zu erbringen oder die Phänomene zu erklären. Ich habe die Dinge so dargestellt, wie ich sie erlebt habe, und das so ehrlich, wie ich es vermochte.

Die zweite Reise hat diese Perspektive verändert. Das Geständnis einiger Heiler, sie würden selbst Tricks anwenden, hat mich sehr verunsichert. Es war mir natürlich von Beginn an klar, daß ein ehrlicher Heiler kein Maßstab für alle anderen sein kann, genausowenig wie ein Schwindler. Nun stellten sich aber einige Fragen: In welchem Verhältnis stehen die Schwindler zu den ehrlichen Heilern? Wann ist ein Heiler als Schwindler zu bezeichnen? Und: In welchem Ausmaß schwindeln Heiler, deren Leistungen anerkannt sind?

In der Diskussion mit philippinischen Ärzten stimmt mich deren Stellungnahme nachdenklich. Einer von ihnen meint, wenn der Schwindel zu einer Heilung führe, sei er legal. Der Patient wolle ja geheilt werden – wie diese Heilung erfolge, sei für ihn von untergeordneter Bedeutung. Meine Frage, ob eine vorgetäuschte Operation zur Heilung führen könne, wird eindeutig bejaht. Es seien primär autosuggestive Kräfte, die den Heilungsprozeß einleiteten. Zum anderen dürfe man nicht vergessen, daß die vorgetäuschte Operation nur den Zweck habe, die Psyche des Patienten aufzuschließen, es bedürfe dieses ›heilsamen‹ Schocks, um die Bereitschaft des Kranken zu erzielen, sich dem Heiler zu ergeben, der erst dann, wenn die ›Vibrationen‹ sich eingestimmt hätten, mit der eigentlichen Heilung beginnen könne. Der psychosomatische Ursprung fast jeder Krankheit erfordere ein ausgewogenes Arzt-Patient-Verhältnis.

Um dieses gewünschte gute Verhältnis zwischen dem Patienten und seinem Arzt zu erreichen, müßte der Kranke nun aber nicht unbedingt auf die Philippinen. Er könnte genausogut in Europa vergleichbare Kontakte finden. Der Grund dafür, daß dem nicht so ist – so scheint es zumindest nach dieser Überlegung –, liegt im Kräftepotential der Magnetfelder, über die die Heiler verfügen. Wenn wir die ›blutigen Operationen‹ vorerst völlig ausklammern, dann bleiben immer noch eine Reihe nachweisbarer Phänomene, auf die die Erfolge der Geistheiler zurückgeführt werden können. Die chiroplastischen Schnitte von David Oligane und Juan Blance sind leicht kontrollierbar, sie sind als Realität anerkannt. Magnet- und Reflexzonenmassagen, das Zähneziehen und die verblüffenden Diagnosen verschiedener Heiler ereignen sich in einem überprüfbaren Rahmen. Schlußendlich bleibt lediglich die Frage offen, wie die Operationen eigentlich vollzogen werden: tatsächlich, gelegentlich oder nie!

Diese Frage beschäftigt mich, nachdem ich zweitausend Operationen gesehen habe, noch immer. Das liegt an den Arbeitsmethoden der Heiler, die keine eindeutigen Definitionen zulassen.

Arsenia dela Cruz sagte in einem Gespräch einmal zu mir: »Hinter jeder Operation, die mit geschlossenen Händen stattfindet, liegt

ein Trick.« Unter diesem Aspekt begann ich wenige Wochen vor meiner Heimreise die Operationen zu beobachten. Was ich sah, verunsicherte mich mehr und mehr. Bekannte Heiler, denen ich vertraute und mit denen ich befreundet war, arbeiteten nicht offen genug, daß ich die Wahrhaftigkeit des Geschehens überprüfen konnte. Zudem wurde das Geschehen durch Gebete und feierliche Andacht derart tabuisiert, daß man die Operationen nicht kontrollieren konnte, ohne die Behandlung vollends zu stören.
Mit dieser Unsicherheit kämpfte ich geraume Zeit. Vielleicht hatte ich auch Angst davor, daß eine wunderbare Welt, an die ich glaubte, ersatzlos zugrunde gehen könnte.
Eines Tages entschloß ich mich, reinen Tisch zu machen.

Gespräch unter Freunden

Das Wartezimmer von Placido ist wieder zum Bersten voll. Nach der griechischen Gruppe kommt die kanadische, dann erst wird Placido Zeit finden, mit mir zu reden. Ich warte geduldig und beobachte die Kranken, wie sie kommen und gehen, Hoffen und Bangen auf den Gesichtern der Leidenden. Die Reiseleiterin bestätigt mir, daß die meisten Behandlungen in der Vergangenheit, aber auch gegenwärtig erfolgreich verlaufen seien.

Zwei Stunden später ruft mich Placido in den Behandlungsraum. Er wirkt müde. Er wird in einer Stunde aufbrechen, um in einem Hotel am Chinesischen Meer weiterzuarbeiten.
Es ist mir peinlich, den Grund meines Besuches zu sagen. Ich weiß, daß dieser Mann Großartiges geleistet hat, und ich kenne Dutzende von Krankengeschichten, die seine wunderbaren Fähigkeiten bestätigen. Nun sitze ich da, kleingläubig und mit den Gefühlen eines Verräters, um ihn zu fragen, ob er schwindelt oder nicht.
Placido weiß längst, was mich zu ihm führt, und erzählt mir, daß er 1982 mit dem Heilen aufhören werde. Es gäbe wichtigere Dinge zu tun. Er meint seine Missionsarbeit. Er erklärt mir nochmals, was schon in früheren Gesprächen angeklungen war: »Die höchste Form der Heilung ist die spirituelle Heilung. Die Operation ist nicht wichtig, sie unterstützt nur die psychische Aufbereitung des Patienten.« Er habe sich entschlossen, mit dem Heilen aufzuhören, weil das nur ein Reparieren des Körpers sei, der früher oder später doch zugrunde gehe. Das Wesen seiner Arbeit sehe er vielmehr in einer geistigen Umstimmung der Menschen, die, würden sie richtig leben, ohnehin keinen Arzt brauchten. Dieses ›richtige Leben‹ im Einklang von Körper und Geist will Placido die Menschen lehren. Das sei ein weit höheres Ziel als das des Heilens.

Nachdem wir eine Zeitlang über die Notwendigkeit einer solchen Missionsarbeit gesprochen haben, erkläre ich den genauen Grund meines Besuchs. Ich erzähle ihm von der Verantwortung, die ich zu tragen habe, wenn ich mit meiner publizistischen Arbeit Menschen ermutige oder sie davon abhalte, auf die Philippinen zu kommen. Der Europäer und auch jeder andere westlich erzogene Mensch wird von mir wissen wollen, ob es diese Operationen gibt oder ob es sie nicht gibt. Er wird mich fragen, ob ich die Wahrhaftigkeit solcher Eingriffe selbst überprüft habe. Was ich brauche, ist die Vorführung einer Operation, die von allen Seiten eingesehen werden kann und bei der der Heiler seine Hände offen und von beiden Seiten dem Beobachter zeigt.

Placido hat diesen Wunsch erwartet. Er sagt, heute und morgen sei das nicht zu machen. Nach einigem Überlegen präzisiert er den Sonntag. Er müsse sich auf eine solche Operation so vorbereiten, daß alle seine Kräfte zur Verfügung stünden. Er möchte diese Operation an einer einheimischen Patientin ausführen, weil er sicher sein müsse, daß die Schwingung positiv sei, und weil eine solche Operation auch dem Patienten sehr viel abverlange. Er werde sich auf den Sonntag vorbereiten.

Ich frage noch, ob Placido mich operieren könne – nicht aus Mißtrauen, sondern weil sich eine seit Wochen andauernde Verkühlung zu einem massiven Bronchialasthma zugespitzt hat. Er bejaht, will aber auch diesen Eingriff am Sonntag machen, wenn er ausgeruht ist und ihm alle Kräfte zur Verfügung stehen.

Als ich Placidos Haus durch den Warteraum verlasse, stelle ich mir die Frage, wie es sich mit all den Operationen verhält, die an den Tagen bis Sonntag noch stattfinden sollen. Dabei erinnere ich mich an die Worte von Arsenia dela Cruz, die sagte, diese Operationen erforderten so viel körperliche und geistige Kraft, daß nur einige wenige hintereinander erfolgen könnten. Was geschieht also wirklich mit den hundert Patienten, die morgen und in den nächsten Tagen zu Placido kommen?

Am darauffolgenden Sonntag finde ich mich mit meiner gesamten Fotoausrüstung bei Placido ein. In seiner Kapelle wird bereits gepredigt, nur Einheimische und Mitglieder seiner Familie sind anwesend. Ich werde in den Operationsraum gebeten, und Placido, der offensichtlich nicht darauf vorbereitet ist, seine versprochene Operation zu demonstrieren, beginnt mit einer Erklärung:

»Ich habe lange darüber nachgedacht, ob ich nun diese Operation machen soll oder nicht. Ich bin zu dem Schluß gekommen, daß es nicht richtig wäre. Wenn dieses Buch erscheint, dann habe ich bereits mit dem Heilen aufgehört. Meine Missionsarbeit hat andere Ziele, und ich könnte mir denken, daß die Vorführung in der Form, wie wir es besprochen haben, viele Patienten veranlassen könnte, zu mir zu kommen. Eine derartige Reklame hätte aber eher einen negativen Effekt, denn viele von ihnen würden gezwungen sein, andere Heiler zu besuchen, oder sie würden an Schwindler geraten, von denen sie nur ausgenützt würden. Du hast in den letzten Monaten Hunderte Fotos bei mir gemacht – es sollte genügen, das zu zeigen, was bereits vorliegt.«

Enttäuscht verlasse ich Placidos Haus. Die Frage nach der Durchführbarkeit ›blutiger Operationen‹ bleibt unbeantwortet.

Die peinliche Frage

Am Abend desselben Tages sitze ich mit Alex Ampaguey und seinem Masseur in der ›Mountain Lodge‹. Ich erkläre, wie ich das auch Placido gegenüber getan habe, mein Problem.

Obwohl die Frage an den Operateur Alex gerichtet war, wird sie von seinem Masseur aufgegriffen. »Es gibt verschiedene Methoden, und jeder hat die seine.« Er glaube nicht, daß es recht wäre, von einem Heiler zu verlangen, daß er sich ausweise. Ich selbst hätte viele Eingriffe durch Alex gesehen und wüßte am besten, daß er nicht schwindle.

Wäre ich der Meinung gewesen, Alex sei ein Schwindler, würde ich mir dieses Gespräch erspart haben. Es geht aber darum, eine Dokumentation zu erarbeiten und die Eingriffe darzustellen. Ich vertrete niemandes Interessen, weder die der Heiler noch jene der chemischen Industrie.

Da meldet sich Alex zu Wort: Er würde das gerne für mich machen; es sei kein besonderes Problem, die Operation zu überprüfen. Wir sollten uns am kommenden Tag um zehn Uhr vormittags im ›Venus‹-Hotel treffen.

Im Behandlungsraum ist alles vorbereitet. Der Patient liegt auf dem Behandlungstisch, und die Mannschaft hat die Vorarbeiten abgeschlossen. Dann wendet sich Alex an mich. Da ist kein Schwindel möglich. Er trägt ein kurzärmeliges Hemd und eine enganliegende Hose. Seine Hände senken sich auf die Bauchdecke. Nun sehe ich, daß der Co-Heiler inzwischen ein Handtuch unter die Unterhose des Patienten gesteckt hat, ein ganzer Kranz aus Watte umgibt die Operationsstelle. Irgendwo zwischen Handtuch und Watte ›materialisiert‹ Alex dann das Blut und das dazugehörige Gerinnsel.

Als er mein enttäuschtes Gesicht sieht, geht er. An diesem Vormittag wird niemand mehr operiert. Der Masseur bemerkt noch verlegen, daß Alex heute keine guten Vibrationen empfangen habe.

Am Nachmittag desselben Tages sitze ich in Marcelino Asuiguis Wartezimmer. In einer Behandlungspause stelle ich die peinliche Frage. Marcelino wirkt überlegen. »Du mußt

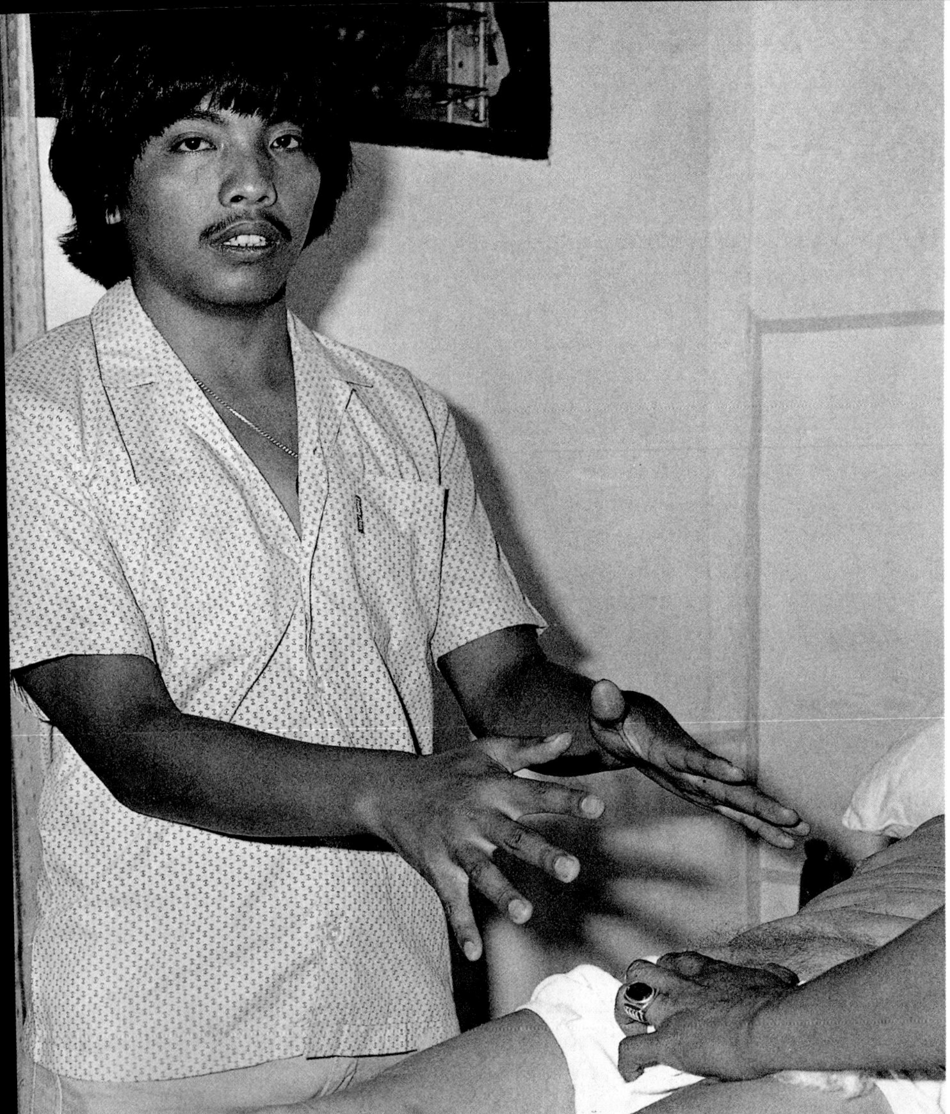
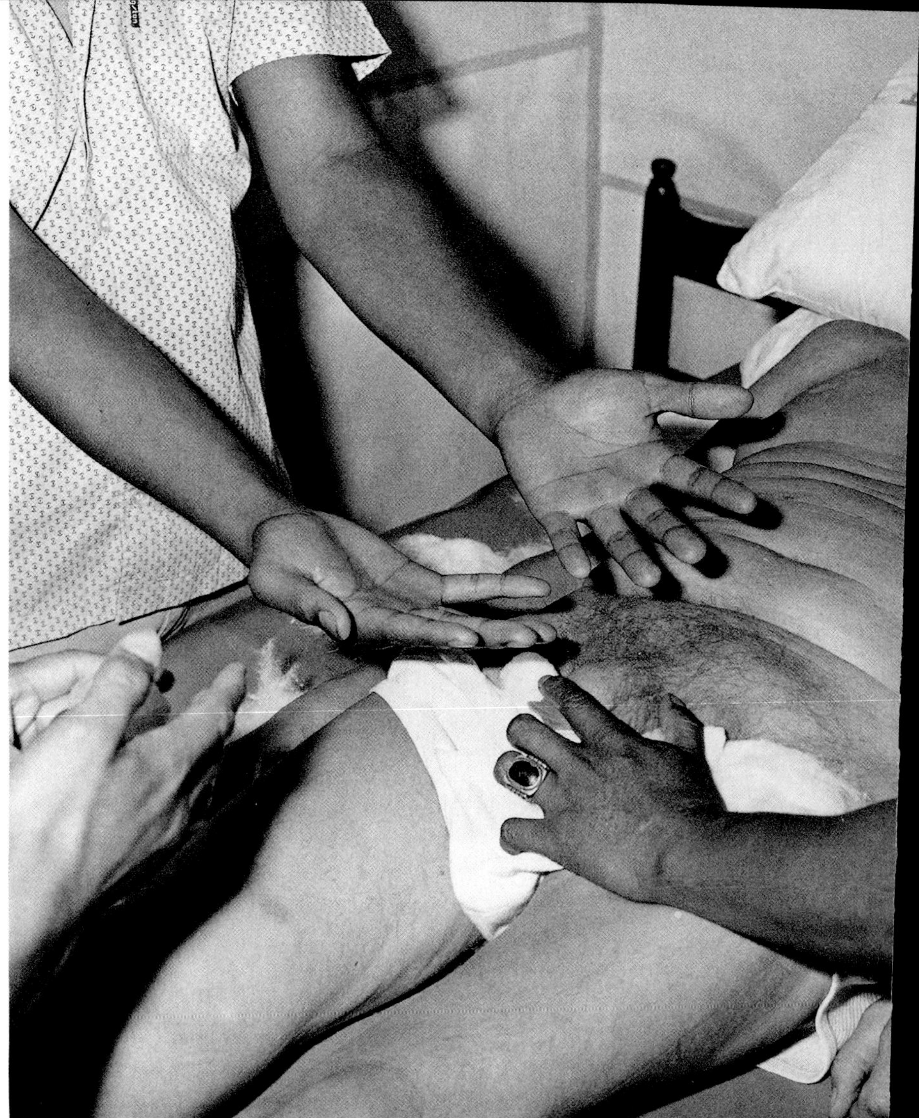
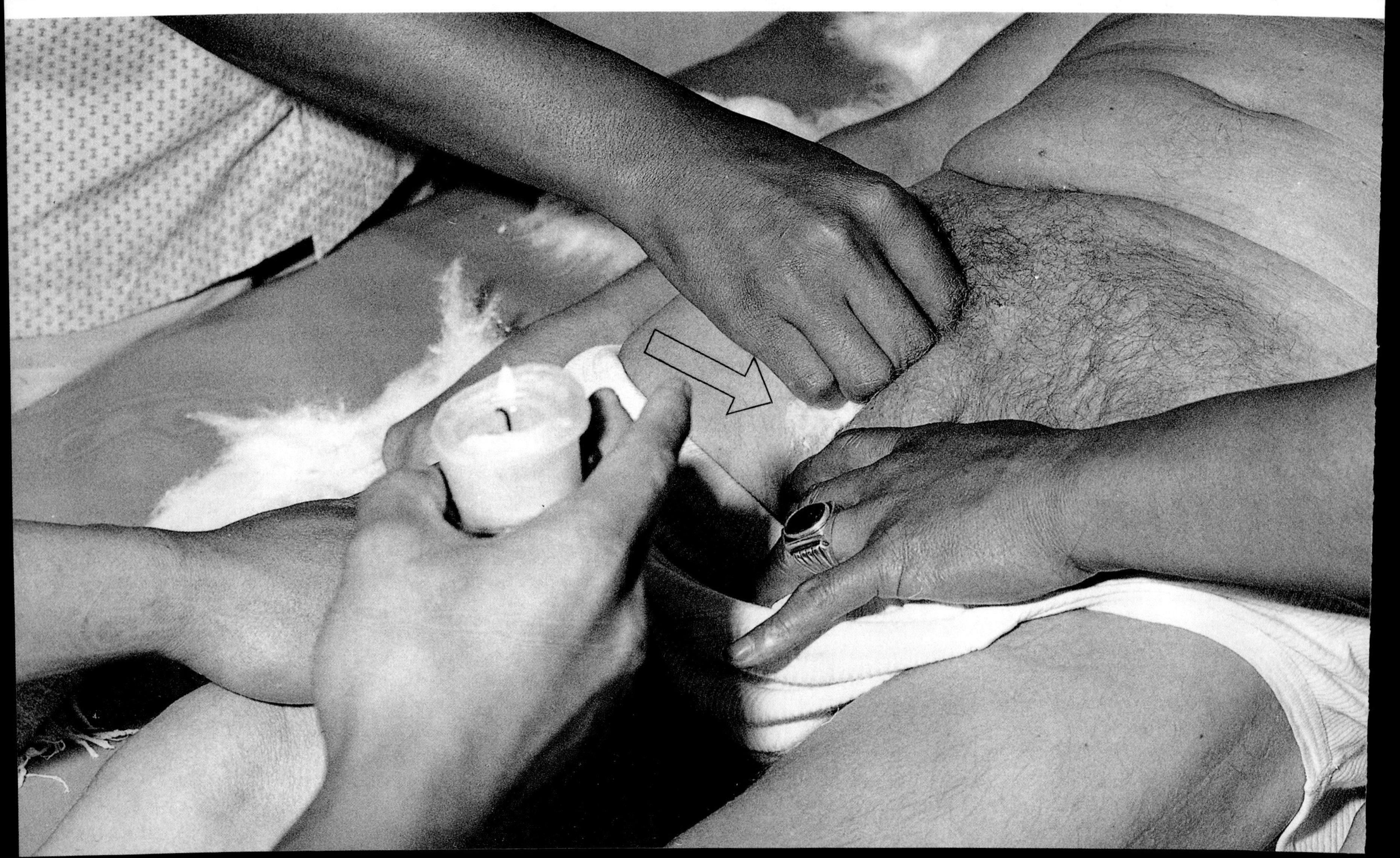

endlich aufhören, alles beweisen zu wollen«, sagt er. »Wenn mir Gott befiehlt zu operieren, dann tue ich es eben. Dabei ist es ganz überflüssig, daß jemand Gottes Werk überprüft. Ich frage meinen Gott auch nicht, warum er das macht oder ob er schwindelt. Die Dinge geschehen, wie sie geschehen müssen. Du mußt mehr glauben. Es ist ein Dilemma, daß ihr für alles gleich Beweise verlangt. Genügt es denn nicht, daß hier Menschen von den schwersten Krankheiten geheilt werden? Ist es denn so wichtig, zu wissen warum?«
Ich verabschiede mich mit gemischten Gefühlen. Marcelino hat natürlich recht, aber es fällt mir eben schwer, nicht mehr Europäer zu sein.

Linke Seite, oben außen: Alex Ampaguey zeigt über Ersuchen des Autors vor dem Eingriff seine geöffneten Hände.

Linke Seite, oben rechts: Um einen Trick auszuschließen, wendet er sie, so daß beide Handseiten einwandfrei sichtbar werden. Das Foto zeigt allerdings deutlich, daß sich in diesem Moment, der nur von der Motorkamera erfaßt wurde, die Hand des Helfers mit einem Wattebausch zur Operationsstelle bewegt.

Links: Der Wattebausch wird von Alex übernommen und verschwindet unter seiner Hand. Es könnte sich um eine vorgetäuschte Operation gehandelt haben. Der Wattebausch könnte ohne weiteres einen kleinen Nylonbeutel mit Blut enthalten haben, der am Leib des Patienten zerdrückt wurde. Dr. Naegeli hingegen meint, daß ein solcher Wattebausch gängiges Utensil der Heiler sei, weil mit seiner Hilfe die den Kontakt erleichternde Flüssigkeit zwischen Heilerhand und Patientenkörper gebracht wird. Diese Bildfolge reiche nicht aus, einen Schwindel zu unterstellen, sie schließt ihn aber auch nicht aus.

Wieder im Tiefland

An einem Sonntagmorgen starten wir nach Urdaneta und Villasis. Wieder stehen Josephine Sison und Juanito Flores auf dem Programm. Diesmal erlaubt mir Josephine nicht, Blutpfropfen mitzunehmen. Einen hinter dem Operationstisch stehenden Touristen schickt sie nach vorn. Ich beobachte genau, was geschieht. Durch die Vorgänge in Baguio verunsichert, schaue ich ununterbrochen auf die Hände Josephines. Nach einer Stunde, als die letzte Patientin vom Operationstisch steigt, habe ich noch immer keine Beobachtung gemacht, die Josephines Lauterkeit hätte belasten können.
Bei Flores empfange ich später wie fünfzig andere Besucher spirituelle Injektionen. Ich spüre die vermeintlichen Einstiche deutlich, und auch meine Begleiter bestätigen ähnliche Empfindungen. Erst einige Stunden später, bei den Operationen, kommen mir Zweifel. Darmschlingen, die Flores am Bauch einer Patientin ›materialisiert‹, werden mit öliger Watte vollgestopft und gleiten scheinbar in den Körper zurück. Dann nimmt er, wie so oft bei seinen Eingriffen, einen Löffel und rammt ihn der Patientin in den Bauch. Der Löffel steckt nun zwischen seiner in den Unterleib gedrückten Hand und der Bauchdekke, so daß er stehen bleibt. Flores betrachtet ihn, ehe er aus der Grube, die unter dem Druck seiner Hand entsteht, rotes, blutähn-

liches Wasser schöpft. Einen wie ein Stück Darm aussehenden Fetzen schmiert er der Patientin demonstrativ ins Gesicht. Die Helferin wischt mit einem Lappen das Blut vom Mund der hilflos daliegenden Kranken.

Ich frage mich nach dem Sinn dieses Gehabens. Vielleicht soll die Erniedrigung der Patientin deren Auflehnung gegen Flores brechen. Ich kann es nicht glauben, daß ein so erfolgreicher Heiler seine permanenten Provokationen ohne Grund unternimmt.

Es folgen noch einige Eingriffe an Patienten einer mexikanischen Gruppe, und jedesmal beobachtete ich, daß Flores mit geschlossenen Händen den Körper des Patienten erreicht. Diese Beobachtung ist selbstverständlich keinerlei Beweis dafür, daß Flores schwindelt, sie erschwert lediglich die Behauptung, daß er es nicht tut.

Am Abend in Baguio bemerke ich, daß meine klimabedingten asthmatischen Beschwerden wieder auftreten. Weil ich weiß, daß eine österreichische Gruppe nach dem Abendessen von Alex Ampaguey behandelt wird, schließe ich mich diesen Leuten an.

Im ›Venus‹-Hotel treffen wir die Heiler. Alex erklärt sich bereit, mich zu operieren. Ein Bekannter aus Innsbruck bietet sich an, die Operation zu fotografieren. Ich liege auf dem Tisch und werde mit Kokosöl eingerieben und massiert. Nach einiger Zeit beginnt Alex die Operationsstelle mit Watte abzudecken, um zu verhindern, daß Blut auf den Operationstisch fließt. Ich bin völlig entspannt, denn ich habe zu diesem Zeitpunkt schon so viele Operationen gesehen, daß ich meine eigene gelassen erwarte, wenngleich sie die erste derartige Erfahrung darstellt.

Mein Bekannter dreht noch am Objektiv der Kamera, als Alex unerwartet seine Rolle mit der des Co-Heilers Jaime Pusot vertauscht. Schnell und unerwartet tritt dieser an seine Stelle, und ehe ich es noch richtig erfassen kann, spüre ich seine Hände auf meiner Bauchdecke kratzende, grabende Bewegungen vollführen. Es ist mir völlig klar, daß sich diese Empfindungen an der Oberfläche abspielen, obwohl die Bauchdecke durch den Heiler niedergedrückt ist.

An den Gesichtern der Umstehenden ahne ich das Ausmaß der Operation. Seitlich, entlang des Körpers, rinnt Blut auf die Unterlage; es muß überdurchschnittlich viel sein, denn die untergelegte Watte reicht nicht aus, es aufzusaugen. Die Grube, die von den Händen des Heilers in meinen Bauch gedrückt wird, ist fast bis obenhin mit Blut gefüllt. Nach einigen Minuten werde ich abgewischt. Es bleiben keine Spuren an meinem Körper.

Hätte diese Operation in den ersten acht Wochen meines Aufenthalts stattgefunden, ich hätte jede Wette für deren Echtheit unterschrieben. Jetzt, wo der Zweifel mein Denken leitet, ist sie wie so vieles, das ich täglich erlebe, fragwürdig geworden.

Jun Labo

›Nagoia Inn‹ – Hotel, Nachtclub und Residenz des Heilers Jun Labo – gehört zu den seltsamsten Kombinationen, die ich in diesem Zusammenhang gesehen habe. Von einem mehrjährigen Auslandsaufenthalt zurück, arbeitet Labo wieder in Baguio. In der kleinen Boutique am Eingang des Hotels werden T-Shirts mit dem gestickten Namen des Heilers angeboten. Die Empfangshalle ist mit zahlreichen Darstellungen Labos geschmückt, einmal als traditioneller Bontoc mit Speer und klassischem Gewand, dann wieder in Gesellschaft des Filmschauspielers Burt Lancaster, der 1978 einen Film über die Geistheiler am Beispiel Jun Labos gedreht hat. In dem Streifen, der von Dr. Tony Araneta in Manila als Diskussionsbeitrag vorgeführt worden ist, vollzieht Labo eine Augenoperation und einen Eingriff am Hals eines amerikanischen Patienten. Eine unappetitliche rötliche Masse quillt zwischen seinen Fingern und dem Hals des Patienten hervor. Ein Team amerikanischer Forscher hat die entnommenen Blutproben als menschlich verifiziert und damit dem Heiler ein positives Zeugnis ausgestellt.

Alles, was Labo von einem Journalisten erwarte, sei Fairneß. So beginnt unser Gespräch, bevor ich an den Operationen teilnehmen soll. Labo sei der einzige Heiler, der ohne Assistenten arbeite, er verzichte auch auf Watte; das erleichtert die Überprüfbarkeit der Eingriffe.

In der Eingangshalle des ›Nagoia Inn‹ warten dreißig Japaner auf die Behandlung. In Fünfergruppen werden sie aufgerufen und in den Operationsraum gebracht. Ich stehe unter den Kranken und beobachte das Geschehen. In unglaublicher Geschwindigkeit agiert Labo hinter dem Operationstisch. Mit einem blutbefleckten Tuch ›durchleuchtet‹ er die Patienten. In großer Eile wird einer nach dem anderen auf das plastikbespannte Bett

Betende Patientinnen warten auf ihre Behandlung.

gelegt, Labos Hände kneten die erkrankten Körperteile, und schon spritzt Blut in großer Menge heraus. Nach dem zehnten Patienten gleicht der Behandlungsraum einem Schlachthaus.
Zwischendurch zieht Labo aus seinen Fingern und der Haut der Patienten große Fetzen blutigen Gewebes, bei den Halsoperationen kommt es wieder zur Ausschüttung rötlichen Schleims, der ekelerregend am Hals des Patienten entlangrinnt. Bei einem Patienten springt Labos japanische Frau zur Seite. Ein dunkelroter Blutstrahl ergießt sich über die Zuschauer. Labo selbst arbeitet wie ein westlicher Arzt in einem weißen Mantel. Hastig schwingt er sein blutbeflecktes ›Röntgentuch‹, und einer nach dem anderen legt sich auf den von Labos Frau notdürftig gereinigten Behandlungstisch.
Später erklärt er einer jungen Japanerin, die fröstelnd und erschüttert in der verängstigten Gruppe steht, daß ihr Krebs nun besiegt sei. Die Frau beginnt unter Tränen zu beten. Still, sich ihre nackten Brüste schamhaft bedeckend, sagte sie immer wieder: »Danke! Danke!«
Die Art, mit der Labo den Patienten gegenübertritt, erinnert an Juanito Flores: etwas arrogant und abweisend, distanziert wie der Mann hinterm Schalter, der Beschwerden entgegennimmt. Das sei sein Stil, erfahre ich von einem Helfer. Labo selbst erklärt, daß er sich außerordentlich konzentrieren müsse. Seine Hände seien während der Operationen in Trance.
Am Nachmittag desselben Tages stehe ich wieder mit zwei Fotografen einer lokalen Zeitung in seinem Behandlungsraum. Bevor der erste Patient hereingerufen wird, erfahre ich, daß nur *vor* dem Operationstisch fotografiert werden darf. Es ist mir nicht erlaubt, hinter den Behandlungstisch zu gehen, da die Aura des Heilers gestört würde.

Rechts: Wie die Heiler im Flachland, so verwendet auch Jun Labo ein weißes Tuch, mit dessen Hilfe er ›Röntgenbilder‹ projiziert. Diese Bilder sind für außenstehende Beobachter nicht sichtbar. Wenn er den Patienten mit einem Laken bedeckt, dann erscheint – so Jun Labo – manchmal darauf ein Blutfleck, der die Stelle des folgenden Eingriffs markiert.

Seite 182: Verschiedene Eingriffe durch Jun Labo an einer japanischen Patientin.

Seite 183: Die vier Bilder zeigen verschiedene Techniken der ›blutigen Operation‹. Bei Interventionen am Hals entsteht meist rötlicher Schleim. Nach Labo handelt es sich um eine die Krankheit darstellende Materialisation.

Seiten 184/85: Bei den Eingriffen Labos fließt ungewöhnlich viel Blut. Seine Arbeitsweise ist außerordentlich schnell, so daß ein Eingriff der gezeigten Dimension in weniger als einer Minute abgeschlossen ist.

Seite 186: Ein japanischer Patient wird ›durchleuchtet‹.

Seite 187: Fotos dieser Art vermögen das tatsächliche Eindringen des Heilers in den Körper des Patienten nicht zu beweisen. Nach Dr. Naegeli finden allerdings die meisten Materialisationen an der Hautoberfläche statt, doch erzielt auch diese Methode dieselben Resultate.

Seite 188: Jun Labo, der von sich behauptet, der größte philippinische Heiler zu sein, stellt sich mit seiner japanischen Frau und Assistentin nach dreißig Operationen dem Fotografen.

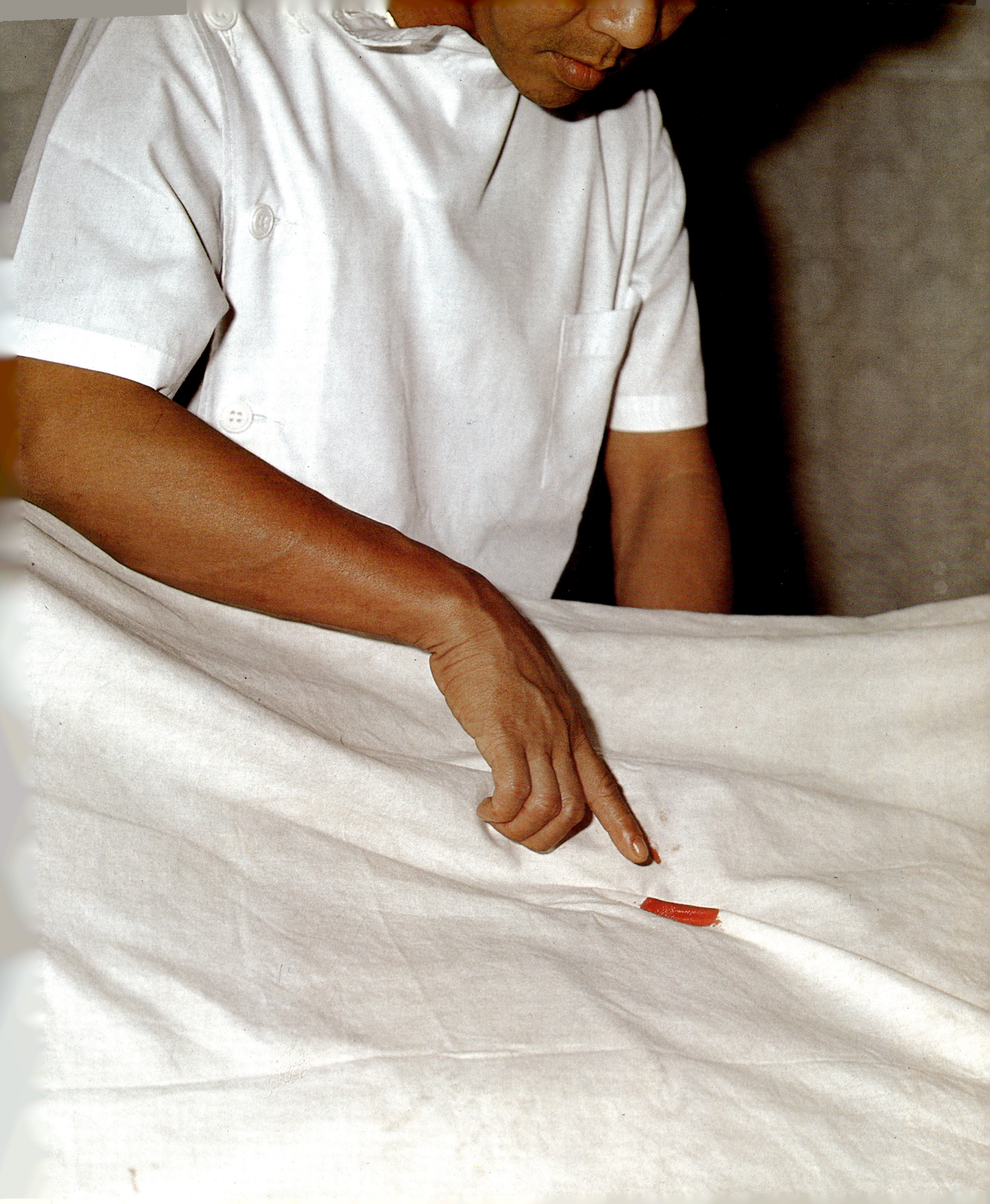

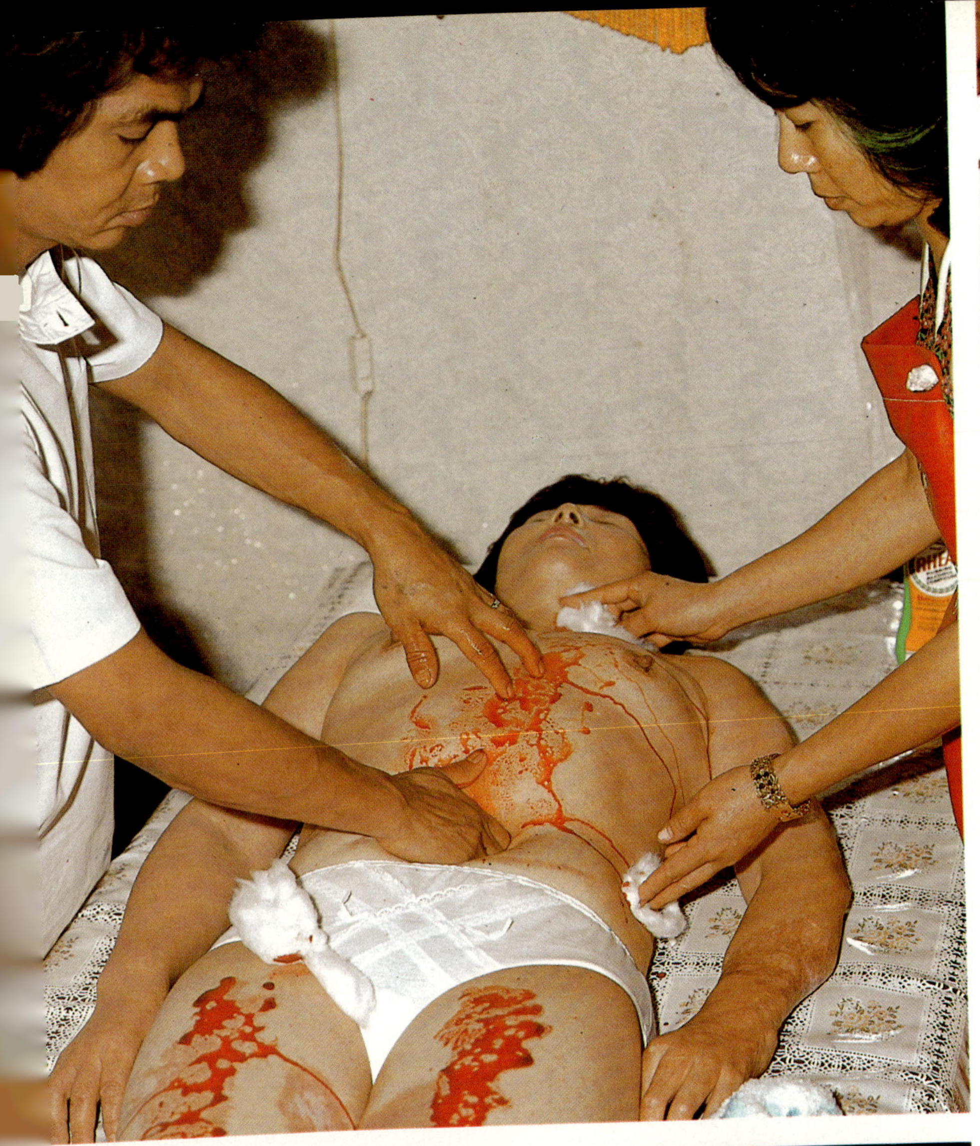
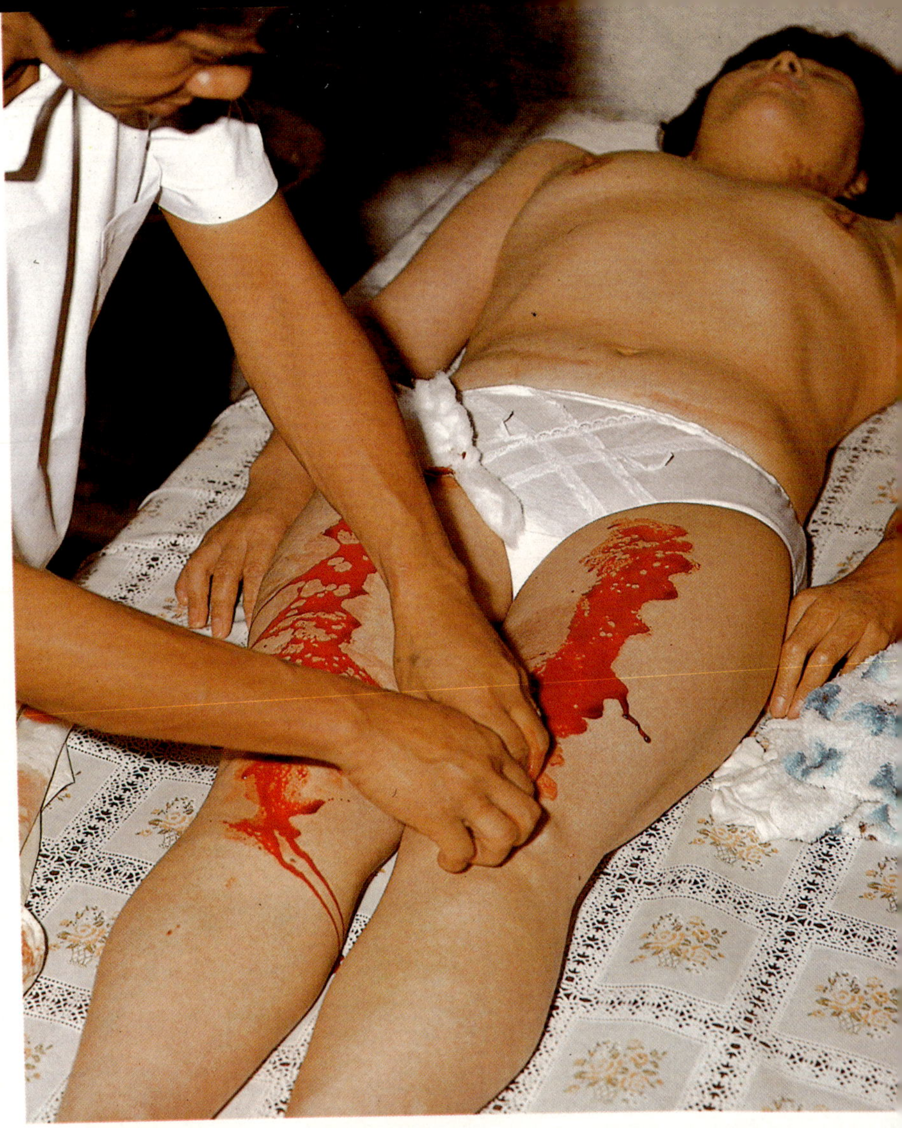
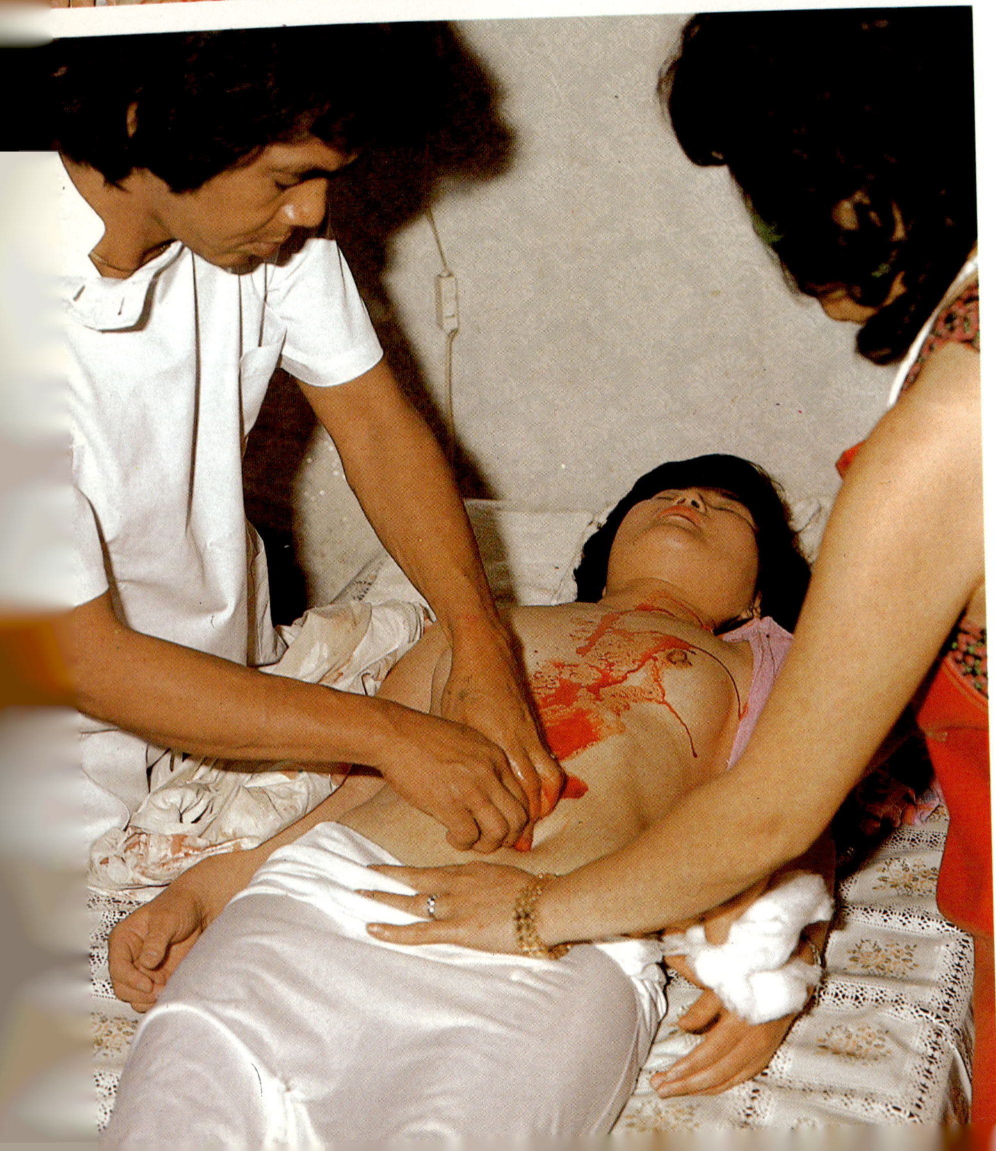
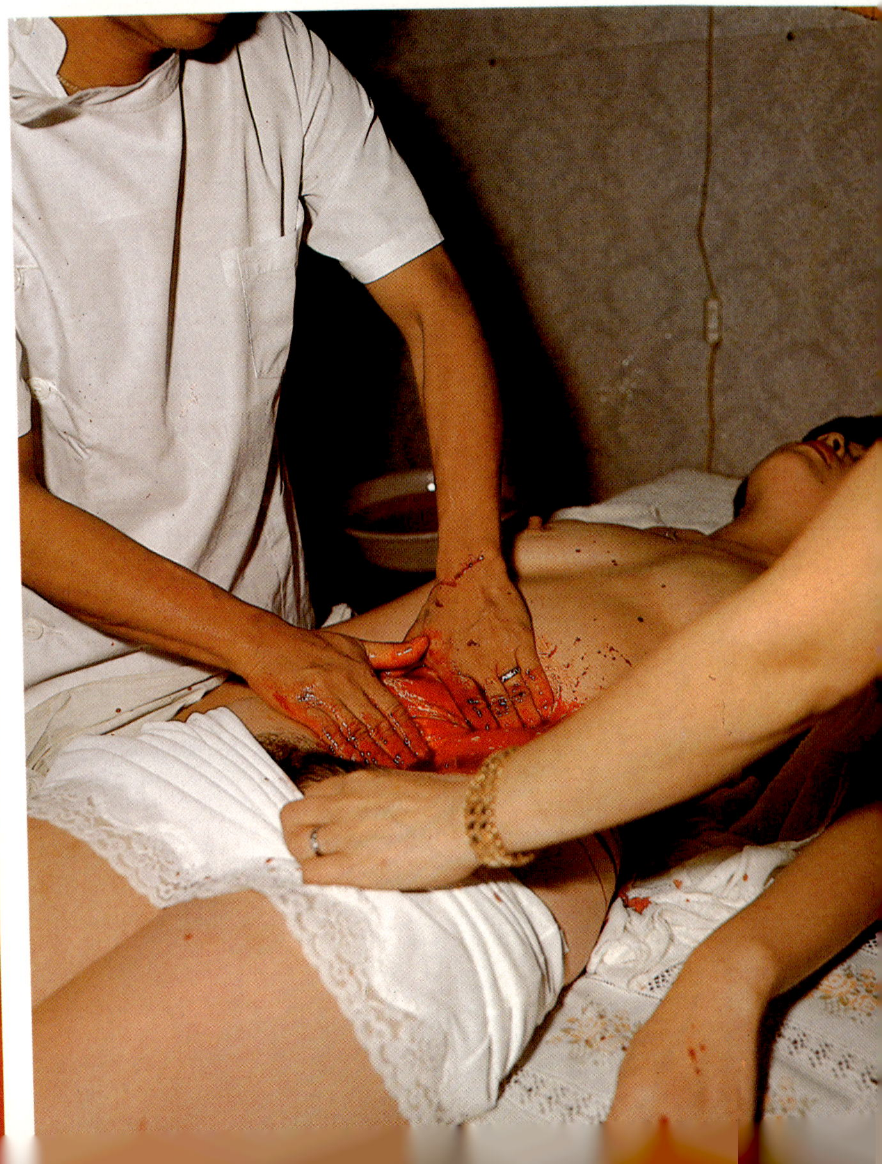

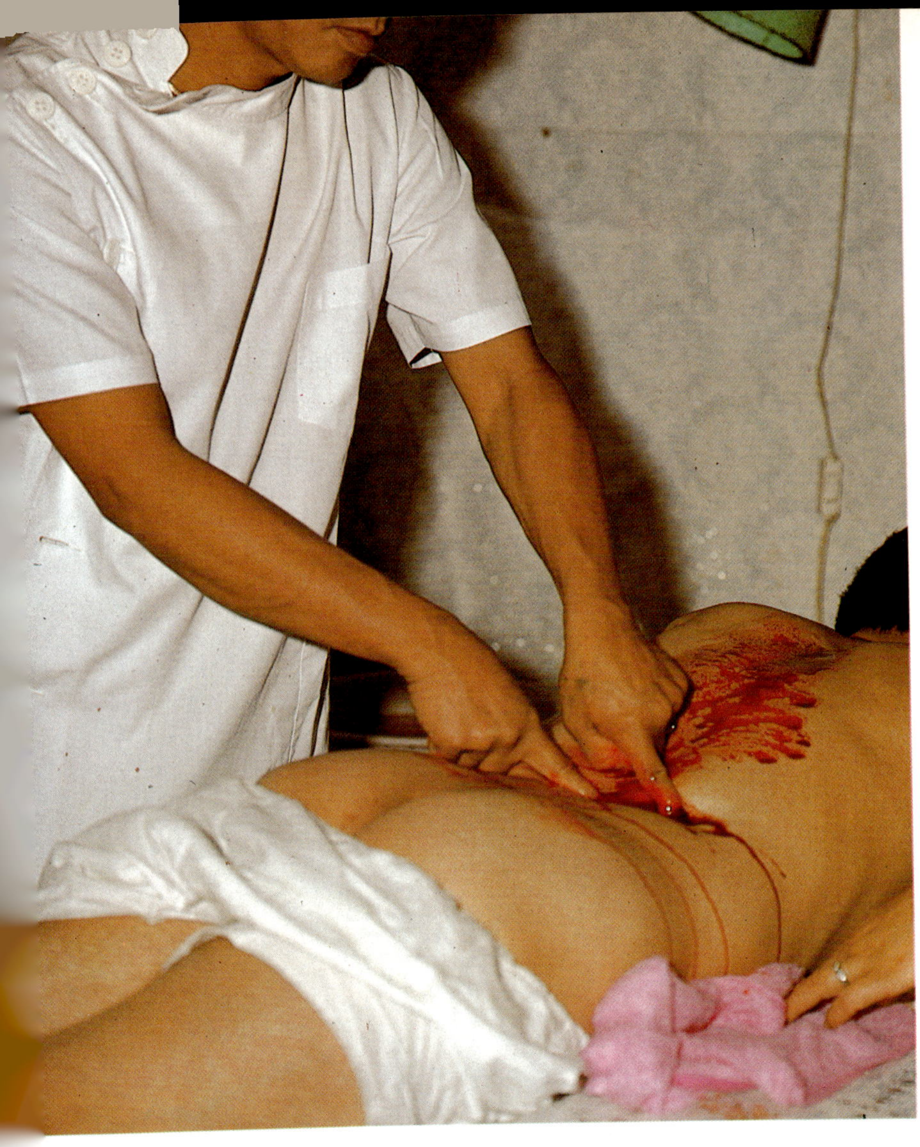
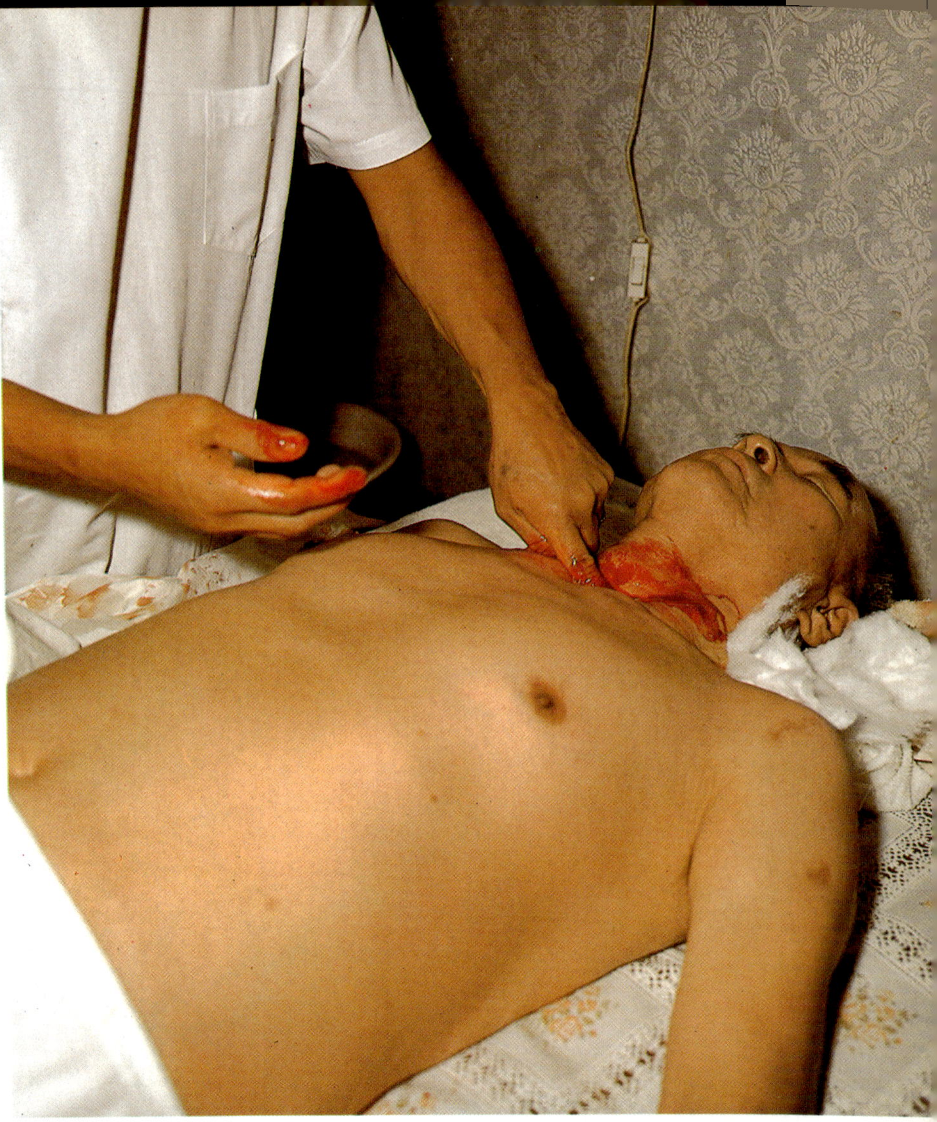
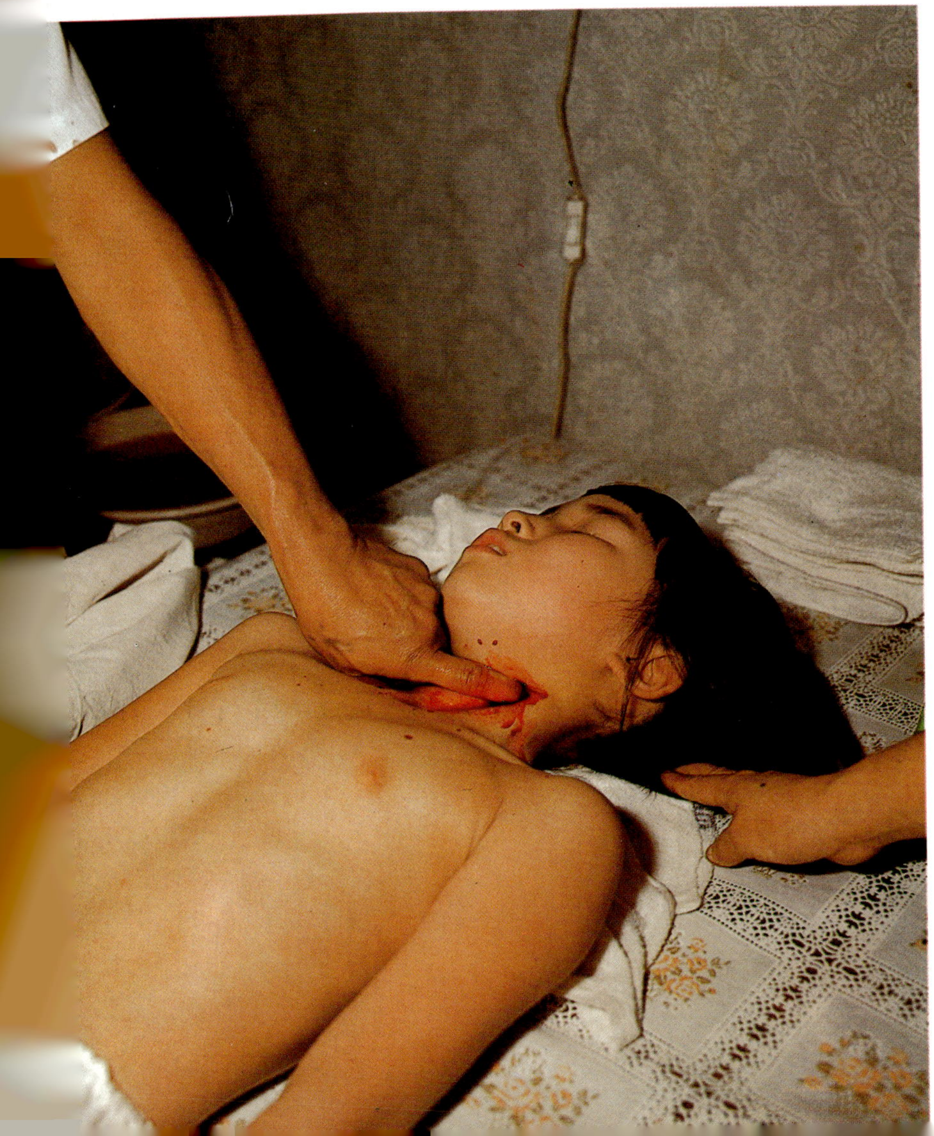
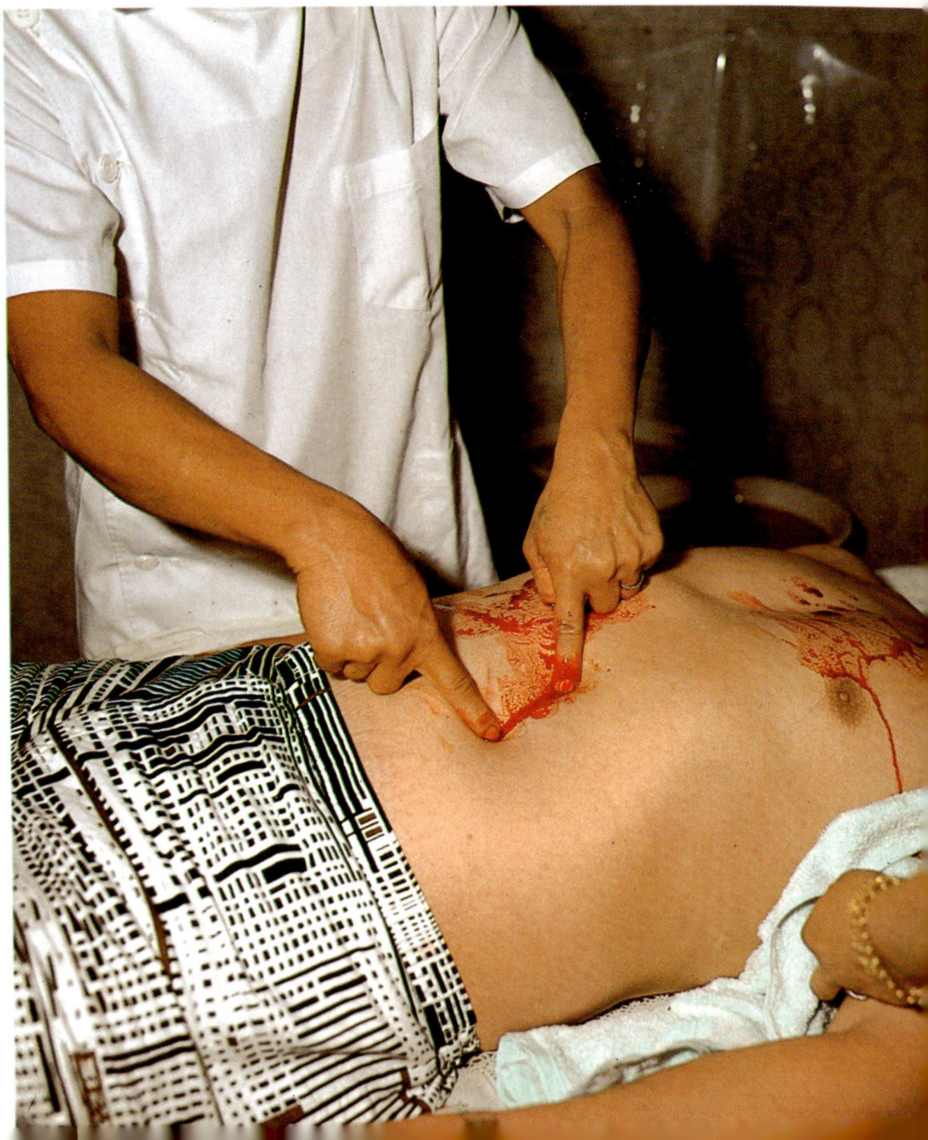

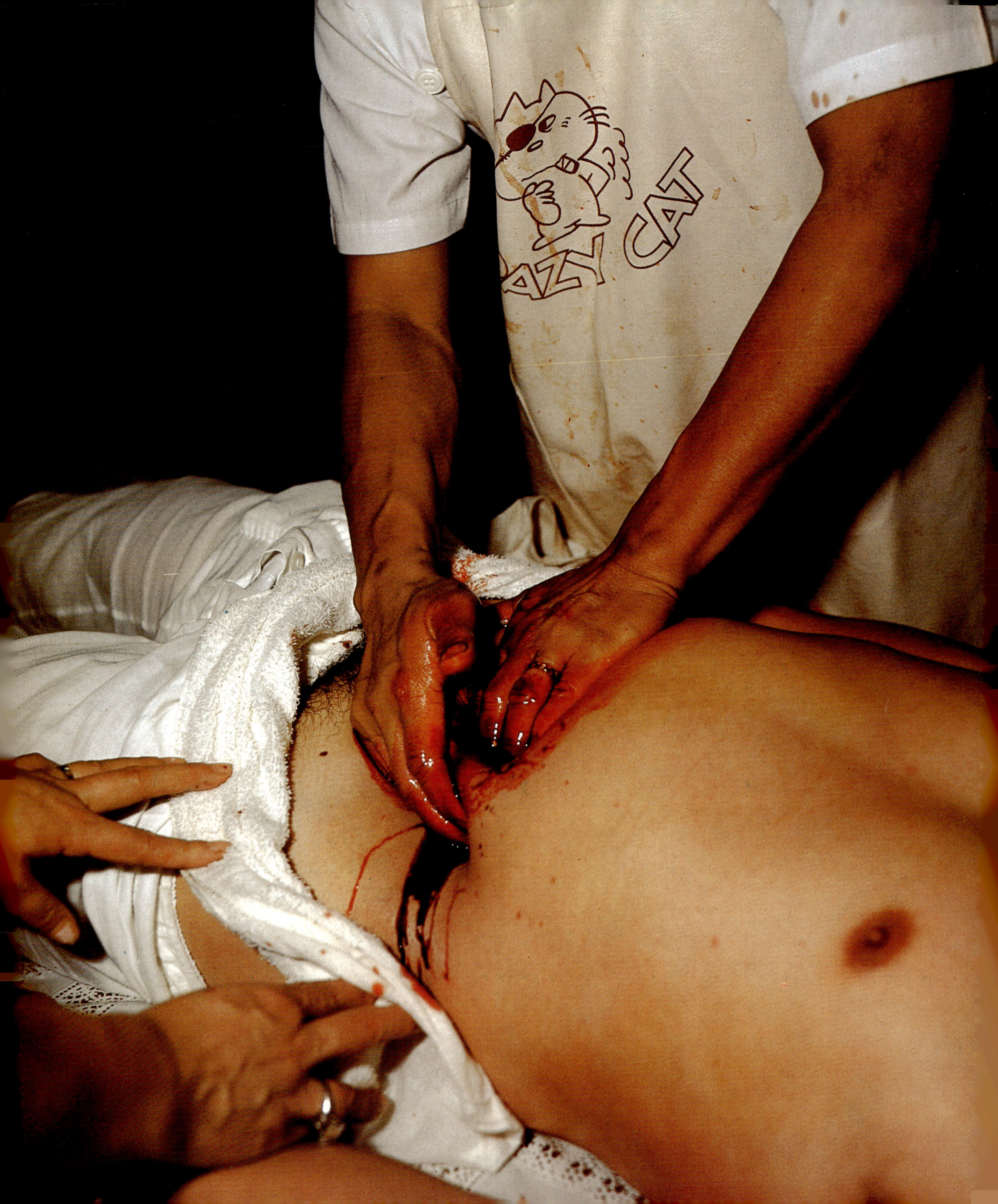
AZY CAT

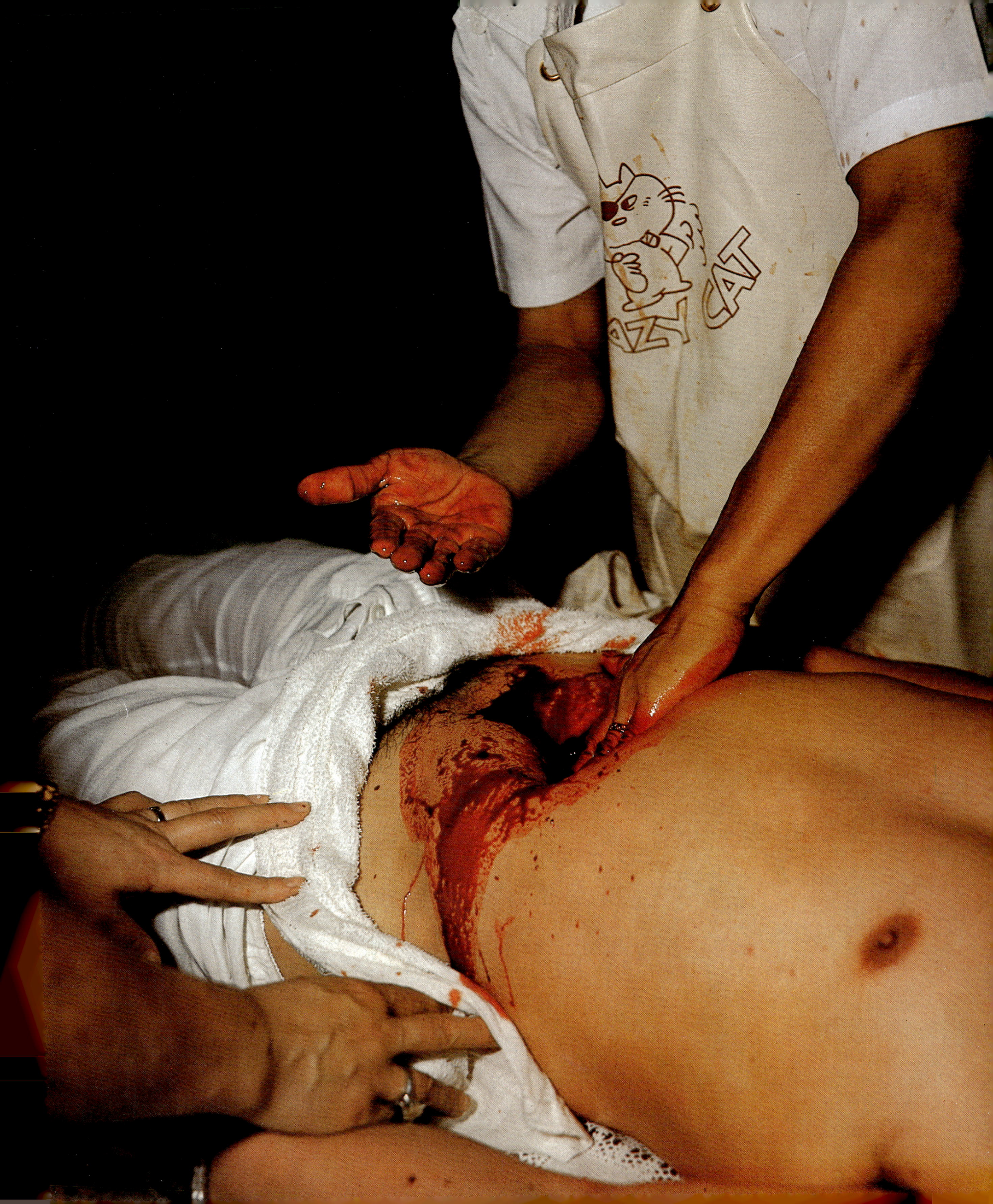
CAT

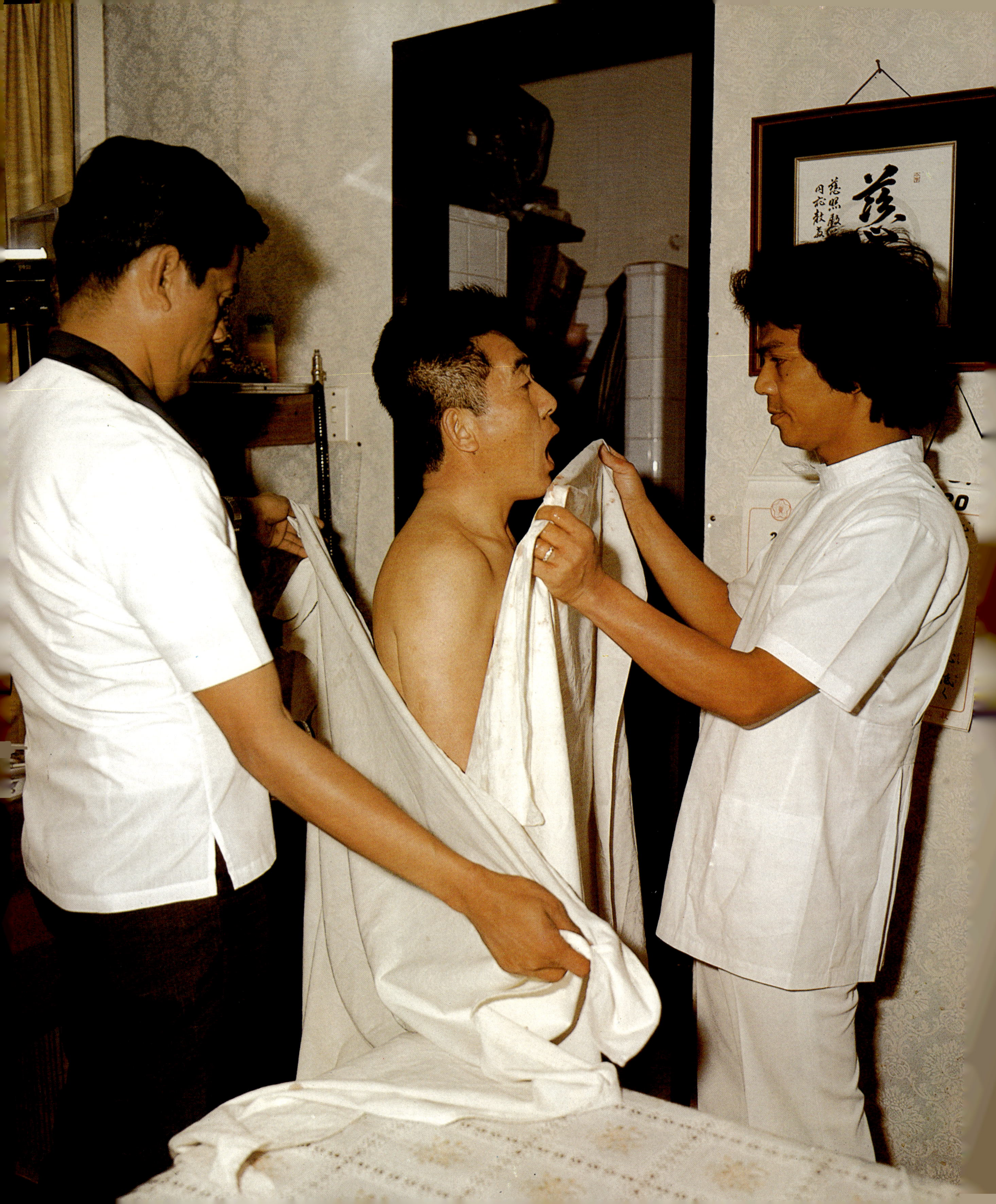

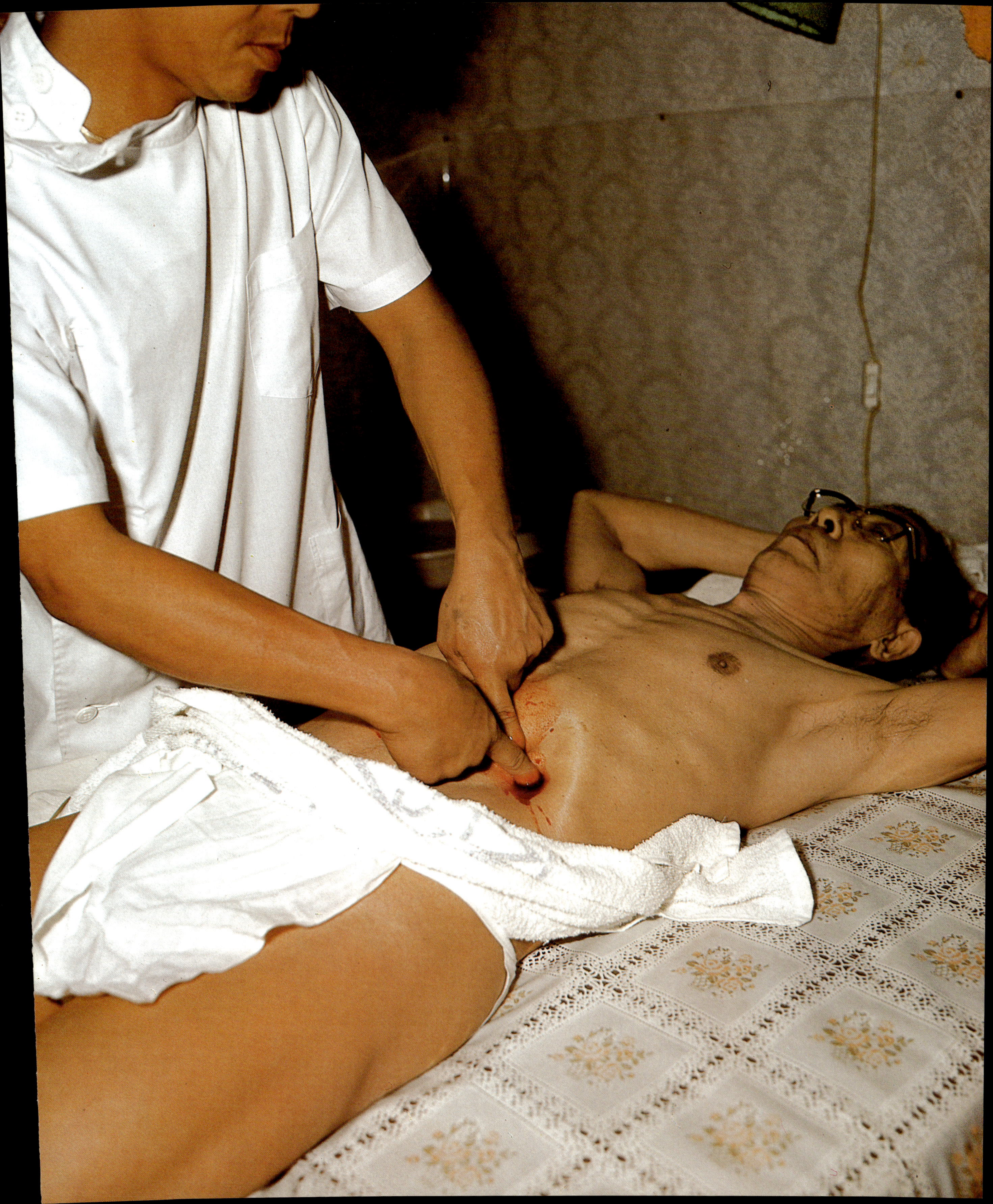

CRAZY CAT

Unter den ersten Kranken befindet sich auch die Deutsche Christine Keiten, die seit nunmehr fast sechs Monaten in Baguio lebt. Ihr Leiden: multiple Sklerose. Sie erzählt mir später in der Empfangshalle, daß sie aufgrund der wunderbaren Heilung ihrer belgischen Freundin Renée Chantrenne hier sei. Diese Patientin hatte fünfundzwanzig Jahre im Rollstuhl verbracht, bevor sie durch Jun Labo geheilt wurde. Die Diagnose lautete ebenfalls auf multiple Sklerose. Christine Keiten, die mich später ins gemütliche ›Amapola‹-Café begleitet, erzählt, daß sie – als sie hier ankam – Katarakte in den Augen hatte. Nun sehe sie auf einem Auge wieder völlig normal.

Am Morgen des folgenden Tages verbringe ich weitere zwei Stunden im Behandlungsraum von Jun Labo. Die Behandlungen gleichen sich so sehr, daß ich vorhersehen kann, welche Art von Materialisationen sich ereignen werden.

Später fragt mich Frau Keiten, welchen Eindruck ich von Labo hätte. Für mich ist er ein einladender Mann, weltmännisch und von großer Offenheit. Wie bei vielen Heilern, so ergeht es mir auch bei Labo: seine Methode läßt zwar keinen Schwindel erkennen, sie schließt ihn aber auch nicht aus. Meine Kritik, daß fast alle Heiler, die ich kennengelernt habe, wenigstens mit einer geschlossenen Hand arbeiten, trifft auch auf Labo zu. Seine Linke, die unablässig ein Handtuch hält, wird nie so weit geöffnet, daß der Betrachter den Verdacht der Manipulation ausschließen könnte.

Jun Labo gehört zu den Heilern, die Journalistenbesuche zu schätzen wissen. Er spricht mit der Selbstverständlichkeit des Routiniers und beantwortet meine Fragen mit großer Souveränität.

Gert Chesi: Mr. Labo, welche Heilmethoden wenden Sie an?

Jun Labo: Die Arbeit eines Heilers hängt von seinem geistigen Führer ab. Mein geistiger Führer ist Jesus Christus. Unter seiner Führung ist nichts für mich unmöglich, ich kann während der Operation Wunder wirken.

G. Ch.: Sie waren viele Jahre lang außer Landes. Man sagt, ein Heiler verliere seine Kraft, wenn er sein Zuhause verlasse. Stimmt das?

J. L.: Nein, das ist nicht wahr. Ich bin in den letzten fünf Jahren rund um die Welt gereist, bin in Australien und Europa gewesen, und meine Kraft ist unverändert geblieben.

G. Ch.: Wie erhalten Sie sich Ihre Kraft? Meditieren Sie?

J. L.: Ja, immer vor Operationen.

G. Ch.: Viele Ärzte halten die Glaubensheilung für einen Unsinn.

J. L.: Während meiner triumphalen Besuchsreise durch Haiti forderte ich auch die Medizinische Gesellschaft von Haiti heraus.

Eine Gruppe verängstigter japanischer Frauen beobachtet Jun Labos Operationen. Sie beten während der Behandlung und bereiten sich durch Meditationen auf die Eingriffe vor. Niemand in der Gruppe zweifelt an der Echtheit des Geschehens.

Ich sagte, daß ich in der City Hall operieren und allen Mitgliedern der Gesellschaft erlauben würde, zuzusehen. So war ich umgeben von all den bedeutenden Persönlichkeiten Haitis und operierte neben den wichtigsten Politikern auch den Bürgermeister. Und hatte Erfolg.
Ich war auch in Amerika. Ich bin der einzige philippinische Geistheiler, der von der amerikanischen Ärztegesellschaft eingeladen wurde. Ich habe im Wisconsin Hospital operiert. Anschließend wurde ich gefragt, ob ich gerne einen Film mit Burt Lancaster machen wolle.
G. Ch.: Wie sind Ihre Zukunftspläne?
J. L.: Unserem Herrn und Gott habe ich versprochen, daß ich mich um die kranke Menschheit kümmern werde, ganz gleich, ob reich oder arm.

Dokumente

Leben und Werk Eleuterio Tertes
Nach Niederschriften und Aussagen
von Arsenia dela Cruz

Die besondere Bedeutung des Heilers Eleuterio Terte liegt in dem Umstand, daß er als der Begründer jener Heilmethode angesehen wird, die weltweit unter dem Begriff ›blutige Operation‹ bekannt geworden ist.
Terte wurde im Jahre 1905 in der kleinen Ortschaft St. Fabian auf der Insel Luzon geboren. Seine Eltern besaßen ein kleines Gehöft und lebten vom Anbau von Reis, Mais, Zucker und Tabak. Der junge Eleuterio wuchs mit den anderen Kindern seines Dorfes auf und zeigte keinerlei Begabungen, die auf einen künftigen Heiler hätten schließen lassen.
Als Zwanzigjähriger heiratete er Estela Bacungan, ein Mitglied einer spiritistischen Bewegung, die in Barrio Kosait in Pangasinan angesiedelt war. Obwohl sein Vater Oberhaupt dieser spiritistischen Bewegung war, fühlte Eleuterio sich nicht einbezogen und war auch nicht unter den Mitgliedern. Er besuchte zwar gelegentlich Gottesdienste, blieb aber in religiösen Belangen ohne besondere Anteilnahme. Erst eine schwere Erkrankung, die in Fieberträumen und Halluzinationen gipfelte, brachte ihm die Erscheinung zweier Engel. Sie versicherten ihm, er werde genesen, allerdings nur unter der Voraussetzung, daß er selbst ein Heiler werde.
Terte verbrachte daraufhin eine schlaflose Nacht, und als der Morgen dämmerte, hatte er sich zu dem Entschluß durchgerungen, dem Auftrag gemäß Heiler zu werden.
Körperlich gesund, aber noch zu schwach zum Gehen, bat er einige Nachbarn, ihn in die Kapelle zu tragen. Dort wurde er von den Mitgliedern der spiritistischen Bewegung empfangen, deren Medium inzwischen vom Heiligen Geist den Auftrag erhalten hatte, die Taufe Tertes und seine Aufnahme in die Bewegung vorzubereiten. Am folgenden Sonntag wurde er in der Kapelle zu St. Fabian getauft. Gleichzeitig wurde durch das Medium verkündet, daß Terte die Kraft zum Heilen empfangen habe. Damals beschränkte sich das Heilen auf Handauflegen und Magnetheilen.
Tertes erster Behandlungstag war gekommen. In der Kapelle trafen sich Dutzende Kranke, und die älteren Bewohner von St. Fabian erinnern sich noch, daß nahezu alle Anwesenden geheilt wurden.
Von nun an kamen Hunderte Kranke nach St. Fabian, und Terte wurde in die entlegensten Gebiete der Insel eingeladen, um seine Behandlungen durchzuführen. Diese Tätigkeit wurde erst durch den Ausbruch des Zweiten Weltkrieges beendet.
Terte war von den Grausamkeiten, die durch japanische Soldaten an den Filipinos begangen wurden, so erschüttert, daß er außerstande war, sich auf seine Berufung als Heiler

zu konzentrieren. Statt dessen schloß er sich der Widerstandsbewegung an. Er war für den Nachschub verantwortlich. Die großen Verluste dieser Bewegung und die Aussichtslosigkeit der Lage veranlaßten ihn, seine eigene Einheit zu bilden, die er ›Guerilla Unit of Northeast Pangasinan‹ nannte. Als Anführer dieser Einheit hatte er 14 375 Mann unter seinem Kommando. Vierzehnmal wurde er von den Japanern gefangen und eingekerkert. Zahlreiche gefährliche Situationen (er wurde u. a. einen Tag lang auf Eisblöcke gebunden, einmal an einem Baum aufgehängt, ein anderes Mal einer Hungertortur ausgesetzt) machten ihn härter, aber auch gläubiger, denn er fühlte, daß seine Spiritualität in neue, ungeahnte Dimensionen vorzudringen begann.

Nach dem Krieg erkrankte Terte wieder. Seine Krankheit zeigte dieselben Symptome wie jene, die ihn zum Heiler gemacht hatte. Wieder erschienen die beiden Engel und befahlen ihm, als Heiler weiterzuarbeiten. Gleichzeitig versprachen sie, ihn eine neue Heilmethode zu lehren: die Operation.

Am folgenden Tag operierte Terte zum erstenmal in seiner Kapelle in St. Fabian. Er benutzte damals noch ein Messer, der Patient verspürte aber – wie bei späteren Eingriffen, die allein mit den Händen durchgeführt wurden – keinen Schmerz.

Als sich diese Begebenheit herumgesprochen hatte, wurde er von der Ärztekammer angezeigt, in der Verhandlung aber für nicht schuldig befunden.

Später änderte er seine Arbeitsweise. Er vermochte ohne Messer, nur mit den Händen zu operieren. Bald wurde er sehr bekannt, und außer den Filipinos kamen auch und immer mehr internationale Patienten und baten um seine Hilfe. Es folgten Publikationen in verschiedensten Zeitschriften und Büchern.

Im Jahre 1966 gründete Eleuterio Terte eine Organisation, die er ›The Christian Spiritists of the Philippines‹ nannte. Diese Bewegung hat inzwischen auf den Philippinen mehr als 50 000 Mitglieder. Etliche Heiler, von Terte geschult, sind aus ihr hervorgegangen. Über fünfhundert Kapellen wurden überall auf der Insel gebaut. Als Zielsetzung wurde eine Reihe humanitärer und christlich-religiöser Anliegen formuliert. Unter anderen nennen die Schriften der ›Christian Spiritists‹ folgende Ziele:

»Die Errichtung einer religionsungebundenen Brüderschaft der Menschheit für die Menschheit, begründet auf die Liebe zu den Menschen. Die Errichtung von Missionen überall in unserem Land und, wenn notwendig und möglich, auch im Ausland. Es sollen die Lehren Jesu Christi verbreitet, die Liebe zu Gott und zu den Mitmenschen gelehrt und eine moralische Erneuerung der Menschheit angestrebt werden. Alle Krankheiten sollen im Namen Jesu Christi geheilt werden, alle

Der Heiler Eleuterio Terte, der Begründer der ›blutigen Operation‹.

bösen Geister, in welcher Form auch immer sie erscheinen, sollen vertrieben, die Wissenschaft des Spiritismus soll verbreitet werden.«

Eleuterio Terte war nie der Meinung, daß Konfessionsgebundenheit Voraussetzung sei für das Erlernen oder Ausüben der Geistheilung. Man braucht weder Katholik noch Protestant, noch Angehöriger irgendeiner anderen Religion zu sein, man muß nur an die biblischen Lehren Jesu Christi glauben. Man muß das Heilen zum Wohl der Menschheit ausüben wollen, nicht zur Selbstverherrlichung. Terte selbst war der Meinung, daß Heiler nicht bezahlt werden dürfen, sie hätten kein Recht, Fähigkeiten kommerziell zu verwerten, die ihnen geschenkt worden sind.

Nach den Vorschriften der CSP, wie sich die Organisation kurz nannte, hat der Heiler-Anwärter seinen Wunsch, das Heilen zu erlernen, schriftlich zu äußern. Nach positivem Entschluß kann er Mitglied werden, aber nur unter der Voraussetzung, daß er das Heilen zum Wohl der Menschheit ausübt.
Terte hat mehr als zwanzig Schülern das Heilen gelehrt. Der prominenteste unter ihnen ist Tony Agpaoa. Von ihm behauptete sein Lehrer später, er hätte seine Kraft mißbraucht, und dieser Mißbrauch sei der Grund für sein Versagen als Heiler. Um Spiritist zu sein, sagte Terte, muß man die Bescheidenheit Jesu Christi in sich tragen und von allen Lastern frei sein.
In einer Aufzählung von Bibelstellen veranschaulichte er seinen Schülern, daß alles, was über Geistheilung gesagt werden muß und kann, in der Bibel enthalten ist. Terte bezeichnete die im folgenden wiedergegebenen Zitate als die wichtigsten.

Bibelzitate über das Heilen

zusammengestellt von Eleuterio Terte für die Mitglieder der Christian Spiritists

Anleitungen für Heilungen

Markus 16, 18: Wenn sie Schlangen aufheben und wenn sie etwas Tödliches trinken, wird es ihnen nicht schaden. Kranken werden sie die Hände auflegen, und diese werden gesund werden.

Jakobus 5, 14: Ist unter euch jemand krank, so rufe er die Presbyter der Gemeinde; die sollen über ihn beten und ihn mit Öl salben im Namen des Herrn.

Apostelgeschichte 8, 6–7: Aufmerksam folgten die Menschen den Worten des Philippus, einmütig hörten sie zu und sahen auf die Zeichen, die er erwirkte. Denn von vielen fuhren die unreinen Geister, die sie hatten, unter großem Geschrei aus, und viele Gichtkranke und Lahme wurden geheilt.

Apostelgeschichte 19, 11–12: Gott wirkte durch die Hand des Paulus ungewöhnliche Wunder, so daß man sogar von seinem Leibe weg Schweißtücher oder Wäschestücke den Kranken auflegte, worauf die Krankheiten von ihnen wichen und die bösen Geister ausfuhren.

Genesis 2, 7: Da bildete Gott der Herr den Menschen aus dem Staub der Ackerscholle und blies in seine Nase den Odem des Lebens; so ward der Mensch zu einem lebendigen Wesen.

Johannes 4, 14: Wer aber von dem Wasser trinkt, das ich ihm geben werde, den wird nicht mehr dürsten in Ewigkeit; sondern das Waser, das ich ihm gebe, wird in ihm zu einem Quell von Wasser, das aufsprudelt zu ewigem Leben.

Matthäus 17, 18: Und Jesus drohte ihm, und der Dämon fuhr aus von ihm, und der Knabe wurde gesund von jener Stunde an.

Matthäus 9, 12: Er aber hörte dies und sprach: Nicht die Gesunden bedürfen des Arztes, sondern die Kranken.

Lukas 7, 7: Deshalb hielt ich mich auch selbst nicht für würdig, zu dir zu kommen; doch sprich nur ein Wort, und mein Knecht wird gesund.

Matthäus 15, 28: Da antwortete Jesus: Frau, groß ist dein Glaube; es geschehe dir, wie du verlangst.

Deuteronomium 32, 39: Jetzt sollt ihr es sehen: Ich, nur ich bin da; es gibt keinen Gott neben mir! Ich bin es, der tötet, ich mache lebendig; ich schlage Wunden, und ich bin der Arzt! Niemand kann retten aus meiner Hand.

Matthäus 8, 3: Da streckte er seine Hand aus, rührte ihn an und sprach: Ich will, werde rein!, und sogleich wurde er rein von seinem Aussatz.

Jakobus 5, 13: Trägt von euch jemand ein Leid, so bete er; ist jemand frohen Mutes, lobsinge er.

Markus 7, 33: Er nahm ihn vom Volke weg auf die Seite, steckte seine Finger in seine Ohren, berührte seine Zunge mit Speichel.

Matthäus 20, 34: Jesus erbarmte sich ihrer, berührte ihre Augen, und sogleich sahen sie und folgten ihm nach.

Markus 8, 23: Er faßte den Blinden bei der Hand, führte ihn vor das Dorf hinaus, tat Speichel auf seine Augen, legte ihm die Hände auf und fragte ihn: Siehst du etwas?

Johannes 20, 22: Nach diesen Worten hauchte er sie an und sprach zu ihnen: Empfangt den Heiligen Geist!

Johannes 5, 4: Ein Engel des Herrn stieg nämlich von Zeit zu Zeit auf den Teich hernieder und brachte das Wasser in Wallung; wer nun als erster nach der Wallung des Wassers hineinstieg, wurde gesund, an welcher Krankheit er auch leiden mochte.

Matthäus 10, 7–8: Geht hin und verkündet: Genaht hat sich das Reich des Himmels! Heilt Kranke, weckt Tote auf, macht Aussätzige rein, treibt Dämonen aus! Umsonst habt ihr empfangen, umsonst gebet!

1 Korinther 12, 6: Es gibt Verschiedenheiten unter den wirkenden Kräften, doch ist es derselbe Gott, der alles in allem wirkt.

Job 5, 18: Denn er verwundet und er verbindet; er schlägt, und seine Hände heilen auch.

2 Korinther 4, 1: Betraut also mit diesem Dienst, wie er aus Erbarmen uns zuteil wurde, sind wir nicht mutlos.

Für Heiler, die vom bösen Geist besessen sind

Deuteronomium 18, 10–11: Niemand finde sich bei dir, der seinen Sohn oder seine Tochter durchs Feuer gehen läßt, niemand, der Wahrsagekünste, Zeichendeuterei, Geheimkünste und Zauberei betreibt, niemand, der Bannungen vornimmt, einen Totengeist oder Wahrsagegeist befragt oder Auskunft bei den Toten sucht.

Deuteronomium 18, 22: So wisse: was der Prophet im Namen des Herrn ankündigt, ohne daß das Wort sich erfüllt und eintrifft, das ist ein Wort, das der Herr nicht gesprochen hat. Vermessentlich hat er es gesprochen, du brauchst nicht davor zu bangen.

Deuteronomium 16, 19: Das Recht darfst du nicht beugen, die Person nicht ansehen und kein Bestechungsgeschenk annehmen; denn das Geschenk macht die Augen der Weisen blind und verdreht die Sache derer, die im Recht sind.

2 Korinther 11, 14–22: Und das ist kein Wunder! Es tarnt sich ja selbst der Satan als Engel des Lichtes. So ist es nichts Besonderes, wenn auch seine Diener sich als Diener der Gerechtigkeit tarnen; doch ihr Ende wird ihren Werken entsprechend sein.
Nochmals sage ich: Es halte mich niemand für töricht! Wenn aber doch, dann ertragt mich als Toren, damit auch ich ein wenig mich rühme. Was ich sage, das sage ich nicht im Sinne des Herrn, sondern so ganz in Torheit bei dieser Grundlage des Rühmens. Wenn viele sich rühmen dem Fleische nach, will auch ich mich rühmen. Ihr ertragt ja so gerne die Toren, die ihr selbst so weise seid. Denn ihr ertragt es, wenn einer euch knechtet, euch ausbeutet, euch angreift, sich überheblich benimmt, euch ins Angesicht schlägt. Unter Beschämung gestehe ich: darin sind wir schwach gewesen. Doch was da einer kühn behauptet – ich rede in Torheit –, das sage auch ich voll Kühnheit.

Matthäus 7, 21–23: Nicht jeder, der zu mir sagt: Herr, Herr! wird eintreten in das Himmelreich, sondern wer den Willen meines Vaters tut, der im Himmel ist, der wird eingehen in das Himmelreich. Viele werden an jenem Tag zu mir sagen: Herr, Herr, haben wir nicht geweissagt in deinem Namen? Haben wir nicht Dämonen ausgetrieben in deinem Namen? Haben wir nicht viele Wunder gewirkt in deinem Namen? Alsdann werde ich ihnen offen erklären: Ich habe euch niemals gekannt; weicht von mir, die ihr die Werke des Bösen tut.

Bericht über das Heilen

Der pensionierte Priester Anthony O. Sagalla wurde anläßlich einer klerikalen Konferenz ersucht, einen Bericht über das Heilen zu verfassen. Der Priester, selbst als Heiler tätig, brachte seine Gedanken zu Papier und bezog damit einen subjektiven Standpunkt, der sich aber mit der Auffassung der meisten Heiler vereinbaren läßt. Dieser Text wurde von Anthony Sagalla zur Veröffentlichung angeboten. Es scheint mir, daß seine Erklärung ein Äquivalent zu den westlichen Interpretationen und somit ein wichtiger Diskussionsbeitrag sein kann.

Definition des Heilens

Es gibt verschiedene Definitionen des Heilens:

1. Das Oxford Dictionary definiert ›Heilen‹ als die Wiederherstellung der physischen und psychischen Gesundheit einer Person.
2. John Illis Large, Autor des Buches ›Kirche und Heilen‹, definiert es als ein ›Wiederöffnen, Wieder-in-Einklang-Bringen oder sonstiges Wiederbeleben der Verbindung, die durch die Seele zwischen dem Menschen und seinem Schöpfer besteht‹. Diese Auslegung wird bereits in der Bibel angedeutet.
3. ›Kirche und Heilen‹ vertritt die Ansicht, daß das Heilen für unseren Herrn Jesus Christus »nicht bedeutet, daß wir zu guten Menschen werden, sondern daß wir zu besseren Menschen werden. Gut sein ist nicht gleichbedeutend mit besser sein. Da Gesundheit physisch-psychische Ganzheit bedeutet und Christus kam, den ganzen Menschen zu erlösen, kann der ganze Mensch in der ursprünglichen Bedeutung des Wortes folgerichtig nur der gute Mensch sein.« Genauer ausgedrückt besteht der Mensch aus Körper, Geist (Verstand) und Seele, und durch das Heilen wird dem kranken Körper die Gesundheit und dem Geist und der Seele die Reinheit wiedergegeben.

Technik des Heilens

Alle, die Jesus um Heilung gebeten hatten, taten ihm ihre Bitten kund. Als er den Blinden heilte, schmierte er ihm Kot aus Speichel und Erde auf die Augen und sprach: »Gehe hin zu dem Teich Siloah und wasche dich.« Da ging er hin und wusch sich und kam sehend (Johannes 9, 6–7). In diesem Fall nahm er Erde und befahl dem Blinden, zu gehorchen und seinen Anordnungen zu folgen. Jener gehorchte und ging, seine Augen zu waschen, und kehrte sehend zurück.

Ein anderesmal heilte er einen Lahmen, der seit achtundzwanzig Jahren krank war. Er fragte ihn: »Willst du gesund werden?« (Johannes 5, 6.) Ohne zu zweifeln, antwortete der Mann mit Ja, und Jesus heilte ihn. Bei der Heilung der zehn Aussätzigen befahl er diesen, hinzugehen und sich den Priestern zu zeigen. Die zehn Aussätzigen glaubten ihm ohne Zögern und machten sich auf den Weg, und da sie hingingen, wurden sie geheilt (Lukas 17, 14). Bei der Heilung des gelähmten Knechts bat der Hauptmann Jesus, nur ein Wort zu sagen, und sein Knecht wurde geheilt (Matthäus 8, 8). Daraus könnt ihr die Kraft des Wortes sehen. Und Jesus sprach zu dem Hauptmann: »Gehe hin, dir geschehe, wie du geglaubt hast« (Lukas 8, 13).

Rechts: Tod auf den Philippinen. Nicht jeder Kranke kann geheilt oder gerettet werden. Nach Ansicht der Heiler gibt es von Gott gewollte Leiden, gegen die man nicht ankämpfen kann. Auf dem Weg zum Friedhof wird der Tote von seinen Verwandten und Freunden begleitet. Aus dem Lautsprecher des Leichenwagens tönt blechern amerikanische Marschmusik.

Seiten 198/99: Allerheiligen unter dem Tropenhimmel von Luzon. Mit Blumen und Kerzen gedenkt man der Toten. Sie alle wurden nach christlichem Ritus zu Grabe getragen. Ein katholischer Pfarrer hält die Trauerrede. Synkretistische Gedanken leiten seine Predigt – die Hoffnung auf Wiedergeburt neben dem Gedanken der Erlösung.

Seite 200: Sieben Tage dauert die Trauerfeier bei den Bontoc. Die einstige Kopfjägerfamilie lebt längst in einem der westlichen Zivilisation entstammenden Haus. Ihre Mitglieder arbeiten als Unternehmer und Staatsangestellte in hohen Positionen. Nur die Totengesänge und Tänze lassen noch die Wurzeln erkennen.

Road Master

MEMORY OF

Beloved Mother
PANCHO,
MARY ANN
CRIS, HELEN & children
AMY and CHILDREN
CEL, ELY & children

Im Alten Testament (2. Könige 5, 10, 14) wollte der Aussätzige Naeman zuerst nicht tun, wie ihn der Prophet Elisa geheißen hatte, und hingehen und sich siebenmal im Jordan waschen, doch später gehorchte er doch und ging hin und wusch sich siebenmal und wurde vom Aussatz geheilt.
In der Apostelgeschichte (3, 6–8) heilt Petrus im Namen Jesu einen von Geburt an Lahmen. Er sprach zu ihm: »Silber und Gold habe ich nicht; was ich aber habe, das gebe ich dir: im Namen Jesu Christi von Nazareth geh umher.« Der Lahme wurde geheilt und ging umher und lobte Gott.
Ich bin diesen Beispielen oft gefolgt. Ich sandte einen Mann und dessen Tochter, die beide an Arthritis litten, zu den heißen Quellen von Asin, um dort zu baden. Beide glaubten und gingen nach Asin, um zu baden; nach zwei Tagen kehrten sie zurück, um mir zu zeigen, daß sie geheilt waren. Zum Dank brachten sie mir reife Bananen. Ich hieß sie Gott danken, nicht mir.
Bei einer anderen Gelegenheit verwendete ich eine schmerzstillende Medizin, die ich selbst hergestellt hatte, um die Halsschmerzen einer Frau zu kurieren. Ich sagte zu ihr: »Dies wird dir helfen; nimm es und gehe hin in Frieden.« Nach zwei Tagen brachte die Frau Kartoffeln und dankte mir. Ich sagte auch zu ihr, daß sie nicht mir danken, sondern in ihre Kirche gehen und Gott preisen solle.
Einmal wurde ein Mann, der seit seiner Kindheit – seit dreißig Jahren – gelähmt war, zu mir gebracht. Als ich seine Füße anfaßte, brach er zusammen wie ein Epileptiker. Ich bat ihn, sich nicht zu fürchten. Nachdem ich ihn elfmal mit spiritueller Therapie behandelt hatte, konnte er wieder gehen. Zum Dank für die Heilung seines Sohnes brachte mir der Vater einen Hahn. Ich hieß ihn, Gott zu danken und in Frieden nach Hause zu gehen.
Gott zeigte mir seine wunderbaren Wege zu heilen an vielen Menschen, jung und alt, die von weit her zu mir kamen. In einem Buch, das den Titel ›Die Schätze Gottes‹ trägt, habe ich die Heilungen an 4423 Personen – Männern wie Frauen, Mädchen, Buben und Kleinkindern – aufgezeichnet. Die in diesem Buch festgehaltenen Heilungen umfassen den Zeitraum zwischen dem 30. Juni 1972 und dem 31. Dezember 1976. Seither erfasse ich meine tägliche Arbeit des Heilens in einem neuen Buch.

Verschiedene Methoden des Heilens

1. Medizinisches Heilen, das am Körper durch Operationen und Anwendung von Medikamenten durchgeführt wird. Der Mensch operiert, Gott heilt.
2. Psychosomatisches Heilen, wie es von Psychologen und Psychiatern praktiziert wird. Das Ziel ist die Heilung der Gefühle, wodurch als Folgereaktion auch eine Heilung des Körpers erreicht wird. Bei dieser Methode sind manchmal auch heidnische Opfer zielführend.
3. Erkenntnis der Geisteskraft: Das Heilen geschieht durch die Kraft des Geistes, die an das Unterbewußtsein, das alle Körperteile kontrolliert, Gesundheit gleichsam überträgt – das Unterbewußtsein leitet die Gesundheit an die kranken Körperteile weiter, und diese werden geheilt. Diese Theorie wird von Wissenschaftlern bestätigt.
4. Gedankenübertragung: Hier wird über eine Entfernung hinweg mit Hilfe von Gefühlen, jedoch ohne Verständigung durch die Sinne, eine Gedankenübertragung von einem Geist zu einem anderen bewirkt. Der verstorbene Pater Manuel Kiley setzte sich z. B. auf diese Weise mit einer Patientin und deren Familie in den USA in Verbindung und vereinbarte einen Zeitplan für die Heilung. Während Pater Kiley dann auf den Philippinen die Heilungsriten zelebrierte, beteten die Eltern der Patientin an ihrem Krankenbett in den USA. Die Patientin genas und sandte Pater Kiley zum Dank tausend Dollar, die er zur Unterstützung der Ambulanz des St.-Theodor-Krankenhauses in Sagada verwendete.
5. Heilen durch den Glauben: Die Krankheit wird durch den Glauben geheilt. Dabei werden folgende Methoden angewandt:
a) Magnetopathisches Heilen geschieht durch Handauflegen auf die kranke Person, wobei der Heiler zu Gott betet, er möge seinen Händen die Kraft zur Heilung des Kranken verleihen.
b) In der spirituellen Therapie wird z. B. bei Arthritis und Kropf durch Gebet, Massage, Bewegung der Knochen sowie Berühren der kranken Körperteile und gleichzeitige Konzentration des Geistes auf diese Teile die Heilung erreicht.
c) Durch Gebet und Punktierung der Nerven und des Gehirns einer an Meningitis oder Nervenentzündung erkrankten Person werden die Nerven aufgerüttelt und mit Gottes Hilfe wieder in ihre normalen Funktionen zurückversetzt.

All diese verschiedenen Arten des Heilens sind Geschenke des Heiligen Geistes – Gottes unerforschliche Wege, dem Menschen Gesundheit, Leben und Ganzheit zurückzugeben, zu seiner Ehre und zur Freude des Menschen. Gott ist die Quelle allen Heilens, und er wählt das Werkzeug, mit dem er heilt. Er kann sogar den Idioten wählen, um den Weisen zu beschämen, wenn dieser nicht seine Pflicht erfüllt.

Dasselbe gilt für uns, die Diener der Kirche: wenn wir nicht unsere Pflicht tun, kann sich Gott der Heiden bedienen, um uns zu beschämen. Was können wir als Priester anbieten, das als Heilmethode über dem heidnischen Opfer steht?
Die Heiler sind Gottes Werkzeuge zur Wiederherstellung der Gesundheit, der physischen und psychischen Ganzheit des Menschen. Ihr und ich, wir sind kraft unserer Priesterweihe Heiler. Darin liegen unser Auftrag und unsere Berechtigung, zu heilen. Jesus sandte seine Jünger aus, zu predigen, die Kranken zu heilen, Teufel auszutreiben, Seuchen zu bannen und das Evangelium zu verkünden (Lukas 9, 1–2). Ihr und ich, wir wurden durch unsere Weihe zum Diakon und Priester beauftragt. Daher sind wir Heiler. Fürchtet euch nicht, zur Ehre Gottes zu heilen!
Jesus sagte: »Euer Herz erschrecke nicht. Glaubet an Gott und glaubet an mich« (Johannes 14, 1). Weiter sagte er: »Wer an mich glaubt, der wird die Werke auch tun, die ich tue, und wird größere als diese tun, denn ich gehe zum Vater« (Johannes 14, 12). Dann sagte er weiter: »Und was ihr bitten werdet in meinem Namen, das will ich tun, auf daß der Vater geehrt werde in dem Sohne; was ihr bitten werdet in meinem Namen, das will ich tun« (Johannes 14, 13–14). Er hat dieses Versprechen gegeben, und er wird es erfüllen durch die, die in Reinheit und ohne Zweifel ihm dienen.

Ziel des Heilens

Als Heiler müssen wir zuerst den Menschen und seine Zusammensetzung betrachten. Ärzte konzentrieren sich auf den Körper des Menschen, während Psychologen und Psychiater seine Gefühle in den Mittelpunkt stellen. Jedoch die Kirche und ihre Heiler – also die Diener der Kirche, zu der wir, ihr und ich, gehören –, sie betrachten den Menschen als eine Dreifaltigkeit von Körper, Geist und Seele. Dies ist die wahre Zusammensetzung des Menschen, die Millionen von uns bereits vergessen haben. Es sollte unser Ziel als Diener oder Priester der Kirche sein, unsere Patienten und unsere Kirchengemeinde zu besseren Menschen zu machen. Doch tun wir dies nicht ohnehin, wenn wir beraten, lehren, predigen, taufen, die Kranken betreuen, die Messe lesen und die heilige Kommunion ausgeben? – Wir tun es. Durch all diese Handlungen bringen wir Gesundheit und Ganzheit den Starken wie den Schwachen, den Kranken wie den Gesunden; daher sind wir Heiler zur Ehre Gottes.
Alles in allem hat die Kirche die Heilungsaspekte des Auftrags Jesu Christi, der im besonderen die Heilung der Kranken betrifft, vernachlässigt, und daher bedient sich Gott nun der Heiden, der Spiritisten, Jehovas und anderer, um die Diener der Kirche wachzurütteln.
Was können wir als Priester tun, um unserem Heilungsauftrag gerecht zu werden?
Wenn ihr das Neue Testament nehmt, werdet ihr lesen, daß der menschgewordene Herr Jesus Christus die Kranken geheilt hat und seinen Jüngern befahl, nicht nur zu predigen und zu taufen, sondern auch die Kranken zu heilen, die Teufel zu vertreiben, die Toten zum Leben zu erwecken, Seuchen zu bannen und so weiter. Es sollte uns daher nicht überraschen, daß dieser vernachlässigte Aspekt des christlichen Glaubens und Auftrags wieder Beachtung findet. In Kanada, Amerika, England, Indien, auf den Philippinen und in anderen Ländern könnt ihr in Büchern und Zeitungen über die Heilungsbewegung lesen. Doch wie steht es um uns hier in der Episkopalkirche der Philippinen, die wir so kleingläubig sind? Wir müssen unsere Tatenlosigkeit in einer Sache, die Teil unseres Auftrags ist, eingestehen.

Anwendung des Heilens

Paulus gebot den Kolossern, alles, mit Worten oder Werken, im Namen Jesu zu tun und Gott dem Vater durch ihn zu danken. Sogar die Verfasser der Psalmen jener Tage schrieben zur Ehre Gottes. Im Psalm 95 heißt es: »Laßt uns dem Herrn frohlocken; lasset uns mit Danken vor sein Angesicht kommen und mit Psalmen ihm jauchzen.« Im Psalm 100 heißt es: »Jauchzet dem Herrn, dienet dem Herrn mit Freuden, und kommt vor sein Angesicht mit Frohlocken. Gehet zu seinen Toren ein mit Danken, zu seinen Vorhöfen mit Loben; danket ihm und lobet seinen Namen!«
Dasselbe gilt für die Dichter, zum Beispiel die Verfasser der Hymnen Nummer 268, 310, 422, 455, 517 und so weiter. Wenn ihr sie lest oder singt, werden euch diese Hymnen die Schönheit des Heilens und der Wiedergabe der Gesundheit an Leidende vor Augen führen.
Ich übe das Heilen auf folgende Weise aus: Ich halte das Baby oder das Kind in meinen Armen und bringe es dem Herrn dar. Erwachsene liegen auf meinem Therapietisch, oder ich lasse sie sitzen; eine Frau oder ein Mädchen bedecke ich mit einem weißen Leintuch. Dann singe ich ein Heilungslied oder einen Heilungspsalm, bitte den Herrn, mich zu erfüllen, in mir und durch mich zu arbeiten und das Kind oder den Erwachsenen von seiner Krankheit zu heilen. Danach wende ich spirituelle Therapie (Massage) und Nervenrütteln an, wenn es sich um Patienten mit Arthritis, Meningitis, rheumatischen Herzbeschwerden oder Lähmungen

etc. handelt. Während ich den Meningitis- oder Arthritispatienten massiere oder punktiere, konzentriere ich auch meinen Geist darauf. Nach Anwendung dieser spirituellen Therapie, dem Nervenrütteln und der geistigen Konzentration danke ich unserem Herrn für die Gelegenheit, ihm in Gestalt der kranken Person dienen zu dürfen; dann singe ich den Lobgesang, das kurze Gloria und segne die Person im Namen der Dreifaltigkeit. Manchmal tue ich dies still für mich in meinen Gedanken und in meinem Herzen. Wie Paulus in seinem Brief an die Epheser (5, 18–20) sagt: »Werdet voll des Geistes ... und saget Dank allezeit für alles Gott dem Vater in dem Namen unseres Herrn Jesus Christus.«

Ihr könnt auch Gruppenheilungen in der Kirche vornehmen. Ihr könnt dies entweder nach der Predigt oder vor der Entlassungshymne tun. Ihr fragt die Gemeinde, wer unter ihnen Probleme und Sorgen hat und wer sich krank fühlt, und laßt sie vortreten an den Altar, wo sie wie zum Empfang der heiligen Kommunion in einer Reihe knien oder stehen sollen. Empfehlt sie dem Herrn, singt eine Hymne – zum Beispiel ›Der Freund, den wir in Jesus haben‹ –, sprecht ein Heilgebet und legt eure Hände auf den Kopf eines jeden von ihnen. Segnet sie im Namen der Dreifaltigkeit. Bittet Jesus, ihnen ihre Schmerzen und Leiden zu nehmen und ihnen Frieden im Geiste und Gesundheit zu schenken. Sagt nun: »Geht hin in Frieden, der Herr Jesus Christus hat euch geheilt. Geht in Frieden.« Es ist jedoch immer am besten, den Heilungsgottesdienst vorher anzukündigen, so daß sie es rechtzeitig wissen.

Bei der Heilung einer kranken Person in ihrem Haus könnt ihr Handauflegen, Beichte und Reue, heilige Kommunion und Ölung anwenden. Ich habe dies oft getan. Als Pater Accos zu mir kam und mich einlud, mit ihm seine Nichte zu besuchen, die bereits in verschiedenen Krankenhäusern einschließlich des St.-Lukas-Hospitals in Manila gewesen war, spendete ich die heilige Kommunion und die Letzte Ölung, um einen Teufel, von dem sie besessen war, auszutreiben. Pater Accos wird dies bestätigen.

Hindernisse beim Heilen

Der Satan ist das größte Hindernis beim Heilen. Er versucht mit allen Mitteln, den Glauben des Heilers und des Kranken ins Wanken zu bringen. So sagte z. B. ein Priester zu mir: »Angenommen, ich tue es und erziele keinen Erfolg; es wäre eine Schande.« Es ist der Satan, der ihn so sprechen läßt.

Ein Patient sagte: »Gott weiß, daß ich leide; er ist barmherzig und voll Liebe – warum heilt er meine Krankheit nicht?«

Weitere Hindernisse entstehen, wenn die kranke Person nicht mit dem Heiler zusammenarbeitet oder ihn anzweifelt, anstatt zu Gott zu beten, daß er sich des Heilers bedienen möge, um ihre Krankheit zu heilen. Wenn der Satan dem Kranken eine andere Person schickt, die ihm von besseren Wegen der Wiederherstellung der Gesundheit spricht, so zerstört er den Geist des Heilers oder den Glauben des Patienten an den Heiler. Ich habe dies oft erlebt.

Wirksamkeit des Heilens

Um wirksam heilen zu können, dürfen wir nicht vergessen, daß es nur zwei große Wirklichkeiten in diesem Universum gibt: das Herz Gottes und das Herz des Menschen, die beide einander suchen. Die persönliche Beziehung in der Verbindung dieser beiden Herzen ist äußerst wichtig. Der Heiler muß eine persönliche Beziehung zu unserem Herrn Jesus Christus haben.

Jesu Christi Beziehung zum Vater ist das beste Beispiel. Im Neuen Testament könnt ihr nachlesen, daß Jesus gewöhnlich allein in die Berge hinaus oder sonst irgendwohin geht, um zu beten. Im Garten von Gethsemane betete er zu seinem Vater. Ihr habt hier ein wahres Gebet vor euch. Der Wille des Menschen, der Verantwortung zu entgehen, und die Unterwerfung unter den Willen des Vaters stehen einander gegenüber: »doch nicht wie ich will, sondern wie du willst« (Matthäus 26, 39). Die Demut und der Gehorsam, zu dienen und die Menschheit zu retten, gehen bis zum Tod.

Die Apostel beteten oft und sogar auch nachts zu unserem Herrn und hielten ihre persönliche Beziehung zu Jesus durch Meditation, Gebet, Ergebenheit und Dank an Gott aufrecht. Die Stärke des heiligen Paulus liegt in seiner persönlichen Beziehung zu Jesus, seine Demut darin, daß er sich seiner Schwachheit rühmt, auf daß die Kraft Christi in ihm wohne (2 Korinther 12, 9). Der heilige Paulus war ein großer Heiler, doch er hatte einen Dorn in seinem Fleisch. Er betete dreimal zu Gott, sein Leiden zu beenden, doch anstatt ihn zu heilen, gab der Herr ihm die Würde, es zu ertragen. Also sprach der Herr zu Paulus, daß seine Kraft in der Schwachheit am größten sei. Dies bedeutet, daß Krankheit und Leiden Würde verleihen und den Weg zu einer höheren geistigen Ebene bereiten.

Mehr Menschen sind zu ihrer Würde von einem Bett aus Schmerzen als von einem Bett aus Rosen aufgestiegen. Ich nenne nur den heiligen Paulus, die heilige Cäcilia, die Patronin der Musik, oder Vater Andre, einen Römer, der die St.-Joseph-Kirche in Montreal, Kanada, gründete und der kein Wissen, sondern Weisheit besaß, die er sich nicht durch Lesen angeeignet hatte, sondern durch seine persönliche Beziehung zu unserem Herrn Jesus Christus gewonnen hatte. Auch er war ein großer Heiler.

Jesus sprach: »Bleibet in mir und ich in euch. Wer in mir bleibt und ich in ihm, der bringt viele Frucht; denn ohne mich könnt ihr nichts tun. So ihr in mir bleibet und meine Worte in euch bleiben, werdet ihr bitten, was ihr wollt, und es wird euch widerfahren. Darin wird mein Vater geehrt, daß ihr viel Frucht bringet und werdet meine Jünger« (Johannes 15, 4–5, 7–8). Und er sprach: »Meine Worte werden nicht vergehen« (Matthäus 24, 35).

Gott ist wahr, Gott ist allmächtig. Er spricht keine nichtigen oder eiligen Worte oder führt seine Geschöpfe in die Irre. Wir dürfen beruhigt sein, daß er seine Versprechen erfüllen wird. In all seinen Werken und seinen Worten zeigen sich Geist und Wille einer unendlichen Weisheit und Macht. Wir können ihre Bedeutung und ihren Wert nicht erfassen und vertrauen daher auf sie als die Worte eines lebendigen Gottes, der aufrichtig und wahr spricht.

Der Prophet Isaias sagte: »Weh mir, ich vergehe! Denn ich bin unreiner Lippen; denn ich habe den König, den Herrn Zebaoth, gesehen mit meinen Augen. Als der Herr sprach: ›Wen soll ich senden? Wer will unser Bote sein?‹, da antwortete er trotz seiner Unwürdigkeit: ›Hier bin ich, sende mich!‹« (Isaias 6, 5–8.) Und er sprach: »Suchet den Herrn, solange er zu finden ist; rufet ihn an, solange er nahe ist« (Isaias 55, 6). Er glaubte und er handelte.

Jakobus sagte: »Ihr habt nicht, darum daß ihr nicht bittet; ihr bittet und nehmet nicht, darum daß ihr übel bittet« (Jakobus 4, 2, 3). Und weiter sagte er: »So aber jemand unter euch Weisheit mangelt, der bitte Gott, der allen gern und ohne harte Worte gibt; er bitte aber im Glauben und zweifle nicht, denn wer da zweifelt, der ist gleich wie die Meereswoge, die vom Winde gepeitscht und umhergetrieben wird« (Jakobus 1, 5–6).

König Salomon bat den Herrn, ihm Weisheit und Erkenntnis zu geben, und der Herr gab sie ihm (2 Chronik 1, 1). Gott sprach zu Salomon: »Weil du nicht um Reichtum noch um Gut, noch um Ehre, noch um deiner Feinde Leben gebeten hast, sondern weil du um Weisheit und Erkenntnis gebeten hast, daß du mein Volk richten mögest, darüber ich dich zum König gemacht habe, sei dir Weisheit und Erkenntnis gegeben« (2 Chronik 1, 11–12).

Diese Stellen der Heiligen Schrift zeigen in lebensnaher Weise die persönliche Beziehung in der Verbindung dieser Menschen zu Gott, wie wir sie nachahmen sollen, um wirkungsvolle Heiler sein zu können. Von ihm könnt ihr lernen durch das Lesen seiner Schriften, durch Hingabe, Meditation und tägliche Aufopferung im Dienst für ihn. Sprecht zu ihm und lest die Bibel und besonders das Neue Testament, als wäre es eure Zeitung; »lest und gebet acht, lernt und nehmt in euch auf, damit ihr durch die Geduld und den Trost, den ihr aus den heiligen Schriften schöpfet, die Hoffnung auf das ewige Leben durch Jesus Christus erlangen und behalten möget« (Kirchengebet, 2. Advent).

Erfolg des Heilens

Der heilige Paulus hat die Antwort auf diese Frage, wenn er in seinem Brief an die Galater (6, 9) schreibt: »Laßt uns Gutes tun und darin nicht ermüden! Denn wenn wir nicht ermatten, werden wir zur rechten Zeit auch ernten.« Und in seinem Brief an die Korinther (2. 4, 16–17) sagt er: »Mag auch unser äußerer Mensch aufgerieben werden, unser innerer erneuert sich Tag für Tag. Denn die leichte Augenblickslast unserer Trübsal bringt uns eine überschwengliche, ewige, alles überwiegende Herrlichkeit.«

Diese Worte bedeuten, daß der Erfolg Gott gebührt. Entweder gibt er einer Person ihre äußere Gesundheit wieder, mit der sie weiterlebt; oder er verleiht ihr die Kraft, auf geistiger Ebene zu leben. Ich habe dies bei einigen meiner Patienten beobachten können. Sie haben in der Nacht zu mir gesprochen und mir für ihre Heilung gedankt. Viele meiner Patienten sind in die Welt des Geistes gegangen und waren bereits im Geiste geheilt.

Gottes Wille geschieht. Es ist Gottes Wille, den Patienten sofort zu heilen oder ihm täglich fortschreitende Besserung in seinem Erdendasein zu schenken oder ihn spirituell zu heilen und ihm dadurch ein Leben in der Welt des Geistes zu ermöglichen. Es ist unsere Aufgabe, die Patienten – und besonders jene, die sich in einem kritischen Zustand befinden – von diesen Möglichkeiten in Kenntnis zu setzen. Wir sind nur die Vermittler Gottes zwischen ihm und dem Patienten.

Die meisten Patienten möchten sofort einen Erfolg sehen. Der Mensch möchte, daß sein Wille oder Wunsch in Erfüllung geht und nicht Gottes Wille geschehe. Wie wir jedoch aus dem Gebet Jesu im Garten von Gethsemane sehen, soll Gottes Wille nicht dem Wunsch des Menschen unterworfen werden. Bischof Charles Brent meinte, daß den Wünschen des Menschen deshalb nicht immer stattgegeben wird, weil sein Leben in vollkommener und freudiger Einheit mit dem Willen Gottes stehen sollte; wenn unser Wille im Einklang mit seinem Willen ist, so wird uns unsere Armut auf unser nächstes oder übernächstes Leben angerechnet.

Zusammenfassung

Je mehr ihr euch als Heiler Gott nähert, desto mehr solltet ihr euch eurer Winzigkeit und Unwürdigkeit bewußt werden. Doch bittet ihn trotz eurer Bedeutungslosigkeit, in euch zu kommen und in euch zu sein, denn ohne ihn könnt ihr nichts tun. Laßt ihn eure Bitten wissen; dann könnt ihr durch ihn alles tun.
Dies stimmt sowohl mit den Gedanken des heiligen Paulus als auch mit den Worten des indischen Heilers Sadhu Sandar Singh überein, der sagte: »Anstatt um Geschenke zu bitten, bittet den Spender aller Geschenke; anstatt um Leben zu bitten, bittet den Schöpfer allen Lebens; und bittet um die Erhaltung des Lebens, und Leben wird euch gegeben werden« und durch euch in die kranke Person fließen. Ihr seid wahrlich die Verbindungsleitung vom Brunnen des Lebens zur kranken Person, die Gesundheit und Leben braucht.
Erbietet euch, seine Diener und Werkzeuge zu sein, als die er euch seine Zwecke erfüllen läßt, zu seiner Ehre und Herrlichkeit. Haltet euch vor Augen, daß er es ist, der durch euch wirkt. Denn er hat gesagt: »Was ihr bitten werdet in meinem Namen, das will ich tun« (Johannes 14, 14).
Da er anbietet, unsere Angelegenheiten zu übernehmen, überlaßt sie ihm und seiner unendlichen Weisheit, während ihr euch ihm und dem Patienten widmet. Er wird nicht nur die Gebrechen und Krankheiten der Patienten, sondern auch eure eigenen tragen. So erfüllt sich das Wort des Propheten Isaias, der da sagte: »Er hat unsere Gebrechen auf sich genommen, und unsere Seuchen hat er getragen« (Matthäus 8, 17).
Denkt immer daran, daß Jesus bei euch ist und als stiller Zuhörer alles weiß, was ihr sagt und tut. Auch in diesem Augenblick beobachtet er uns und hört uns lächelnd zu. Und im stillen hören wir seine Stimme: »Denn wo zwei oder drei versammelt sind in meinem Namen, da bin ich mitten unter ihnen« (Matthäus 18, 20). Jesus arbeitet noch immer unter uns; denn ihm liegen die am Herzen, die ihn lieben, aber auch jene, die ihn nicht lieben.
Wenn ihr heilt, sollt ihr daher bedenken, daß nicht ihr es seid, die die Arbeit tun. Er tut sie für euch. Wenn er euch erlaubt, sie für ihn zu tun, so vollbringt ihr nicht nur die Arbeit eines Engels, sondern tut Gottes Arbeit. Ihr erleuchtet nicht nur die Kümmernisse eurer Patienten, sondern seid den Engeln nahe und dient dem Herrn über sie. Und wie ihr ihm voll des Glaubens dient, so werdet ihr auch die himmlische Freude des Vaters erkennen und teilen, und euer Herz wird voll der Freude sein.

Gespräch mit Dr. Tony Araneta, Manila

Gert Chesi: Worin besteht der Unterschied zwischen der Denkweise philippinischer Heiler und der europäischer Ärzte?
Tony Araneta: Hier denkt man grundsätzlich in anderen Dimensionen, auf einer anderen Ebene. Wir denken nicht in materiell meßbaren Dimensionen – zeitlicher oder räumlicher Natur – wie die Europäer.
Man mag uns vorwerfen, daß wir nicht sehr pünktlich sind, aber wir haben oft kein ausgeprägtes Zeitbewußtsein. Wir denken vielmehr in Kategorien des Glaubens und Vertrauens und nicht in erster Linie in Beweissystemen.
Wir haben eine eher unterschiedliche Auffassung von Glaubwürdigkeit und genauso ein anderes Konzept von Raum und Zeit.
Und nun kommen diese rational orientierten Leute zu uns, um eine Erklärung zu suchen. Wozu? Sie sollten lieber versuchen, den Standpunkt der Heiler zu verstehen, als auf den eigenen Vorstellungen zu verharren.
Die Frage ist nicht, ob eine Denkweise über der anderen steht, es ist die Frage, von welcher Seite man es sieht. Die Rationalisten verlangen, daß die Heiler ihnen in rationalen Begriffen erklären, was sie tun.
Ich selbst muß mit Bedauern feststellen, daß viele dieser Heiler von Forschern entwurzelt worden sind – von Forschern, die versucht haben, sie kommerziell auszunutzen, sie in

Laboratorien zu untersuchen und sie mit allen erdenklichen Apparaten zu quälen, um dann den sogenannten ›wissenschaftlichen Gehalt‹ zu extrahieren.
Aber Heiler arbeiten nicht so: Sie kratzen sich am Bauch, wenn sie wollen; sie essen mit bloßen Fingern; und wenn sie heilen, dann nehmen sie damit Augäpfel aus ihren Höhlen und heilen hoffnungslose Krebsfälle, an denen schon die größten Berühmtheiten der Schulmedizin gescheitert sind.
Und so ist das Leben, das sie führen: Sie gehen ins Kino, wenn sie wollen; sie trinken, wenn sie wollen; und wenn sie nichts tun wollen, dann tun sie nichts.
Ein westlich erzogener Mensch wird sich fragen: Wie kann das spirituell, wie kann das christlich sein, wenn man so lebt? Aber diese Menschen denken nicht darüber nach, ob sie christlich sind, sie glauben nur an Christus und wollen der Menschlichkeit dienen und ihre Aufgabe erfüllen.
Ihr Europäer seid es, die all diesen Unsinn von christlicher Reinheit und Heiligkeit erfunden haben. Ihr müßt diese andere Auffassung von Glauben einfach hinnehmen.
Als ich vor dreißig Jahren studierte, da hatte ich diese eure Vorstellung »Erst beweisen, dann Schlüsse ziehen« auch, bis ich mit einem dieser Heiler sprach, der mir nahelegte, die Dinge andersherum zu betrachten: zuerst den Schluß zu ziehen, die Beweise würden sich dann von selbst einstellen.
Ich habe meinen ganzen Glauben in die Sache gelegt und nicht nach den Beweisen gefragt, aber sie kamen, irgendwie kamen sie.
Vor zwei Jahren besuchten mich ein paar sowjetische Wissenschaftler, die sich für dieses Phänomen außerordentlich interessierten. Ich zeigte ihnen die Heiler, und in mehreren Fällen konnten sie auch zusehen, wie die Heilungen durchgeführt wurden. Sie kamen zu dem Schluß, es handle sich um eine höhere Form von Illusion, die man kaum verstehen könne, und weigerten sich einfach, es zu glauben.
Ich glaube nicht, daß die Dokumentation der Heilungen noch von Bedeutung ist – das Problem liegt vielmehr in der Grundeinstellung, an die man glauben muß. In der Geschichte gibt es ja ähnliche Parallelen: Galilei zum Beispiel. Seine Theorien wurden von den Wissenschaftlern seiner Zeit nicht anerkannt. Und auch heutzutage gibt es viele Wissenschaftler, die sich weigern, Tatsachen zu akzeptieren, weil die Lehre es verbietet – weil nicht sein kann, was nicht sein darf. Das heißt aber auch, daß die meisten Revolutionen nicht von diesen Spezialisten kommen.
Genauso sind die meisten Ärzte abgeneigt, das Phänomen Philippinen zu akzeptieren, ebenso wie anfänglich die Akupunktur. Tatsächlich gibt es Berichte, die beweisen, daß die Philippinische Medizinische Gesellschaft im Jahre 1963 verschiedene Studien gemacht hat und zu dem Schluß gekommen ist,

die Akupunktur sei bedeutungslos. Sieben Jahre später hat sich das erst geändert.
Mithin ist es für mich nicht die Frage, ob und wie Operationen bewiesen werden, sondern für mich liegt die Bedeutung im Glaubenskonzept der Leute, die sich damit befassen. Und das deshalb, weil Europäer in ihrem wissenschaftlichen Denken so konditioniert sind, daß sie solche Gegebenheiten nicht akzeptieren können, was aber nicht heißt, daß es sie nicht gibt. Das ist aber nicht unser Problem, es ist deren Problem, es läuft wieder auf die Struktur des Glaubens hinaus.
Diese Beschränktheit durch eingeprägte Glaubensvorurteile ist auf der ganzen Welt verbreitet. Nehmen wir nur die Bevölkerung gewisser Provinzen auf den Philippinen, die etwa die Technologie des Fernsehens oder der Satelliten nicht verstehen können. Es gibt in unserer Zeit sicher Tausende von Menschen, die nicht glauben, daß die Amerikaner auf dem Mond gewesen sind, denn ihr Glaube sagt ihnen, daß dies nicht möglich sei. Und unter ihnen sind viele, die glauben, daß psychische Heilungen durchführbar sind.
Das Wichtigste ist, sich den Dingen um uns mit offenem Geist zu nähern. Das aber ist schwer zu erreichen, denn es gibt keine Methode mehr, den Geist zu öffnen, die nicht durch ein jahrelanges beengendes Denkschema geschwächt oder verkümmert wäre. Das gilt für alle Menschen in dieser Welt. Ich selbst hatte damit zu kämpfen.

Aber irgendwann einmal kommt dann der Moment, wo man sich sagt, es muß endlich einmal Schluß sein mit dieser ›Zuerst-Beweise-Methode‹. Dann fängt man an, die Dinge von einem anderen Gesichtswinkel aus zu betrachten, man beginnt sein Denkgebäude umzubauen, die Haltung zu verändern. Ich würde das ›geistige Umformung‹ nennen.
Auf diese Weise wurde ich – ohne es zu wollen – Heiler. Ich bekam die Fähigkeit, durch Gedankenübertragung zu heilen, und war sehr erstaunt, daß dies – vor zwei Jahren – ausgerechnet hier passierte.
Professor Guillermo Tolentino war vor fünfzehn oder zwanzig Jahren der einzige Intellektuelle auf dieser Insel, der versuchte, eine Verbindung zwischen Spiritismus und Wissenschaft herzustellen, und er gab eine eindeutige Erklärung für das Phänomen, als er sagte: »Es gibt eine immaterielle Seinsform, die alles bewirkt. Man muß auch die reale Welt aus dieser Totalen sehen. Der physikalische Gesichtspunkt ist nur einer von vielen, nur eine Ebene.«
Wenn man nun zu verstehen beginnt, daß Energie und Materie austauschbar sind, kann man nicht länger sagen, alles sei materiell. Es könnte noch eine vierte Dimension geben – nicht fest, nicht flüssig, nicht gasförmig. Und wenn Sie das Problem Geist und Materie als Ganzes betrachten, dann ist alles möglich.

INSTITUT FÜR GERICHTLICHE MEDIZIN DER UNIVERSITÄT INNSBRUCK
VORSTAND: UNIV.-PROF. DR. MED. RAINER HENN
A-6020 INNSBRUCK, MÜLLERSTRASSE 44/III TELEFON 33 6 01/KL. 502; 21 0 36

Um/G

Herrn
Dr. Max Gruber

Andechsstraße 44
6o2o Innsbruck

zu Sp. 1o4

Betr.: Spurenuntersuchung für Gert Chesi, Journalist, Schwaz

Am 3.6.1981 wurden von Dr. Max Gruber Spurenträger überbracht, welche im Auftrag von Gert Chesi, Journalist in Schwaz, dahingehend untersucht werden sollten, ob es sich bei den darauf befindlichen Verunreinigungen um Menschenblut handle. Allenfalls wäre auch eine Verunreinigung durch Blut von Schwein, Henne oder Hund in Betracht zu ziehen.

B e f u n d :

A) Untersuchung mit freiem Auge:

Spur 1: Papierbriefchen, beschriftet mit "Hans Neuner, 27.2.81, PLACIDO". 5 x 6 cm großes Stück eines weißen Baumwolltrikots, flächig braun-rötlich durchtränkt, trocken.

Spur 2: Papierbriefchen, beschriftet mit "Hans Neuner, 28.2.81, JOSEPHINE SISON". 2,5 x 3 cm großes Stück eines hellblauen Trikotstoffes mit bräunlicher bis leicht gelb-grünlicher Durchtränkung, trocken.

Spur 3: Papierbriefchen, beschriftet mit "Helga Zuchristian, 28.2.81, JOSEPHINE SISON". 7 x 6 cm großes Stück hellblauen Trikotstoffes mit Spitzenbesatz, einzelne tropfenartige rotbräunliche Durchtränkungen, trocken.

15 m 11 77 Scheran

INSTITUT FÜR GERICHTLICHE MEDIZIN DER UNIVERSITÄT INNSBRUCK

Um/G - 2 - zu Sp. 1o4

Spur 4: Papierbriefchen, beschriftet mit "JOSEPHINE SISON". Zusammengeknülltes, längliches, braunvertrocknetes Pflanzenblatt mit unregelmäßigen rötlichen Antrocknungen.

Spur 5: Papierbriefchen, beschriftet mit "Trudi Bürgler (Ortner), 1o.3.81, MARCELINO". 1o x 6 cm großes Stück weißen Baumwolltrikots mit flächiger, braunrötlicher Durchtränkung, trocken.

Spur 6: Weißes Briefkuvert, beschriftet "E. Perlinger, 28.2.81, MARCELINO". 3 x 2 cm großes Stück weißen Baumwolltrikots mit o,8 x o,5 cm großer bräunlicher Durchtränkung, trocken.

Spur 7: Papierbriefchen, beschriftet mit "Japanische Patienten, 2o.3.81, JUN LABO".

7a: kleines Stück Papiertaschent-uch mit grüner und weißer Lage mit braunroter fleckiger Durchtränkung, trocken.

7b: Stück weißes Papiertaschentuch mit flächig-fleckigen braunroten Durchtränkungen, trocken.

Spur 8: Nylonsäckchen, beschriftet mit "Rita, 14.3.8o, FLORES". Größeres Stück einer weißen Baumwoll-Damen-Unterhose mit ausgedehnten braunrötlichen Durchtränkungen, trocken.

B) Chemische Untersuchung auf Blut:

Die Untersuchung wurde mittels Benzidin-Reagenz durchgeführt .mit Material von allen angefertigten Spurenträgern und ergab bei allen Proben eine stark positive Reaktion.

C) Artnachweis nach Uhlenhuth, modifiziert nach Werkgartner:

Die Untersuchung wurde mit Spurenmaterial aller Spurenträger zunächst mit hochtitrigem präzipitierendem Anti-Mensch-Serum durchgeführt, wobei ein positives Ergebnis lediglich bei der mitgeführten menschlichen Kontrollprobe eintrat.

INSTITUT FÜR GERICHTLICHE MEDIZIN DER UNIVERSITÄT INNSBRUCK

Um/G - 3 - zu Sp. 1o4

Weiters wurde mit Material von sämtlichen Spurenträgern die Untersuchung mittels hochtitrigem, präzipitierendem Anti-Schwein-Serum durchgeführt, wobei bei Spur 6, 7a, 7b, 8 und der mitgeführten Schwein-Positivprobe ein positives Ergebnis gegeben war.

Weiters wurde die Untersuchung mit Material sämtlicher Spuren mit hochtitrigem präzipitierendem Anti-Huhn-Serum durchgeführt, wobei ein positives Ergebnis nur bei der mitgeführten Positiv-Huhnkontrolle gegeben war.

Ferner wurde noch Spurenmaterial der Spuren 1, 2, 3, 4 und 5 mit präzipit'erendem hochtitrigem Anti-Hund-Serum versetzt, wobei ein positives Resultat lediglich bei der mitgeführten Positiv-Hundkontrolle gegeben war.

B e u r t e i l u n g

An sämtlichen überbrachten Spurenträgern waren blutige Verunreinigungen nachzuweisen. Eine Verunreinigung durch Menschenblut konnte in allen überbrachten Proben ausgeschlossen werden. Bei den blutigen Verunreinigungen auf den Proben 6, 7a, 7b und 8 handelte es sich um Schweineblut. Eine Artzuordnung der blutigen Verunreinigungen in den Spuren 1 bis 5 gelang nicht; jedenfalls konnte ausgeschlossen werden, daß es sich dabei um Hühnerblut oder Hundeblut handelte.

Innsbruck, am 5.6.1981

OA Dr. Umach Paul
Facharzt f. gerichtl. Medizin
OA Dr. univ. med. Paul Umach
allg. ger. beeid. Sachverständiger
Inst. f. gerichtl. Medizin
A 6020 Innsbruck, Müllerstraße 44/II

gesehen:
Univ.Prof.Dr. Rainer Henn
Facharzt f. gerichtliche Medizin
Univ. Prof. Dr. Rainer HENN
allg. ger. beeid. Sachverständiger
Vorstand d. Inst. f. gerichtl. Medizin
A-6020 Innsbruck, Müllerstr. 44/II.

PS: Die unverbrauchten Spurenträger werden mit gleicher Post retourniert.

Das Problem der Blutanalysen

Von Baguio kommend, überbrachte ich dem Innsbrucker gerichtsmedizinischen Institut eine Reihe von Blutproben. Der größte Teil der Proben war blutbefleckten Kleidungsstücken entnommen, die mir von Patienten mit und auch ohne Wissen der Heiler übergeben wurden. Der Innsbrucker Mediziner Dr. Sebastian von Pfaundler sammelte seinerseits verschiedene Entnahmen, die er in Formalin konservierte und ebenfalls zur Untersuchung brachte. – Obwohl wir von anderen Reisenden wußten, daß nur selten Menschenblut verifiziert wird, waren wir der Ansicht, eine gewissenhafte Bestimmung könne eine klarere Basis für kommende Diskussionen bieten.
Die Ergebnisse lagen wenige Tage später vor: in den meisten Fällen handelte es sich um Blut, das nicht zugeordnet werden konn-

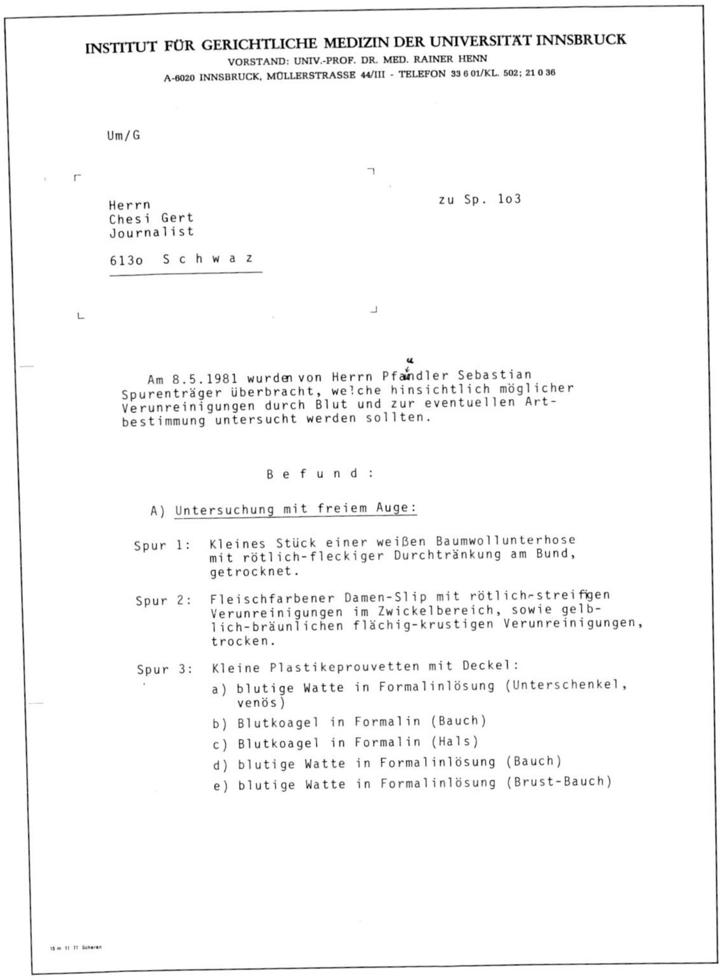
INSTITUT FÜR GERICHTLICHE MEDIZIN DER UNIVERSITÄT INNSBRUCK
VORSTAND: UNIV.-PROF. DR. MED. RAINER HENN
A-6020 INNSBRUCK, MÜLLERSTRASSE 44/III · TELEFON 33 6 01/KL. 502; 21 0 36

Um/G

Herrn
Chesi Gert
Journalist

613o Schwaz

zu Sp. 1o3

Am 8.5.1981 wurden von Herrn Pfaundler Sebastian Spurenträger überbracht, welche hinsichtlich möglicher Verunreinigungen durch Blut und zur eventuellen Artbestimmung untersucht werden sollten.

B e f u n d :

A) Untersuchung mit freiem Auge:

Spur 1: Kleines Stück einer weißen Baumwollunterhose mit rötlich-fleckiger Durchtränkung am Bund, getrocknet.

Spur 2: Fleischfarbener Damen-Slip mit rötlich-streifigen Verunreinigungen im Zwickelbereich, sowie gelblich-bräunlichen flächig-krustigen Verunreinigungen, trocken.

Spur 3: Kleine Plastikeprouvetten mit Deckel:
a) blutige Watte in Formalinlösung (Unterschenkel, venös)
b) Blutkoagel in Formalin (Bauch)
c) Blutkoagel in Formalin (Hals)
d) blutige Watte in Formalinlösung (Bauch)
e) blutige Watte in Formalinlösung (Brust-Bauch)

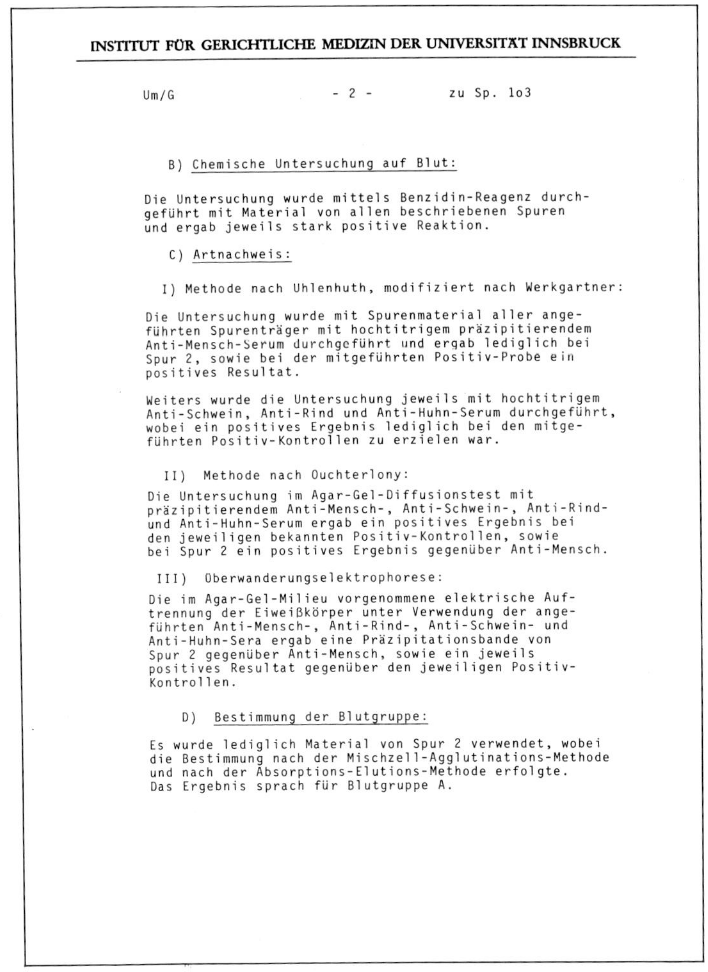
INSTITUT FÜR GERICHTLICHE MEDIZIN DER UNIVERSITÄT INNSBRUCK

Um/G - 2 - zu Sp. 1o3

B) Chemische Untersuchung auf Blut:

Die Untersuchung wurde mittels Benzidin-Reagenz durchgeführt mit Material von allen beschriebenen Spuren und ergab jeweils stark positive Reaktion.

C) Artnachweis:

I) Methode nach Uhlenhuth, modifiziert nach Werkgartner:

Die Untersuchung wurde mit Spurenmaterial aller angeführten Spurenträger mit hochtitrigem präzipitierendem Anti-Mensch-Serum durchgeführt und ergab lediglich bei Spur 2, sowie bei der mitgeführten Positiv-Probe ein positives Resultat.

Weiters wurde die Untersuchung jeweils mit hochtitrigem Anti-Schwein, Anti-Rind und Anti-Huhn-Serum durchgeführt, wobei ein positives Ergebnis lediglich bei den mitgeführten Positiv-Kontrollen zu erzielen war.

II) Methode nach Ouchterlony:

Die Untersuchung im Agar-Gel-Diffusionstest mit präzipitierendem Anti-Mensch-, Anti-Schwein-, Anti-Rind- und Anti-Huhn-Serum ergab ein positives Ergebnis bei den jeweiligen bekannten Positiv-Kontrollen, sowie bei Spur 2 ein positives Ergebnis gegenüber Anti-Mensch.

III) Oberwanderungselektrophorese:

Die im Agar-Gel-Milieu vorgenommene elektrische Auftrennung der Eiweißkörper unter Verwendung der angeführten Anti-Mensch-, Anti-Rind-, Anti-Schwein- und Anti-Huhn-Sera ergab eine Präzipitationsbande von Spur 2 gegenüber Anti-Mensch, sowie ein jeweils positives Resultat gegenüber den jeweiligen Positiv-Kontrollen.

D) Bestimmung der Blutgruppe:

Es wurde lediglich Material von Spur 2 verwendet, wobei die Bestimmung nach der Mischzell-Agglutinations-Methode und nach der Absorptions-Elutions-Methode erfolgte.
Das Ergebnis sprach für Blutgruppe A.

te; einige der Proben brachten den Beweis von Schweineblut, und nur eine Untersuchung ergab Menschenblut der Gruppe A. Für uns stellt sich nun die Frage, was diese Informationen über das Phänomen Geistheilung auszusagen vermögen.

Dort, wo Schweineblut vorliegt, kann einerseits mit einem Schwindel gerechnet werden, andererseits könnte es sich nach Ansicht einiger Parapsychologen um sogenannte ›Apporte‹ handeln. Eine Bestätigung von Menschenblut erfolgte im Zuge der Untersuchungen der von Dr. Pfaundler gewonnenen Proben. Interessanterweise ergab die zweite Prüfung, daß die gewonnenen Proben zwar kein Menschenblut waren, aber auch als Tierblut nicht erkannt werden konnten. Zu diesem zunächst verwirrenden Ergebnis nahm in einem späteren Gespräch der Schweizer Parapsychologe Prof. Dr. Hans Naegeli Stellung.

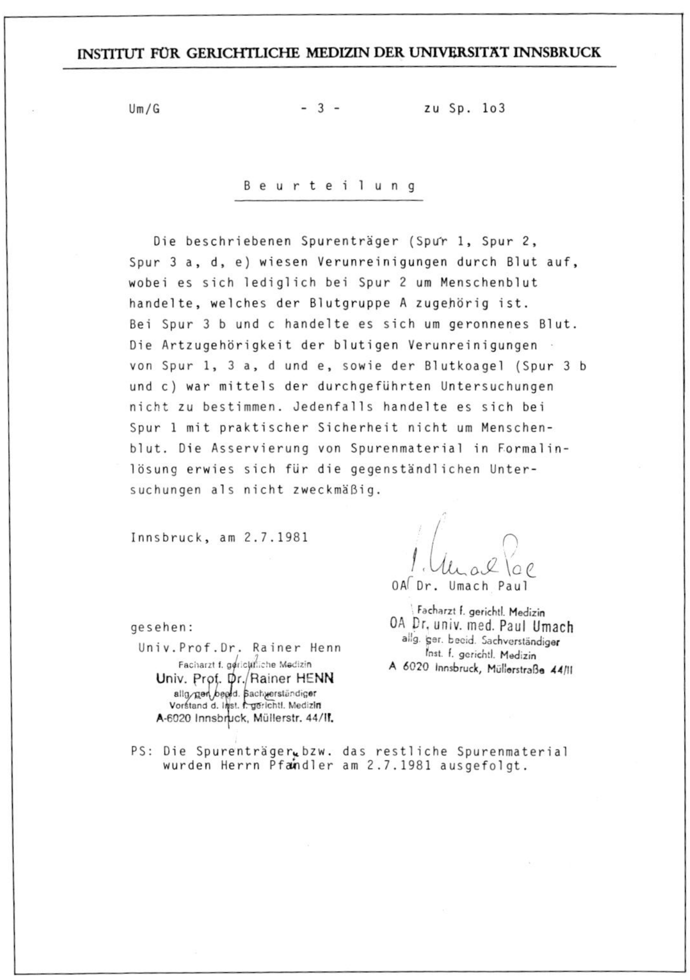
INSTITUT FÜR GERICHTLICHE MEDIZIN DER UNIVERSITÄT INNSBRUCK

Um/G - 3 - zu Sp. 1o3

B e u r t e i l u n g

Die beschriebenen Spurenträger (Spur 1, Spur 2, Spur 3 a, d, e) wiesen Verunreinigungen durch Blut auf, wobei es sich lediglich bei Spur 2 um Menschenblut handelte, welches der Blutgruppe A zugehörig ist. Bei Spur 3 b und c handelte es sich um geronnenes Blut. Die Artzugehörigkeit der blutigen Verunreinigungen von Spur 1, 3 a, d und e, sowie der Blutkoagel (Spur 3 b und c) war mittels der durchgeführten Untersuchungen nicht zu bestimmen. Jedenfalls handelte es sich bei Spur 1 mit praktischer Sicherheit nicht um Menschenblut. Die Asservierung von Spurenmaterial in Formalinlösung erwies sich für die gegenständlichen Untersuchungen als nicht zweckmäßig.

Innsbruck, am 2.7.1981

OA Dr. Umach Paul
Facharzt f. gerichtl. Medizin
OA Dr. univ. med. Paul Umach
allg. ger. beeid. Sachverständiger
Inst. f. gerichtl. Medizin
A 6020 Innsbruck, Müllerstraße 44/II

gesehen:
Univ.Prof.Dr. Rainer Henn
Facharzt f. gerichtliche Medizin
Univ. Prof. Dr. Rainer HENN
allg. ger. beeid. Sachverständiger
Vorstand d. Inst. f. gerichtl. Medizin
A-6020 Innsbruck, Müllerstr. 44/II.

PS: Die Spurenträger bzw. das restliche Spurenmaterial wurden Herrn Pfaundler am 2.7.1981 ausgefolgt.

Dr. Hans Naegeli-Osjord

Gert Chesi: Herr Dr. Naegeli, eines der umstrittensten Probleme innerhalb des großen Themenkreises der Geistheilung sind die von westlichen Medizinern durchgeführten Blutanalysen.

Hans Naegeli: Die Ergebnisse der Blutanalysen waren auch für mich ein grundlegendes Problem. Viele meiner Blutproben ergaben nicht, wie erwartet, Menschenblut, sondern Huftier- oder Hühnerblut.

Ich konnte mir das zunächst nicht erklären. Heute vertrete ich die Auffassung, daß nur das wenigste Blut, das wir bei diesen Interventionen gewinnen, aus dem Körperinneren oder aus Adern stammt. Ich kann mir heute auch nur schwer vorstellen, daß bei diesen Eingriffen Blutgefäße angeschnitten werden.

Wenn es sich um Blut aus dem Körper handelt, könnte ich mir vorstellen, daß dieses im Körperinneren dematerialisiert und an der Körperoberfläche rematerialisiert wird.

Eine andere Möglichkeit wäre ein Apport von irgendwelchem Blut, das von Geistwesen bezogen und zur Operationsstelle gebracht wird. Auch hier wären eine Dematerialisation und eine Rematerialisation die Grundlage. Der Transport erfolgt auf paranormalem Wege. In diesem Fall könnte das Blut von einem Tierwesen stammen. Sollte das gewonnene Blut aber aus dem Körperinneren kommen, dann könnten die Bioenergien des Heilers das Blut in irgendeiner Weise verändert haben.

Die Blutproben, die ich dem gerichtsmedizinischen Institut in Zürich übergab, wurden alle nach der Ouchterlony-Methode bearbeitet – das ist eine Methode, in der Ausfällungslinien beurteilt werden. Diese Albuminausfällungslinien sind bei jeder Tiergattung verschieden. Auch beim Menschen sind sie nicht immer gleich und müssen daher vom Untersuchenden interpretiert werden, wobei selbstverständlich Irrtümer entstehen können.

Bei der Prüfung meiner Blutproben mit der Ouchterlony-Methode sind einige der Proben als Menschenblut, andere als Tierblut beurteilt worden. Von Dr. Larger in Paris habe ich erfahren, daß das Blut, das er in meiner Gegenwart bei Josephine Sison gewann, als Schafsblut deklariert wurde. Das ist allerdings kaum möglich, denn in diesem tropischen Klima gibt es keine Schafe. Es könnte höchstens aus einer Distanz von mehreren hundert Kilometern aus dem Gebirge bezogen worden sein. Solche Analysen machen uns natürlich skeptisch.

Als ich mir bei Mercado eine seiner spirituellen Injektionen machen ließ, blutete es nur sehr wenig, so daß ich mir einen größeren Tropfen, der für die Probe nötig war, aus dem Arm drückte. Bei der Untersuchung kam aber Tierblut zutage. Das zeigt mir mit

Sicherheit, daß da irgendwo eine Fehlerquelle besteht. Es wäre natürlich denkbar, daß durch diese enorme, uns physikalisch unbekannte Bioenergie beim spirituellen Einstich die Bluteiweißlinien verändert werden.
Der berühmte japanische Arzt Dr. Hiroshi Motoyoma in Tokio hat mit einer anderen Methode, der Absorptions-Inhibitions-Methode, in den meisten Fällen nachgewiesen, daß das Blut, das bei den Interventionen gewonnen wurde, mit dem der Patienten identisch war. Es scheint mir, daß diese japanische Methode exakter funktioniert als unsere Ouchterlony-Methode.
Wir sind erst kürzlich bei einem Treffen mit Prof. Schiebeler in Ravensburg zu der Ansicht gelangt, daß wahrscheinlich die allermeisten Blutmaterialisationen nicht aus dem Körper des Patienten gewonnen werden, sondern daß sie unter den Händen des Heilers nach dessen Vorstellung entstehen. Die Kernfrage zu diesem Problem ist, ob eine intensive Vorstellung, die von einem in Trance befindlichen Heiler produziert wird, sich materialisieren kann. Dazu könnte ich vieles erzählen.
Ich war kürzlich in Indien, bei Sai Baba und auch bei Sri Ganapathy Sachchidananda, dem berühmten Feuer-Swami. Am 4. März, dem Feiertag des Feuergottes, stellte er sich für dreizehn Minuten in einen Feuerpfuhl und zelebrierte weiter die Messe. Für über eine Minute senkte er seinen Kopf vollständig in den Feuerpfuhl, und als er wieder sichtbar wurde, brachte er eine Materialisation hervor in Gestalt einer silbern glänzenden aufgerollten Kobra, die unter ihrem Haupt einen kristallenen Lingam hatte. Diese sehr fein gebildete Materialisation brachte er vom Grund des Feuerpfuhls, der 1,80 Meter tief war, herauf.
Als wir Gelegenheit erhielten, mit ihm zu sprechen, lehnte er sich plötzlich zurück, schloß die Augen, kam offensichtlich in Trance und schlug dann seine Hände aufeinander. Wir dachten schon, das sei nun das Ende unseres Gesprächs, aber nein: er nahm die Hände auseinander, schüttelte sie und brachte zwei Münzen hervor, die er einer Dame zu seiner Linken und mir gab. Das war eine Materialisation.
Natürlich wird mir hier in Europa erklärt, das sei ein reiner Taschenspielertrick. Wir müssen uns jedoch vorstellen, daß dieser Feuer-Swami vor unseren Augen und Kameras dreizehn Minuten im Feuerpfuhl stand, ohne daß er im geringsten berührt war. Auch sein weißes Gewand war noch so weiß wie zuvor. Ein Mann, der so etwas kann, hätte gar keinen Grund, uns mit einem Taschenspielertrick zu betrügen. Außerdem geschehen diese Materialisationen so häufig, daß ein Trick vollständig ausgeschlossen werden kann. Kein Zauberkünstler könnte eine Handvoll feinster Asche aus dem Ärmel

fließen lassen, ohne daß diese zerstiebt. Das hat Sai Baba viele Tausende Male vor sehr kritischen Beobachtern gemacht, und nie konnte ein Betrug entdeckt werden.

Materialisationen kommen also vor! Das ist eine absolute Sicherheit, die bloß nicht mit unserem westlichen Denken zu vereinbaren ist. Wir müssen hier die von Oskar Marcel Hinze entdeckte Tatsache berücksichtigen, daß für den Inder nie die reine Scheidung von Materie und Geist stattfindet. Für den indischen Denker ist bereits alles Denken und jede Vorstellung ein Teil der mentalen Sphäre und äußerst verdünnte Materie. In einer kontinuierlichen Verdichtung kommt dann die Astralsphäre – das wären unsere Gefühle – und dann die Äthersphäre, die wir als Bildekörperleib bezeichnen würden. Dann erst käme für den Inder die Materie.

Es besteht also ein kontinuierlicher Übergang der Verdichtung vom Gedanken bis zur Materie. Gedanke ist schon Materie. Deshalb ist es für den indischen Denker kein Problem, anzunehmen, daß sich der Gedanke, der ja schon Materie ist – im Gegensatz zu dem rein göttlichen Sein, dem Purusha –, verkörperlicht. Wenn wir das berücksichtigen und versuchen, in anderen logischen Kategorien zu denken, dann ist all das, was auf den Philippinen geschieht, ganz logisch und leicht verständlich.

Einmal war ich als Mitglied einer sogenannten Ärztereise bei Flores. Damals wurde eindeutig festgestellt, daß die von Flores hervorgebrachten Eingeweide als Darm zu erkennen waren. Aber es war kein Darm, der am Mesenterium* aufgehängt war, man sah auch keinerlei Haut am Darm herunterhängen.

Auf einem Film, den Hans A. Traber drehte, sahen wir das Erscheinen von Ektoplasma am Hals eines Patienten. Das war bei Tony Agpaoa. Ich habe diese Substanz, die wir als Ärzte nie sehen, berühren dürfen. Wenn in einem solchen Fall der Körper geöffnet erscheint, dann ist die Materie so weit dematerialisiert, daß man ins Körperinnere schauen kann. Im Jahre 1971 habe ich bei dem Heiler Gacusa auf diese Weise das Rückgrat von vorn gesehen. Alles übrige war dematerialisiert. Einmal sah ich auch die Innenfläche eines Magens: der ganze obere Teil war dematerialisiert, und ich sah auf die Innenseite, auf der sich ein absolut klassisches Magengeschwür zeigte.

Inwieweit heute mit Tricks gearbeitet wird, das vermag ich nicht zu beurteilen. Ich möchte aber sagen, daß bei den allermeisten Interventionen nicht mehr in den Körper eingedrungen wird. Das Blut wird unter der Hand des Heilers materialisiert. Wir sehen bei solchen Materialisationen immer Koagula**. Motoyoma sagt dazu, daß die stärkste Heilkraft vom Mittelfinger des Heilers

---

* Dünndarmgekröse

** Koagula: Mz. von Koagulum = Blutgerinnsel

ausstrahlt. Dort endet einer der Meridiane. Von Frau Seutemann, die einige Monate bei Agpaoa arbeitete, erhielt ich die Auskunft, daß das koagulierte Blut immer in der Nähe des Mittelfingers entsteht.

Wenn man nun Blut zum Zweck des Schwindels heranschaffen würde, wäre es entweder ganz geronnen oder noch nicht geronnen. Das normale Blut gerinnt in zwei bis drei Minuten. Die Heiler müßten also sehr geschickte Leute sein, wollten sie Blut in diesem Zustand bei allen Eingriffen verfügbar haben. Das halte ich für unmöglich. Wir waren zu viele Personen, die all das beobachtet haben. Wer nicht Monate auf den Philippinen war und Tausende solcher Interventionen gesehen hat, der kann das einfach nicht beurteilen. Es ist nicht möglich, daß man wie Bender zweimal fünfundvierzig Minuten zuschaut und dann ein Urteil hat. Ich halte so etwas für sehr unwissenschaftlich. Man muß alles unternehmen, um bei den verschiedensten Heilern die verschiedensten Methoden kennenzulernen.

Bei zweien meiner Forschungsreisen kam Prof. Schiebeler von der Fachhochschule für Physik in Ravensburg mit mir, und auch Prof. Kirchgessner, Rektor an derselben Fachhochschule, war mit dabei. Wir besuchten damals Josephine Sison, und ich habe mich für eine ihrer berühmten Wattebehandlungen zur Verfügung gestellt. Wir hatten das Glück, diese Aktion wunderbar auf den Film zu bekommen. Die Watte verschwand zwischen Zeigefinger und Daumen in Bruchteilen einer Sekunde total. Prof. Schiebeler hat später diese Fünfundzwanzigstel-Sekunden-Frequenzen des Films einzeln vergrößert, und dadurch wurde sichtbar, wie sich die Watte von außen her auflöst. Nicht einzelne Teile stieben davon, sondern die Konturen werden zunehmend schwächer, bis nichts mehr zu sehen ist. Die Watte hatte sich einfach dematerialisiert. Später wurde diese Watte an meinem Kehlkopf wieder rematerialisiert.

Wir haben also auch hier den Beweis, daß nicht betrogen wurde. Die schnellste Bewegung, die ein Mensch durchzuführen imstande ist, dauert 1/18 Sekunde. Wenn also die Filmfrequenzen 1/25 Sekunde erfassen, dann wäre jeder Schwindel damit sichtbar geworden. Ich betrachte das als einen absoluten Beweis dafür, daß die Watte dematerialisiert wurde, zum Glück in einem durch die Kamera erfaßbaren Zeitraum.

Wir haben auch in der Folge eine Menge anderer Materialisationen gesehen. Bei Emesio Tahilo konnten wir diesen Vorgang genau kontrollieren. Auf der Liege befand sich der Patient. Tahilo war allein, ohne Helfer. Rechts neben ihm stand Prof. Selter, links stand ich, an einer der Ecken stand Dr. Chem, und an der vierten Ecke stand Lyall Watson, der berühmte englische Biologe und Buchautor. Wir hatten alles genau kontrolliert. Am Ende des Eingriffs machte Tahilo drei kreisende Bewegungen mit seinen Händen konzentrisch auf dem Mittelbauch, und wir sahen eine unbestimmte Masse entstehen, die allmählich wie Stroh auszusehen begann und schließlich ein Vogelnest war. In diesem Vogelnest waren noch einige Federn und kleine Steine. Ein Schwindel war unter diesen Voraussetzungen überhaupt nicht möglich.

Wenn man nun von David Oligane erfährt, daß außerordentlich viel gehext wird und daß zum Zweck der Hexerei Puppen angefertigt werden, die im magischen Vorgang eine Entsprechung der zu behexenden Person sind, dann versteht man vielleicht auch das Zustandekommen von Asthma, das durch das Erdrosseln der Puppe bei der Person entstehen kann.

Ich habe verschiedene Male gesehen, wie am Hals eine Schnur materialisiert wurde. Man könnte sich nun vorstellen, daß im feinstofflichen Bereich durch die Verhexung eine feinstoffliche Schnur im Patienten entsteht. Der Heiler, der sich vor der Intervention in Trance versetzt, nimmt diese feinstoffliche Schnur wahr, er sieht sie und entfernt sie in Form einer Materialisation. Das führt die Heilung des Patienten herbei.

Wenn wir nun nochmals die Möglichkeit von Schwindel erwähnen, dann möchte ich sagen, daß sicher sehr viel weniger geschwindelt wird, als man annimmt. Es wäre denkbar, daß geschwindelt wird, wenn die medialen Kräfte der Heiler nicht mehr ausreichen. Das wäre aber noch kein Beweis, daß das Phänomen als solches nicht existiert.

Der westliche Mensch glaubt, es gäbe nur eine Wissenschaft – die Naturwissenschaft. Daß es ungezählte andere Möglichkeiten der Erkenntnis gibt, das weiß er nicht. Spätestens aber seit C. G. Jung müßte man wissen, daß es wenigstens vier Erkenntnismöglichkeiten gibt: über Intuition, über das Gefühl, über Wahrnehmung und über den Intellekt. Das wird von den Naturwissenschaftlern immer noch ignoriert. Der ›Westler‹ kann einfach nicht in anderen Denkkategorien arbeiten. Er anerkennt nur eine Medizin. Daß es eine Akupunktur gibt, die viel älter ist als unsere Medizin, beachtet er nicht. Daß es auch eine magische Medizin gibt, die niemals naturwissenschaftlich angehbar ist, das ignoriert er total. Aber es gibt noch andere Medizinen, die indische oder die Homöopathie, auch die Chiropraktik wurde massiv abgelehnt, besonders in der Schweiz. Heute ist sie anerkannt.

Das kommt alles daher, daß diese Leute gar nicht den Willen haben, etwas anderes zu untersuchen. Sie wollen nicht mehr umlernen. Ihre naturwissenschaftliche Einstellung ist ihre Konfession, die sie nicht zu ändern wünschen. Mit ihr sind sie aufgewachsen, mit ihr wollen sie sterben. Jede andere Haltung bringt eine enorme Verunsicherung.

Briefe

Im April 1981 hatte ich 112 Briefe erhalten, die als Antwort auf 481 ausgesandte Fragebögen eingetroffen waren: Von 112 Patienten waren es 82, die sehr positiv über die Geistheiler berichteten, 21 waren als neutral zu bezeichnen, und nur 9 von ihnen lehnten die Geistheiler und ihre Methoden generell ab. Diese Werte dürfen nicht als statistisch richtig gelten – es wäre nämlich möglich, daß begeisterte Patienten häufiger denn enttäuschte auf meinen Brief reagierten.

Die folgende Auswahl von Briefen darf als typisch für den Gesamttenor der Aktion angesehen werden und soll eine generelle Information bieten. Da angenommen werden muß, daß Patienten anders als Beobachter reagieren, bietet die Gegenüberstellung dieser Briefe und Krankengeschichten einen interessanten Vergleich der Standpunkte.

Bei der Auswahl der Textstellen habe ich mich auf die wesentlichen, die Krankheit bzw. die Heiler betreffenden Passagen konzentriert. Die meisten der Briefe sind deshalb in gekürzter Form, jedoch unverändert, wiedergegeben. Ich bitte Schreiber und Leser um Verständnis.

Meiner Aussendung lag ein Bogen mit folgenden Fragen bei:

1. Wann waren Sie auf den Philippinen?
2. Von welchen Heilern wurden Sie behandelt?
3. Wie lange dauerte Ihr Aufenthalt?
4. Welche Diagnose wurde in Ihrem Heimatland gestellt?
5. Waren Sie vorher in ärztlicher Behandlung?
6. Mit welchem Erfolg?
7. Welche Veränderung hat die Behandlung durch die Geistheiler bewirkt?
8. Wie ist Ihr Gesundheitszustand heute?
9. Welchen persönlichen Eindruck hatten Sie von den Geistheilern?
10. Wie reagierte Ihr Bekanntenkreis bzw. Ihr behandelnder Arzt auf Ihre Reise?
11. Würden Sie anderen Kranken diese Reise empfehlen?
12. In welchem Rahmen hielten sich die Kosten?
13. Wie alt sind Sie?

Einige der Patienten erlaubten die Veröffentlichung ihrer Krankengeschichten nur unter Geheimhaltung ihres Namens. Diese Anonymität wird gerne gewahrt. Die Adressen aller Informanten sind dem Verlag bekannt und dürfen im Einzelfall auch mitgeteilt werden.

E. B., München

Ich war etwa dreißig, als mir eines Tages im Büro schwindlig wurde. Eingehende Untersuchungen ergaben, daß die Kreislaufbeschwerden auf einen Gehirntumor zurückgingen. Ich unterzog mich also einer entsprechenden Kopfoperation (samt Anhang) in einer nicht sehr menschengerechten ausländischen Großklinik. Aufgrund seiner Lage konnte der Tumor nicht vollständig entfernt werden. Als Ausgleich dafür kam es aber dann zu einigen Komplikationen (Gesichtslähmungen, Hornhautgeschwür, Sehstörungen, Hörstörungen, Venenentzündung, Lungenembolie, Lungenentzündung, innerhalb weniger Monate zwei verschiedene Arten von Gelbsucht, Prostataentzündung, Nierensteine). Als ich nach fast einjährigem Krankenhausaufenthalt nur noch ambulant behandelt wurde, war ich reichlich entkräftet (ca. 30 Prozent Gewichtseinbuße). Auch heute bin ich trotz regelmäßiger Physikotherapie immer noch etwas schwächlich.

Einem ärztlichen Bericht vom Frühjahr 1980 ist zu entnehmen, daß ich aufgrund meiner neurologischen und internistischen Leiden als hochgradig beeinträchtigt anzusehen bin. U. a. liegen vor: Ataxie (lt. Lexikon: Störung des Zusammenspiels der Muskeln, ohne daß diese selbst gelähmt sind), Gleichgewichtsstörungen, halbseitige Lähmung der Gesichtsmuskulatur, neurogene Schluckbeschwerden, Speiseröhrenkrämpfe, Schluckauf bis zur Erschöpfung, rasche physische und geistige Verausgabung. Weiters Fehlhaltung der Wirbelsäule sowie beträchtliche Beschwerden im knöchernen und muskulären Apparat durch Abnützungserscheinungen bzw. Hartspann als Folge der neurologischen Ausfälle bzw. gestörten Bewegungsabläufe. Ferner deutliche Atembeschwerden, Schmerzen im Bereich der Leber, Gastritis, Ulcusbeschwerden, Nierenkoliken. – Behandlung durch diätetische Maßnahmen und Physikotherapie. Wörtlich: »Eine wesentliche Beeinflussung der angegebenen Zustände bzw. Beschwerden ist – abgesehen von symptomatischen Maßnahmen wie Massagen, Bewegungsübungen, diätetische Behandlung, Kuraufenthalte sowie Aufenthalt in Höhenluftkurorten – nicht möglich.«

Dieser Aufzählung wäre meinerseits noch hinzuzufügen, daß rasche Schritte, wie sie bei verlorenem Gleichgewicht auf der Suche nach festem Stand unvermeidbar sind, stets zu Kopfschmerzen wie bei kleinen Gehirnerschütterungen führen. Auch Lachen oder überlautes (d.h. kraftaufwendiges) Sprechen verursacht Kopfschmerzen. Selbstverständlich erfordern Atmen, Schauen, Sprechen, Schlucken, Gehen, Standbeinwechsel, Handgriffe usw. eine eigene Konzentration und lassen sich nur schwer gleichzeitig mit anderen Tätigkeiten bzw. Bewegungen durchführen. Das heißt, der Alltag wird zu einer einzigen Anstrengung.

Durch Zufall bzw. Fügung erfuhr ich von den philippinischen Heilern. Vor allem wegen der zahlreichen organisatorischen Probleme aufgrund meiner stark verminderten Mobilität, aber auch wegen meiner Zweifel verging

etwa ein halbes Jahr, bis ich die Reise zu ihnen verwirklichen konnte.
In der Folge versuche ich einige meiner Eindrücke niederzuschreiben.

Josephine Sison Bei Josephine (freiwillige Spenden) war ich wohl zu aufgeregt. Ich habe sie selbst nur kurz gesehen, da ich mich auf den Bauch legen mußte. Ich war darauf bedacht, daß mich während der Behandlung niemand fotografierte. Nach dem Eingriff – Josephine entfernte einen etwa walnußgroßen Gehirntumor – sagte sie zu mir, ich müsse mehr glauben, was mich tief beeindruckte, da ich mit dem Glauben im Sinne der Kirche meine Probleme habe.

Juanito Flores Zu Flores (freiwillige Spenden) fand ich keinen besonderen Kontakt, hatte aber den Eindruck, daß er beim Patientenwechsel häufig mit seinen Mitarbeitern lachte und scherzte. Seine Injektionen, die er mit bloßen Händen – also ohne jegliches Instrument – gab, waren wie kleine Elektroschocks zu verspüren und haben mich das erstemal ziemlich verblüfft. Bei seiner Operation spürte ich deutliche Schmerzen, die erst nach Tagen völlig abgeklungen waren.
Einmal verließ er während eines Eingriffs – die Patientin lag noch auf dem Behandlungstisch – sichtlich erschöpft den Raum (obwohl es an diesem Tag seine erste Operation war) und kam erst nach geraumer Zeit wieder.

Ich konnte beobachten, wie er einer Querschnittgelähmten mehrere etwa einen Meter lange Adern vollständig aus den Beinen zog und sie dann wieder einsetzte.
Einer hübschen Philippinin, die auf dem ›Behandlungsaltar‹ lag, legte er – was ich selbst sah – die Hand auf die Kehle, machte dann schlenkernde Handbewegungen, und auf dem Steinfußboden klingelten Münzen.

Placido Palitayan Placido (70 US-Dollar zuzüglich freiwilliger Spenden) ist ein freundlicher, tiefgläubiger Mann und hinterließ einen gepflegten Eindruck. Er hält Gottesdienste und macht nicht nur operative Eingriffe, sondern er magnetisiert auch. Dabei wird der Kranke von einem Helfer massiert, während Placido in einem anderen Raum betet.
Sein Eingriff unterhalb meines Auges bereitete mir größere Schmerzen – sie waren bald wieder verschwunden – als sein Eindringen über den Nacken in meinen Hinterkopf, wo er zwei etwa daumengroße Blutklumpen entfernte. Einige Tage später holte er auf dem gleichen Weg abermals mit bloßen Händen ein längliches, eingeringeltes Gebilde aus meinem Hinterkopf, und ich konnte deutlich hören, wie er es mit den Fingern abknipste, bevor er es mir vor die Augen hielt.
Für die häusliche Nachbehandlung – ich sollte erst eine Woche nach meiner Heim-

kehr damit beginnen – gab mir Placido für 80 Pesos zur täglichen Einnahme bzw. Anwendung ein Fläschchen mit ca. 1/4 Liter dunkler, bitterer Flüssigkeit zum Verdünnen (›Phostose‹) und Augentropfen mit.

Rustico Villamor Rustico (freiwillige Spenden) arbeitet etwas anders und macht keine Körperöffnungen. Er sieht gleichsam durch den Kranken hindurch und stellt dann seine Diagnose. Er ist ein einfacher Mann aus den Slums.
Meine anfängliche Scheu verschwand bald, und ich faßte ein seltsames Zutrauen zu ihm. Er behandelte täglich und besuchte uns auch jeden Tag zur Behandlung während unseres Erholungsaufenthalts in Bauang (wir mußten ihm nur die Taxifahrt begleichen).
Als ich eines Tages in seiner einfachen Behausung meine Armbanduhr vergessen hatte, nahm sich Rustico ein Taxi und brachte sie mir noch am selben Abend ins Hotel, damit ich mich wegen des Verbleibs der Uhr nicht zu beunruhigen brauchte. Das Taxi wollte er sich partout nicht bezahlen lassen.
In sein einfaches, doch sauberes Heim – sein Wohnraum dient als Wartezimmer, auf dem Ehebett wird ordiniert, und seine Familie hält sich während der Behandlungen im Freien auf – führt eine steile Holztreppe mit etwa zehn Stufen. Diese Stiege bewältigte ich abwärts stets im Rückwärtsgang, wie ein Krebs. Nach meinem siebten Besuch bei Rustico – meinem letzten während meines Aufenthalts in Baguio – konnte ich die Stiege trotz Dunkelheit vorwärts hinabgehen.

Alex Ampaguey Ich hatte auch Gelegenheit, bei einem Eingriff dieses jungen Heilers zuzuschauen. Er forderte mich selbst auf, neben dem Bett Platz zu nehmen, auf dem der Patient lag. Entfernte Gewebegebilde ließ er demonstrativ in ein vorbereitetes, mit Wasser gefülltes Glas plumpsen. Er war mit mehreren Helfern erschienen, die nach der Operation angeblich wohltuende, doch sehr anstrengende Massagen durchführten und dann an jedem Behandlungstag wohl auch in seinem Namen jedem Patienten 200 Pesos abverlangten.
Alex bot mir an, auch mich zu untersuchen, doch ich nahm nicht an, weil er mir zu teuer war und ich mich ohnehin schon in besten Händen wußte. Ein Eingehen auf sein Behandlungsangebot wäre mir wie ein Verrat an Rustico erschienen. Die Ausstrahlung von Alex war mir auch zu gering, sein Kundenfang zu offensichtlich. Ich hatte also überwiegend emotionelle Ablehnungsgründe, da er ja seine unerklärlichen Fähigkeiten bereits allen bereitwilligst bewiesen hatte.
Jener Teil unserer dreißigköpfigen Gruppe, der sich von Alex behandeln ließ, war von ihm begeistert. Der andere Teil lehnte ihn wegen der Art seines Vorgehens ab, was einige Unruhe mit sich brachte.

Die mir mit dem reinen Verstand nicht ausreichend erklärbaren Fähigkeiten der Heiler habe ich nie ernsthaft zu ergründen versucht. Ich habe sie einfach als gegeben hingenommen, etwa in der Art, wie man schlußendlich auch das Wetter zu akzeptieren gezwungen ist.
Es sind nun schon mehr als drei Monate vergangen, seit ich auf den Philippinen war. Mein Selbstvertrauen wurde sehr gestärkt, ich bin innerlich ausgeglichener und ruhiger, nehme materielle Dinge nicht mehr so furchtbar wichtig, bin toleranter, eher bereit, mich dareinzufinden, kurz: meine Einstellung zum Leben wurde sehr nachhaltig positiv umgewichtet.
Und ich bin weitgehend schmerzfrei. Die Hornhauttrübung hat sich stark gebessert. Meine Bewegungen sind sicherer, und ich bin kräftiger geworden. Moralisch fühle ich mich blendend!
Bezüglich des halbseitigen Gehörverlusts ergaben sich keine Veränderungen. In allen übrigen Belangen erfolgten bis jetzt Besserungen um einige Nuancen, doch ist das selbst schwer bis gar nicht zu beurteilen, weil man sich – ähnlich der Entwicklung eines Kindes – mit zunehmender Besserung immer mehr zutraut, so daß es beim Erkunden der neuen Grenzen klarerweise auch zu etlichen Fehlschlägen kommen muß, was den Überblick über die bislang erzielten Fortschritte stark behindert.

Hannelore Zessin, Polizei-Angestellte, Berlin

Jetzt wären es zehn Jahre, daß ich mit juckenden, nässenden und periodisch sehr schmerzhaften Ohrenekzemen zu tun haben würde.
Den ersten Hals-Nasen-Ohren-Arzt konsultierte ich mehrere Jahre lang. Als ich feststellen mußte, daß er mir nicht helfen konnte, wechselte ich und lernte so in den letzten fünf Jahren etliche Ärzte und mehrere Behandlungsmöglichkeiten kennen. Zweimal mußte ich in dieser Zeit während des Dienstes ins Klinikum, weil ich es vor Schmerzen nicht mehr aushielt. Fieber und Gesichtsschwellungen traten auf. Aber keiner der behandelnden Ärzte konnte mir auch nur annähernd helfen.
Bis ich dann im Januar 1980 während einer Studienreise den Heiler Alex Orbito in Manila/Philippinen kennenlernte. Der Eingriff dauerte Sekunden, war schmerzlos und befreite mich auf der Stelle von diesem quälenden Übel.
Obwohl die Ekzeme in beiden Ohren gleichzeitig abwechselnd auftraten, operierte Alex nur das rechte Ohr, wobei ich jedoch mit aller Deutlichkeit fühlte, wie eine große Kraft am Hals entlang zum anderen Ohr hin strömte.
Ein Jahr ist seitdem vergangen – ich bin geheilt.

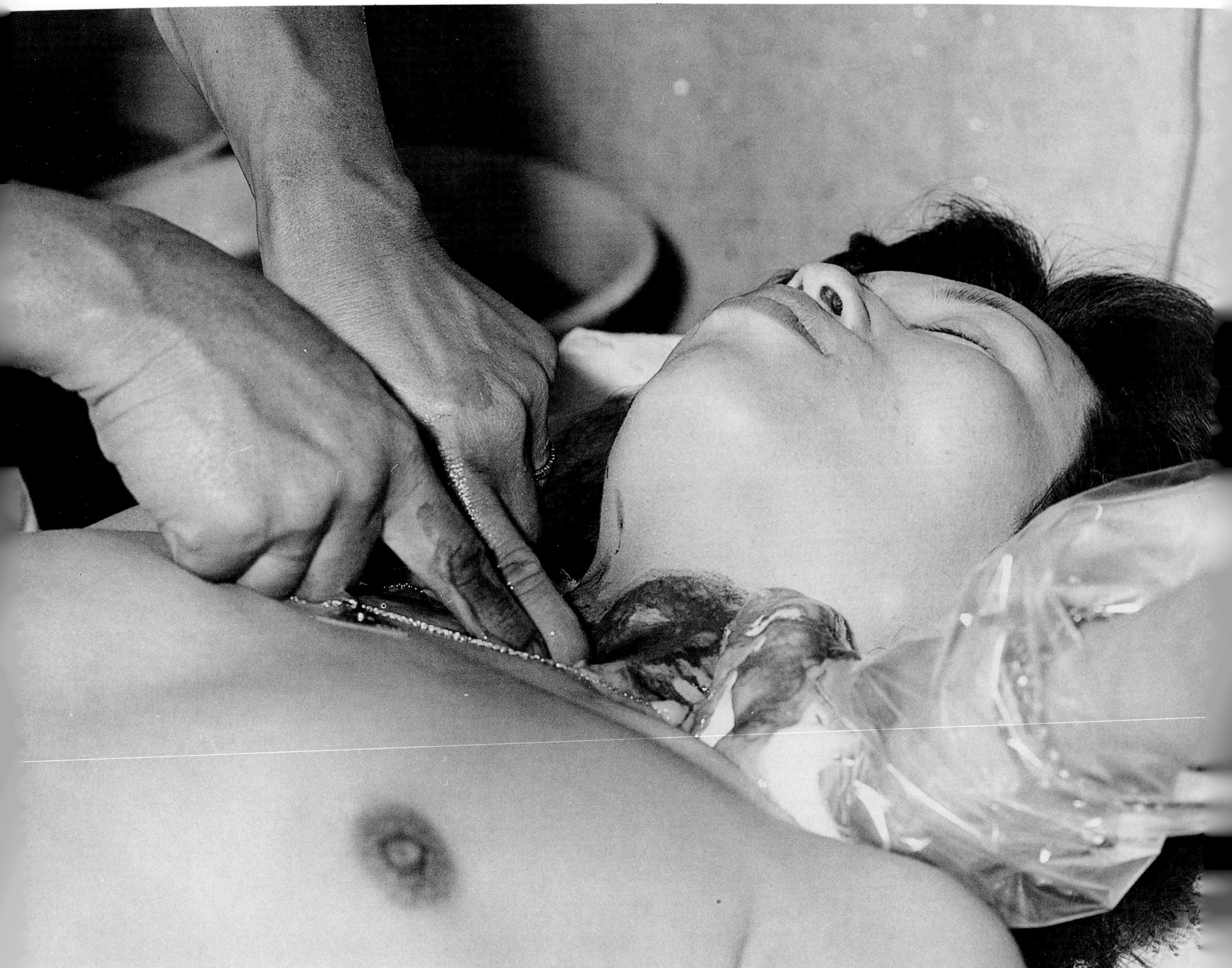

H. Grossholz-Hauer, Neuenkirch (Deutschland)

Wir wurden speziell von Placido und Rustico behandelt, später noch von Alex. Einmal besuchten wir Josephine und Flores.
Mein Mann hatte eine Erweiterung der Speiseröhre, Hämorrhoiden und Rückenschmerzen gehabt. Bis heute hatte er mit der Speiseröhre keine Schwierigkeiten mehr. Mit den Hämorrhoiden hatte er keine Schmerzen und Nebenerscheinungen mehr, hingegen einmal Blutungen.
Ich selber litt schon seit Jahren an Rückenschmerzen. Ich konnte mich nicht bücken, vom Stuhl aufzustehen war mit Schmerzen verbunden, zudem konnte ich nicht sofort aufrecht gehen, erst nach einigen Schmerzen, so daß ich mit dem Auto nicht mehr gut rückwärts fahren konnte. Spritzen und Behandlungen brachten Hilfe für ganz kurze Zeit.
Heute ist alles weg. Die Heilung spürte ich schon in Baguio. Ich konnte nach einigen Tagen aufstehen. Rustico sagte mir, daß meine Bauchspeicheldrüse nicht in Ordnung sei. Tatsächlich hatte ich längere Zeit morgens im Bett Schmerzen. Die sind weg. Wir beide waren vorher in Europa in ärztlicher Behandlung, aber ohne Erfolg.
Unsere Bekannten, die nicht wissen, daß wir bei den Geistheilern waren, sagen, daß wir sehr gut aussehen würden. Wir fühlen uns aber auch gesund. Placido und Rustico, besonders aber Alex machten großen Eindruck auf uns. Da ich am Meer mit ihm in verschiedene Zimmer ging, um zu übersetzen, war ich bei zwei sehr großen Operationen dabei, die bei mir einen großen Eindruck hinterließen.
Unserem Arzt haben wir nichts von unserer Reise gesagt.
Bekannte interessiert es, was wir erlebt haben, einige wollen oder können es nicht glauben, die anderen sind begeistert.
Wir werden bestimmt mit meinen Verwandten nochmals gehen.
Die Kosten für die Reise waren für uns nicht zu hoch.

Grete Ahr, Gauting (Deutschland)

1. Wann waren Sie auf den Philippinen?
   vom 19.7. bis 2.8.1978.
2. Von welchen Heilern wurden Sie behandelt?
   a) hauptsächlich von Alex Orbito, Quezon City
   b) Generao Cristino, Asan Norte
   c) Josephine Sison (1. Behandlung)
3. Wie lange dauerte Ihr Aufenthalt?
   2 Wochen

Links: Jun Labo materialisiert eine undefinierbare schleimige Masse am Hals einer Patientin.

4. Welche Diagnose wurde in Ihrem Heimatland gestellt?
   a) großes Fibrom in rechter Brust
   b) Gebärmutterschleimhaut defekt
5. Waren Sie vorher in ärztlicher Behandlung?
   ja
6. Mit welchem Erfolg?
   Ich sollte in beiden Fällen operiert werden, und die rechte Brust sollte entfernt werden.
7. Welche Veränderung hat die Behandlung durch die Geistheiler bewirkt?
   Daß ich mich wohl fühle und es keiner Operation mehr bedarf
8. Wie ist Ihr Gesundheitszustand heute?
   gut
9. Welchen persönlichen Eindruck hatten Sie von den Geistheilern?
   einen guten bis sehr guten
10. Wie reagierte Ihr Bekanntenkreis bzw. Ihr behandelnder Arzt auf Ihre Reise?
    der Bekanntenkreis unterschiedlich, der Arzt weiß nichts
11. Würden Sie anderen Kranken diese Reise empfehlen?
    ja, allerdings mit einigen Einschränkungen, u. zw. die Heilsuchenden betreffend
12. In welchem Rahmen hielten sich die Kosten?
    ca. DM 4500,– inklusive allem
13. Wie alt sind Sie?
    1978 war ich 52 Jahre alt.

Josef Burch, Zürich

Der Grund meines achttägigen Aufenthalts auf den Philippinen im Februar 1980 (innerhalb eines fünfwöchigen Asien-Trips) war ein im August 1979 zugezogener Riß am Meniskus im rechten Knie. Dieser Riß wurde von einem bekannten Sportarzt, Dr. Ulmer in Zürich, anhand von Röntgenaufnahmen diagnostiziert. In der Folge blieb mein Knie geschwollen, Blutergüsse stellten sich ein, an Sport war nicht mehr zu denken. Aufgrund dieser Situation empfahl mir Dr. Ulmer, den Meniskus operativ zu entfernen. Da ich mich aber schon seit langem mit den Heilpraktiken dieser Geistheiler beschäftige, war es für mich selbstverständlich, daß ich es zuerst dort versuchen wollte. Zum Glück!
Eigentlich wollte ich mich von Tony Agpaoa behandeln lassen. Leider trafen wir ihn in Baguio nie an, und so brachte uns ein Taxichauffeur zu Fred Beronia, von dem wir bis dahin noch nie etwas gehört hatten. Am ersten Tag machte dieser nur eine leichte Massage des kranken Knies, anderntags dann die Operation, d. h. er entfernte ein fast mandelgroßes Stück Knorpel aus der Kniekehle. Am dritten Tag unternahm ein Kollege von ihm einen zweiten Eingriff in der Nähe der Kniescheibe, wo er etwas Sehnenartiges dem Knie entnahm. Alles geschah mit bloßen Fingern. Es blutete heftig; Schmerzen spürte ich praktisch keine, nach der Behandlung

schien die Haut unverletzt. (Meine Frau und andere Anwesende durften zusehen. Niemand sah eine offene Wunde, es machte vielmehr den Anschein, als ob die Finger des Heilers in das Fleisch eintauchen würden. Obschon man auch fotografieren durfte, gaben diese Fotos nicht viel her, weil sie keine Beweiskraft für das Eindringen der Finger in das Fleisch lieferten.)
Und das Ergebnis: Am Anfang spürte ich recht wenig von Besserung. Mit der Zeit aber verschwand die Schwellung, und nach etwa fünf Monaten verloren sich auch die Schmerzen. Seit September besuche ich jede Woche zweimal den Fitnessclub, wo ich problemlos ein halbstündiges hartes Circuittraining absolviere. Mein Knie kann ich heute als vollständig geheilt betrachten.
Ich habe es aufgegeben, die Bekannten von den Erfolgen der philippinischen Heiler überzeugen zu wollen. Wer zum erstenmal davon hört, kann und will es in der Regel nicht verstehen. Dagegen gibt es aber auch Menschen, die schon etwas davon gehört haben oder mit Parapsychologie oder ähnlichem in Berührung gekommen sind, die Interesse und Verständnis zeigen. Ihnen habe ich auch schon bei einem Krankheitsfall eine Reise nach Baguio empfohlen.
Dem Heiler übergab ich rund 200 Dollar für die Behandlung. Mein Alter ist 40.
Übrigens: Einen ganz außerordentlich großen Heilerfolg erzielte Fred Beronia bei einem Herrn Odermatt aus Ziegelbrücke. Er entfernte ihm eine Verwachsung am Rückgrat und Polypen aus der Nase. Jahrelanges Leiden verschwand in Minuten für immer.

Dr. Günter Kubka, Linz (Österreich)

Ich bin 1942 geboren. Ab 1963 litt ich an funktionellen Verdauungsstörungen, die mich zur Einhaltung einer leichten Magendiät zwangen. 1968 wurden beiderseits Zysten an den Nieren festgestellt, 1972 bekam ich eine schwere Bauchspeicheldrüsen-Entzündung. Seither halte ich eine äußerst strenge Diät ein. Ich lebe vollkommen fettlos, vertrage keine Milchspeisen, keine Mehlspeisen und selbstverständlich keine Nahrungsmittel, die den Verdauungsapparat reizen, wie etwa Kaffee, Gewürze und Alkohol.
Wegen der Zystennieren war ich laufend in ärztlicher Kontrolle. Anfang 1979 erklärte mir der behandelnde Urologe, ich müßte in etwa 1–2 Jahren mit der Dialyse rechnen, weil die Nierenfunktion immer mehr abnehme. Da entschloß ich mich zur Philippinen-Reise.
Ich bin anläßlich dieser Gruppenreise zu der Überzeugung gekommen, daß eine so kurze Behandlung und ein so kurzer Aufenthalt auf den Philippinen sinnlos sind. Da mich diese zweiwöchige Gruppenreise insgesamt

etwa 35 000 Schilling gekostet hatte, suchte ich in den nächsten Monaten nach Möglichkeiten eines billigeren und längeren Aufenthalts auf den Philippinen. Mitte Oktober war es dann soweit. Ich startete mit Hans und Gerti, zwei Mitgliedern aus der Gruppenreise vom April 1979, wieder nach Baguio. Wir mieteten dort ein Haus und blieben bis 11. Dezember 1979. Dieser zweite, achtwöchige Aufenthalt hat mich etwa 30 000 Schilling gekostet.

Gegen das Wachstum der Zysten, die die Funktion der Nieren behindern, gibt es kein Rezept der Schulmedizin. Aber auch der mehrwöchige Aufenthalt auf den Philippinen bei den dortigen Heilern hat das Zystenwachstum nicht beeinflußt. Seit meinen beiden Philippinen-Reisen hat die Nierenfunktion wieder abgenommen. Mit der Verdauung geht es mir momentan etwas besser. Ob diese Besserung auf die Behandlung durch die philippinischen Heiler oder auf eine neue schulische Medikation in Österreich zurückzuführen ist, weiß ich nicht.

Den besten Eindruck hatte ich von Flores und von Josephine Sison. Bei ihnen hat man das Gefühl, daß sie wirklich selbst davon überzeugt sind, heilen zu können, daß sie das aber nur dann können, wenn sie mit Geld nicht in Berührung kommen. An Agpaoa ist unsympathisch, daß Geld die Hauptrolle spielt. Er ist mit seiner Kunst stinkreich geworden. Andererseits ist er ein parapsychologisches Phänomen ersten Ranges, weil bei seinen Interventionen sehr viel Blut und Materialisationen auftreten. Auch hat er uns einmal seine Kraft demonstriert, indem er mehrere Lagen übereinandergeklebtes Leukoplast mit der Handkante durchtrennt hat. Wenn man sich seine Lebensweise vor Augen hält, dann wird alles das, was seine Prediger in den Gottesdiensten erzählen, unglaubwürdig. – Placido verkauft sich ebenfalls ganz gut. Der weniger bekannte Marcelino hat zu mir so oft über weitere Geldzuwendungen gesprochen, daß ich die Behandlung bei ihm abgebrochen habe.

Ich halte die Beziehung der Heiler zum Geld für sehr wichtig, weil sie behaupten, ihre Kraft von Gott erhalten zu haben, und sie diese Kraft daher nicht finanziell verwerten dürfen. Einzig Flores und Josephine halten sich daran.

Bei Marcelino habe ich die Behandlung auch deswegen abgebrochen, weil er an vielen Tagen keinerlei Materialisationen durchgeführt hat, sondern lediglich Heilmassage, die wegen des Drucks auf die Zystennieren nicht angenehm ist.

Beeindruckend waren bei Flores auch die Geistinjektionen, die alle in der Kapelle anwesenden Patienten bekamen. Einmal nahm Flores mit bloßen Händen eine Zahnregulierung bei einem etwa achtjährigen Knaben vor. Allerdings kontrollierte ich nicht, ob diese Zahnregulierung erfolgreich war; der

Bub hatte nach der Behandlung den Mund voll Watte, und ich wollte nicht hingehen und ihm diese Watte aus dem Mund nehmen. Einmal zog Flores aus dem Bauch einer einheimischen Patientin zwei blutige Schnüre von jeweils über einen Meter Länge.

Die Behauptung, die Heiler könnten die Leiden der Patienten feststellen, hat Flores an den folgenden zwei Beispielen widerlegt: Mein Freund Hans, der zwei schwere Herzoperationen hinter sich hatte (künstliche Herzklappe), schrieb bei Flores in die Anwesenheitsliste das englische Wort für Herz, ›heart‹, mit weichem d am Schluß, so daß Flores glaubte, Hans hätte zwei Kopfoperationen hinter sich (›head‹). So behandelte er Hans am Kopf, bis ich ihn durch Zuruf darauf aufmerksam machte, daß es sich um Herzoperationen gehandelt habe. Beim zweiten Fall behauptete ein amerikanischer Medizinstudent, der sich in meiner Begleitung befand, er hätte Magenbeschwerden, was in Wahrheit nicht zutraf. Flores materialisierte auf seinem Bauch eine Darmschlinge, schnitt diese entzwei, reinigte beide Stücke von Blutklumpen, fügte sie wieder zusammen und ließ dann die Darmschlinge wieder im Bauch des Studenten verschwinden.

Meine Bewertung des Vorgangs: Wir haben es bei den Leistungen der philippinischen Heiler mit phantastischen parapsychologischen Phänomenen zu tun, deren restlose Aufklärung derzeit noch nicht möglich ist, aber doch eines Tages kommen wird. Der angestrebte Zweck bei diesen parapsychologischen Leistungen, nämlich die Heilung, wird in den meisten Fällen nicht erreicht. Oder anders gesagt: der Heilerfolg hängt von weiteren Faktoren ab, die derzeit ebenfalls noch weitgehend unbekannt sind.

Ich glaube, daß die von den philippinischen Heilern geheilten Patienten durch die dortigen Erlebnisse innerlich so gekräftigt wurden, daß sie bzw. ihr eigener Körper Heilkräfte entwickelt haben. Ich habe z. B. zwei Patienten mit Brustkrebs erlebt. (Beide waren Schweizerinnen.) Die eine war von der Materialisation Agpaoas so beeindruckt, daß sie davon überzeugt war, er hätte sie von ihrem Krebs befreit. Sie gebärdete sich glücklich wie ein kleines Kind. Die andere Frau konnte die Geschwülste in ihrer Brust mit den Fingern spüren. Sie glaubte und hoffte, die philippinischen Heiler würden diese Geschwülste aus der Brust entfernen. Sie ging von einem Heiler zum anderen (in Manila und in Baguio), und nach jeder Behandlung stellte sie erneut enttäuscht fest, daß ihre Geschwülste in der Brust noch vorhanden waren. Die Heiler erklärten ihr, sie würden die Aura der Geschwülste entfernen, so daß die Geschwülste nicht mehr gefährlich sein könnten. Diese Erklärung ließ aber bei der Schweizerin Zweifel offen.

Es ist klar, daß die erstgenannte Patientin mehr Überlebenschancen besitzt als die zweite. Meiner Meinung nach ist die Erklärung der Heilerfolge philippinischer Heiler nicht in den parapsychologischen Vorgängen selbst zu suchen, sondern in der durch diese Vorgänge bewirkten Änderung der inneren Einstellung des Patienten zu seiner Krankheit. Wer nicht bedenkenlos an die Heilmöglichkeit glaubt, wer immer wieder Zweifel hegt, der wird keinen Heilerfolg haben. Offenbar gehöre ich zu dieser Sorte von Skeptikern.

Bei Josephine konnten wir noch das berühmte Einlegen von Watte in den Körper beobachten. Josephine ließ die Watte im Kopf von Gerti verschwinden. Diese hatte gesagt, sie leide an Nervosität. Nach einem kurzen Gebet sagte Josephine, ihr Geist habe ihr empfohlen, Watte in den Kopf von Gerti einzulegen, was sie unmittelbar darauf auch tat. Wir standen bei der Prozedur direkt neben Josephine. Bei dieser Gelegenheit möchte ich sagen, daß ich alle, die die philippinischen Heiler als Schwindler bezeichnen, selbst für Schwindler halte, weil sie keine Beweise für ihre Behauptung vorlegen können. Unter den Bedingungen, unter denen die philippinischen Heiler arbeiten, sind Schwindel und Tricks vollkommen unmöglich. Das ist meine feste Überzeugung nach etwa fünfzig Interventionen (›Operationen‹), die ich an mir selbst erlebt, und weiteren ca. hundert, die ich aus unmittelbarer Nähe gesehen habe.

Bei meiner ersten Reise war in der Gruppe auch ein Schweizer Filmteam dabei, das bei Josephine einen interessanten Test machte: Sie bestrahlten Watte mit Kobalt und ersuchten Josephine, diese Watte in den Körper einer Patientin einzulegen. Josephine war dazu bereit – sie verwendet also nicht nur ihre eigene Watte – und ließ die von den Schweizern präparierte Watte im Bauch der Patientin verschwinden. Mit Hilfe eines Geigerzählers wurde dann gemessen und festgestellt, daß die mit Kobalt bestrahlte Watte sich tatsächlich im Bauch der Patientin befand. Der verantwortliche Regisseur für dieses Experiment war Jerko Tognola, Via Cara 21, 6963 Breganzona (Schweiz).

Zu meiner persönlichen Situation möchte ich folgendes sagen: Das Wachstum der Zysten schreitet weiter fort. Bei den Verdauungsstörungen ist eine gewisse Stabilisierung eingetreten. Wenn ich strenge Diät halte, kommt es zu keinen besonderen Schmerzattacken und Durchfällen. Wie schon in der Einleitung gesagt, haben mir die Geistheiler im Kampf gegen den Nierenverfall nicht geholfen. Ob sie mir bei der Stabilisierung der Verdauungsbeschwerden geholfen haben, weiß ich nicht.

Ich kann eine Philippinen-Reise niemandem empfehlen, weil die Erfolgsaussichten zu gering sind. Es ist allerdings zu bedenken, daß fast nur Patienten auf die Philippinen fahren, die von der westlichen Schulmedizin aufge-

geben sind. Auch bei mir war es ein letzter Versuch, das Steuer noch herumzureißen.
Meine beiden Begleiter auf der zweiten Reise waren Hans Peichär und Gerti Heigl, beide aus Klagenfurt. Hans berichtete mir vor etwa vier Wochen, er habe sich vor einiger Zeit in der Münchner Universitätsklinik untersuchen lassen, wo man festgestellt habe, sein zweiter Lungenflügel, der vor den Philippinen nicht funktionierte, sei nun wieder in Funktion. Er führt das auf die philippinische Behandlung zurück.
Bei der Beurteilung dieses Heilerfolgs erinnere ich mich jedoch daran, daß Hans in Baguio nach ungefähr drei Wochen Behandlung bei Agpaoa eine schwere Herzattacke hatte. Er stand unmittelbar vor dem Eintritt eines Vorhofflimmerns, was einen mehrwöchigen Krankenhausaufenthalt erforderlich gemacht hätte. Er konnte nur mit Mühe das Taxi besteigen, das uns zu Agpaoa brachte. Wir erzählten dem Heiler von der Herzattacke, was diesen sichtlich peinlich berührte. Er verwies uns mit einer Behandlung an seinen Assistenten Rudy, er selbst wollte offensichtlich nicht für einen Mißerfolg verantwortlich sein. Hans konnte das Vorhofflimmern nur mit seinen aus Österreich mitgebrachten Medikamenten, die er in sechsfacher Dosierung nahm, abwenden. Er war drei Tage lang so schlecht beisammen, daß Gerti und ich das Ärgste befürchten mußten. Das Verhalten Agpaoas in dieser Situation hat uns sehr enttäuscht. Wie schon gesagt ist aber Hans jetzt trotzdem davon überzeugt, von den philippinischen Heilern gebessert worden zu sein.
Wenn ich am Schluß meines Berichts noch eine kurze Zusammenfassung geben soll, dann würde ich sagen: Wer an großartigen parapsychologischen Leistungen interessiert ist, der soll auf die Philippinen fahren. Heilungserfolge sind aber zweifelhaft bzw. nur dann möglich, wenn es sich um leicht zu beeindruckende, gläubige Patienten handelt.

B. G., Schweiz

Ich war von 1. bis 19. November auf den Philippinen. Der Grund meiner Reise war, daß ich seit ca. 22 Jahren durch einen Unfall ein lahmes Kreuz habe, hervorgerufen durch zerdrückte Nerven. Man hatte mich zwar darauf aufmerksam gemacht, daß nicht allen Patienten geholfen werden kann, was mich aber nicht hinderte, die Reise zu unternehmen, zumal ich gestehen muß, daß ich eben reiselustig bin. Ich bin 77 Jahre, außer meinen Lähmungen am Kreuz und an den Füßen kann ich gesundheitlich nicht klagen.
Leider habe ich keine guten Erfahrungen gemacht. Seit der Behandlung bin ich eher schlechter dran. Allerdings hat man mir gesagt, daß der Eintritt einer Besserung einige Zeit dauern kann, nun warte ich eben ab. Ich

weiß nur, daß das Gehen weniger gutgeht und daß ich nun auch in der Wohnung den Stock zu Hilfe nehmen muß, was bis November 1980 nie der Fall war. Der Zustand von vorher war mir lieber. Warum es so gekommen ist, weiß ich nicht, doch würde mich das sehr interessieren. Behandelt wurde ich von Placido und Rustico in Baguio. Meinem Arzt habe ich nichts gesagt, da ich ja selten zu ihm gehen muß, denn eine Besserung ist anscheinend nicht zu erwarten. Das einzige, was mir etwas Besserung gebracht hat, war Akupunktur bei einem chinesischen Arzt, den ich natürlich auch wieder aufsuchen werde.

Was nun den Eindruck der Heiler anbelangt, so nehme ich an, daß sie sicher das Beste für die Patienten wollen, nur hat es bei mir nicht geklappt; meiner Ansicht nach haben sie einfach den Grund meiner Behinderung nicht erkannt. Betonen möchte ich noch, daß mich die Reise doch gefreut hat, da das Land von großer Schönheit ist und wir den späten Frühling erleben durften.

Ing. E. W., Stuttgart

Samstag, 30. 6. 1979 (erster Behandlungstag): Meine Frau und ich warteten im zweckmäßig eingerichteten Warteraum, die Schwester von Agpaoa, Nelly, sehr gewandt in Ausdruck und englischer Sprache, stellte dort jeweils die Verbindung zwischen ihrem Bruder Tony – wie Agpaoa genannt wird – und den Patienten her. Nach kurzer Zeit wurde ich in das Behandlungszimmer gerufen, einen einfachen Raum mit einigen normalen Tischen, auf denen Kissen mit Nylonauflage und darauf ein Handtuch lagen. Der Raum durfte, da mit Strohmatten belegt, nur ohne Schuhe betreten werden.

Ich wurde angewiesen, den Oberkörper frei zu machen und mich auf den Bauch zu legen. Tony stellte sich an das Kopfende, rundherum singende Filipinos. Dann streichelte Tony einige Male über mein Genick, und nach wenigen Sekunden quoll ziemlich stark Blut heraus, es war auch Bindegewebe zu sehen. Tony sagte zu meiner Frau: »Sehen Sie, dies ist das Gehirn«, ließ sich eine Pinzette reichen und zog fadenähnliche, ca. 10 cm lange Gewebsteile aus der Wunde heraus. Sie wurden mir später gezeigt. Die Farbe dieser Teile war hautähnlich, es hingen daran kleine Knoten, und Tony sagte nur: »Schlecht, sehr schlecht.« Etwas Blut tropfte mir am Hals vorbei auf die Plastikmatte, Tony strich mit Watte und Händen kurz über die Wunde und sagte anschließend: »Fertig.« Das Ganze hatte maximal zwei Minuten gedauert. Gleichzeitig war ein Fotograf in den Raum gekommen und hatte die wesentlichen Phasen dieser ›Operation‹ fotografiert. Bilder liegen vor.

Ich mußte liegenbleiben, und von einem älteren Heiler – Tony ging zu einem anderen

Patienten – wurde mir in der oberen Wirbelsäulengegend nahe dem Schulterblatt aus einer tiefen Wunde Blutfasergewebe herausgenommen. Zum Schluß zog der Heiler ein ca. einen halben Zentimeter dickes, verkrustetes Gebilde mit heller Farbe heraus, das etwa 4 cm Durchmesser hatte. Er zeigte es meiner Frau und warf es in einen neben dem Tisch stehenden Kübel. Auch diese Situation wurde fotografiert. Zeitdauer ebenfalls höchstens zwei Minuten.

Es wurde mir gesagt, ich solle nunmehr aufstehen. Ich zog mich an und ging in ein Nebenzimmer, in welchem durch Dr. Pay Send sowohl meiner Frau als auch mir eine Akupunkturbehandlung mit ca. zehn Minuten Dauer verabreicht wurde. Anschließend gingen wir ins Zimmer zurück, und die Angelegenheit war völlig erledigt.

Zu erwähnen ist noch, daß Tony meine Frau gebeten hat, vor dem Verschließen meiner Hinterkopfwunde die Hand daraufzulegen. Um jedoch die Hand nicht zu sehr mit Blut zu beschmutzen, legte Tony eine dünne Plastikfolie zwischen Wunde und Hand. Meine Frau hat die Wunde deutlich gespürt, ihre Hand wurde trotz Folie sehr blutig, was ich nach Ende der Behandlung selbst noch festgestellt habe.

Sonntag, 1. 7.: Mir wurde von dem älteren Heiler und einer älteren Frau zweimal der Rücken aufgemacht, und wiederum wurden bindegewebsartige Teile herausgezogen.

Montag, 2. 7.: Tony öffnete zum zweitenmal den Hinterkopf und zog noch einmal verschiedene Teile heraus. Anschließend bat er mich wieder, liegenzubleiben, öffnete in der Gegend der Bauchspeicheldrüse und sagte: »Die Bauchspeicheldrüse ist wesentlich am Rückgang der weißen Blutkörperchen beteiligt.« Tony zog aus der Wunde ein zwiebelförmiges Gebilde heraus, im Durchmesser vielleicht 2 × 2 cm, mit langen Fäden daran, an dem gestocktes Blut hing.

Dienstag, 3. 7.: Von einer jüngeren Frau, ebenfalls einer Heilerin, wurde mir vorn die Stirn aufgemacht – in der Gegend der zweiten Stirnfalte; sie zog ein faserartiges, gefächertes Gewebestück heraus. Sofort anschließend öffnete Tony das Halsende beim Übergang zur Brust vorn und zog mit den Fingern blutige kleine Klumpen heraus. Beide Narben wurden sofort wieder durch Darüberstreichen geschlossen. Es war wieder eine Handlung voller Wunder, man kann sich das nicht vorstellen, ohne es selbst erlebt zu haben.

Am Nachmittag des 3. 7. mußte ich mich wieder auf den Bauch legen, und sowohl die jüngere als auch die ältere Frau öffneten mit viel Gesang und Assistenz beide Nieren und zogen weißlich-rote Schwarten, ca. 7,5 mm breit, 2 mm dick und 6–7 cm lang, heraus. Anschließend öffneten sie mir auch die Leistengegend und zogen dort ähnliche Teile heraus.

Als nächstes wurde neben dem Herzen aufgemacht, dort wurden Fäden herausgezogen mit gestocktem Blut daran, kleinen zwiebelförmigen Teilen mit fast schwarzer Farbe. Alles habe ich ganz deutlich gesehen und konnte es auch angreifen. Es wurde mir außerdem ein Spiegel vorgehalten, so daß ich sehen konnte, wie tief die Heiler in meinen Körper eingedrungen waren.
Sehr bald nach der Behandlung stellte sich im Körper an den behandelten Stellen ein Wärmegefühl ein, so daß ich schon deutlich feststellen konnte, wo etwas gemacht worden war.
Während die Behandlungen durch Tony absolut ohne Schmerzgefühl durchgeführt wurden, hatte ich bei den Behandlungen durch andere Heiler während des Aufmachens leicht zwickende, unbedeutende Empfindungen, beim Herausziehen von Teilen hatte ich das Gefühl, als ob innen etwas abreißen würde.
Mittwoch, 4. 7.: Tony öffnete mir den Kopf hinter beiden Ohren, und die junge Heilerin zog mir aus der Gegend des Blinddarms wiederum einen zwiebelförmigen Teil von ca. 1,5 cm Durchmesser heraus.
Anschließend wurden wir von Tony in sein Privathaus (ca. zehn Kilometer entfernt) zusammen mit einer elfköpfigen japanischen Reisegruppe zu Lunch und anschließendem Gottesdienst sowie Segnung eines Amuletts eingeladen. Dieses Amulett spendet Antwort bei Zweifelsfragen, hilft zur Besinnung, Beruhigung, inneren Einkehr und bringt Glück.
Donnerstag, 5. 7.: Mir wurde von Tony die Prostata aufgemacht, anschließend der Darm in der Gegend des Nabels; herausgenommen wurden verhältnismäßig wenige Blutklumpen und Fasern. Aus dem Bauch jedoch wiederum ein größeres Stück, ähnlich wie aus dem Rücken, mit einem Durchmesser von ca. 3 cm und einer Dicke von 0,5 cm. Besonders starkes Wärmegefühl nach der Behandlung.
Anschließend an die Behandlung kam Tony ganz überraschend in mein Hotelzimmer – ich lag dort zur Massage durch Tonys Vater. Er schickte den Alten weg, stellte sich an das Fußende des Bettes und zwickte mich mit aller Kraft in die Zehen, und zwar so schmerzhaft, daß mir die Tränen kamen. Ich beobachtete dabei, wie er diesen Druck mit geschlossenen Augen und großer Kraftanstrengung ausübte – Dauer ca. 1–2 Minuten. Er setzte sich auf das Nebenbett und sagte: »Das war sicher sehr schmerzhaft«, aber er habe mir seine ganze Kraft mitgegeben, damit ich die nächsten Wochen gut überstünde.
Auf meine Frage, ob ich auch meine Frau von ihm zumindest untersuchen lassen sollte, sagte er, sie sei gesund und das Wichtigste in meinem Leben. Dann verließ er wortlos das Zimmer.

Freitag, 6. 7.: Von der älteren Heilerin wurde mir zweimal der Rücken in der Gegend der Wirbelsäule aufgemacht, und zwar im mittleren und im unteren Bereich, anschließend noch der rechte Halsmuskel, weil ich dort Schmerzen in der Schultergegend hatte.

Insgesamt wurde mein Körper zwanzigmal geöffnet. Ich empfand keinerlei Schmerzen und behielt keine Narbe zurück. Sowohl Tony Agpaoa als auch Dr. Pay Seng und der (täglich sehr leicht massierende) Vater von Tony versorgten mich mit Medikamenten, die ich während der nächsten Monate zu nehmen hatte. Es handelte sich hierbei sowohl um Pillen als auch um sirupartige Flüssigkeiten.
Hier nun eine Aufstellung der für diese Behandlungen und Medikamente bezahlten Beträge: Tony Agpaoa habe ich in einem Umschlag 500 Dollar und 150 DM, jeweils in Reiseschecks, gegeben, in einer Summe also 580 Dollar. Pay Seng für insgesamt 16 Akupunktur-Behandlungen 160 Dollar, Agpaoas Vater für Massagen 100 Dollar, das heißt in Summe für Behandlungen 840 Dollar.

Die Rückreise strengte mich sehr an. Einige Tage später wurde mein Blut wieder untersucht: es hatte sich keine wesentliche Veränderung ergeben, die Werte entsprachen ungefähr denen vor der Abreise.

Vier Wochen später, also Mitte August 1979, ging es mir gar nicht besonders gut; es mußte eine nochmalige Bluttransfusion durchgeführt werden. Kurz danach ging ich zwei Wochen auf Urlaub in die Toskana. Ich habe mich dort ganz entspannt und nicht gearbeitet. Nach der Rückkehr waren die Blutwerte wesentlich verbessert, und zwar in allen Bereichen; sowohl die weißen Blutkörperchen als auch die roten und die Blutplättchen erreichten so gute Werte, daß von einer Bluttransfusion gar nicht mehr gesprochen werden mußte.
Ich hatte von den Philippinen Naturheilprodukte mitgebracht. Diese nahm ich sehr regelmäßig. Der Vorrat reichte ungefähr bis Oktober 1979.
Allmählich bildete sich ein stationärer Zustand heraus: während die roten Blutkörperchen von einem Drittel der notwendigen Werte vor der Philippinen-Reise auf ungefähr zwei Drittel gestiegen waren, stiegen die Blutplättchen von einem Zehntel der Normalwerte auf über die Hälfte, und die weißen Blutkörperchen hatten sich von einem Drittel unter den Normalwerten auf die Hälfte der Normalwerte verbessert.
Das ganze Jahr 1980 brachte praktisch keine Veränderung. Der Körper hat sich anscheinend daran gewöhnt, mit den reduzierten Werten zu leben. Er hätte dies mit den Werten vor den Philippinen mit Sicherheit nicht geschafft.

Maria Häglsperger, München

Bei Alex Orbito im Dezember 1979 Ich hatte eine Kur beantragt, und die Voruntersuchungen hatten ergeben, daß ich doppelte Leberwerte hatte, so wie ein Alkoholiker. Ich sagte dies Orbito, der daraufhin meine rechte Bauchdecke abtastete und dann plötzlich mit der rechten Hand in meinen Körper griff. Es war etwas schmerzhaft, und ich fühlte, daß er an etwas zerrte. Er holte ein ca. 6 cm langes Gewebe aus dem Körper, das wie Leber aussah und gelb-weiße Pünktchen hatte. Er zeigte es mir und den Umstehenden und bestellte mich zur nochmaligen Behandlung auf den nächsten Tag.
Da es mir nicht paßte, daß Orbito mir eine Medizin sehr teuer verkaufen wollte, fuhr ich am anderen Tag zum Heiler Virgilio Gutierrez. Dieser sah gleich, daß da operiert wurde, aber die Sache noch nicht in Ordnung war. Gutierrez holte aus derselben Stelle noch etwas Blutgerinnsel. Am anderen Tag merkte ich, daß ich an derselben Stelle eine ca. 5 cm lange Narbe hatte; diese war 6 Wochen später verschwunden. Die Untersuchungen in der letzten Kurwoche im März 1980 ergaben normale Leberwerte.

Bei Tony Agpaoa In den ersten Januartagen 1980 war ich in Baguio und besuchte Tony, den ich ebenfalls schon kannte. Zufällig war der bekannte Münchner Chirurg Dr. Hanspeter Legal, Tal 12, München 2, auch dort. Ich bat Tony, mich zu operieren, weil mein Kopf wie verstopft sei und ich stets Eitergeruch in der Nase hätte. Tony willigte sofort ein. Er sagte: »Schließ die Augen und sag ›ah‹.« Er erklärte den Zuschauern, wie er arbeite, und ich merkte, daß er an der rechten Wangenpartie nahe Nase und Auge arbeitete. Es fühlte sich dumpf an, war aber nicht schmerzhaft. Ich konnte leider nichts sehen, aber hernach wurde mir erzählt, daß Tony einen Tumor aus dem Kopf geholt hatte und Dr. Legal einen zweiten. Ich hörte, wie Tony zu Dr. Legal sagte: »Nimm die Pinzette und hol den Tumor raus.« Es fühlte sich unangenehm an, und ich spürte, wie Blut über mein Gesicht rann. Anschließend holte Tony noch Verwachsungen aus dem Unterleib, die sich nach einer Operation (Zyste und rechter Eierstock) gebildet hatten. Dr. Legal konnte ebenfalls zusehen. Diese Operation war ohne jede Empfindung.
Als ich anschließend zum Heiler Placido und dann ins Hotel fuhr, hatte ich das Gefühl von zwei Hohlräumen im Kopf, ebenfalls daß das Innere des Kopfes hell ist. Als ich im Hotel in den Spiegel sah, um evtl. Blutspuren wegzuwischen, sah ich mein Gesicht nicht, nur die Konturen. Abends sah ich mich wieder normal.

Rechts: Mit zugeklebten Augen erwartet die Patientin den operativen Eingriff durch Jose Segundo. Der österreichische Mediziner Dr. Sebastian von Pfaundler assistiert.

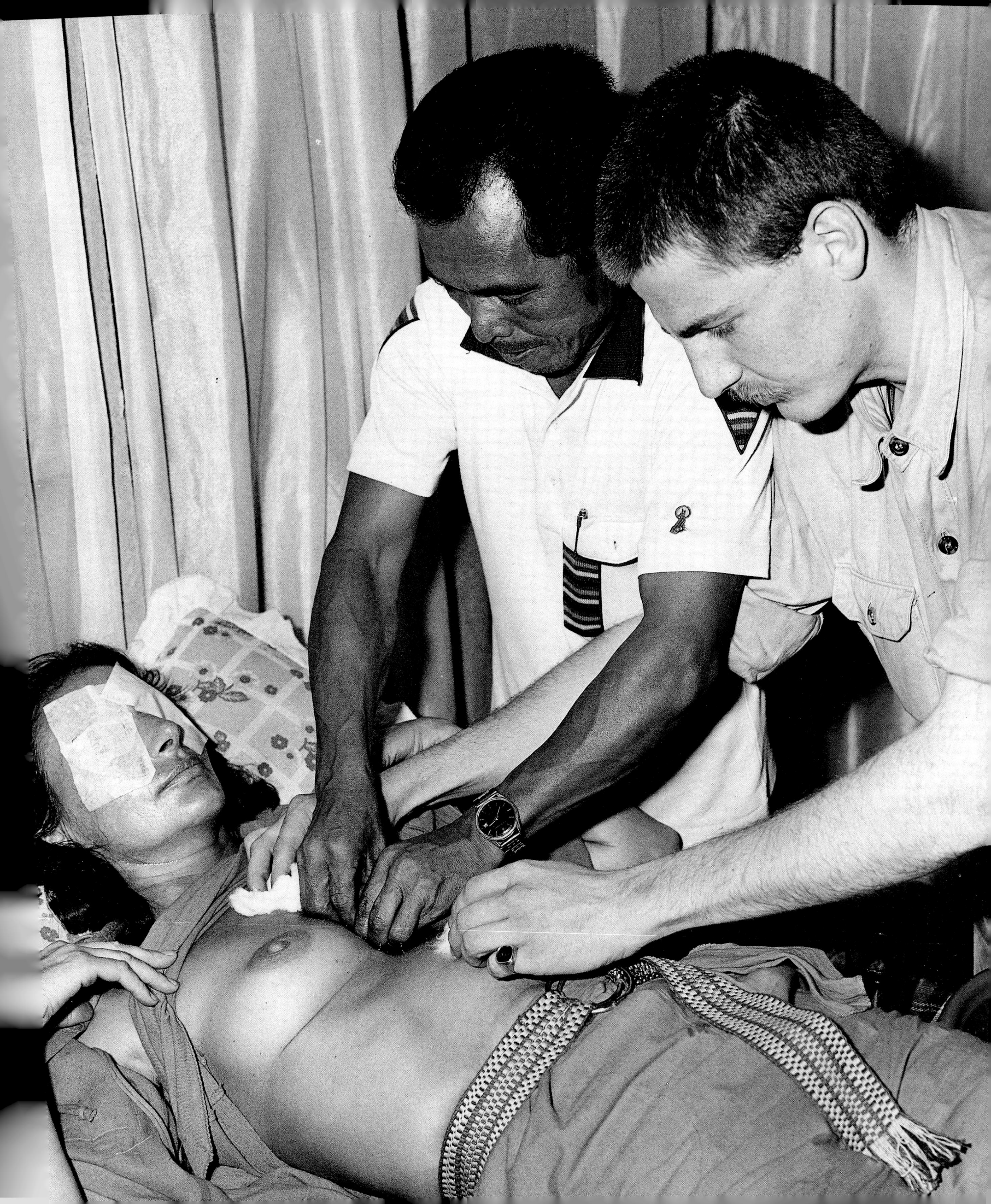

Meine Bekanntschaft mit dem Fernheiler Cabe, Baguio Im April 1979 war ich auf den Philippinen, wollte mich aber nicht behandeln lassen, denn sobald ich mit einem Heiler in Berührung komme, habe ich für kurze Zeit auch alle anderen Beschwerden weg. So wollte ich ausprobieren, ob es nicht nur das gesunde Land ausmacht, daß ich mich so leicht und wohl fühle, wenn ich auf den Philippinen bin.

In der Provinz Pangasinan hatte es 37 Grad, darum floh ich nach Baguio, wo es das ganze Jahr über 28–30 Grad am Tag und in der Nacht 16–20 Grad hat. Auf einmal hatte ich eine sehr schwere Erkältung und konnte nicht mehr laut sprechen.

Im Hotel von Tony Agpaoa lernte ich kurz darauf Herrn Reverend Cabe kennen. Er sah meinen Zustand und sagte: »Ich bin Fernheiler. Wenn du schläfst, werde ich deinen Astralkörper behandeln.« Ich maß dem nicht viel Bedeutung bei und fuhr am nächsten Tag nach Manila. Als ich im Hotel ankam, merkte ich auf einmal, daß ich wieder sprechen konnte und die Erkältung wie verflogen war.

Beim Tooth-man Crisostomo Celso Ins Hotel ›Bayview-Plaza‹ kommt, wenn genügend Anmeldungen beim Christian Travel Service vorliegen, der Zahnmann. Ich meldete mich an und wurde für einen Montag, 8 Uhr, bestellt.

Als ich ankam, war der Heiler schon anwesend. Ich war der erste Patient, und ich sagte ihm, er möge alle Zähne ziehen, die schlecht seien. Ich bin ständig beim Zahnarzt, der nicht gern meine Zähne zieht. Jeder Zahnarzt sagte mir, daß meine Zähne fester sitzen als bei anderen Patienten.

Crisostomo Celso sah sich alle Zähne an und sagte dann, welche schlecht sind – insgesamt 6 Zähne. Ein weiterer Backenzahn machte mir nur hin und wieder Beschwerden. Ich sagte es ihm. Daraufhin legte er seinen Finger darauf und sagte: »Jetzt ist es gut.« Er tut mir erst jetzt, nach zwei Jahren, wieder manchmal weh.

Das Ziehen von fünf Zähnen ging ganz schnell; es dauerte weniger als eine Minute, bis ein Zahn gezogen war. Während des Ziehens spürte ich einen Schmerz, ungefähr so, wie wenn man einen Zahn vom Zahnarzt mit Betäubung gezogen bekommt. Als der Zahn gezogen war, legte er den Finger auf die Stelle und sagte: »No blood!«, und es blutete nicht. Als er den sechsten Zahn mit der Zange anfaßte, zersprang dieser in viele Teile. Er mußte daher mit der Zange die Wurzel im Zahnfleisch fassen, was ich spürte. Das Ziehen dauerte aber auch weniger als eine Minute. Anschließend mußte ich mit Salzwasser spülen und dann mit magnetisiertem Wasser. Ich hatte hernach keine Schmerzen und kein Nachbluten und brauchte keine Spritze. Drei der Zähne waren am Kiefer-

knochen angewachsen. Dies tat einen besonderen Knall beim Ziehen. Man sah auch an den Zähnen etwas vom Knochen.
Ich war dem Tooth-man sehr dankbar und besuchte ihn dieses Jahr im Januar, um mir einen Weisheitszahn ziehen zu lassen. Dies ging ebenfalls so schnell und schmerzlos. Obwohl es ein großer Zahn war, spürte ich keine Öffnung, als ich mit der Zunge die Stelle abtastete.

Ing. Herbert Kasper, Innsbruck

Ich bin 73 Jahre, war in meiner Jugendzeit extremer Kletterer und alpiner Schiläufer, nach Herzinfarkt mit 54 Jahren wurde die sportliche Tätigkeit stark zurückgeschraubt, dann mäßiger Bergsteiger und einfacher Schwimmer, zuletzt einige Jahre Schiwanderer bis 1975. Ungefähr 1973 setzte langsam, aber stetig mein Gebrechen ein: die Muskelkräfte ließen nach. Derzeit muß ich zwei Stöcke benützen, kann nur kleine, ebene Wanderungen machen, Stiegensteigen ist eine große Anstrengung. In der Neurologischen Klinik Dr. Reiser, Wien, wurde ich von Prof. Reiser und Prof. Dr. Pateisky (1975) drei Wochen lang gründlich untersucht, und dabei wurde progrediente Muskeldystrophie* festgestellt. Prof. Dr. Gerstenbrand, Innsbruck, kam zum gleichen Ergebnis. Das Teuflische an diesem Gebrechen ist: Man kennt die Ursachen nicht, und es gibt keine Heilung. Dies wurde auch von deutschen Fachleuten bestätigt. Prof. Dr. Gerstenbrand versuchte, das Fortschreiten durch ein Medikament (Guanidin-Hydrochlorid) zu verzögern.
Sie werden also begreifen, daß man in so einer Lage jeden Strohhalm ergreift, obwohl fast keine Aussicht auf Heilung besteht.
Allgemeines: Ich hatte bei der Behandlung durch die Heiler volles Vertrauen, auch wenn diese mit bloßen Händen, ohne Sterilisierung operierten. Da jeder aus nächster Nähe zusehen konnte, halte ich die Anwendung von Tricks für ausgeschlossen.
Die Behandlung durch die Heiler Placido, Rustico und Flores hat jedoch keine Heilung erbracht. Deshalb würde ich anderen Kranken diese Reise nur mit Vorbehalt empfehlen. Es wäre ganz sinnlos, bei einem vom Krebs zerfressenen Körper oder einem total gehirngeschädigten Kind (beide Fälle selbst gesehen!) Heilung zu erwarten. Fehlende Organe können auch durch Geistheiler oder Gebete nicht ersetzt werden.
Die Kosten der Behandlung sind gering (ca. 1500 Schilling), man bezahlt auf freiwilliger Basis. Der Erlös wird zum großen Teil für den Bau von Kirchen der Christian Spiritual Regeneration Movement verwendet.

* chronisch degenerative, die quergestreifte Muskulatur primär befallende Krankheit

Ch. S., Kempten (Allgäu)

Unsere Gruppe bestand aus insgesamt 29 Personen, von denen mir einige persönlich bekannt sind. Nach großzügiger Schätzung und unter Einbeziehung aller kleinen Wehwehchen waren höchstens die Hälfte, also 15 Personen, krank. Nach anfänglicher Zurückhaltung haben es Personen aus dieser Gruppe fertiggebracht, sich an einem Tag einschließlich der Nacht von verschiedenen Heilern bis zu siebenmal behandeln zu lassen. Eine gewisse Euphorie, um nicht zu sagen Hysterie wurde bei den abendlichen Zusammenkünften von den Reisebegleitern erwirkt, um den Ärzten mehr Material und Proben für ihre Untersuchungen aus und an gesunden Körpern zu liefern.
Wie diese deutsch-österreichische Gruppe, so fielen auch japanische, amerikanische und englische Gruppen bei den räumlich beengten Heilern ein. Das Bild war jedesmal dasselbe: Die kranken Filipinos wurden in eine Ecke gedrückt und warteten geduldig, bis die kapitalkräftige, zum größten Teil gesunde Gruppe bevorzugt behandelt worden war. Meistens mußten dann die kranken Filipinos auch noch unbehandelt wieder abziehen, weil die Kraft der Heiler durch die fotografierende und filmende Meute erschöpft war. Wenn man sich dann vor Augen hält, daß auf ca. 7000 Filipinos ein Arzt kommt und in den abgelegenen Gegenden, insbesondere im Hochland von Nord-Luzon (Kordellen), weit und breit kein Arzt vorhanden ist, schäme ich mich, weil ich auch fotografiert habe. Aus gleichem Grund könnte man Gruppen organisieren und mit diesen zu den Medizinmännern nach Afrika oder in die Urwälder von Brasilien reisen.
Daß die Geistheiler besondere Kräfte besitzen, bezweifle ich nicht. Auch in Europa gibt es Menschen mit besonderen Fähigkeiten. Daß diese Fähigkeiten im Fernen Osten häufiger auftreten, könnte vom Klima oder von anderen atmosphärischen Einflüssen abhängig sein, das sieht man z. B. daran, daß die philippinischen Heiler in Europa ihre Fähigkeit annähernd ganz verlieren.
Sollte aus meinem Kreis jemand ernstlich krank sein, würde ich ihn zu den Heilern begleiten. Ich fürchte nur, daß wir dann sehr lange suchen müssen, um einen Heiler oder eine Heilerin zu finden, deren Kraft der Sensationsgier solcher Gruppen noch nicht zum Opfer gefallen ist.

Anne-Reet Paris, München

Es ist ergreifend zu sehen, wenn Menschen von inoperablen Kopftumoren, Krebs oder Blindheit geheilt werden. Diese Art der Heilung ›kann‹ für den Patienten eine wunderbare Soforthilfe sein. Trotzdem möchte ich erwähnen, daß die meisten Krankheiten eine

andere Art von Behandlung erfordern, wenn die Gesundheit von Dauer sein soll.
Die Zukunft der Geistheilung in Europa wird in der Entwicklung von umfassenden Methoden liegen. Eine Operation am physischen Körper wie auch am Ätherkörper ist nur eine Behandlung der Symptome, weil der Patient nach vollbrachtem Eingriff diese beiden Bereiche sofort wieder durch seinen Astral- und Mentalkörper zu beeinflussen beginnt. Der physische Körper wird zur Marionette des jeweils stärkeren Geistkörpers.
Empfehlen kann ich die Fahrt keinem aus meinem Bekanntenkreis, weil in Europa der Glaube an einen wissenschaftlichen Fortschritt und an die Schulmedizin bei den meisten Menschen noch sehr groß ist, während die Bereiche des Jenseitigen und Spirituellen einer starken Tabuisierung unterliegen. Außerdem kann niemandem eine Heilung durch Geistheiler garantiert werden.

H. Heitz, Schweiz

... viele Krankheiten kommen nach der Behandlung durch die Heiler wieder. Warum? Weil nur in wenigen Fällen eine Reparatur des Geistkörpers stattfindet. Solange dieser nicht geheilt ist, tauchen Verwachsungen, Gallensteine, Tumore u. ä. möglicherweise wieder auf. Nach der Behandlung durch einen europäischen Chirurgen ist das Gewebe so kaputt, daß es sich nicht regeneriert. Die Schäden am Geistkörper übertragen sich aber auf das nächste Leben. Das ist bei einer Operation durch den Geistheiler nicht der Fall. Häufig sind Schäden am physischen Körper auf emotionalen Stau, auf Erziehungsfehler oder mangelnde Disziplin zurückzuführen. Solange sie nicht psychoanalytisch behoben werden, kehren sie wieder. Schäden für ein späteres Leben entstehen besonders dann, wenn europäische Operationen mit Engrammen des Schmerzes auch unter Narkose durchgeführt werden.
Es gibt in Europa vielleicht ein Dutzend Leute, die diesen Zusammenhang verstanden haben.
Hüten Sie sich, falsche Sachen zu schreiben, Sie nehmen Schuld auf sich und karmische Verpflichtung.

Amanda Baumgartner (26), Traun (Österreich)

Bei einer Routineuntersuchung wurde ein Loch in der Scheidewand zwischen den Herzkammern festgestellt. Der Arzt riet mir zu einer baldigen Operation. Dieser Herzfehler, so sagte er, sei zu spät erkannt worden. Er wird normalerweise im Kindesalter operiert, weil sonst die Gefahr einer Schädigung des Herzmuskels besteht. Er stellte mir

in Aussicht, daß ohne Operation die Hoffnung auf ein normales Leben ab dem 40. Lebensjahr erlischt ...
Im November 1980 trat ich die Reise nach Baguio an. Am meisten beeindruckte mich Rudy Jimenez. Ich habe auch nach meiner Rückkehr, wie ich glaube, telepathischen Kontakt mit ihm. Fast täglich zur selben Zeit fühle ich ein Ziehen am Herzen. Zwei Tage nach Weihnachten hatte ich am Abend nach 23 Uhr dasselbe Gefühl wie bei den Operationen: ich spürte Rudys Hände auf meiner Haut und dann am Herzen.
Rudys Mutter schrieb mir, daß sie oft an mich denke und für mich bete.
Die Behandlung durch die Geistheiler hat bewirkt, daß ich kaum mehr Schmerzen habe und meine angegriffenen Nerven wieder in Ordnung sind. Auch meine Einstellung zu Gott und den Menschen hat sich geändert. Über einen endgültigen Erfolg kann ich erst nach der Untersuchung mit dem Herzkatheter berichten.

Fritz Embacher, Student, Wien

Als ich die Operationen sah und das ganze Drumherum, konnte ich nicht glauben, daß Leute darauf hereinfallen. Ich bin der Meinung, daß Fotos überhaupt nichts aussagen, sie zeigen zwar alles sehr deutlich, verfälschen aber damit nur die Wirklichkeit.
Es ist in jedem Fall ein guter Trick, das Wasser rot zu färben oder einen Fleischfetzen vorzuweisen, auch die Geräusche sind sehr echt, aber daß ein ›Heiler‹ mit seinen Fingern durch die Haut fährt, das habe ich nicht gesehen.

J. Brown, Stockers Siding (Australien)

Worte können die Enttäuschung nicht ausdrücken, so sind wir zum Narren gehalten worden, als wir unsere schwer krebskranke Mutter auf die Philippinen brachten. Wir wollten jeden Strohhalm ergreifen, um das Leben unserer geliebten Mutter zu retten.
Als wir losfuhren, war sie unfähig, ohne Hilfe mehrere Schritte zu gehen. Vier Jahre zuvor hatte sie eine Kolotomie gehabt, welche das Resultat eines Quacksalbers war, und es wurde ihr eine Dickdarmfistel angelegt. Dieser ›Arzt‹ hatte dermaßen an ihr herumgepfuscht, daß sie fast tot im Spital zurückblieb. Zum Glück kannte ich damals einen Pathologen, der mir riet, meine Mutter sofort in das Prince Alfred Hospital zu bringen. Dr. Stuart, der wunderbar war, mußte dreimal operieren, um sie zu retten. Unsere geliebte Mutter starb vier Jahre später, nachdem wir vergeblich auf die Philippinen gereist waren.
Von einem Apotheker und der Reiseagentur hatten wir viel von Placido Palitayan gehört.

Wir setzten unsere ganze Hoffnung in ihn, zumal unsere Mutter noch zwei Tumore im Gehirn hatte, von denen der zweite zu tief saß, um operiert werden zu können.
Während der ganzen Reise mußten meine Schwester und ich unsere Mutter tragen, weil sie zu schwach war, um ihr eigenes Gewicht zu halten. Unsere Mutter hatte damals aber einen so starken Lebenswillen, daß sie zu jeder Strapaze bereit war.
Obwohl wir sehr erschöpft waren, wurden wir gleich am Tag unserer Ankunft vom Reiseleiter zu Placido gebracht. Meine Mutter küßte Placido, hielt seine Hände und sagte unter Tränen: »My miracle man.« Sie glaubte wirklich, er könnte sie heilen, und wir alle glaubten, daß der Alternativmedizin dies möglich wäre. Unsere Mutter lag nackt auf dem Tisch, und Placido begann mit der Operation. Wir hörten ein eigenartiges Schmatzen, sahen Blut und Blutklumpen und glaubten zu erkennen, wie er Tumore aus ihrem Kopf und ihrem Körper nahm. Dies ging fünf Tage lang so.
Die Taxichauffeure der Stadt drängten sich buchstäblich auf, um unsere Mutter auch zu anderen Heilern zu bringen. Schließlich ließen wir uns zu einer Magnetbehandlung bei Philipp Malictan überreden, der sehr geduldig war und außerdem viel Zeit für seine Patienten aufwendete.
Placido verlangte für seine Behandlung 50 australische Dollar und Philipp 70. Bei Philipp mußten die Kräuter noch sehr teuer bezahlt werden, während diese bei Placido im Preis enthalten waren.
Nach unserer Rückkehr nach Australien hatte sich der gesundheitliche Zustand unserer Mutter nicht gebessert, und eine Untersuchung ergab, daß die Tumore immer noch da waren. Wir zweifeln allerdings nicht mehr daran, daß diese Heiler hervorragende Magier sind.

Karl Sonnweber, Bregenz (Österreich)

Ich war vom 2. bis zum 19. November 1980 in Baguio. Der Grund dieser Reise war meine schwere Erkrankung, die in Europa diagnostiziert wurde. Der Befund lautete auf Prostatakrebs und Knochenmetastasen.
Vor meiner Abreise war ich dreieinhalb Monate in Bregenz im Spital. Dort wurde ich fünfmal operiert, bekam dreißig Zitostaritika-Infusionen und wurde Scannerkontrollen wegen der Metastasen im Körper unterzogen. Trotz Operationen der Prostata, Entfernung von männlichen Hormonträgern (z. B. der Hoden) und Verabreichung von Infusionen hatte ich brutale Schmerzen. Ich konnte meinen rechten Arm kaum noch anheben. In diesem Zustand erreichte ich Baguio.
In den folgenden sechzehn Tagen wurde ich von Placido in insgesamt achtundzwanzig

Operationen behandelt. Von Rustico wurde ich täglich durch Berührung der schmerzhaften Körperstellen behandelt. Von Josephine Sison erfolgte nur ein Eingriff an meiner Schulter, an der Stelle, an der sich die Metastasen befanden. Im Heilzentrum erfolgte magnetopathische Behandlung durch den ›Aparatos‹ von Teodor. Flores verabreichte mir sieben spirituelle Injektionen, und schließlich empfing ich noch sehr kräftige Massagen durch Alex und sein Team.
Nach der Behandlung durch die Geistheiler, der eine Behandlung durch den Homöopathen Thomas Schüller vorausgegangen ist, bin ich heute bei bester Gesundheit. Ich bin völlig ohne Schmerzen und habe drei Kilo zugenommen. Ich fühle mich sehr gut und bin voll im beruflichen Einsatz.
Nach meiner Ankunft standen alle vor einem Rätsel. Keiner der Ärzte wollte glauben, daß ich nun anhaltend gesund bin. Für mich waren diese Geistheiler Phänomene – Menschen von einer ganz anderen Welt, Menschen, ganz von Gottes Kraft durchdrungen, Heiler, die den Geist Gottes als Wirkmittel in sich tragen. Die ständige Bemerkung: »Gott ist es, der durch mich heilt«, hat mich sehr beeindruckt.
Weiters möchte ich noch sagen, daß der Heilpraktiker Thomas Schüller mich seit Ende Mai 1980 bis zum heutigen Tag völlig kostenlos behandelt hat. Nach meiner Spitalsentlassung am 15. Juli 1980 habe ich keine einzige Tablette oder Injektion erhalten. Alles, was ich an Medikamenten zu mir nahm, waren homöopathische Heilmittel.
Mein Wunsch wäre es, daß viele Menschen von der Geißel des Krebses befreit würden. Ich hatte am eigenen Leib diese grauenhaften Schmerzen erfahren.

Joseph Riegger-Rietschi, Basel

Ich schreibe im Namen meiner Frau Laura. Sie ist am 17. April 1980 im Alter von sechzig Jahren abberufen worden.
Ihre Krankengeschichte ist über zwanzig Jahre alt, angefangen bei Lymphbahnenerkrankung mit mehreren Operationen (Entfernen von Knoten) und Bestrahlungen, 1977 Gallensteinoperation. Dann Ausartung auf den eigentlichen Krebs. Erste Operation: Entfernen des rechten mittleren Lungenflügels, 1. August 1978. Nach der Lungenoperation Einsetzen von Husten und Schluckbeschwerden. Befund: Der Krebs hat sich auf Luft- und Speiseröhre festgesetzt.
In dieser Phase erfuhren wir durch eine Freundin meiner Frau von den Heilern. Sie war vor ca. zehn Jahren von einem Unterleibstumor geheilt worden, obwohl die Ärzte operativ nichts machen konnten und Bestrahlungen auch nicht mehr in Frage kamen,

weil sie bereits die zulässige Strahlendosis erreicht hatte.
So entschlossen wir uns, einen letzten Rettungsversuch mit den Heilern zu wagen.
Anmeldung im Frühjahr 1979 bei der Reisegesellschaft. Aus unerklärlichen Gründen konnten meine Frau und ich erst Ende Oktober 1979 starten. Der Zustand meiner Frau hatte sich bis dahin sehr stark verschlechtert – Gewicht: von 85 auf 55 Kilo, sie konnte sich ja nur noch flüssig ernähren; Atmung: dreimaliges Einatmen in der gleichen Zeit wie ein gesunder Mensch. Jede Anstrengung mußte vermieden werden. Sie trug nur noch ihre Handtasche, jede Last war zuviel, der Gang schleppend. Mir bangte vor der langen, 22stündigen Flugreise, ist sie doch auch für einen gesunden Menschen eine Tortur. Aber der unerhörte Wille und der Glaube an eine Besserung gaben ihr die Kraft, auszuharren. Sie war eine großartige Frau.
In Baguio angekommen, wurden wir von Tony Agpaoa während eines Zeitraums von achtzehn Tagen behandelt. Das Ergebnis war ein sofortiger Stillstand der Krankheit, kein Gewichtsverlust mehr und eine etwas gebesserte Atmung.
Bei Röntgenaufnahmen und Durchleuchten (ich war bei den Untersuchungen immer dabei) waren nach der Rückkehr keine Metastasen mehr zu sehen. – Ratlosigkeit bei den Ärzten – da hört die Schulmedizin auf.
Die Heiler sind Menschen wie wir, nur haben sie einfach übernatürliche und nicht erklärbare Kräfte. Es werden absolut keine Tricks angewendet, man wird auch nicht in einen Trancezustand versetzt. (Ich habe bei vielen Eingriffen an fremden Personen und bei meiner Frau zugesehen.)
Das gleiche habe ich am eigenen Leib erfahren. Tony forderte mich am zweiten Tag auf, mich auf den Schragen zu legen. Ich gab ihm zur Antwort, ich hätte nichts, kam seiner Aufforderung jedoch nach. Fast zwei Jahre lang hatte ich vor dem Besuch der Heiler hauptsächlich nachts im Bett Schmerzen am rechten Bein, und zwar an einer Zehe, am Fußballen und im Knie, und war in ärztlicher Behandlung. Der Heiler öffnete mit seinen bloßen Händen eine Stelle in der Leistengegend, nahm eine Art fleischliche Schnur heraus (Durchmesser ca. 4 mm, 4 cm lang), schloß die Wunde, alles ohne Schmerzen und Narben, und fertig war die Prozedur. Zeit: ca. zwei Minuten. Seither bin ich von dem Leiden befreit.
Meine Frau hat nach den sichtbaren Erfolgen die gleiche Reise Mitte Januar 1980 nochmals allein zurückgelegt, weil sie jetzt Kenntnisse von den Örtlichkeiten und den Umständen hatte. Dauer: 17 Tage.
Ich muß hier festhalten, daß im Fall meiner Frau und in anderen mir bekannten Fällen, in denen Krebs vorliegt, nur Linderung, aber keine Heilung erwirkt wurde.

So ist meine Frau nach scheinbarer Besserung – die Atmung und das Essen waren immer gleich schwierig – trotzdem gestorben. Der Krebs hat nochmals ausgeholt.

Jill Courtenay, Reynella (Australien)

Mein Mann, Reg, erkrankte am 29. März vorigen Jahres und wurde am 9. April an einem Gehirntumor operiert. Aus verschiedenen Gründen konnte man den Tumor nicht finden. Es war also nur eine medikamentöse Behandlung möglich. Die Ärzte gaben ihm 6–9 Monate zu leben. Im Juni flogen wir nach Baguio, um Placido Palitayan aufzusuchen. Er war unsere letzte Hoffnung.
Bevor wir zu Placido vorgelassen wurden, mußten wir eine Karte, die Einzelheiten der Krankheit betreffend, ausfüllen. Dann mußte mein Mann sich auf den Bauch legen, worauf Placido einen etwa 2 cm langen, leberähnlichen Blutpfropfen aus seinem Kopf zog. Er sagte: »Hier ist es«, und zeigte das Gebilde meinem Sohn, meinem Mann und auch mir selbst. Ich war überglücklich und hatte vollstes Vertrauen. Placido fuhr fort, indem er Klumpen aus dem Nacken, den Schultern usw. nahm. Das war am Freitag. Placido operierte dann wieder Samstag, Montag und Dienstag. Damit war die Behandlung abgeschlossen, und wir kehrten nach Adelaide zurück.
Mein Mann fühlte sich so gesund, daß er wieder arbeiten ging. Wahrscheinlich hat er es übertrieben, denn nach drei Wochen brach er zusammen. Sein Zustand verschlechterte sich rapid, bis er dann am 30. Oktober 1980 an einem Gehirntumor starb.
Placido hat auch eine Wucherung, die mein Mann 25 Jahre lang an der Hand hatte, entfernt. Nach vier Tagen, als er sich duschte, rief er mich und zeigte mir seine Hand – es war keine Spur von der Wucherung zu sehen. Sie ist dann doch zurückgekehrt, hat aber niemals die gleiche Größe erreicht. Er hat das Gewebe einer alten Tbc-Operationsnarbe am Nacken meines Mannes entfernt. Ich finde das völlig unerklärlich. Placido hat auch mir wegen meiner zerrütteten Nerven etwas herausoperiert, und ich glaube mit Erfolg. Die Operationen, die über zwei Tage dauerten, waren unangenehm.
Mein Mann fühlte sich viel besser und glücklicher. Er war von seiner Heilung vollkommen überzeugt. Wir glaubten, Zeugen eines Wunders zu sein. Obwohl mein Mann inzwischen gestorben ist, glaube ich noch immer bis zu einem gewissen Grad an Placidos Fähigkeiten. Eine Heilung war für Reg einfach nicht drinnen.
Ich würde anderen empfehlen, auch dorthin zu gehen. Vielleicht war es nur Heilung aufgrund starken Glaubens, aber viele sind geheilt worden – ich würde wieder dorthin gehen, wenn es notwendig wäre.

Monica Samuels, Xanadu (Südafrika)

Ich habe so gut wie keine Krankengeschichte und erfreue mich bester Gesundheit. Meine einzige Operation ist eine Herausnahme der Gebärmutter (Hysterektomie) gewesen.
Ich interessierte mich sehr für die Heiler, weil ich schon vor Jahren über sie gelesen hatte. Ich wollte ihnen begegnen. Besonders interessant fand ich die Tatsache, daß sie anscheinend den Körper ohne die Verwendung von Instrumenten oder Narkose öffnen können. Ich wurde jedoch in dieser Hinsicht enttäuscht, weil ich zu keiner Zeit davon überzeugt war, daß eine solche Öffnung tatsächlich stattgefunden hatte. In den meisten Fällen erschien plötzlich an der Hautoberfläche etwas, das wie Blut aussah, worauf der Heiler mit seinen Fingern die Stelle massierte und dann scheinbar verschiedene an Blutklumpen erinnernde Gebilde ›herausnahm‹. Aber auch andere Gebilde, wie z. B. Gewebeteile, wurden gelegentlich – zumindest scheinbar – herausgenommen. Einer Frau, die an Darmkrämpfen litt, wurde aus der betreffenden Körperregion ein Stück Gummi herausoperiert.
Die Heiler arbeiten außerordentlich schnell, und obwohl wir beliebig nahe am Behandlungstisch stehen durften, um alles ganz genau zu verfolgen, war es trotzdem äußerst schwierig, festzustellen, was da eigentlich vor sich ging.

War die Fleischschicht verhältnismäßig dick, so schienen die Finger des Heilers tatsächlich in den Körper einzudringen; aber ganz überzeugt war ich nie. Einmal allerdings konnte ich beobachten, wie bei der Behandlung einer Frau etwas, das aussah wie Sehnen, aus einer ›Öffnung‹ an der Schulter zu sehen war. Doch war die Stelle derart mit blutähnlicher Masse verschmiert, daß man nur schwerlich erkennen konnte, ob der Eingriff tatsächlich im Körperinneren oder nur an der Körperoberfläche erfolgte. Zu keiner Zeit konnte ich mit Sicherheit irgendwelche inneren Organe oder Fleischschichten unter der Oberfläche der Haut erkennen.
Ich halte es für unwahrscheinlich, daß die Heiler mit irgendwelchen Taschenspielertricks arbeiten; da sie die Hände sehr oft aufmachen, wäre es sicherlich schwierig, etwas darin zu verstecken. Josephine zum Beispiel öffnete ihre Hände ständig und streckte sie zu den Fahnen, die über ihrem Kopf hingen. Sie erzählte uns, daß diese Fahnen ihr große Kraft verleihen.
Meiner Meinung nach können die Heiler Blut materialisieren. Ich glaube allerdings nicht, daß es sich dabei um menschliches Blut handelt. Ähnlich wird es sich mit den Blutklumpen und anderen Gebilden verhalten, die auf dieselbe Weise zum Vorschein gebracht werden, wie ein Medium Ektoplasma materialisiert und andere Gegenstände, z. B. ›Apporte‹.

Ich bin davon überzeugt, daß manche geheilt werden, aber es ist schwer zu beurteilen, ob diese Heilungen nicht ausschließlich psychisch erfolgen.
Meinen Fall könnte man gewissermaßen als Prüfstein ansehen. Eine erfolgreiche Behandlung könnte man doch hier niemals auf psychische Einflüsse über die Materie oder etwas dieser Art zurückführen. Daher interessierte es mich, ob die Heiler in diesem Fall einen Erfolg erzielen könnten: Als Kind habe ich mich am Ellbogen verletzt. Seither ist es mir nicht mehr möglich, meinen Arm ganz auszustrecken. Die einzige Möglichkeit, diesen Fehler zu beheben, liegt in der operativen Entfernung eines Knochenstücks. Eine erfolgreiche Behandlung durch die Heiler ohne konventionellen operativen Eingriff wäre also der endgültige Beweis für alle Ungläubigen.
Die Heiler aber waren nicht in der Lage, dieses Leiden zu heilen. Virgilio versuchte eine Operation und erzählte mir, ebenso wie Placido, daß mein Arm sich mit der Zeit von selber begradigen würde – bis jetzt ist es nicht geschehen.
Ich habe auch ein kleines Rückenleiden, das sich bemerkbar macht, wenn ich längere Zeit stehe. Ich bat Josephine um eine Untersuchung, ohne ihr vorher von meinem Rückenleiden zu erzählen. Sofort griff sie an die betreffende Stelle meines Rückens, die mir Unannehmlichkeiten bereitete, und diagnostizierte eine Verkrampfung. Wie man mir später erzählte, massierte sie anscheinend Wattebällchen in meinen Rücken, die sie dann Sekunden später aus meinem Nacken – einer anderen empfindlichen Stelle, die oft verkrampft ist – wieder herauszog. Ich kann jedoch nicht bestätigen, daß sich der Zustand meines Rückens wie auch meines Nackens als Folge dieser Behandlung gebessert hätte.

M. McKendrick, Bowen Old (Australien)

Meinen ersten Besuch in Baguio machte ich im November 1977. Ich begleitete damals meine Mutter, die ziemlich krank war: fünf Jahre lang litt sie schon unter Durchfall, und auch Spezialisten konnten ihr nicht helfen. Placido fand die Ursache: einen großen Blutklumpen, der von inneren Krampfadern hervorgerufen worden war. Er entfernte den Blutklumpen, und meine Mutter hatte von da an keine Beschwerden mehr.
Ich selbst litt damals an schweren Rückenschmerzen. Nach der Behandlung durch Placido waren meine Schmerzen verschwunden. Placido operierte auch Nierensteine und eine Reihe anderer innerer Defekte, von denen ich keine Ahnung hatte. Zurück in Australien, mußte ich feststellen, daß sich meine Gesundheit insgesamt verbessert hatte. Früher litt ich auch an Migräneanfällen, die nun viel seltener und schwächer auftraten.

E. M., Mailand

Ich leide an einer steifen Schulter und seit langem an einer Degeneration der Lenden- und Halswirbel. Sehr unangenehm bemerkbar machen sich Spannungen im Gesicht und ein Druck im Kopf – eine häufige Erscheinung bei Menschen, die oft meditieren.
Ich war schon vor meiner Philippinen-Reise in Behandlung, diese hat aber nie irgendeine der obenerwähnten Erkrankungen vollständig geheilt. Auch während des Aufenthalts auf den Philippinen verspürte ich keinerlei Besserung meines Zustands. Etwa zwei Monate nach Rückkehr versteifte sich meine Schulter, die seit einer Cortisonbehandlung eine allmähliche Besserung aufzuweisen schien, vollkommen. Meine anderen Erkrankungen haben sich seit meiner Rückkehr noch mehr verschlechtert. Vor allem mein Rücken verursacht mir im Moment besonders große Schmerzen.
Trotz dieser Erfahrungen scheinen mir die Heiler einfache, ehrliche Menschen zu sein – mit Ausnahme von Placido, dessen Behandlungsweise etwas zu sehr kommerzialisiert war. Was ich vor allem nicht mochte, war die Tatsache, daß Berufsfotografen, ohne vorher um Erlaubnis gebeten zu haben, die Behandlung fotografierten und dann unverschämt hohe Preise für die Fotos verlangten. Besonders ärgerlich fand ich den unterschwelligen Konkurrenzkampf unter den Fotografen.

Das Blut war offensichtlich nicht echt. Es war weder tierisches noch menschliches Blut, sondern eine wäßrige Flüssigkeit. Die Herausnahme von Gummistücken, Kokosscheiben u. dgl., wenn auch manchmal als Symbol zu deuten, konnte mich aufgrund meiner westlichen Denkweise nicht beeindrucken, denn es erinnerte mich zu sehr an primitive Magie. – Vielleicht liegt es daran, daß mir nicht geholfen wurde.
Ich konnte trotz kritischer Aufmerksamkeit keine Taschenspielertricks erkennen; aber ich kann auch bei normalen Zauberkunststücken nichts erkennen. Die Hand ist eben schneller als das Auge.
Ich habe meine Reise nicht mit meinem Arzt besprochen, weil keine positive Wirkung zu berichten war. Niemand aus unserer Reisegruppe konnte mich davon überzeugen, tatsächlich bei der Rückkehr irgendeine Heilung erfahren zu haben. Manche behaupteten, sie fühlten sich besser, aber ich führe das eher darauf zurück, daß sich durch die Reise und die Erholung Spannungen gelöst haben. Außerdem versuchten die Organisatoren der Reise uns ständig einzureden, es hätte eine Besserung stattgefunden. Dies war aber nicht der Fall.
Von meinen eigenen Erfahrungen ausgehend, würde ich niemandem empfehlen, diese Reise zu machen. Die Reise ist teuer und äußerst anstrengend. Außerdem ist das Klima sehr unangenehm. Ich glaube, daß

Heilungen überall auf der Welt stattfinden können. Im Grunde genommen glaube ich, daß jeder Mensch eine latente Heilfähigkeit in sich trägt. Ich glaube nicht, daß eine kurze Reise und das damit verbundene Eilen von einem Heiler zum nächsten viel nutzen kann.

Michalis Andreou, Nikosia (Zypern)

Zunächst möchte ich klarstellen, daß nicht ich es war, der wegen einer Behandlung auf die Philippinen reiste, sondern mein kranker Vater. Ich war nur als Begleiter mitgekommen.

Die Krankengeschichte meines Vaters lautet folgendermaßen: Vor etwa 25 Jahren arbeitete er in einem Eisenbergwerk, und zwar untertag in großer Tiefe. Durch diese Arbeit erkrankte er an Pneumokoniose (Staublunge). Laut Diagnose der Ärzte bedeckte die Staubschicht vorerst etwa 15–20 Prozent der Lunge. Nach einigen Jahren verschlechterte sich sein Zustand trotz ständiger medizinischer Betreuung. Schließlich wurde die Lunge zu 100 Prozent von Staub bedeckt. Da wir keine andere Wahl mehr hatten, entschlossen wir uns, auf die Philippinen zu reisen.

Bevor wir aufbrachen, erkundigte ich mich eingehend, ob es in medizinisch hochentwikkelten Ländern, wie Deutschland oder England, andere Heilungsmöglichkeiten gäbe: Es gibt sie nicht! Aber dem Heiler ist es gelungen, die Atemtätigkeit meines Vaters in hohem Maße zu verbessern. Nach der Behandlung ist sein gegenwärtiger Gesundheitszustand sehr zufriedenstellend. Er kann schnell und frei atmen, verspürt keinen Schmerz, und auch das ehemals unangenehme Gefühl in der Lunge ist weg.

Mein persönlicher Eindruck ist, daß der Heiler Fähigkeiten hat, die über die Fähigkeiten eines Arztes der Schulmedizin hinausgehen. Ich habe ihn bei mehreren Eingriffen beobachtet und bin begeistert.

Ich war, wie oben erwähnt, als Begleiter meines Vaters auf die Philippinen gefahren. Als ich die phantastischen Erfolge der Heiler sah, entschloß ich mich selbst zu einer Untersuchung. Aus meiner persönlichen Erfahrung kann ich sagen, daß man während der Behandlung das Geschehen fühlt und versteht. Ich schließe jeden Schwindel aus und glaube hundertprozentig daran, daß die Behandlung der Heiler wirksam ist.

Ich würde es anderen sehr empfehlen, diese Reise zu machen.

Major A. S., Karachi (Pakistan)

Farooq, mein sechsundzwanzigjähriger Sohn, hatte im Mai 1974 in den USA einen schweren Autounfall. Er erlitt eine Gehirnverletzung, die bleibende Schäden zurückließ. Sein Gleichgewichtssinn ist seither gestört, so daß er nicht mehr ohne fremde Hilfe aufrecht gehen kann. Da ich von den Geistheilern gehört hatte, entschlossen wir uns, nach Manila zu fliegen. Wir gingen dort zu Alex Orbito und in Baguio zu Jun Labo, Placido und anderen. Jeder behauptet von sich selber, ein echter Heiler zu sein, aber kaum einer besitzt die Kraft zu heilen. Am sympathischsten war mir Placido, weil er sich als netter Kerl erwies und nicht nur hinter meinem Geld her war. Er behandelte meinen Sohn etwa vier Wochen lang und versuchte an ihm einige logurgische Eingriffe. Aber, um ehrlich zu sein, nichts ist passiert. Die Heiler und ihre Operationen haben keine Besserung bewirkt.

Wir blieben etwa zwei Monate lang dort und beobachteten die Heiler. Schließlich kam ich zu der Feststellung, daß es sich hier um eine Art Schwarze Magie handelt. Manchmal zeigt diese Schwarze Magie Wirkung, manchmal aber auch nicht. Bei Gehirnverletzungen oder -erkrankungen versagen die Geistheiler völlig; bei der Behandlung anderer Körperteile sind sie manchmal erfolgreich, aber auf gar keinen Fall beim Gehirn.

Nach meinem Dafürhalten ist der Komplex Geistheilen und Logurgie kommerzialisiert worden und stellt einen Tummelplatz für die verschiedensten Geschäftemacher dar. Vielleicht gibt es tatsächlich ein paar echte Heiler – wir haben sie auf jeden Fall nicht getroffen. Ihre Arbeitsweise mit dem fließenden Blut ist sehr spektakulär – vor allem Jun Labo ist ein Meister in der Kunst, das Blut fließen zu lassen –, aber außer einer eventuellen psychischen Wirkung ist das Ergebnis gleich Null.

Vielen hilfesuchenden Kranken würden Sie durch die Schilderung der Wirklichkeit einen großen Dienst erweisen; vielen arglosen Menschen würden die Anstrengung einer Reise nach Manila und die damit verbundene Geldverschwendung erspart bleiben. Natürlich trafen wir auch auf Menschen, die geheilt wurden, sie wiesen aber keine Gehirnverletzungen oder Gehirnerkrankungen auf.

Die Heiler sind mit Ausnahme Placidos ziemlich teuer, sie nehmen je nach Erkrankung 30–50 Dollar pro Operation.

A. Albrecht jun., Seefeld (Österreich)

Vor mehr als einem Jahr begleitete ich meinen Vater auf die Philippinen. Grund für diese Reise war ein Gehirntumor, der sich einige Monate früher bemerkbar gemacht hatte, als er im Reitstall Anweisungen gab und feststellen mußte, daß er andere Dinge sagte, als er dachte. Eine spätere Untersuchung ergab einen ersten Verdacht, und einige Wochen später wurde durch eine

Scanneranalyse ein bösartiger Gehirntumor bestätigt. Auf der Innsbrucker Universitätsklinik wurde eine sofortige Operation empfohlen und einige Tage später auch durchgeführt.
Nach neuerlichen Untersuchungen wurde der Ernst der Lage deutlich, und obwohl eine momentane Besserung eintrat, erklärten uns die behandelnden Ärzte, die Lebenserwartung meines Vaters liege zwischen einem halben und einem ganzen Jahr. In dieser Zeit wurde eine Behandlung mit Interferon begonnen, und es folgten regelmäßige Bestrahlungen. Das dauerte vorerst vierzehn Tage, und wir mußten mit ansehen, wie unser Vater von Tag zu Tag verfiel. Wenn wir die Bestrahlungen nicht unterbrochen hätten, wäre er – das ist meine Meinung – noch während dieser Behandlung gestorben.
In dieser Situation erfuhren wir von der Heilung eines Innsbrucker Industriellen durch philippinische Geistheiler. Da uns keine Zeit zum Abwarten blieb, entschlossen wir uns spontan, die Reise anzutreten.
Der außerordentlich kritische Zustand meines Vaters ließ es geraten erscheinen, einen Arzt als Betreuer mitzunehmen. So fuhren meine Mutter, der Arzt und ich als Begleiter meines Vaters nach Manila.
Mein Vater hatte die Reise in einem Zustand geistiger Abwesenheit überstanden. Im Hotel bemühte ich mich sofort, mit Alex Orbito in Kontakt zu treten. Orbito, der sein Kommen zusagte, ließ aber auf sich warten. Es dauerte zwei Tage, bis er sein Versprechen einlöste.
Inzwischen – der Zustand meines Vaters wurde immer schlimmer – entschlossen wir uns, weiter nach Baguio zu reisen, denn wir wußten, daß jede Stunde die letzte sein konnte. Schließlich kam aber Orbito doch noch mit zwei Helfern, und als die erste Operation vorbei war, waren wir völlig enttäuscht, denn wir konnten uns nicht vorstellen, daß dieser seltsame Eingriff, bei dem etwas Blut und kleine Gerinnsel erschienen, eine Heilung bringen sollte.
Wir fuhren also am nächsten Tag nach Baguio weiter und baten Placido ins Hotel, weil mein Vater nicht mehr in Placidos Ordination gebracht werden konnte. Placido erklärte sich, nachdem er Vaters Zustand gesehen hatte, außerstande, gleich etwas zu unternehmen. Er nahm Vaters Paßbild mit und erklärte uns, er brauche zwei Tage Zeit, um sich auf die Behandlung vorzubereiten. Er wolle in dieser Zeit meditieren.
Zwei Tage später brachten wir Vater, der sich um einige Nuancen besser fühlte, in Placidos Haus. Dort wurden die üblichen Operationen vollzogen. Wiederum jedoch fand das Wunder, das wir insgeheim erwartet hatten, nicht statt.
Unter dem Druck des begleitenden Arztes, der nicht an die Heilung glaubte, entschlossen wir uns, die Behandlung zu unterbre-

chen und heimzureisen. Wir waren alle enttäuscht, denn wir konnten keine wesentliche Veränderung des Zustands feststellen.
Zu Hause in Seefeld entschlossen wir uns noch, mit einer kanadischen Heilerin Kontakt aufzunehmen. Durch sie wurde unser Glaube an die philippinischen Heiler etwas bestärkt, denn wir erfuhren, daß unsere Erwartungen und Ansprüche falsch waren. So wurden wir umgestimmt und hofften aufs neue.
Zu dieser Zeit hatte Vater rechtsseitig kein Gefühl mehr, er hatte sein Erinnerungsvermögen und seinen Verstand vollkommen verloren, er erkannte selbst mich nur gelegentlich und vergaß auch meinen Namen. Er war teilweise gelähmt und konnte nicht mehr sprechen. Durch die Bestrahlung verlor er seine Haare.
Seitdem ist mehr als ein Jahr vergangen. Während ich diesen Brief schreibe, befindet sich mein Vater im Pferdestall. Er ist gerade von einem zweistündigen Spaziergang zurückgekommen. Er hat wieder sprechen gelernt und ist in einem sehr guten gesundheitlichen Zustand. Gelegentlich fällt es ihm noch schwer, sich an bestimmte Wörter zu erinnern, doch wir haben eine ständige Besserung auch auf diesem Sektor feststellen können. Die Lähmungen sind verschwunden, die Haare nachgewachsen.
Wir sind überglücklich und betrachten ihn als geheilt.

Alice Reiner, Kapstadt (Südafrika)

Bei meinem Aufenthalt auf den Philippinen ließ ich mich von Josephine Sison, Placido Palitayan und Virgilio Gutierrez operieren. Alle drei operierten meinen Hals, meine Augen und mein Herz. Ich bin eine Person, die nie zum Arzt geht, und außer kleinen Erkältungen wurde ich nie krank. Etwas Schwierigkeiten bereitete mir mein Hals, denn dauernd mußte ich Schleim spucken. Seit ich von den Heilern zurück bin, habe ich außer morgens einen freien Hals. Die Schleimbildung ist merklich zurückgegangen, und das macht mich glücklich. Ich ließ mir auch das rechte Auge, auf dem ich unklar sah, operieren, was jedoch keinerlei Erfolg hatte. Aus meinem Magen und dem Herz wurden gewebeartige Teile entfernt.
Offenbar wird man bei den Operationen nicht hypnotisiert; man ist bei vollem Bewußtsein, und alles geschieht in Sekundenschnelle.

Rev. Raphael Balleydier, Santa Fé (New Mexico)

Ich verbrachte neun Monate auf den Philippinen, um das Evangelium zu verkünden und mit den Heilern zu arbeiten: mit den Brüdern Marcos und Alex Orbito, mit Aohiano Payador, mit Schwester Sison und anderen,

weniger bekannten Heilern; und selbstverständlich besuchte ich auch Placido.
Ich versehe nun in New Mexico das Amt eines Vorsitzenden der Christian Spiritual Regeneration Movement, die von Placido ins Leben gerufen wurde.
Der Schlüssel zum Verständnis des Heilens ist leicht zu finden, und zwar bei Markus 16, 16–18. Wer an Gott glaubt, dem können wir durch Gottes Macht helfen. In der Apostelgeschichte 3, 6–16, finden wir die Bestätigung dafür. Nachdem das Volk gesehen hatte, wie Petrus einen Kranken heilte, wollte man, wie es auch heute geschieht, mehr über seine Macht erfahren. Und wie antwortete Petrus: »Ihr Männer von Israel! Was staunt ihr darüber? Oder was blickt ihr uns an, als hätten wir mit eigener Kraft oder Frömmigkeit bewirkt, daß er gehen kann? ... Aufgrund des Glaubens an den Namen Jesu hat diesem hier, den ihr seht und kennt, sein Name Kraft geschenkt, und der durch ihn wirksame Glaube gab ihm die volle Gesundheit vor euer aller Augen.«
Eine solche Antwort scheint ausweichend und verallgemeinernd zu sein. So schauen wir nun bei Paulus einen gebildeten, gelehrten Mann, der auch die Gabe zu heilen besaß und sogar Tote auferweckte. »Denn die Juden fordern Zeichen, und die Hellenen suchen Weisheit; wir aber verkünden einen gekreuzigten Christus, den Juden ein Ärgernis und den Heiden eine Torheit, den Berufenen aber, Juden wie Hellenen, Christus als Gottes Kraft und Gottes Weisheit. Denn das Törichte an Gott ist weiser als die Menschen und das Schwache an Gott stärker als die Menschen« (Kor. 1, 22–25).
Die blutigen Operationen sind in erster Linie für Leute vom Schlage des heiligen Thomas (Joh. 20–27), der die Wunden sehen mußte, um zu glauben. Sie sind aber auch eine segensreiche Gabe, genau wie das Zahnziehen. Es gibt jedoch in den Vereinigten Staaten Prediger, deren Möglichkeiten die der philippinischen Geistheiler noch übertreffen, und zwar Rev. Ernest Angley, Father Ralf Di Orio oder Bruder Willford Fuller. Sie sind Angehörige der Pfingstbewegung und der Charismatischen Bewegung.
Ich erkläre mir das so: Den philippinischen Heilern wird ihre Macht durch Engel oder Apostel vermittelt, während die von mir erwähnten Leute ihre Macht direkt vom Heiligen Geist erhalten.
Rev. Ernest Angley vermag gleiches wie Petrus in der Apostelgeschichte 3. Er macht Blinde sehen, sogar Erwachsene, die von Geburt an blind waren, Taube hören, Stumme sprechen und Lahme gehen. Wenn er Leute berührt, werden sie durch seine ›Macht‹ zu Boden geschmettert. Ich weiß, was ich sage, ich habe alles selber miterlebt!
Wenn Bruder Ralf Di Orio die Gemeinde mit Weihwasser segnet, so wird jeder, den auch nur ein Tropfen trifft, von derselben

Macht ergriffen. Bruder Fuller etwa kann Leuten durch Gebete zu Zahnplomben aus Silber, Gold oder anderen Materialien verhelfen. Manchmal wachsen neue Zähne sofort nach, Gaumenerkrankungen werden geheilt, deformierte Gebisse reguliert, abgebrochene Zähne ergänzt etc. ...

Ich weiß, daß das alles unglaublich klingt. Trotzdem sollte man erst dann über diese Dinge urteilen, wenn man sie selbst mit angesehen hat. Jesus hat all dies vorausgesagt, und alles erfüllt sich, denn der Herr spricht die Wahrheit. Er sagte, Himmel und Erde werden vergehen, aber sein Wort währet in Ewigkeit. Wenn wir bereit sind, das Wort des Herrn anzunehmen, dann werden wir auch das wahre Wunder erfahren: Wir haben ihn mitten unter uns, den Quell der Heilsgabe, alle Tage, und er wird uns segnen. Wir werden diese Gabe nie erfassen können, sosehr wir uns auch bemühen, wenn wir nicht ihren Ursprung begreifen.

Es gäbe noch vieles darüber zu sagen, aber ich glaube, es ist im Augenblick genug. Ich habe unter Mithilfe von Heilern zweimal selbst operiert. Ich mußte mich einem dreißigtägigen Fasten unterziehen, um mich dafür vorzubereiten. Es bedarf großer Demut, sich zum Werkzeug des Herrn zu machen. Wir sind alle unwürdig; aber seine Güte macht uns würdig.

Mir wurde selber Heilung auf den Philippinen zuteil. Ich glaube, die meisten Leute erörtern mit Ihnen diesen rein physischen Aspekt im Detail. Ich wollte Ihnen verdeutlichen, wie und warum dies alles geschieht.

Ich mag Rev. Placido ausgesprochen gern; er ist unermüdlich und aufrichtig bemüht, den Willen Gottes zu erfüllen und den Armen und Verzweifelten durch seine Bewegung ›Hamal Cure and Care‹ zu helfen. Ich schätze auch Rev. Alex Orbito sehr.

Ich glaube, das Ende der Zeiten ist nahe, deshalb offenbart sich uns der Heilige Geist in vielerlei Weise. »Siehe, ich stehe vor der Tür und klopfe an; wenn einer meine Stimme hört und die Tür aufmacht, bei dem will ich eintreten und das Mahl mit ihm halten und er mit mir« (Off. 3, 20).

Ich bin überzeugt, viele würden große Plage und Mühsal auf sich nehmen, um sich etwa auf eine Einladung zum Abendessen im Weißen Haus vorzubereiten und herauszuputzen. Wieviel mehr an opfervoller Vorbereitung sollte uns die Einladung Christi wert sein! Vielleicht ist es für uns sehr schwierig, zu glauben, daß diese Einladung nicht nur symbolisch gemeint ist, sondern daß wirklich die Herrlichkeit des Himmels gemeint ist. Jesus sah das voraus, als er sagte: »Denn das Herz des Volkes ist verstockt, und sie hören schwer mit den Ohren und verschließen ihre Augen, damit sie nicht mit den Augen sehen und mit den Ohren hören und mit dem Herzen verstehen und sich bekehren, daß ich sie heile« (Matthäus 13, 20).

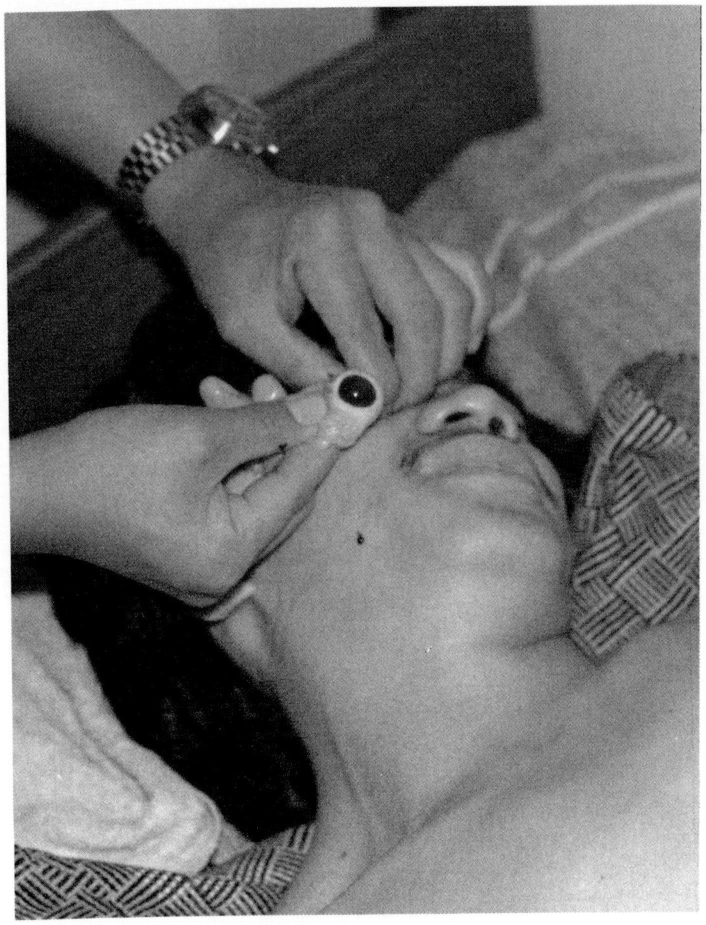

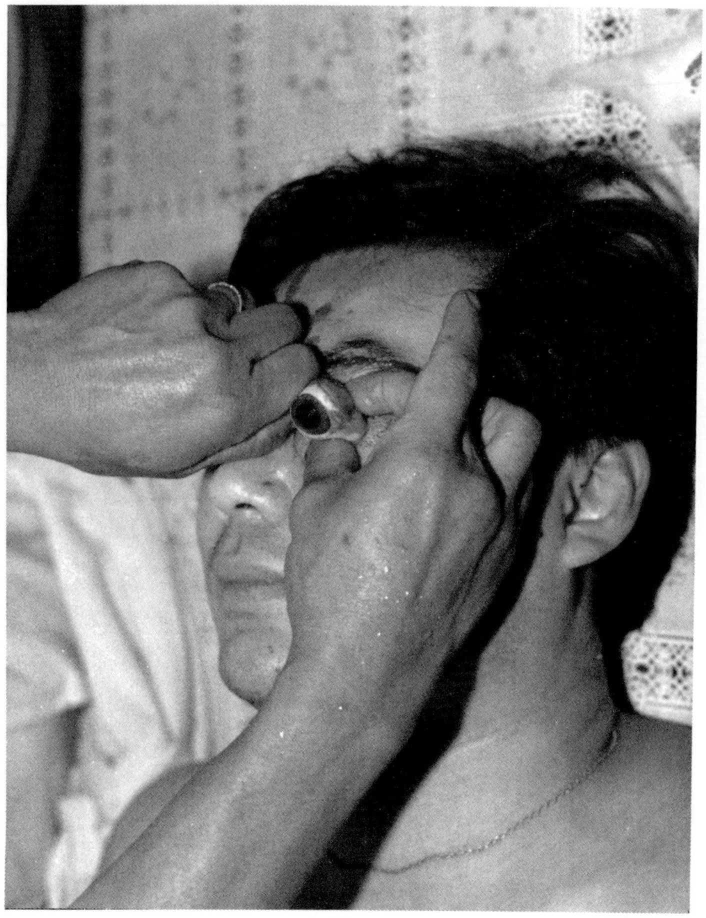

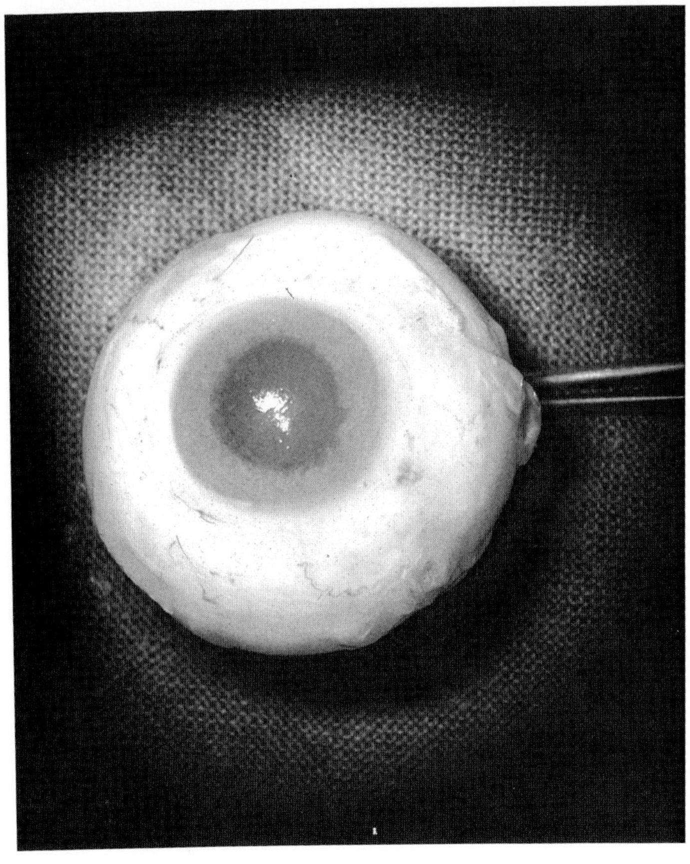

Die beiden Bilder oben wurden dem Autor von Jun Labo und Alex Ampaguey zur Verfügung gestellt. Beide Heiler behaupten, die Operation selbst durchgeführt zu haben. Eine Prüfung der Bilder durch die Innsbrucker Augenklinik ergab, daß diese von den Heilern scheinbar aus dem Schädel genommenen Augen mit Sicherheit keine Menschenaugen sind. Der Verdacht, daß es sich um Plastikaugen, aber noch wahrscheinlicher um Schweineaugen handelt, liegt nahe. Zu Vergleichszwecken wurde ein Foto angefertigt, das ein Menschenauge zeigt (links). Der menschliche Augapfel ist im Vergleich zur Pupille bedeutend größer. Wenn diese Behauptung stimmt, dann ist der Nachweis erbracht, daß hier Bilder angefertigt wurden, die zu Werbezwecken verwendet werden. Diese Tatsache läßt an der Seriosität der genannten Heiler zweifeln. Selbst wenn wir anerkennen müssen, daß vorgetäuschte Interventionen die Psyche des Patienten nachhaltig beeinflussen können, so sind gestellte Fotos wie diese trotzdem als Beweis dafür anzusehen, daß Manipulationen vorkommen, die außerhalb der ›guten Absicht‹ stattfinden. Die Tatsache, daß die Bilder dem Autor überlassen wurden, zeugt von der Unbesorgtheit verschiedener Heiler. Es ginge sicher zu weit, diese Dinge als bewußte, die Psyche positiv beeinflussende Aktion anzuerkennen. Eine derartige Toleranz würde in ihrer letzten Konsequenz sogar den Betrüger rechtfertigen und dadurch die ernsthafte Arbeit anderer Heiler fraglich erscheinen lassen.

Fazit

Es ist fast ein Jahr vergangen, seit ich mich mit der Geistheilung auf den Philippinen zu beschäftigen begann. Die ersten Recherchen stimmten mich so positiv, daß ich mich entschloß, mein Buch einer verleumdeten Minderheit, nämlich den Heilern, zu widmen. Dieser Gedanke wurde durch zahlreiche Patienten bestärkt, die geheilt oder gebessert von den Philippinen zurückkehrten. Die allgemeine Krise in der westlichen Medizin und das mangelnde Vertrauen, das heute zwischen Ärzten und Patienten besteht, machen es ratsam, alternative Heilmethoden auf ihre Wirksamkeit hin zu untersuchen. Medizinisch unbelastet, wählte ich den subjektiven Weg, die Dinge darzustellen; ich drückte mich so aus, daß meine Erzählungen dem Laien verständlich, also gleichsam eine Entscheidungshilfe sein können.

Tief beeindruckt von der ersten Begegnung, stellte ich mich in die Reihe jener, die begeisterte Anhänger der Geistheiler sind. Nach meiner zweiten Reise reduzierte sich meine Begeisterung auf ein Maß, das es mir nun erlaubt, auch die negativen Seiten aufzuzeigen. Darunter verstehe ich Geschäftemacherei und Schwindel.

Es ist sehr schwer, zu differenzieren, wo die Grenze dessen liegt, was ein westlich erzogener Mensch als Schwindel empfindet. Im Mittelpunkt dieser Auseinandersetzung stehen die Operationen, von denen ich am Ende meiner Beobachtungen glaube, daß sie, wenn überhaupt, selten stattfinden. Das heißt, daß hier verschiedene Tricks zur Anwendung gelangen, die vom Beobachter nur selten durchschaut werden. Die Ablehnung dieser Praktiken ist dennoch problematisch, weil auch durch vorgetäuschte Operationen über den autosuggestiven Weg Heilungen erfolgen. Das Ausmaß der Erfolge ist weit höher, als man das in Europa zuzugeben bereit wäre. Diese Tatsache veranlaßt die anständigsten Heiler zur Täuschung, weil sie wissen, daß eine Genesungschance für den Patienten besteht.

In zahlreichen Gesprächen mit Heilern und philippinischen Ärzten dominierte die Auffassung, daß der Trick, solange er Heilungen verursacht, als legales Mittel, das heißt als Methode anerkannt werden kann. Diese für den Europäer desillusionierende Anschauung bezieht sich aber im wesentlichen auf die ›blutige Operation‹, die erst 1945 durch Eleuterio Terte populär gemacht wurde. Alle anderen Praktiken sind weniger umstritten.

Wenn man die in diesem Buch veröffentlichten Briefe liest (ab Seite 215), gelangt man zu der Auffassung, daß nahezu alle Patienten großes Vertrauen haben und eine gewisse Ehrfurcht vor den Heilern empfinden. Man kann nun ein Befürworter oder ein Gegner der Geistheiler sein, trotzdem wird man zugeben müssen, daß manche westlichen Ärzte vergleichsweise wenig Begeisterung von ihren Patienten empfangen. Der Grund dafür mag in der Massenabfertigung liegen, in der der Patient nicht mehr die Chance hat, seine Probleme auszusprechen, und der Arzt unter einem Leistungsdruck steht, der ihm ein individuelles Eingehen auf den Kranken unmöglich macht.

Auf den Philippinen ist diese Erscheinung nur bei den prominenten Heilern festzustellen, im Normalfall nimmt sich der Geistheiler Zeit für seinen Patienten und gibt ihm das Gefühl aufrichtiger Anteilnahme. Er vertritt gleichzeitig eine geistliche Instanz und ist in dieser Rolle weniger fragwürdig als die Exponenten westlicher Kirchen. Die Spiritualität des Heilers ist tiefer und überzeugender; er bietet dadurch eine Alternative zum weltweiten Konsumdenken und zu einer oft fragwürdigen Ergebenheit den materialbezogenen Naturwissenschaften gegenüber.

Die Überschätzung der Operationen hat die Methoden der Geistheiler fragwürdig erscheinen lassen. Es ist schwer, wenn nicht unmöglich, die Grenzen aufzuzeigen, an denen sinnvolle Methoden und Schwindelei aufeinanderprallen. Vielfach sind sie nicht voneinander zu trennen, und im Idealfall ergänzen sie sich sogar zugunsten des Patienten.

Ich habe vielen Kranken die Frage gestellt, ob sie es anderen empfehlen würden, auf die Philippinen zu reisen. Die Antwort war fast immer ein Ja. Diese Begeisterung wird bei den meisten von dem Gedanken getragen, daß selbst eine erfolglose Behandlung Reaktionen auszulösen imstande ist – Reaktionen, die sich auf einer psychischen Ebene für den Patienten nutzbar machen lassen. Auch wenn er krank bleibt, so lernt er mit seiner Krankheit leben. Viele haben es gelernt, die Krankheit als eine Kur des Geistes zu verstehen, die sie auf einer spirituellen Ebene bereichert. Wie die Helden der Antike erst in der Niederlage ergreifend waren, so lernt mancher Patient verstehen, daß sich nicht alles, was auf dem Höhepunkt seiner Kraft ist, auch auf dem Höhepunkt seiner Weisheit befindet.

Man sollte nun glauben, daß man diese Erfahrungen auch in seiner Heimat mit Hilfe der dort wirkenden Kirchen machen kann, daß es also sinnlos ist, eine Weltreise zu unternehmen, um eine geistige Wandlung durchzumachen. Doch hier liegt das Prinzip des Opfers zugrunde, das jenem, der bereit ist, es zu erbringen, eine starke psychologische Grundlage sein kann. Die hohen Kosten der Reise, die großen Strapazen und Unannehmlichkeiten provozieren den Patienten zu einer Haltung, in der er dem Heiler mit großem Ernst und einem starken Willen gegenübertritt. Er selbst hat sich durch seinen Entschluß und das zu erbringende Opfer bereits in eine Position gebracht, die für eine Heilung günstig ist.

Nach diesen Gedanken könnte nun der Eindruck entstehen, daß alles, was sich auf den Philippinen ereignet, Ergebnis autosuggestiver Effekte sei und Heilungen nur im psychischen, aber niemals im physischen Bereich stattfinden könnten. Das ist sicher nicht richtig.
Es gibt unter den Heilern phänomenale Begabungen, Menschen, deren paranormale Fähigkeiten physikalisch unerklärbare Eingriffe ermöglichen. Obwohl ich nach vielen Beobachtungen den Operationen skeptisch gegenüberstehe, kann ich nicht behaupten, daß es sie nicht gibt. Bedeutende Wissenschaftler haben die Wahrhaftigkeit der Operationen bestätigt, und ich maße es mir nicht an, sie zu bestreiten. Meine Aufgabe kann es nur sein, mit einigen Gedanken und Beobachtungen zu einer Diskussion beizutragen, die noch lange nicht abgeschlossen sein wird.
Wenn ich schlußendlich gefragt werde, ob ich eine Behandlung durch philippinische Heiler für sinnvoll halte, würde ich uneingeschränkt mit ja antworten. Ob wir die Methoden anzweifeln oder nicht, ob wir sie verstehen oder erfühlen, all das ist letztlich unbedeutend neben den nachweisbaren Heilungen, die sich ständig ereignen.
Solange die westliche Medizin für einen Todgeweihten keine Alternative anzubieten hat, sind die Geistheiler mit ihren 20 oder 30 Prozent, die sie mehr zu heilen imstande sind, glaubhaft genug.

Bitte an den Leser

Dieses Buch entstand aus dem Wunsch, ein bisher wenig bekanntes Thema zu dokumentieren und darzustellen. Meine Arbeit ist als Beitrag gedacht, das Phänomen der Geistheilung besser zu verstehen. Bei einem so umfassenden Thema bleiben naturgemäß viele Fragen unbeantwortet, es wird auch falsche Einschätzungen von Situationen geben, die man später, wenn mehr Informationen vorliegen, berichtigen wird können.
An dieser Stelle möchte ich Sie, lieber Leser, bitten, mir bei der Errichtung eines Archivs behilflich zu sein, das sich um die Wahrheit hinter den Phänomenen bemühen soll. Wenn Sie Erfahrungen gemacht haben, die in diesem Buch nicht beschrieben sind, wenn Sie Bildmaterial oder Dokumente besitzen, die mein Material ergänzen können, oder wenn Sie als Patient oder Beobachter neue Aspekte kennengelernt haben, dann schreiben Sie mir bitte.
Der Perlinger Verlag, der auch dieses Buch herausgebracht hat, plant eine umfangreiche Dokumentation, die in der Lage sein soll, dieses Buch zu ergänzen.

Gert Chesi
A-6130 Schwaz
Österreich

Antonio C. Agpaoa
Lucnab
Baguio City

Bro. Alex M. Ampaguey jr.
Jaime Pusot
Ernie Catungal
Flore G. Calub
Venus Park View Hotel
Baguio City

Marcelino Asuigui
10 Morning Glory Street
Baguio City

Benjie Balacano
947 A Bonifacio Balintawak / Frisco
Quezon City

Paul Bastawang
Bokawkan Road
Baguio City

Juan Blance
56 Dr. Pilapil Street
Pasig, Province Ruzal

Macario Bugarin
The Bayview Plaza Hotel
Manila

Bro. Mart. A. Caoili
Bro. Jimmy Gonzales
Mount Crest Hotel
Baguio City

Sr. M. L. Carmelas
Longos
San Fabian/Pangasinan

Crisostomo Celso
Pepito Gamboa
The Bayview Plaza Hotel
Manila

Manuel A. Colcol
Look I. Lugam
Malolos Bulacan

Arsenia dela Cruz
45 Roque Village
Baguio City

Jack Dulnuan
Betag, La Trinidad
Benguet

Juanito Flores
402 Nangkaysan / Bacag
Urdaneta/Pangasinan

Virgilio D. Gutierrez jr.
12 Langka Street
Quezon City

Rudy M. Jimenez
Lot 12 Zarate / Bakakeng Road
Baguio City

Jun Labo
Nagoia Inn
Baguio City

Philipp S. Malicdan
10 F. Balzazar Street
Baguio City

Jose Mercado
Marcello E. Jainar
The Bayview Plaza Hotel
Manila

Filomena Naces
Bo. Vacante
Binalonan/Pangasinan

Paz. G. Navalta
82 General Luna Street
Rosales/Pangasinan

David Oligane
Bo. Taboy
Asingan/Pangasinan

Alex Orbito
9 Maryland Street
Quezon City

Placido Palitayan
10 Palma Street
Baguio City

Alicia Publicio
76 Siapno Road
Baguio City

Anthony O. Sagalla
Betag, La Trinidad
Benguet

Jose Segundo
15 Upper Bokawkan Road
Baguio City

Linda Serafica
10 Tacay
2 Quezon Hill Road
Baguio City

Eduardo P. Simbol
26 Dr. J. Carino St.
Baguio City

Josephine Sison
Barangobang
Villasis/Pangasinan

Lester Sumrail
1141 General Luna Street
Baguio

Francisco Supnet
2 Maryhurst Street
Baguio City

Joseph Teodor
Km. 7., La Trinidad
Benguet

Rustico M. Villamor
56 Engineers Hill
Baguio City

Galo D. Weygan
434 Magsaysay Ave.
Baguio City

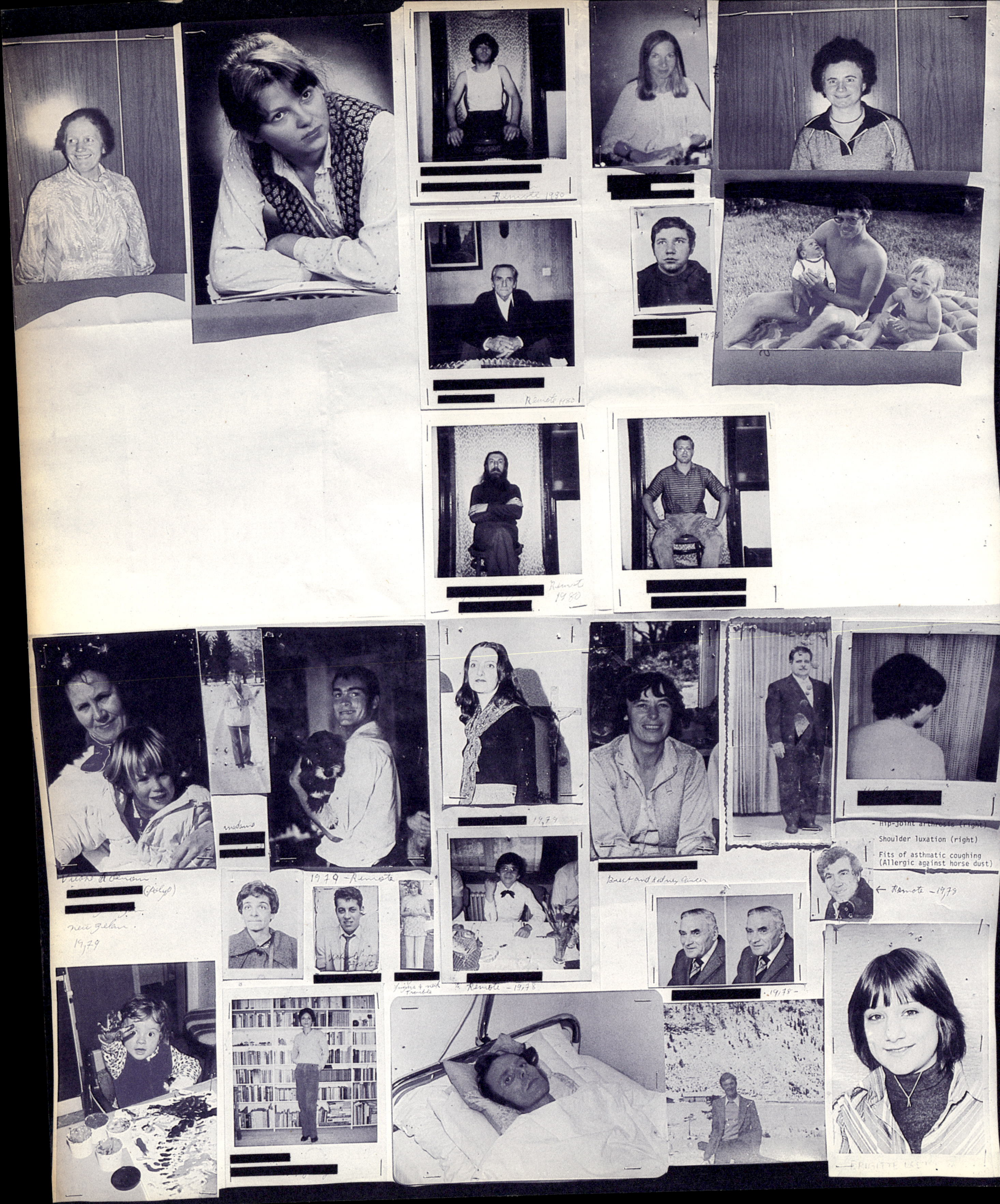

- Hip-joint arthrosis (right)
Shoulder luxation (right)
Fits of asthmatic coughing (Allergic against horse dust)